マスターファイル 機動警察パトレイバー 98式AVイングラム

MASTERFILE MOBILE POLICE PATLABOR
AV-98 INGRAM

SHINOHARA

ハイパーテクノロジーの急速な発展と共に、
あらゆる分野に進出した多足歩行式作業機械
〈レイバー〉。

しかし、それは「レイバー犯罪」と呼ばれる
新たな社会的脅威をも生み出すことになった。

続発するレイバー犯罪に、警視庁は本庁警備部内に特科車両二課を創設して、これに対抗した。

通称「特車二課」パトロール・レイバー中隊
——パトレイバーの誕生である。

本書では、パトレイバーの代名詞として知られる98式AV〈イングラム〉を中心に、レイバー黄金期を支えた篠原重工製パトロール・レイバーの名車の数々を紹介していく。

17号埋立地への移転に伴い取り壊し予定の港区のオフィスにて
——2002年12月——

Text:
大脇千尋 ／ p002, p008-033, p036, p038, p040, p092-107, p110-123
大里　元 ／ p042-071, p075-081
橋村　空 ／ p003-007, p034-035, p037, p039, p082-091, p124-125, and captions

マスターファイル 機動警察パトレイバー 98式AVイングラム

MASTERFILE MOBILE POLICE PATLABOR

AV-98 INGRAM

C O N T E N T S

1998年、警視庁特科車両隊に新型レイバー・98式AV（AV-98）〈イングラム〉3輌が配備された。この98式AVはそれまで同隊が使用していた旧型モデルとは一線を画す高い性能を持ち、パトロール・レイバーの代名詞的存在となる。

この車輌が生まれた背景には、レイバーという多足歩行式土木作業機械が一般に広まるにつれ、それが犯罪に利用されるようになり、その実効制圧力と抑止力が必要となったことが原因である。さらに言えば、日本においてレイバーが世界でも類を見ないほど拡散した背景には、地球温暖化や関東を襲った大地震など差し迫った環境の影響が存在する。この〝首都圏復興〟と東京湾埋め立てを目的とする〝バビロン計画〟の二大要因が、新たな作業機械の需要を生み、やがてパトロール・レイバーの、そして98式AV誕生へと結びつくのだ。

スタンスティックによる制御部への電撃により、暴れるレイバーを取り押さえることに成功した第二小隊のAV-98〈イングラム〉1号機。この時の制圧対象は一般作業用レイバー・菱井インダストリー HL-97〈ブルドッグ〉である。

本来、多足歩行型重機でしかなかったレイバーにはパワーはともかく、機敏さはある程度具《そな》わっていればよい。世に販売されるレイバーのすべてがその程度で留まっていれば、98式AVは生まれようがなかった。せいぜい先んじて配備された96式などの発展型で事足りただろう。しかし現実にはレイバーの進化は急速であり、人が望むほとんどの能力を獲得するまでになった。その汎用性や有用性は軍用への転化を促《うなが》すものであり、〝何人《なんぴと》にも阻止しがたい強力な力〟はやがて統制された軍隊の枠組みから、必ずや一般社会に溢《こぼ》れだしてくるものである。98式AV〈イングラム〉は、まさにそうした時代のただ中にあっただけでなく、将来的に現れるであろう未知の脅威にさえ対抗しうる能力を与えられて生まれた。そして、いずれ訪れる98式AVをもってしても対処できない脅威の登場に備え、後継車輌を開発するための礎《いしずえ》にもならんと様々な実証や実験のテストベッドとして積極的に活用されたのである。

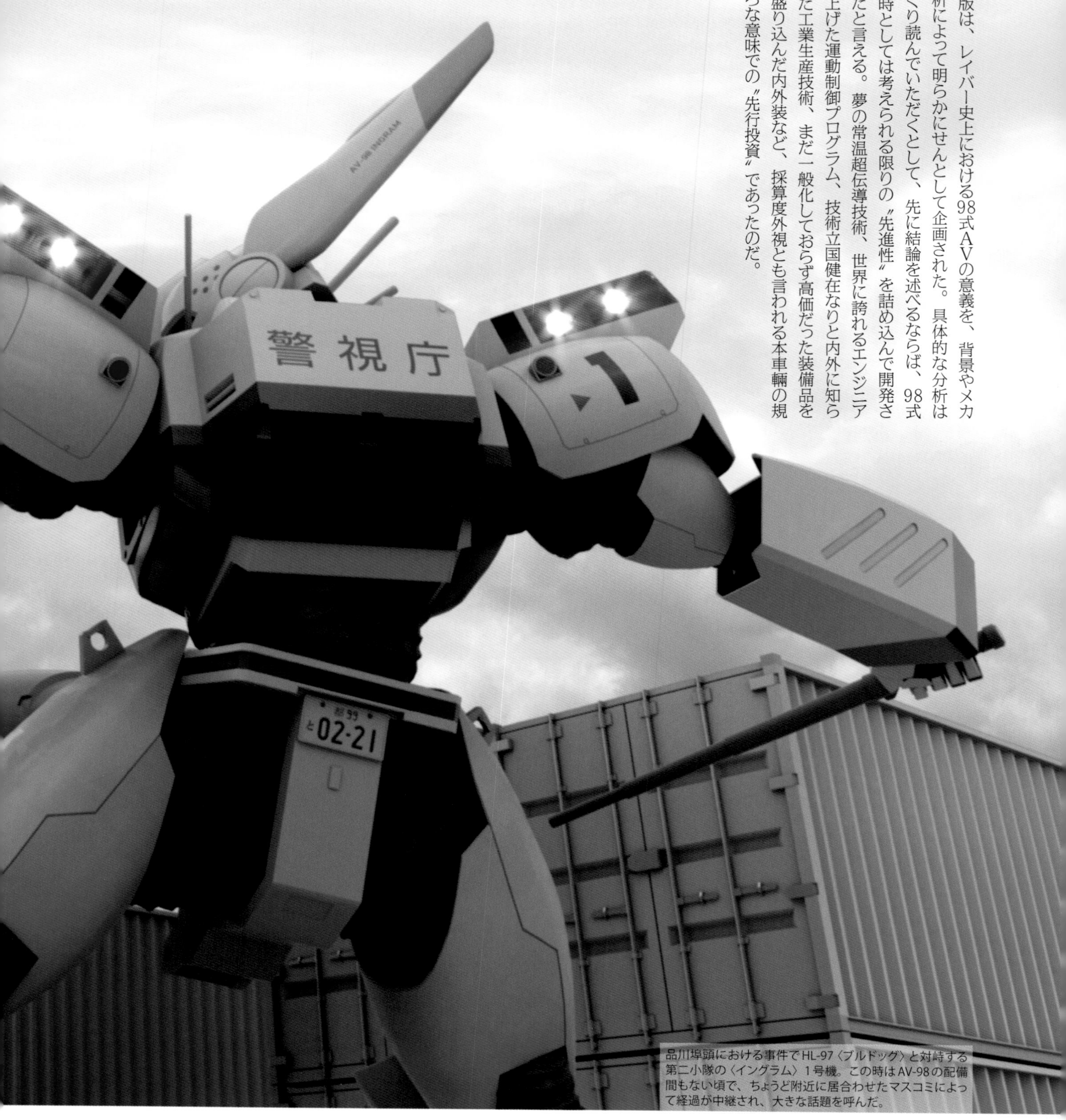

本書の出版は、レイバー史上における98式AVの意義を、背景やメカニズムの解析によって明らかにせんとして企画された。具体的な分析は本文をじっくり読んでいただくとして、先に結論を述べるならば、98式AVとは当時としては考えられる限りの〝先進性〟を詰め込んで開発されたモデルだと言える。夢の常温超伝導技術、世界に誇れるエンジニアたちが作り上げた運動制御プログラム、技術立国健在なりと内外に知らしめる優れた工業生産技術、まだ一般化しておらず高価だった装備品をふんだんに盛り込んだ内外装など、採算度外視とも言われる本車輛の規格はいろいろな意味での〝先行投資〟であったのだ。

品川埠頭における事件でHL-97〈ブルドッグ〉と対峙する第二小隊の〈イングラム〉1号機。この時はAV-98の配備間もない頃で、ちょうど附近に居合わせたマスコミによって経過が中継され、大きな話題を呼んだ。

警視庁やメーカーサイド双方の思惑と利害が絡んだ本車輌及び後継機の選定は、いわゆる〝政治劇〟〝癒着《ゆちゃく》〟などと評されることもある生臭いやり取りではあったかもしれない。しかし、我々の知る98式AV〈イングラム〉は、〝正義〟を執行するヒーローである。まさしく法で定めるところに従い〝正義〟を執行するヒーローである。その魅力は、この車輌のどこを切り取っても我々が心に思い描いてきた〝未来の乗り物〟であったという点に尽きるのではないだろうか。■

98式AV
イングラム開発史

Development of AV-98 INGRAM

98式AV〈イングラム〉の導入に至るまでの経緯に触れるためにも、まずはレイバーなる存在がいかにして生まれ、普及していったのかについて理解する必要があるだろう。その道筋の大半は、98式AVの製造元としても知られる「篠原重工」の社史とも重なる。

ロールアウトし、納品のため最終調整中の98式AV〈イングラム〉。1998年3月下旬の撮影。右に立つのが後に1号機となる車輌で左が2号機であるが、この写真では区別が付かない。基本色の白色で塗装されているが、この後いったん外装が外され、黒の部分は警視庁の塗装指定要領に従い塗り直された。

98式AVは篠原重工八王子工場でも通常の量産ラインではなく、車輌開発のための専用棟で組み立てられた。1～3号機まで製造されたが、ワンオフに近く、設計そのものも量産向きではなかったと言われる。写真はメーカー検査に戻された3号機で1998年暮れの撮影。電子戦用に改造され専用頭部が載った姿になっている。

レイバー産業の夜明け

　後に世界を変革することになるこの大企業の歴史を遡《さかのぼ》ってゆくと、群馬県前橋市にて立ち上げられた「有限会社篠原《しのはら》鉄工所」という名の町工場にたどり着く。設立は、太平洋戦争が終結した1945年のことだ。その発端は、どうにか戦乱の時代を生き延びた技術者、篠原雄高《ゆたか》が家族を養うためにと事業を起こしたことによる。創業当時を知る人々の証言によれば、鉄工所とは名ばかりの小さな作業所に過ぎず、設備も貧相なものであったという。しばらく進駐軍向けの車輌部品の製作などを手掛けていたものの、仕事はまばらであり経営は不安定そのもので、創業者一家でさえ食うにも困る状態が長らく続いたらしい。

　経営が軌道に乗り始めたのは、1950年代に入ってからのことである。切っ掛けは、豊幡《とよはた》自動車（現トヨハタ・オートモータース）との取引を開始したことにあった。同社が製造する自動車のシャシー部製造を請《う》け負うようになったことで、安定して収益を挙げることが可能になったのである。これを象徴するかのように、1951年に株式会社化したうえで社名を「篠原自動車部品製作所」へと改称。そのまま順調に成長してゆけば、豊幡傘下の子会社のひとつに収まっていたことだろう。ところが、ひとりの人物の台頭によって流れが変わってゆく。後に日本を代表するビジネスパーソンとして名を馳《は》せることになる、創業者篠原雄高の息子、篠原一馬《かずま》である。

特車二課第二小隊に配備された98式AVの3号機は、1999年夏の"方舟事件"後に1及び2号機とともにさらなる改装を施された。頭部の展開式センサーユニット"メデューサ"が最大の特徴である。

篠原重工

SHINOHARA

■篠原重工社標

1960年代前半、日本の自動車産業は激震の渦中にあった。国際的競争力を高めるべく通商産業省の主導による合理化政策が推し進められていたのだ。その施策の一環として自動車部品メーカーの統廃合が促進され、多くの中小企業が大手自動車メーカーと提携を結び、子会社化の道を歩むことになったのは周知の通りであろう。しかしながら、すでに会社の経営に食い込んでいた一馬は、頑《かたく》なに豊幡自動車との提携を拒《こば》んだと言われている。彼は1964年の開催を目前に控えた東京オリンピックによる特需を予見しており、独自路線を突き進むことに飛躍の芽があると考えていたのだ。結果から言えば彼の読みは当たった。引っ切りなしに舞い込む注文に対応すべく、工場を3つに増やさねばならなかったほどの活況に突入したのである。この時期、現在の篠原重工八王子工場の前身となる東京事業所を開設したことを機に、同社は「株式会社篠原製作所」へと社名を改めているが、その名には単なる自動車部品メーカーには終わらないという一馬の強い想いが見て取れる。

1960年代半ば、一馬は最大の英断と称《たた》えられる経営判断を下している。大学の研究室や輸送機器メーカーの開発部から優秀な人材を引き抜いて「篠原中央研究所」を設立したうえで、産業ロボット分野へと進出を目指したのだ。当時、産業ロボットは誕生して間もない存在であった。遡《さかのぼ》ること10年ほど前の1954年、米国人技術者ジョージ・デボルが『プログラム可能な物品搬送装置』に関する特許を出願。これに着目した起業家ジョセフ・エンゲルバーガーが1961年に「ユニメーション」社を設立し、世界初となる産業ロボット〈ユニメート〉の製造に乗り出したばかりといった頃合いである。我が国において真っ先にこの分野に参入したのは皮崎《かわさき》重工であった。同社は1968年にユニメーション社と技術提携契約を締結。技術者を米国に派遣して技術習得に励《はげ》む一方で、取り寄せた〈ユニメート〉を徹底的に研究、翌1969年に国産第1号機となる〈皮崎ユニメート〉を完成させたのだ。未だ中堅自動車部品メーカーに過ぎなかった篠原製作所が、そのような最先端分野へと挑戦しようというのだから、当然のことながら否定的な意見もあった。しかし一馬は、後に彼の代名詞となる豪腕を振るって周囲の反発をねじ伏せ、新規参入の道を模索したと伝えられている。

　続く1970年代は、日本の自動車産業にとって躍進の時代となった。排気ガスによる大気汚染問題やオイルショックによるガソリン価格の急騰《きゅうとう》といった背景から、自動車の低燃費化が強く求められたためである。欧米の自動車メーカーが、厳しい基準を定めたマスキー法への対応に苦慮する中、日本の自動車メーカーはCVCC（Compound Vortex Controlled Combustion：複合渦流調整燃焼方式）エンジンを開発するなどして、世界に先駆けて新基準をクリアしてみせたのだ。結局のところマスキー法は骨抜きにされたものの、圧倒的に燃費の優れる日本製の小型車はアメリカでも人気を博し、大いに販売台数を伸ばすこととなる。そうとなれば、自動車の生産ラインで利用される産業ロボットの需要も高まりを見せるというもの。篠原製作所はこうした時流に乗り、自動車部品と産業ロボット部品の双方で売上を伸ばしていった。そして、1970年代最後の年である1979年に、ついに完全自社製の産業ロボットの開発に着手する。一馬の肝煎《きもい》りで中央研究所を設立してから10年以上の時が経過していたが、その努力が実った格好《かっこう》であった。

　1980年、本格的に産業ロボット分野への進出を果たしたことを受けて、篠原雄高は社長の座を息子一馬に譲る形で、会長職に就任した。これは事実上の隠居に等しいもので、以後、会社経営の実権は、完全に篠原一馬新社長の手に委《ゆだ》ねられることになる。当時、一馬は38歳の若さであったが、技術開発にかける情熱と自らの意見を押し通す豪腕ぶりで、業界内では知らぬ者のいない存在となっていた。社長の座に就《つ》いた彼が、真っ先に取り掛かったのは社名を「篠原重工株式会社」へと改称することであった。技術に強い総合メーカーとして、新たなスタートを切ることを内外に強くアピールしようというのである。

　そして、篠原重工の技術力を世に知らしめる好機は、ほどなくやってきた。1983年、通商産業省工業技術院の主導で「極限作業ロボット」の開発を目的とした国家プロジェクトが立ち上がると、篠原重工にも参加を求める打診が舞い込んだのである。同プロジェクトに名を連ねていたのが、菱井《ひしい》インダストリー、大松製作所、皮崎重工、東京大学、大阪大学、城南工業大学といった名だたる大企業や有名大学であることを考えると、篠原重工の力量がいかに高く評価されていたのかがわかるだろう。

　なお、このプロジェクトが掲げた「極限作業ロボット」とは、人間の活動に困難や危険が伴う特殊環境において、作業を代行させることを目的としたものであり、より具体的には原子力用ロボット（実用原子力発電施設作業ロボット）、海洋ロボット（海底石油生産支援ロボット）、防災ロボット（石油生産施設防災ロボット）の3種を示していた。その性質上、いずれもテレイグジスタンス技術[※1]を導入した遠隔操作を旨《むね》とするものではあったが、開発過程においては、篠原重工のオート・バランス制御機構、大松製作所のワイヤー駆動マニピュレーター、城南工大の多脚歩行制御に関する基礎研究など、後のレイバーに繋《つな》がる技術の原型が確立されることとなった。特に同プロジェクトに参画していた城南工大機械工学科古柳研究室からは、多くの優秀なロボット技術者たちが輩出されたことで知られている。彼ら若き才能たちが、後にレイバー産業の黎明《れいめい》期を支えることになるのだ。

　以上のような経緯を経て、徐々にではあるが着実にレイバーが生まれ得るだけの土壌が育《はぐく》まれていった。そして決定打となる動きが、篠原重工の社内で生じる。1988年、2年後に迫る創立45周年の記念事業として、自走式汎用作業ロボットを開発しようという社内プロジェクトが立ち上げられたのである。しかも単なる技術デモの類《たぐ》いではない。あくまでも民生品として一般販売も視野に入れた企画であったのだ。いかに「極限作業ロボット」の開発を通じて技術力を磨いていたとはいえ、篠原重工単独で成し遂げるには、あまりに高い目標であった。それが2年という期限付きとなれば、なおさらである。

※1
テレイグジスタンス（Telexistence：遠隔臨場感）とは、システム工学者 舘暲教授が1980年に提唱したバーチャルリアリティ技術、および技術体系のこと。ロボットに搭載されたセンサー類が集めた情報を、離れた場所にいるオペレーターが取得することで、あたかも現場に実在するかのように遠隔操縦し、人間の存在を拡張しようという概念である。

SIR-90[※2]との開発コードが与えられた篠原重工の〈第1号ロボット〉は、静的歩行を行う4つの走行脚に、操縦者が搭乗する運転席と2本1対の作業用マニピュレーターを組み合わせる方向で設計が進められていったが、その開発は難航を極めたという。予定では、1990年11月のマスコミ向け発表会にて、試作機を華々しく披露《ひろう》するはずであったが、連日の徹夜作業にも関わらず、実機が完成することはなかった。木製モックアップのマニピュレーターを装着しての展示となった試作機の姿を見て、社内の反発を押し切ってまで企画を推進してきた一馬は大いに憤慨《ふんがい》し、開発担当主査を務めていた実山《じつやま》剛《つよし》以下のスタッフを叱責《しっせき》するシーンも見られたという。

とはいえ、発表会そのものは盛況であった。ロボットが活躍する「未来」を感じさせるSIR-90の勇姿は、新聞やTVニュースで大きく取り扱われ、この日を境に、篠原重工には各方面からの問い合わせが殺到したと言われている。そこで同社広報部は、SIR-90の愛称を一般公募するキャンペーン——採用者には正式リリース後に実機を1年間無償貸与するという特典が付与されたことでも話題を呼んだ——を展開。3万通余りの応募作の中から、〝労働〟を表す語「レイバー」と、創立45周年を迎える年を示す数字「90」を組み合わせた〈レイバー90〉が選ばれ、これが後に商品名として正式採用される運びとなった。多足歩行式作業機械全般を表す一般名として浸透していったことは、よく知られている通りである[※3]。

かくして世間からの高い期待にさらされることになったSIR-90〈レイバー90〉は、篠原重工にとって、ますます絶対に完成させなければならない存在となっていった。そこで豪腕の経営者たる一馬の顔が再び表れることになる。発表会の興奮冷めやらぬ同年12月、篠原重工は、重工作機械メーカー「飛鳥《あすか》重機」と「浅川鉄工」の株式公開買い付けを開始。2社を吸収合併することで短期間のうちに、優秀な技術者と経験、そしていくつかの特許技術を手に入れたのである。また、これと同時に社名を「株式会社篠原重工業」へと改称。こうして業界第5位となる巨大企業が誕生したのであった。

強引と評価されることも多かった電撃的な吸収合併劇ではあったが、その効果はてきめんであった。飛鳥重工を篠原所沢工場として、浅川鉄工を東京事業所と合併の上で篠原八王子工場として組織に組み込み、SIR-90の開発に参画させた結果、プロジェクトは猛烈な勢いで進展していくことになる。1991年2月初頭には、早くも試作1号機が完成。2週間後にロールアウトした試作2号機と共に各種試験が行われ、問題点の洗い出しが急ピッチで進められた。また、公道での使用を前提とした関係省庁とのすり合わせも同時に行われ、SIR-90はブルドーザーやパワーショベルといった大型重機と同様に、特殊車輌に分類[※4]されることが決定。新たな産業の誕生を予見していたのかどうなのか、この時ばかりは官僚たちの動きは素早く、瞬《またた》く間に法制度が整えられていった。ほどなく、ナンバープレートやウィンカーの設置といった道路運送車輌法への対応も完了し、量産仕様が確定。量産化に向けた生産ラインを稼働させることに成功するのだった。

そして、1992年4月——当初予定よりは1年ほどの遅延を余儀なくされたとはいえ——ついにSIR-90〈レイバー90〉は一般販売を開始した。搭乗型多足歩行式車輌の実用化という意味では、アメリカのランド社やオデティックス社が先行していたものの、これらは軍事用や極限作業用であり、一般市場向けの民生作業機械としては史上初の快挙であった。

SIR-90の新車販売価格は約3億円と高価であったが、結論から言えば大ヒット商品となった。四足歩行による不整地走破性の高さに加え、複数のオプション作業機器を使い分けることのできる汎用性の高いマニピュレーターは、1輌で複数の重機の役割を担うことができると好評を得たのだ。こうして土木・建築業界を中心に、SIR-90は発売後の2年間で約10万輌とも言われる注文[※5]を受け、所沢、八王子両工場に設置された生産ラインでは、昼夜を問わず増産が続けられることとなる。篠原重工は、瞬《またた》く間に世界的ロボット・メーカーに登り詰めたのであった。

※2
当初はSIR-89と呼ばれていたが、後にSIR-90へと改称されたようだ。

※3
当初、篠原重工は「レイバー」という語を商標として登録していたが、この種の作業機械全般を示す一般語として社会に浸透していったことを受けて、1995年には商標権の独占を放棄。「レイバー」という語は、報道でも用いられるようになり、より強固に定着していった。

※4
レイバーは走行方式を問わず、法的にはいずれも特殊車輌に分類され、操縦に必要とされる運転免許もこれに準ずる。レイバー関連の用語に自動車由来の言葉が多いのは、そのためである。

※5
ことSIR-90に関して言えば、日本国内よりも海外からの注文が多かったという。イタリア政府が1988年より進めていたベネチアの「モーゼ計画」に代表されるように、地球温暖化に伴う防潮工事ブームが世界各地で巻き起こっており、この種の重機に潜在的な需要が存在したのだ。ただし、生産数には限界があり、これらの受注すべてに応えられたわけではなかった。

第2世代レイバーの成立

ＳＩＲ-90の成功を受け、篠原重工は研究開発を加速させた。１９９2年6月には生産性を高めるべく多額の投資を行い、所沢、八王子両工場の改装を実施。実山《じつやま》 剛《つよし》を八王子工場の工場長に据え、ＳＩＲ-90の増産を進める一方で、ＳＩＲ-90の開発チームには廉価版となる新型レイバーを開発するように命じている。こうして１９９3年10月にリリースされたのが、三足歩行式レイバー・ＫＶ-93〈ぴっけるくん〉であった。山岳地帯における作業に用途を絞ることで、マニピュレーターを廃止したこのレイバーは、本体価格をＳＩＲ-90の約半分となる1億５千万円にまで抑《おさ》えることに成功したこともあり、低価格のエントリーモデルとして大ヒットを飛ばすこととなった。

予備機扱いだった3号機は納入後に対テロを想定し、無線傍受・撹乱等を行う器機を搭載、電子戦（と呼べるかは疑問が残るが）仕様へと改装された。以後もソフト・ハードともにアップデートされたようだが、解析能力そのほか正確な仕様や能力について詳細は公開されていない。

もちろん、篠原重工以外のメーカーも手をこまねいていたわけではない。ＳＩＲ-90に続けとばかりに各社が一斉にレイバー開発へと乗り出し、１９９0年代半ばには早くもレイバー産業は競争過熱の時代へと突入しているのだ。その先鋒を務めたのは重工業界の雄《ゆう》、菱井《ひしい》インダストリーである。篠原重工に遅れること2年となる１９９4年4月、菱井インダストリーは初のレイバーとなるＨＬ-94〈ギガント１０００〉を発表。四足式の下半身に、2本1対のマニピュレーターを有するというコンセプトは、ＳＩＲ-90を模倣したものに過ぎなかったが、豊富なオプションによる汎用性の高さに加え、扱い易い操作性が好評を博し、順調に販売数を伸ばしていくことになった。現在ではこれらのベストセラー車種を以《もっ》てレイバー第2世代の成立と見なしている。しかし、この時期にレイバー産業へ参入したマナベ重工やシャフト・エンタープライズは、第1号レイバーを発表したものの販売は振るわず、苦戦を強いられることとなる。

このままレイバー産業は、篠原重工と菱井インダストリーの2社によって席巻されるのかと思われた時、思わぬところから新勢力が現れる。かつて飛鳥重機に所属していた技術者たちが中心となって立ち上げたベンチャー企業「株式会社アスカ」が、突如として二足歩行式レイバーのコンセプトモデル・ＳＳＬ-Ｘを発表したのである。

当時、正式発表は行われていなかったが篠原重工と菱井インダストリーの両社では、すでに二足歩行式レイバーの実用化に向けて動き出していた。それだけに新興のベンチャー企業に先を越されたショックは相当なものであったという。特に篠原重工の、というよりも篠原一馬社長の反応は強烈なものであった。そもそも篠原重工が飛鳥重機を吸収合併したのは、同社が予《かね》てより二足歩行機械の基礎研究を進めていたからに他ならず、その技術を手に入れたいがためであったのだ。そして飛鳥重機の施設と従業員を中心として所沢工場を設立すると、密《ひそ》かに二足歩行式レイバー・SIR-X93の研究開発計画を立ち上げていたのである。そのような経緯があればこそ、一馬にとっては飛鳥重機の元従業員を中心とした株式会社アスカの動きは、すでに手に入れていたはずの技術を〝盗用〟したものと映ったようだ。ただちに法務部に命じて法的措置の準備に入ったことは言うまでもない。これに慌てたのが飛鳥重機の元社長でもある所沢工場の工場長だ。かつての部下たちが、泥沼の法廷闘争の中で疲弊し、その才能や技術が潰《つぶ》されるところなど見たくはない。彼は株式会社アスカの主要スタッフたちに連絡を取り、篠原重工への合流を促《うなが》す説得交渉に動き出したのだという。結果から言えば、この交渉は成功裏に終わり、篠原重工は訴状を取り下げると同時に、株式会社アスカを——SSL-Xの設計データ共々——丸呑《の》みする形で吸収することになるのだった。

1995年4月、篠原重工は所沢工場にて開発した二足歩行式レイバー、SSL95〈アスカ95〉を発表した。それは、誰の目にもSSL-Xをベースとしたものであることは明らかであったが、篠原重工の広報部は堂々と〝自社〟開発であると謳《うた》ってみせた。愛称に「アスカ」の名を冠しているのは、株式会社アスカのスタッフたちが見せた意地であったのだろう。

ところが、紆余曲折《うよきょくせつ》を経て史上初の一般販売用二足歩行式レイバーの称号を獲得し、華々しく「第2世代レイバー」としてデビューを飾ったSSL95ではあったが、いざ販売を開始するとトラブルが続出する。バランス制御における不具合を要因とする転倒事故が相次いだのだ。SSL95は、脚部ユニットに圧力センサーと光学センサーを神経系のように配置し、接地環境の情報を取得しつつ、即座にコンピューターで解析を行うことで最適な姿勢を取るという新機軸のオート・バランサーが採用されていた。しかし、その制御を行うソフトウエアに未熟な面があり、現実の複雑な環境に対応しきれなかったのである。

こうした状況を受けて篠原重工は、発売開始から間もなくSSL95のリコールを決断。市場に出回っていたすべての車輌を回収した上で、新車の販売を無期限停止すると発表したのである。所沢工場には、八王子工場のスタッフまでもが集められ、全社をあげて問題点の究明と改善策の検討が進められた。ほどなく、KV-93の三足歩行で用いられていた動的歩行技術を応用した改良型オート・バランサーへの交換が決まったが、いくつかの理由により、改修作業には時間を要することになる。

ひとつ目の理由は、1995年7月に発生した「東京湾中部地震」だ。習志野工場や八王子工場※6、さらに中央研究所が被災し——比較的被害の少なかった所沢工場で作業していたとはいえ——未だ完全に復旧したとは言えない状況であったのである。加えて同年11月には、篠原一馬社長の長男であり、優秀な研究員としても知られていた篠原一驥《かずき》※7が交通事故により死亡するという不幸も重なった。篠原重工の跡取りと目されていた人物の死が与えた動揺は大きく、一時的に経営サイドにも混乱が見られたという。

それでも、翌1996年2月には、どうにかSSL95向けの改良型オート・バランサーが完成。安全対策を施した新モデルを、改めてSSL96〈アスカ96〉※8として発表し、同年10月より順次販売する運びとなった。

しかし、この時期のレイバー産業界にあって、1年という空白期間は致命的だった。SSL95の販売停止から2か月後に、菱井インダストリーが大型二足歩行式レイバー・HL-96〈タイラント2000〉を発表、1995年12月から販売を開始し、本来、SSL95と分け合うはずだった市場を独占していたのである。HL-96は居住性や運動性には課題を抱えていたものの、HL-94の売りであった多彩なオプション装備の付け替え機構をそのままに出力を1・5倍に引き上げており、パワフルかつ使い勝手のいい重機として確固たる地位を築いたのだ。こうした背景もあってSSL96の販売数は伸び悩み、1990年代半ば以降におけるレイバーのシェア争いは、菱井インダストリーの優位で進展していったのである。

※6
習志野、八王子の両工場は一時的に操業停止となるほどの被害を被った。これに伴い篠原重工は、受注が内定していたJR東日本の中央新幹線（リニアモーターカー）計画から撤退せざるを得ない事態に陥っている。結果、同計画は栃木や神奈川に工場を持つ初芝、目立、菱井の各社が受注。篠原重工のリニアモーターカー事業への参入は、数年後の「メガロライン（つくば - 大宮間）」まで遅れることになる。一方、これがレイバー研究に集中できた要因であり、〝怪我の功名〟であったとの指摘もある。

※7
篠原一驥は、中央研究所でも五指に入ると言われるほどの優秀な研究員であったという。彼が研究していた超伝導技術は、リニアモーターカーやレイバーといった篠原重工の主要製品に欠かせないものであり、その死は技術的にも大きな影響を与えることとなった。

※8
〈アスカ96〉の名称は、リリースに合わせて〈大将〉に改められている。SSL95の転倒事故のイメージを払拭するためであるとも、株式会社アスカのイメージを打ち消したい篠原重工上層部の意向が働いたものとも言われている。

パトロール・レイバーの誕生

1995年7月に発生した「東京湾中部地震」は、レイバー産業にとってひとつの転換点となった。マグニチュード8・7、震度6を記録したこの地震では、首都圏を中心に死者1078名、重軽傷者3万5千人以上の被害をもたらした。これに加え、全壊率こそ低かったものの耐震構造にダメージを負い再利用が不可能となった建物が続出。一時的に建造物の建て直し需要が爆発的に増加することになる。

そんな状況下で、日本政府が打ち出したのが「バビロン・プロジェクト」と名付けられた東京湾埋め立て計画であった。元はと言えば、この計画は地球温暖化対策として立案されたもので、海面上昇に備えた巨大堤防を建設することで東京湾を封鎖し、半世紀かけて内部を干拓《かんたく》しようという壮大な構想であった※9。これにより都心の土地不足を一挙に解消すると同時に、東京湾横断道路を敷いて渋滞問題を解決。さらには1980年代後半に凍結されていた首都機能再配置計画、すなわち「フェニックス計画」を「ネオ・フェニックス計画」として復活させることで、一挙に進めようというのだ。

当初は夢物語に思えたこのプロジェクトも、地震からの復興過程で生じる莫大な量の瓦礫《がれき》をいかに処理するのかという課題と紐付ければ、新たな可能性が見えてくる。廃材によって東京湾の一部を埋め立てて人工島を造成。バビロン・プロジェクトの第一歩とすべしとの声が政府与党内で急速に高まり、ほどなくゴーサインが出されることになったのである。

復興事業とバビロン・プロジェクト――そのふたつが重なったことで日本は空前の土木ブームを経験することとなった。レイバー需要はますます高まり、各社は次々と新型車を発表し、増産に次ぐ増産が行われた結果、1990年代後半には、東京都だけで稼働数8千輌を超過。いつの間にか都内ではレイバーを見ない日はないという生活が、当たり前の日常となっていたのである。

これほどまでにレイバーがありふれた存在となれば、事故も起きれば事件も起きる。飲酒運転や居眠り運転による事故が頻発《ひんぱつ》したことに加え、強盗や地上げの恐喝《きょうかつ》などにレイバーが悪用されるケースなども発生。さらにバビロン・プロジェクトに反対する環境保護団体の中から、テロ行為に奔《はし》る者たちが現れたことで治安状況は悪化の一途を辿《たど》っていった。東京湾を完全に埋め立てるとなれば、生態系や海流への影響は計り知れない。そうした点を問題視する人々からすれば、バビロン・プロジェクトの原動力となっているレイバーは悪の象徴であり、それを工事現場から盗んで破壊活動に用いることは正義に適《かな》ってさえいた。いつしか環境テロを含む「レイバー犯罪」は、新たな社会問題として人々に認知されるようになっていったのである。

※9
初期の計画では、東京湾のみならず瀬戸内海をも封鎖し、沿岸の港湾施設などを抜本的に再開発するという案も検討されていた。

レイバー犯罪を犯す者に対し「警察官による公務執行」を最も効果的に視覚化する目的で“人型”にこだわった98式AVは、外観や動作に説得力と実効性を与えるために惜しみなく先進技術と高価な器材を注ぎ込んで造られた。

相手が巨人の如きレイバーとなると、既存の警察用装備では太刀打ちできない。ならば、警察側もまたレイバーを導入すべきであるという考え方が生じたことも、自然の成り行きと言えよう。すでに国家公安委員会内で警察用レイバーの導入が検討されていたこともあり、1995年の半ばには、本庁警備部内の特科車両隊を母体とした「パトロール・レイバー中隊」を翌年の年明けに発足する方針が決まった。こうした組織づくりと並行して、警視庁はレイバー最大手の1社である篠原重工との交渉も開始。昭和七十一年度（1995年度）予算では、警察専用仕様となるレイバーの開発を発注するだけの予算もなく、また部隊発足まで時間的にも余裕がなかったため、当時の最新モデルであったSSL95〈アスカ95〉に、パトライトなど最低限の装備を追加しただけの簡易改装車輌を導入することとした。この車輌を当面の任務に充て、並行して乗員の訓練や部隊運用のノウハウを蓄積しつつ、次年度以降の予算に、より本格的な正式車輌の導入費用を計上しようというのである。

ところが、ここで件《くだん》のSSL95のオート・バランサー問題が生じる。警視庁に引き渡された簡易改装車輌も回収されることとなり、1996年1月の特科車両二課（特車二課）の立ち上げに際しては、レイバーが1輌もないというまさかの事態に陥《おちい》った。また同年6月に予定されていた正式車輌の納入予定も順延。オート・バランサーを改善したSSL96の仕様が決まり、これをベースに装甲を強化するなどした警察仕様車、MPL96〈アスカMPL〉が納入されたのは12月のことであり、その間、隊員たちはリースの教習用レイバーでの訓練に勤《いそ》しんでいたと言われている。

次期MPL計画とAV計画

パトロール・レイバーの調達に手間取ったものの、特車二課はどうにか活動を開始した。しかし、先述の通りMPL96〈アスカMPL〉は、あくまでも暫定的な簡易車輌に過ぎず、警察向けに設計された真の意味でのパトロール・レイバーの導入が待望されていた。

そこで篠原重工は、MPL96の納入を終えるやいなや、警察専用仕様レイバーの開発を目的とした「次期MPL計画」を社内プロジェクトとして発足。警視庁からの正式な発注を待たず、文字通りの見切り発車で開発に踏み切った。菱井インダストリーに市場を食い荒らされていた篠原重工にとっては、悠長に政府の予算編成を待っている時間は残されていなかったのである。

1996年12月、篠原重工八王子工場に17名の技術者たちが集められ、同工場の副工場長を兼任室長とする「次期MPL開発室」が設立された。以後、彼らは急ピッチで設計を進め、年内には早くもMPL96をベースとする改良案の基礎設計を完了させたという。しかし、搭載予定の新型マニピュレーターの試作に着手した段階で、上層部より「待った」がかかる。より長期的な視点に立った場合、次期MPLの開発にあたっては、それ単体での採算を度外視してでも、他社に対する技術的アドバンテージを確保しておくべきであると、篠原一馬社長が主張し始めたのである。豪腕のワンマン社長が大号令を発すれば、すべての風向きが変わるのが篠原重工という企業である。翌1997年1月、篠原重工は「AV（Advanced Vehicle：アドバンスド・ビークル）計画」と銘打った一大プロジェクトを発足させることになるのだった。

AV計画を、もっともシンプルに説明するのであれば、かねてより研究を続けてきた先進技術のすべてを投じた「第3世代」とも言うべき新機軸のレイバーを開発するプロジェクト、となるだろう。だが、これは単純にパトロール・レイバー単体の開発を目指すものではない。警視庁に加え、防衛庁に対しても同じ技術を用いたレイバーを――莫大な開発費に対しては破格とも言える廉価で――納入することの引き換えとして、各省庁での運用によって得られるであろう厖大《ぼうだい》な実働データを収集。それらを自社製オペレーション・システムにフィードバックすることで制御系を磨き上げ、民生品レイバー市場においてもシェアを奪回するという壮大な筋書きであったのだ。

しかし、この計画は多分に冒険的と言えた。先進技術を導入するということは、未知の領域へと踏み込むに等しい。莫大な開発費を要することはもちろん、開発中にトラブルが生じれば、完成が遅れて次期MPLの受注を取りこぼす危険性すらある。そこで篠原重工の上層部は、万が一に備えた保険として、MPL96ベースの改良案を所沢工場にて引き続き進めさせる決定を下している。同工場には、飛鳥重工――及び、株式会社アスカ――出身の技術者たちが多く在籍しており、SSL-Xから連綿と続いてきたいわゆる〈アスカ〉系に関してはノウハウが蓄積していた。その点を考慮しての決定であろう。

ふたたび〈アスカ〉を手掛けることとなった所沢工場の技術陣は、八王子工場から引き継いだ図面を根本から見直すこととした。そして、〈アスカ〉系のネックとされていた姿勢制御面での不安を完全に払拭《ふっしょく》すべ

MPL96 アスカMPL

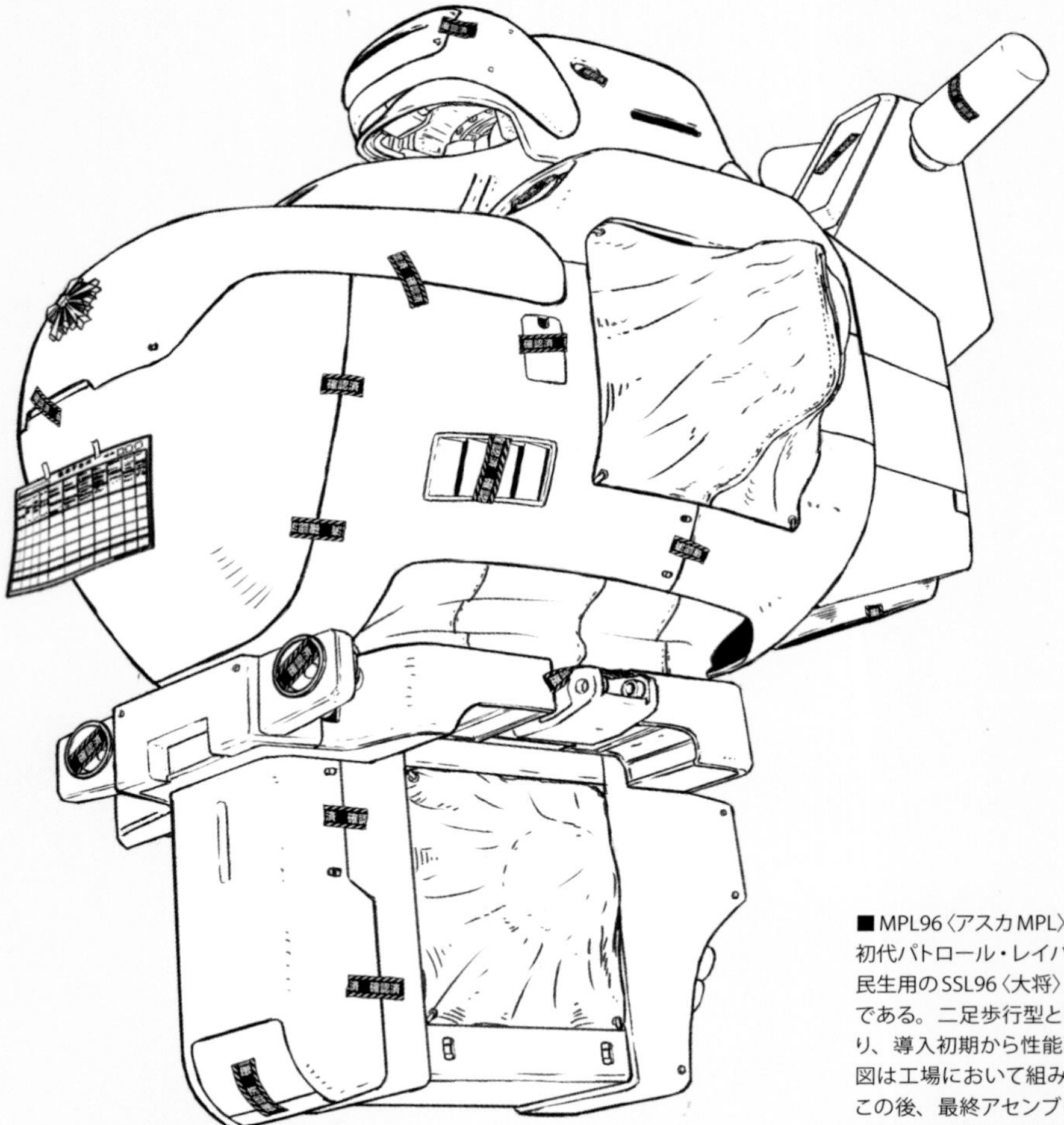

■MPL96〈アスカMPL〉：頭部及び胴体
初代パトロール・レイバーであるMPL96アスカは、民生用のSSL96〈大将〉をベースとした警察仕様車である。二足歩行型としても初期のレイバーであり、導入初期から性能不足の感は否めなかった。図は工場において組み上がったばかりの胴体部。この後、最終アセンブリ工程へと送られ、腕部と脚部などが組み付けられた。

く、5・62メートルあった全高を4・45メートルまで低減。車体形状にも大幅な変更を加えることで、重心を下げて安定性を増す試みを行っている。これと同時に、足裏に走行輪を加えることで舗装道路にて「ローラー・ダッシュ式走行」を可能とするという機動性を追加。さらにマニピュレーターにも改善を加え、最大起重を従来型の1・2トンから大幅に引き上げることに成功（左腕2・03トン、右腕1・52トン）させている。SSL95の開発においては、文字通りの〝躓《つまず》き〟があった訳であるが、MPL96改の設計は順調に進み、1997年の暮れには試作車輌1輌が完成。〈ニュー・アスカ〉と名付けられたのだった※10。

こうした所沢工場の動きに対して、八王子工場ではAV計画のスタートに合わせて開発チームを38名に増員した上で「次期MPL開発室」を「AV開発本部」へと改称、まったく異なるアプローチで新型レイバーの開発に臨むことになる。駆動系の全超電導化を目標に掲げ、素体の設計をゼロベースで検討し始めたのだ。

常温超電導技術は1990年代初頭に確立され、ここ数年で産業界での応用が進み始めていた。しかし、サイズと出力のバランスや消費電力の多さなどの面で技術的な課題を残しており、レイバーの駆動系に用いることは難しいと考えられていた。だが、AV計画に協力することとなった篠原重工筑波研究所の超電導工学室では、当時、実用化されたばかり

※10
未だに旧社名を引きずった〈ニュー・アスカ〉という名称については、叩き上げの篠原重工幹部からは不評であったとも伝えられている。

MPL-97S パイソン

であった有機超電導材料を用いることで出力の問題を解消。さらに小半径コイルを逆向きに配置するというアイディアを取っ掛かりとして、超電導リニアモーターの小型化を達成した。こうしたブレイク・スルーを経て、全超電導化を成し遂げながらも、8メートル級にまで全高を抑《おさ》える道筋をつけたのである。これ以降、AV開発本部では基礎技術を磨きながらも、警視庁向け仕様のMPL-X98AVと、防衛庁向け仕様のAL-X99AV（いずれも社内開発コード）を、同時並行的に設計していくことになる。

ところが、順調に開発が進展しているように思えた1997年8月に激震が走る。レイバー開発においては後発組に属するマナベ重工が、突如として警視庁へのレイバー納入を発表。MPL-97S〈パイソン〉と名付けられた新型レイバー※11を、極めて廉価で警視庁に提供することを公表したのである。これは篠原重工が狙《ねら》っていたものと同じ方法論、つまり実働データの収集と引き換えにした取引であったと言われている。篠原重工のAV開発本部に所属する技術者たちにとって何より衝撃的だったのは、〈パイソン〉が極めて人型に近いプロポーションと、人間の手を模した5指方式のマニピュレーターを有していた点だ。それはまさしく、彼らがAVシリーズで目指していたものであった。MPL-97S〈パイソン〉の駆動方式は旧来型※12であったため、決して技術的に先行を許したわけではなかったが、次回選定の際に現用機を有するメーカーが有利になるであろうことを考えると座視もできない。篠原重工の上層部は、AV開発本部に対してAVシリーズを1998年中にロールアウトするようにとの期限を設け、設計作業を加速させるように命じたのだった。

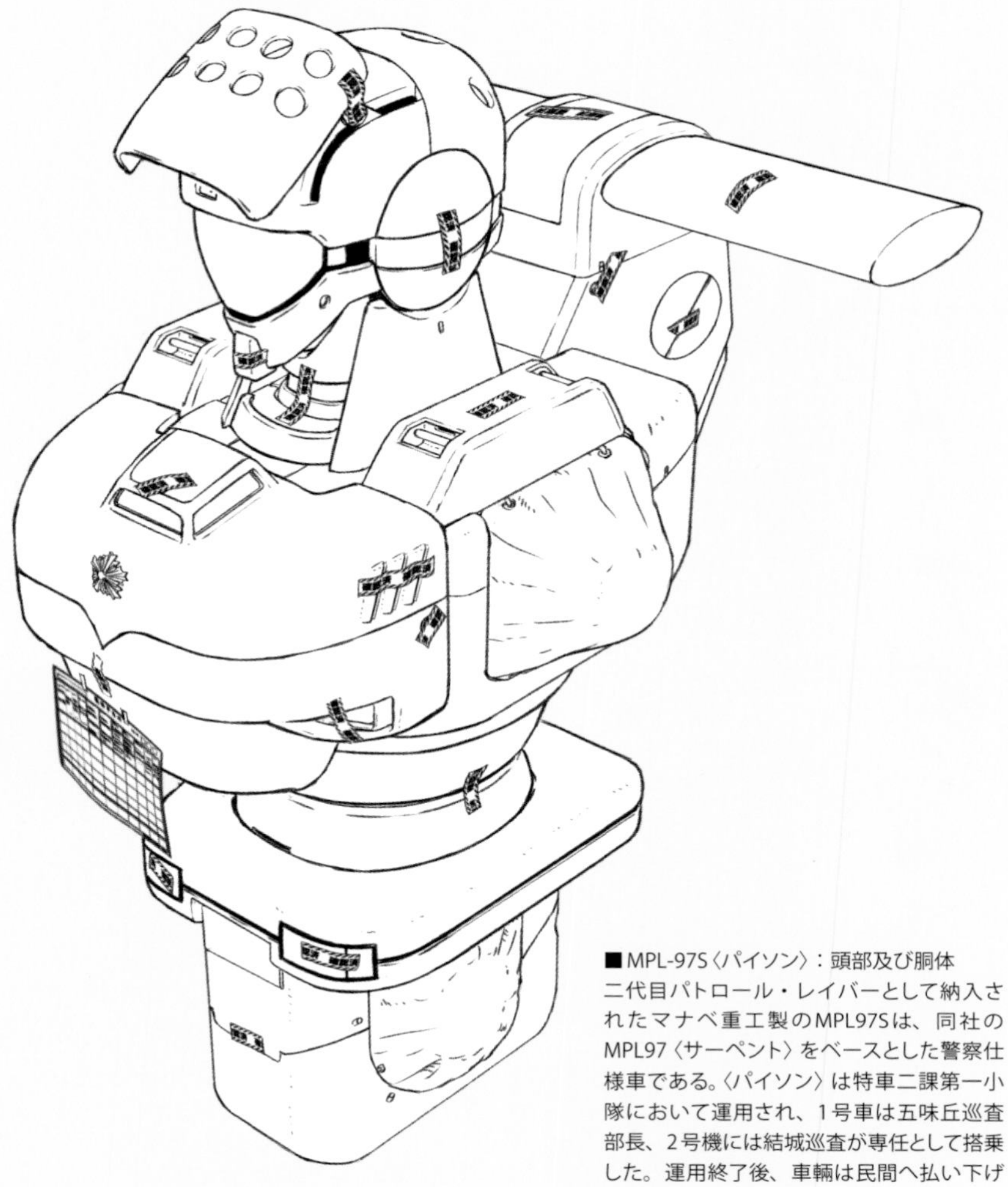

■MPL-97S〈パイソン〉：頭部及び胴体
二代目パトロール・レイバーとして納入されたマナベ重工製のMPL97Sは、同社のMPL97〈サーペント〉をベースとした警察仕様車である。〈パイソン〉は特車二課第一小隊において運用され、1号車は五味丘巡査部長、2号機には結城巡査が専任として搭乗した。運用終了後、車輌は民間へ払い下げられている。

※11
マナベ重工と警視庁の協議は1997年2月時点より開始されており、その時点ではMPL-97〈サーペント〉というレイバーの納入が予定されていた。その後、運用サイドである特車二課側の意見を採り入れる形で改修が加えられ、MPL-97S〈パイソン〉へと型式と愛称を改めたのだという。なお、この車輛は特車二課第一小隊に配備され、1999年9月まで運用されている。

※12
たとえばMPL-97S〈パイソン〉の腕部マニピュレーターは、上腕部に内蔵したモーターからワイヤーを伸ばして、指を駆動する方式を採用していた。これは「極限作業ロボット」の開発過程で確立された技術の延長線上にあるもので、必ずしも珍しいものではなかった。

大田区城南島の特車二課の拠点は、オフィスや整備場などがひとつに連結された建物であり、現場の隊員や整備員たちからは“二課棟”と呼ばれていた。写真はAV-98の2及び3号機、そして新配備の〈ピースメーカー〉。訓練とはいえ、第一小隊と第二小隊の車輌が同時に稼働しているのは珍しい。各車輌が向いている方向は東京湾だが、実弾や空砲を使用した射撃練習ではなく、火器の取り扱いそのものを中心とした日常の訓練風景である。

98式AV イングラム 1号機

SPEC	
全高：	8.02m
全幅：	4.37m
乾燥重量：	6.0t
装備重量：	6.62t
最大起重：	2.4t
最小回転半径：	3.90m
装甲材質：	CFRP、FRM

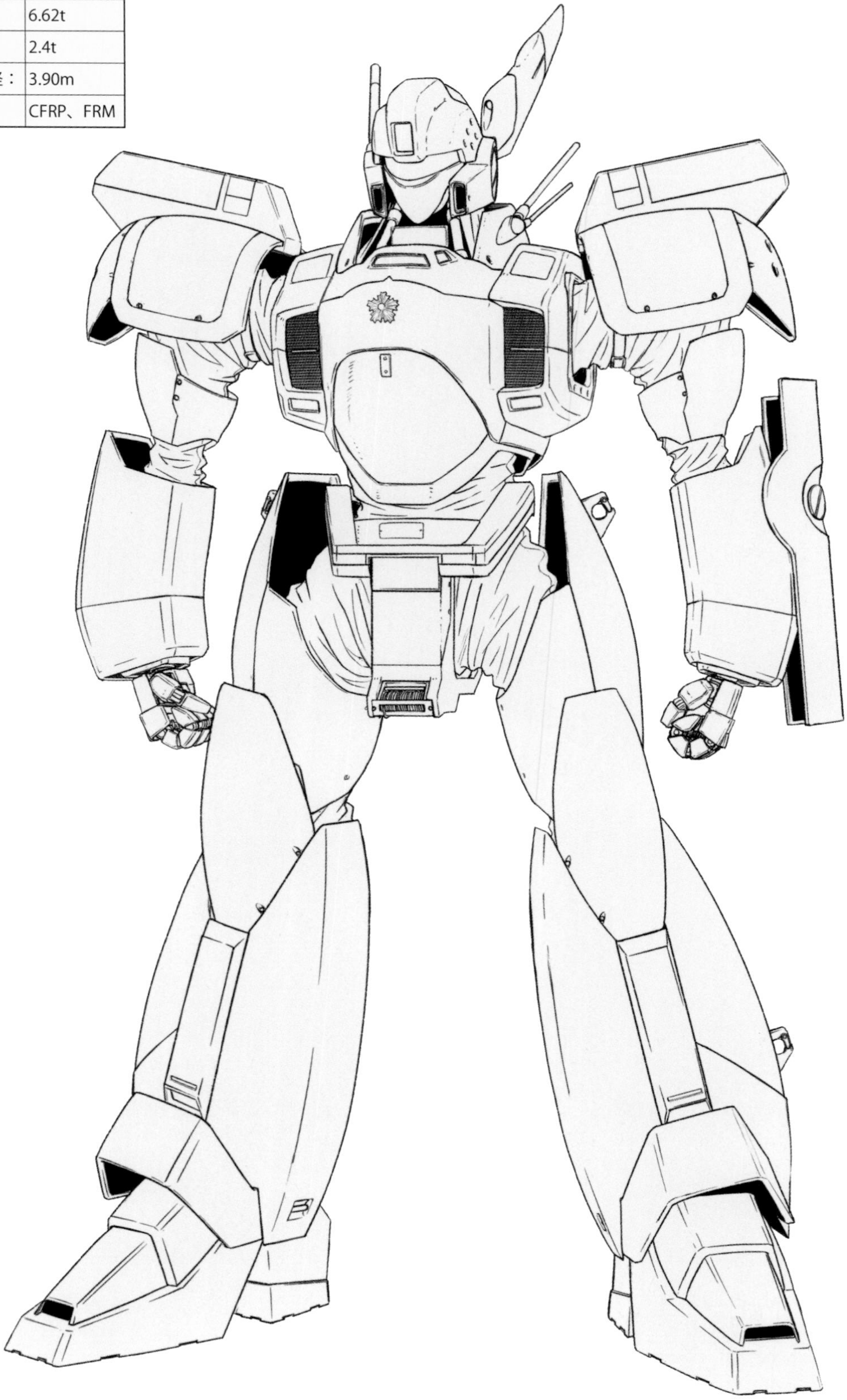

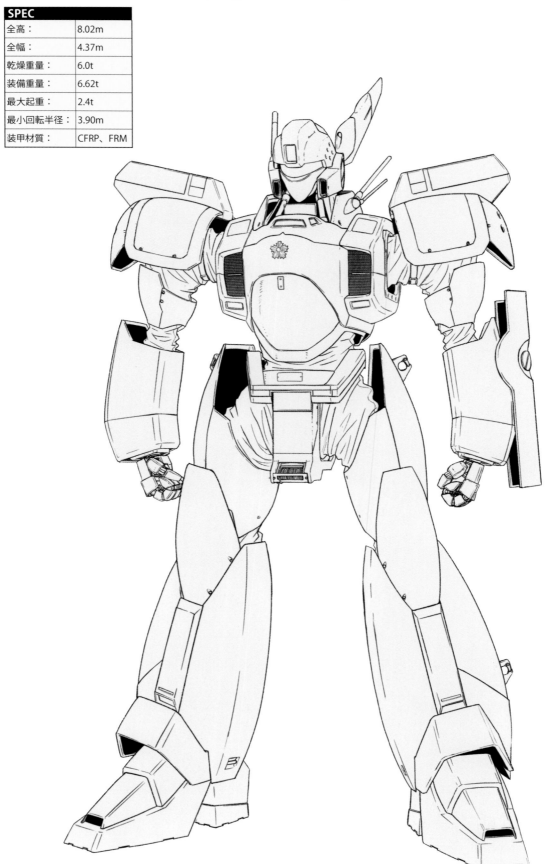

■98式AVの銘板
各車の腰部前面に取り付けられている。

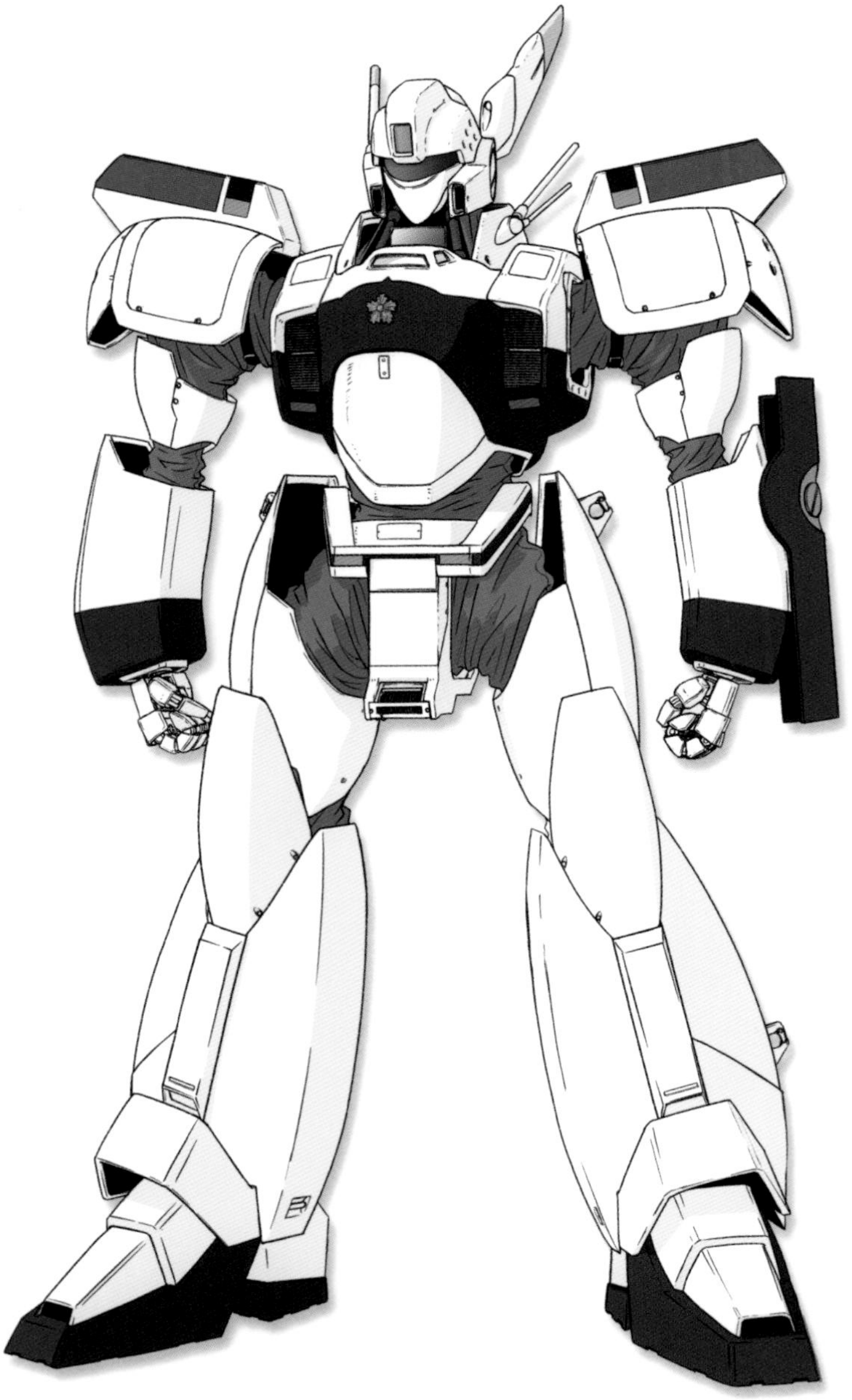

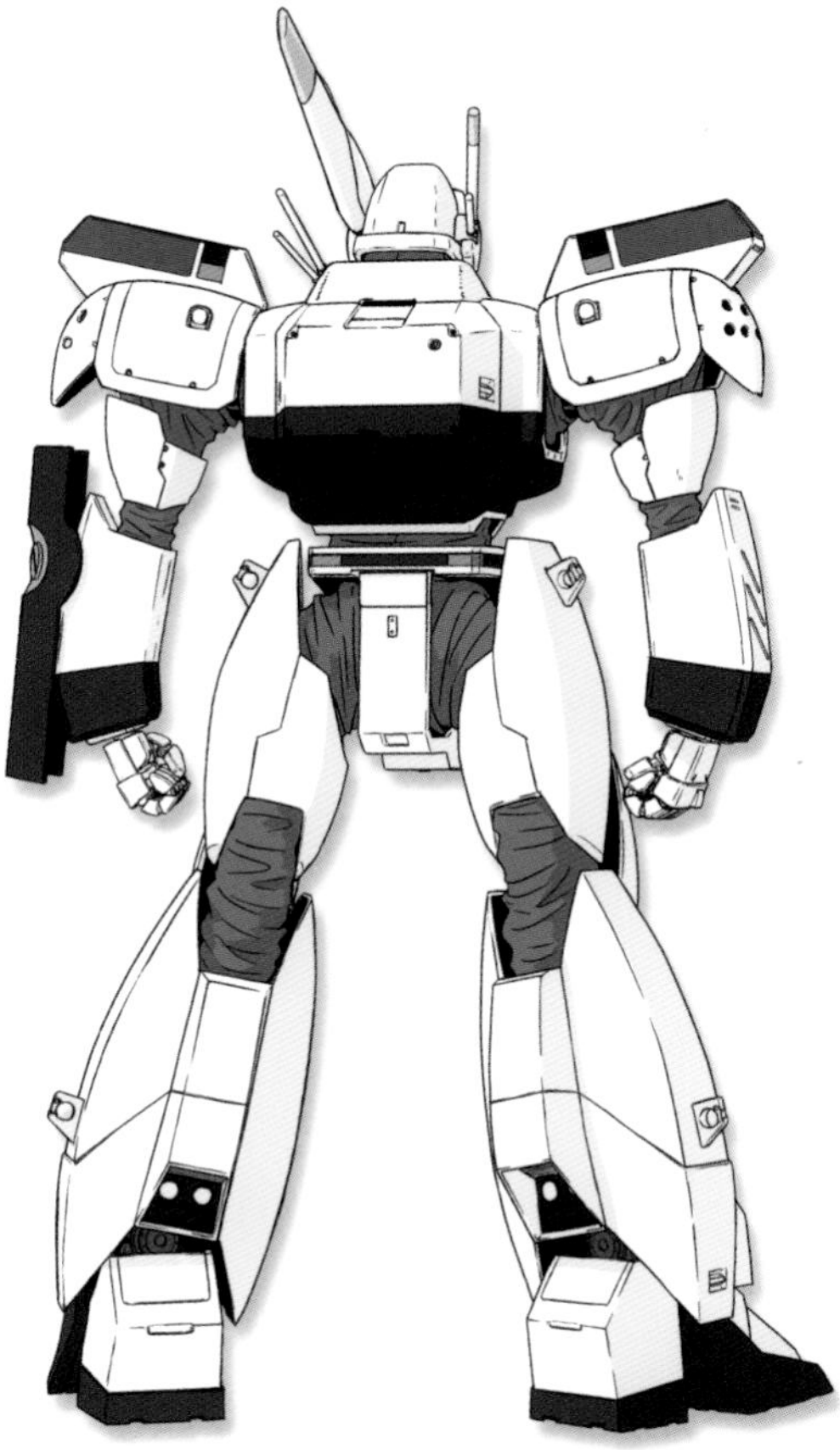

■導入時の98式AV〈イングラム〉
1～3号機の導入初期の外観は同一であった。

98式AVの開発

篠原重工がAV計画の大目標として掲げた全超電導化とは、内蔵するSCB（Superconductive Battery：超電導電池）から供給される電力によって、全身に分散配置したSCLM（Superconductive Linear Motor：超電導リニアモーター）を動かすという、前代未聞の駆動システムであった。SCLMを筋肉の代わりとして、人体を模した動きを実現しようというのである。

特に5指のマニピュレーターを有する腕部ユニットの制御には力を入れていたらしく、その過程で操縦者の動きをダイレクトに操作へとフィードバックするモーション・トレーサー機能が開発され、実装される運びとなった。この措置により、これまで以上に多彩なオプションが利用可能となったほか、現場の状況に即した臨機応変な作業に対応できるようになったことは、特筆に値するだろう。

98式AV イングラム 1号機

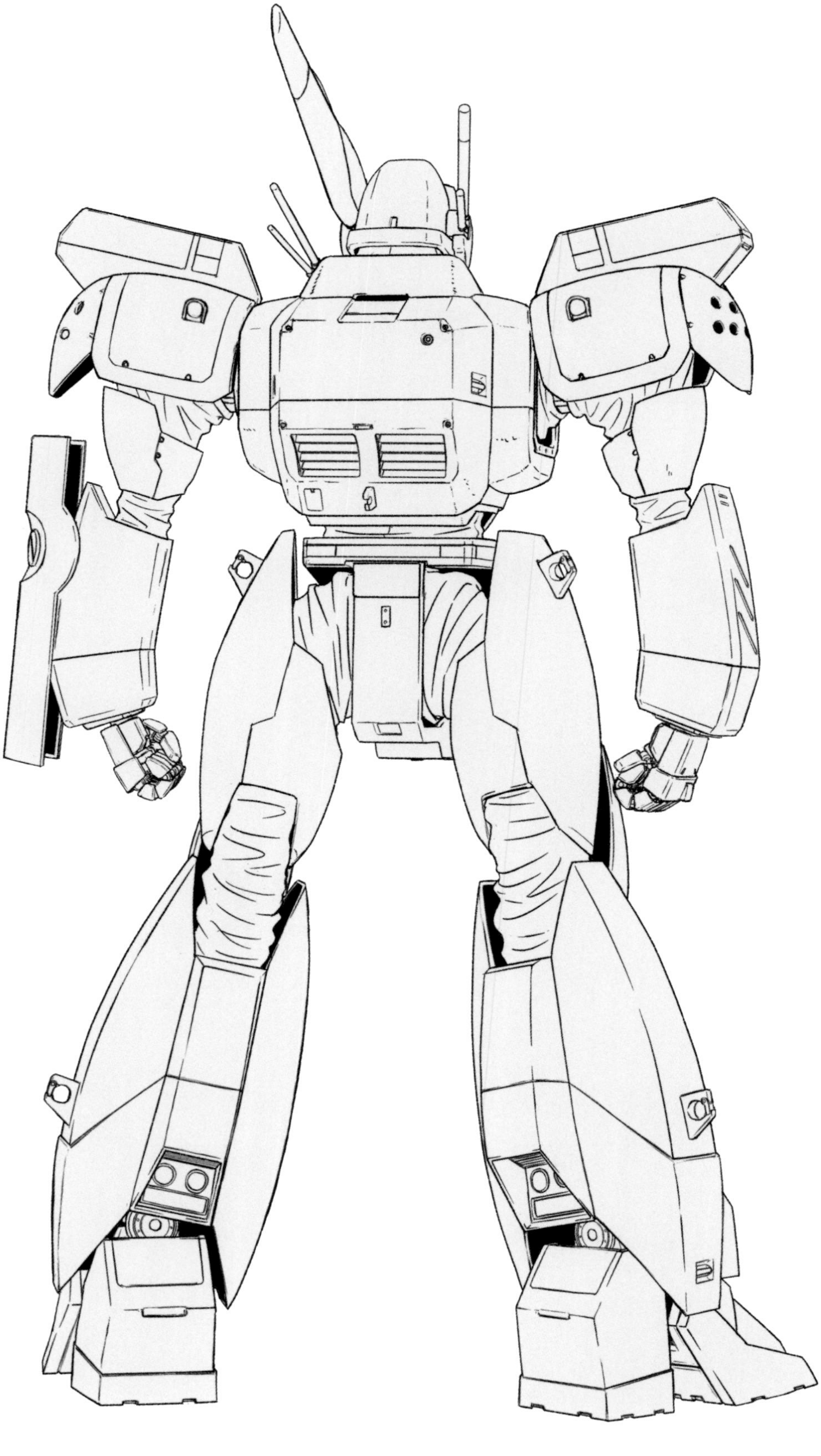

破壊力のあるレイバーが暴れている場合、周辺への被害が甚大になる恐れがあり、可能な限り速やかな状況収拾が求められる。だがパトロール・レイバーの"実力行使"もまた民間の人々にとっては脅威であり、しばしば批判の目に晒されたことも事実だった。

また、軍用であるAL-X99AVはもとより、警察用のMPL-X98AVも違法改造レイバー※13に対抗する必要性があったことから、繊細かつ柔軟な動作に加えてパワーも重視された。結果的に完成した腕部ユニットは、最大限まで伸ばした状態でさえ333kgの重量物を吊り下げられるトルクを実現。従来の作業用レイバーにない驚異的な性能を獲得することとなった。さらに、この時点でMPL-X98AVも銃器の運用を前提とすることが決まっていたため、発砲時の衝撃に耐えるための機構や射撃管制システムとの連動機能など、民生用レイバーとは明らかに異なる仕様を盛り込む必要もあった。そうとなれば、製造費用が嵩《かさ》むのも無理からぬことと言えよう。結局の所、腕部ユニット1本で、従来型レイバー1輌を上回る5億円超が必要になったというから驚きである。

なお、脚部ユニットに関しては、基本的にはSSL96やMPL96といった〈アスカ〉系の発展型といえるものとなっているが、ここにも採算度外視の傾向が見て取れる。筑波研究所で開発された小型アクチュエーターを採用したのだが、その設置数は従来モデルの2倍近くに達しているのだ。これは、複数個のアクチュエーターによって圧力を分散させる目的であると同時に、より素早く的確に動作させ、二足歩行式レイバー初の「走行モード」を実現するための措置でもあった。MPL96改が駆動輪を装備することで高速走行させようと試みたのとは対照的に、文字通り「走る」ことを目指していたのだ。二足走行は、瞬間的にとはいえすべての足が地面から離れるため、歩行とは比べ物にならないほどバランス制御が難しく、加えて着地時の衝撃も凄まじいことから、レイバーでは実現困難とされてきた。しかし、車輪による走行に比べて路面の凹凸や傾斜に強く、特に不整地では歴然とした差が出る可能性があった。そこで、八王子工場の技術者たちは、茨《いばら》の道と知りながらも、あえて史上初の偉業に挑んでいたのである。

※13
容易に破壊活動に利用できるという潜在的な危険性を有するため、レイバーの改造は法律によって厳しく制限されている。しかしながら、環境テロリストを始めとする犯罪者が法規制を遵守するはずもなく、しばしば違法にパワーを強化したレイバーが犯罪に用いられた。本質的に民生品と変わりがないMPL96では、こうした違法改造レイバーに対抗することが難しかったことは言うまでもない。

　1997年8月、八王子工場にて改良型オート・バランサーと、アクティブ・サスペンションを具《そな》えた試作脚部ユニットが完成。直後に行われたテストでは、ギリギリの水準ではあったものの初期目標を達成する数値を記録し、脚部ユニットの開発を指揮していた実山も、このまま調整を続けていけば二足走行も充分に可能であろうとの手応《てごた》えを得たという。だが、やはり眼前には鋭い棘《とげ》を持つ茨《いばら》が茂っていた。ハードウェアの開発は順調に進んでいたが、ソフトウェアの面で問題が噴出したのである。歩行、走行ともに基本アルゴリズムは完成していたのだが、歩行状態から速度を上げていき走行状態へと移るモードチェンジが、どうにも上手《うま》く行かなかったのだ。

　こうした状況を打開したのは、なんと同年9月に入社したひとりの新人社員であった。名は、帆場暎一《ほばえいいち》。「極限作業ロボット」プロジェクトに参加したことでも知られる城南工大機械工学科古柳研究室の出身者であり、7月にマサチューセッツ工科大学への留学から帰国したばかりの若き俊英である。篠原重工ソフトウェア事業部に配属された帆場は、ベテラン社員たちが頭を抱えていた難題を、たちどころに解決。そればかりか、AVシリーズによって蓄積した実働データを、民生用の新型オペレーション・システムに活かすというコンセプトをさらに一歩押し進め、多彩なレイバーの操縦系統を統一するという野心的な青写真を描いてみせた。これが後に、HOS（Hyper Operating System）へと繋《つな》がっていくことは周知の通りである。

　なお、AVシリーズは操縦席にも一工夫が図られている。MPL96で実現していた密閉型の操縦席を発展させ、シートをスライドさせる機構を導入、開放型のように操縦者の頭部を車外に露出させることも可能としたのだ。センサー類がどれほど優秀であっても、モニター越しで確認できる情報は限られており、状況によっては、視界が広く取れる目視の方が効果的に操縦できることもある。そうした現場からの声に応《こた》えた形での設計であった。

　ちなみに話は前後するが、並行開発されていたMPL-X98AVとAL-X99AV、それぞれの要求スペックの違いが明確化し、外装デザインに着手し始めた1997年夏に、篠原重工の社内で愛称の公募が行われたという。我々が知るところの〈イングラム〉、そして〈ヘルダイバー〉という名称は、この時、命名されたものなのだ。面白いのは、実在の銃器、及びその設計者の名から着想を得た〈イングラム〉という名※14を発案したのが、AL-X99AVの開発主査であったという点だ。彼は、自身が手掛けるAL-X99AVにも名称案を応募していたそうだが、そちらは落選し、別の社員が応募した〝カイツブリ〟に由来する愛称、〈ヘルダイバー〉が採用されている。空挺《くうてい》作戦への使用も念頭に置かれていただけに、急降下爆撃機にも用いられる名が良しとされたのであろう。

　かくして愛称が決定された後、1997年10月、MPL-X98AV〈イングラム〉の試作機が完成。各種試験に

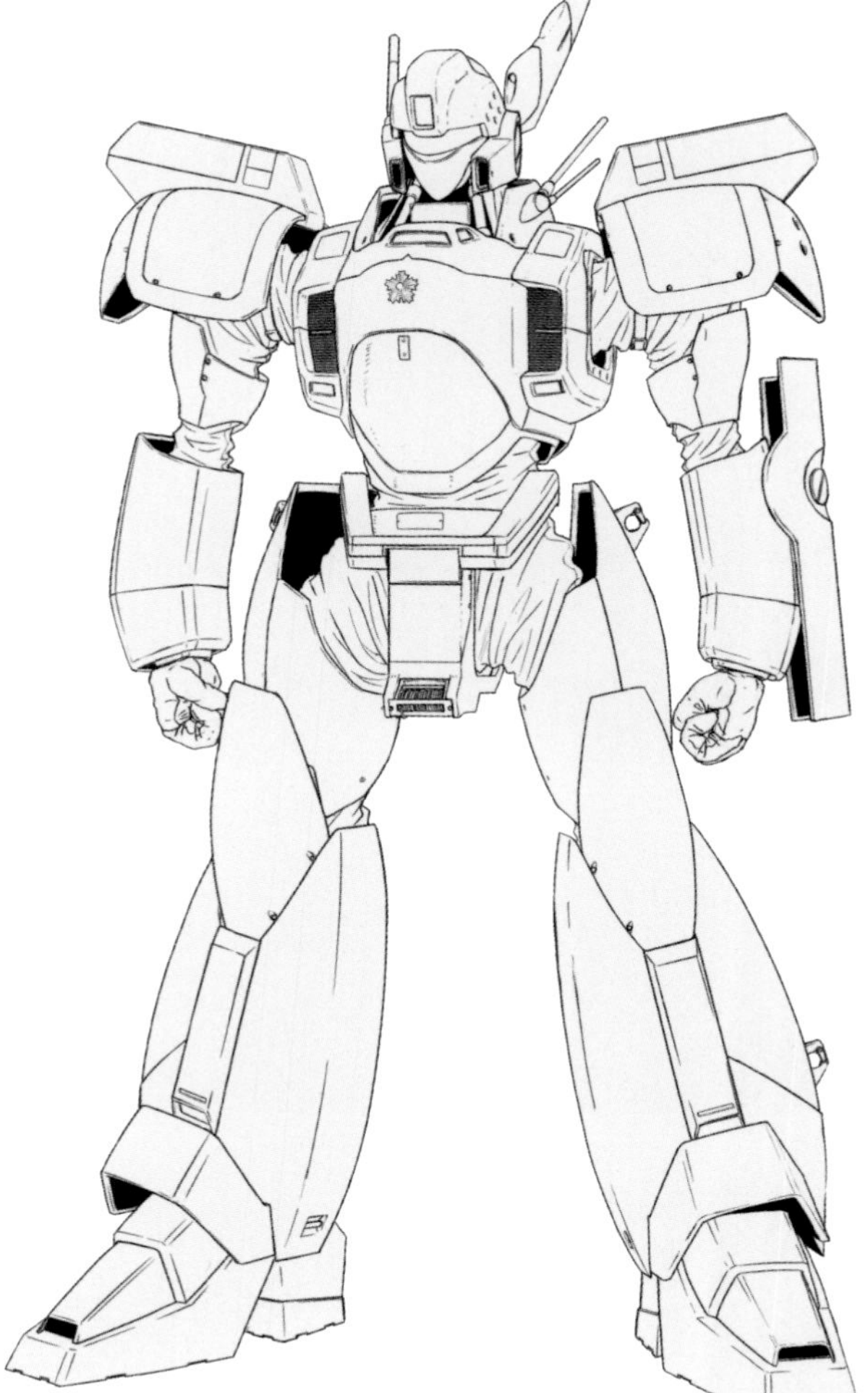

■改修後1号機【前面】
98式AV〈イングラム〉は、当時としては先進的かつ画期的な技術を投入され飛躍的に能力向上が図られたが、多分に実験的な車輌という性格を持ち、運用中頻繁に大小規模の改修を受けている。図は「方舟事件」でメーカー後送となるダメージを負った際に行われた大規模改修後の姿を示す。

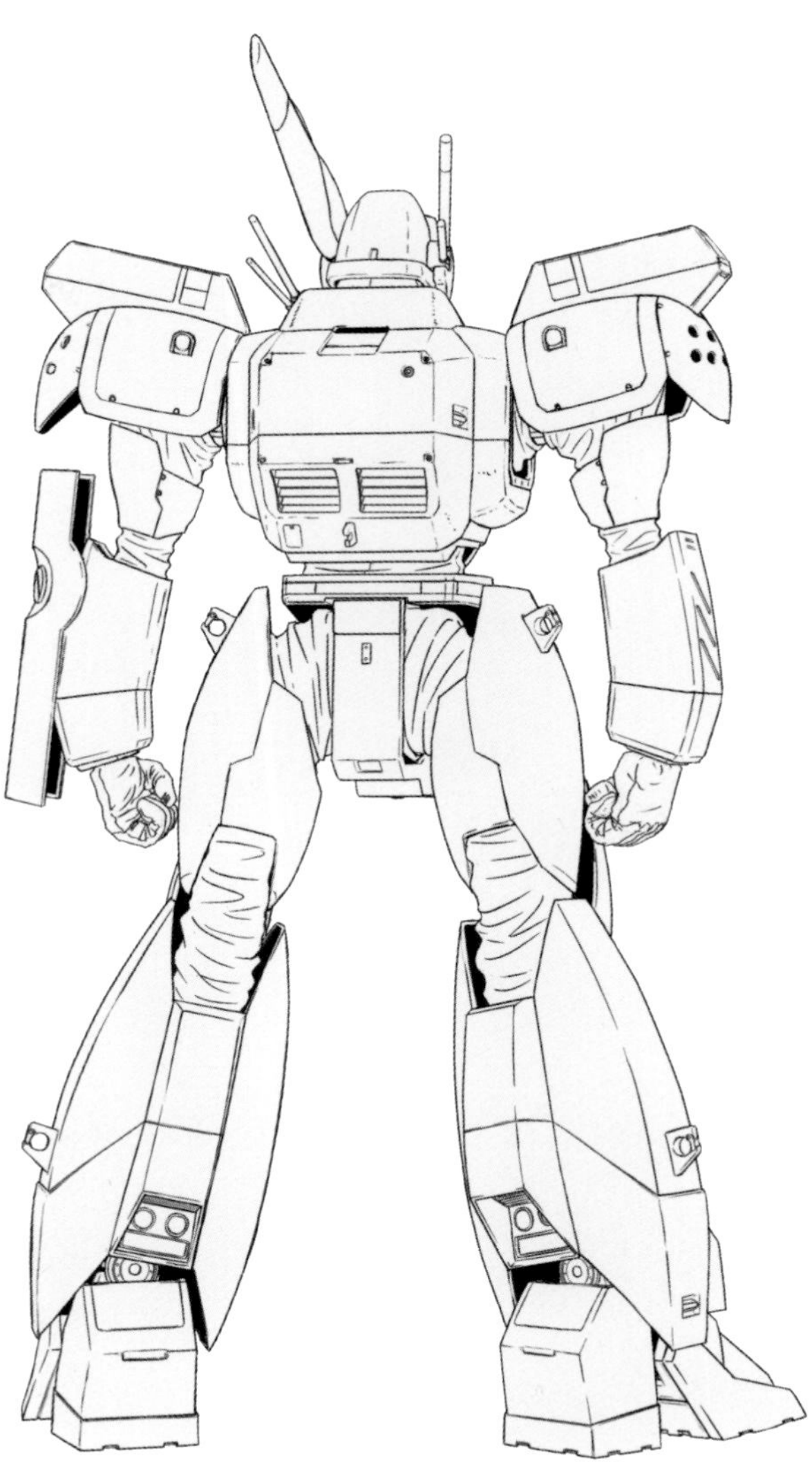

■改修後1号機【背面】

供された後、警視庁や防衛庁の関係者を招いた内覧会が執《と》り行われる運びとなった。その際、比較対象として所沢工場製のMPL96改〈ニュー・アスカ〉も出展されたことで、この内覧会は選定を競い合うトライアルの様相を呈していたと言われている。その結果、勝者となったのは〈イングラム〉であった。直ちに採用内定とはならなかったものの、招待客たちの注目はAVシリーズに集中し、臨席した篠原重工の幹部たちもほっと胸をなでおろしたとの証言が残されている。なお、余談であるがMPL96改は、後に完成していた1輌が警視庁に寄贈されており、東京中野の特車課車輌センターに保管されているほか、後に米国への輸出交渉がまとまり1999年度までに累計30輌が米国各地の州警察に納車されている。これは、ローラー・ダッシュ機構が高く評価されたためであり、たとえばロスアンゼルス州警察ではCHP（California Highway Patrol：カリフォルニア・ハイウェイ・パトロール）に配備され、高速道路におけるレイバー犯罪の取締りに用いられたという。

さて、話をAV計画に戻そう。年をまたぎ翌1998年1月になると、〈イングラム〉と〈ヘルダイバー〉はともに外装デザインを仮決定、実物大模型を製作した上で、最終調整段階に入ることとなった。そして同年2月には、警視庁、防衛庁の双方から相次いで採用内定の通達が舞い込み、それぞれ型式をAV-98、ARL-99と改めている。もはや開発は山場を越え、ゴールラインが目前に迫っていた。

こうして1998年4月3日、東京大手町の経団連会館にて、篠原重工は新型レイバー「AVシリーズ」を発表した。1996年のSSL96〈アスカ96〉発表以来、久々に新製品のお披露目《ひろめ》に姿を表した篠原一馬社長は、開口一番、堂々と「レイバー第3世代の開幕」を宣言。AV-98〈イングラム〉の存在を明かすとともに、同年中の警視庁への納入計画を公表した。それはシェア争いで苦戦を強いられていた菱井インダストリーや、警視庁に食い込み始めたマナベ重工に対する反撃の狼煙《のろし》でもあった。

そして華々しい会見を経た4月下旬、八王子工場にてAV-98〈イングラム〉がロールアウト。合計3輌が、同年10月に警視庁特車二課第二小隊に配備されたのだった。なお、篠原重工に支払われた調達価格は、1輌あたり56億7千万円であり、予備部品やレイバーキャリアなどの周辺装備を含めた総費用は、1998年度の警視庁予算における装備・通信・設備費の3分の1を占める規模となった。しかし、途方もない金額に思えるこの価格でさえ、篠原重工がAV計画に投じた研究開発費が、その数倍であったことを考えれば「破格」の安値と言えるだろう。

※14
後に篠原重工が発表会にて愛称を公開した際には、「INdeterminate GRound Armed Mobile：不確定型陸上兵装車輌」の略称であると紹介されたが、英文法的には破綻しており、当て字に近いものであったことは確かだろう。

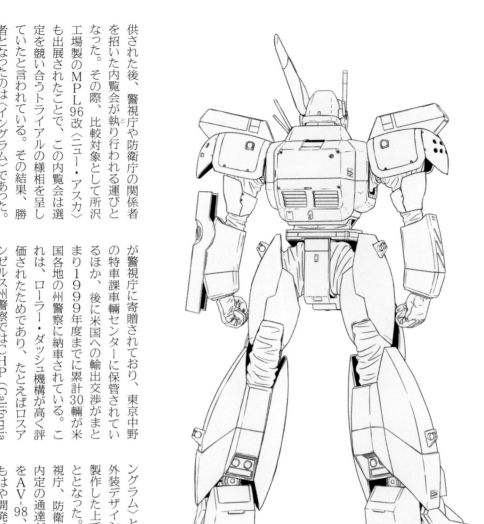

98式AV イングラム 2号機
頭部改装後

SPEC	
全高：	8.02m
全幅：	4.37m
乾燥重量：	6.0t
装備重量：	6.62t
最大起重：	2.4t
最小回転半径：	3.90m
装甲材質：	CFRP、FRM

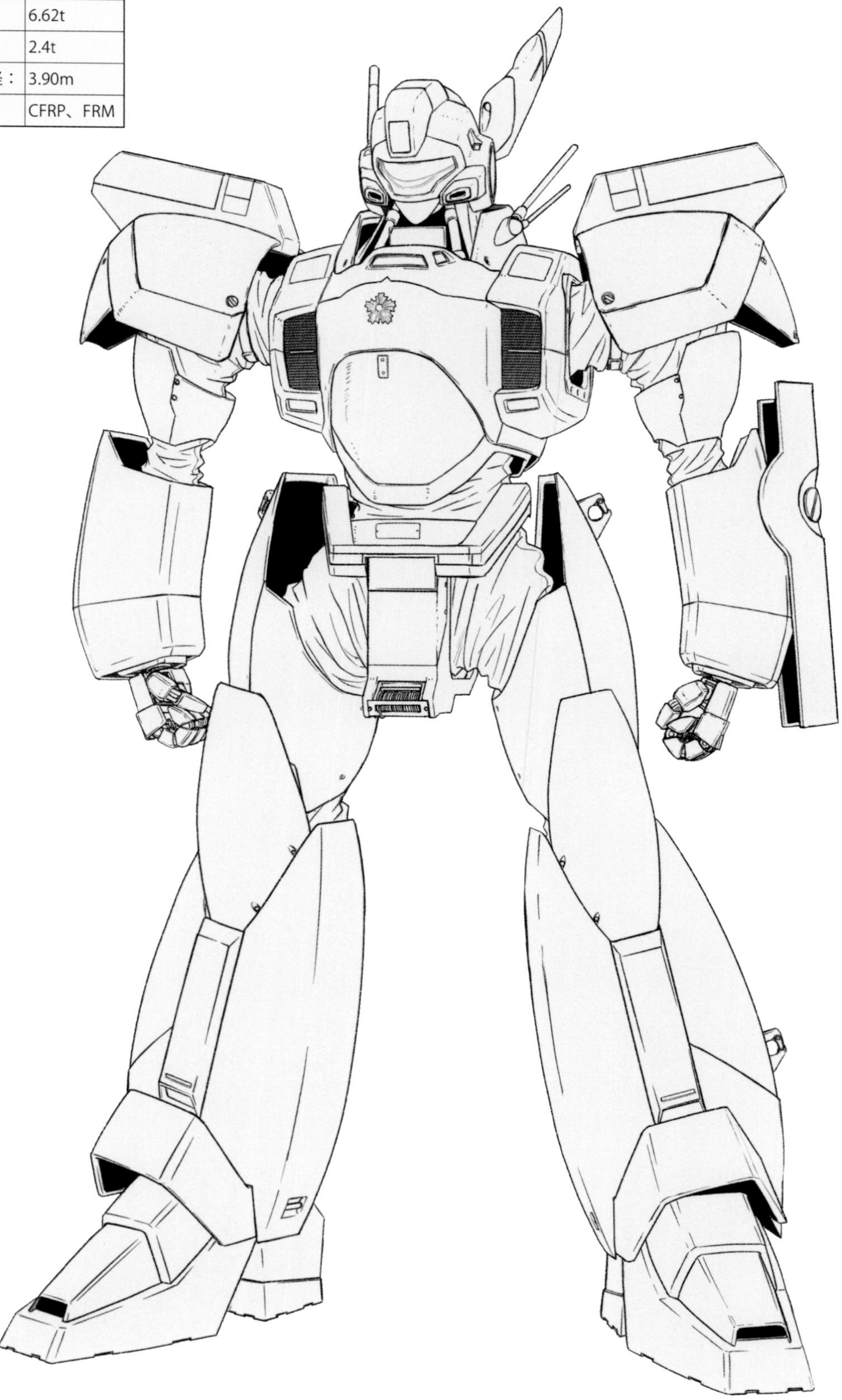

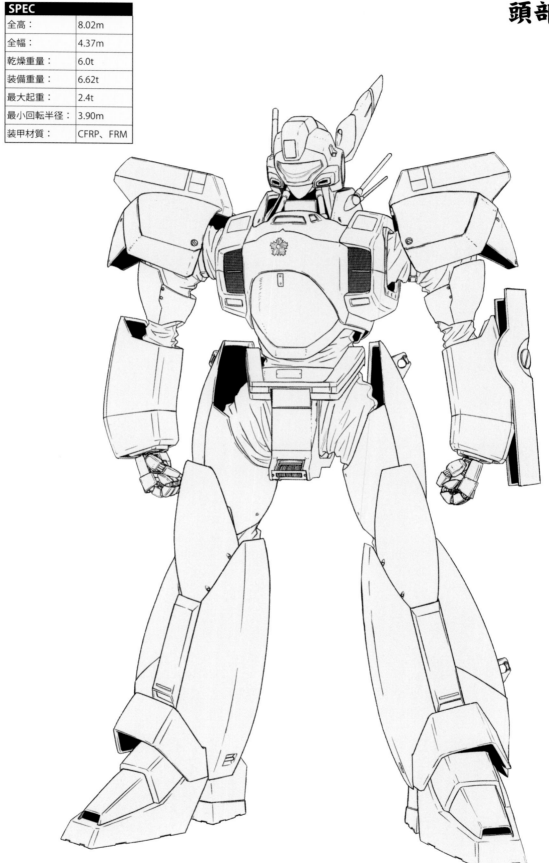

当初、まったく同一仕様の車輌として納入された1号機及び2号機であるが、運用開始後ほどなくして新設計の新しい頭部が2号機にのみ取り付けられていた。また、肩部のアーマーの形状も幾度か変わっている。出動にあたって対峙したレイバーとの格闘戦により生じた破損を、その都度交換していった結果、ついには純正部品が尽きて開発中の試作品を充てざるを得なくなったためとされている。2号機の破損率が特に高かった理由については、搭乗者の性格の傾向によるものと単純に言われがちだが、むしろそれに基づいて配置された1号機と2号機のポジションが原因であろう。2号機の方が、よりオフェンス的な役割に就くことが多かったと考えられる。

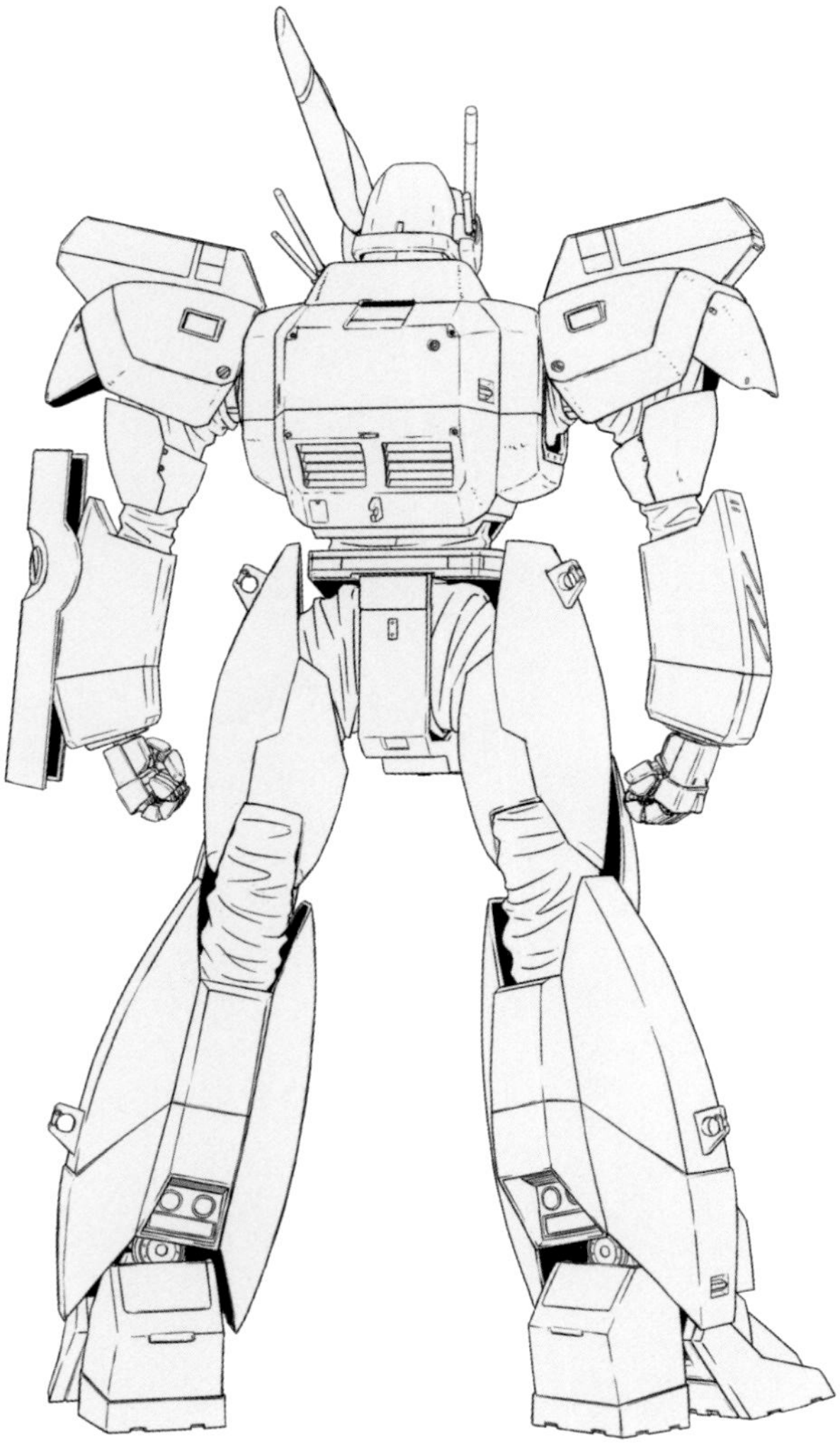
■2号機【背面】

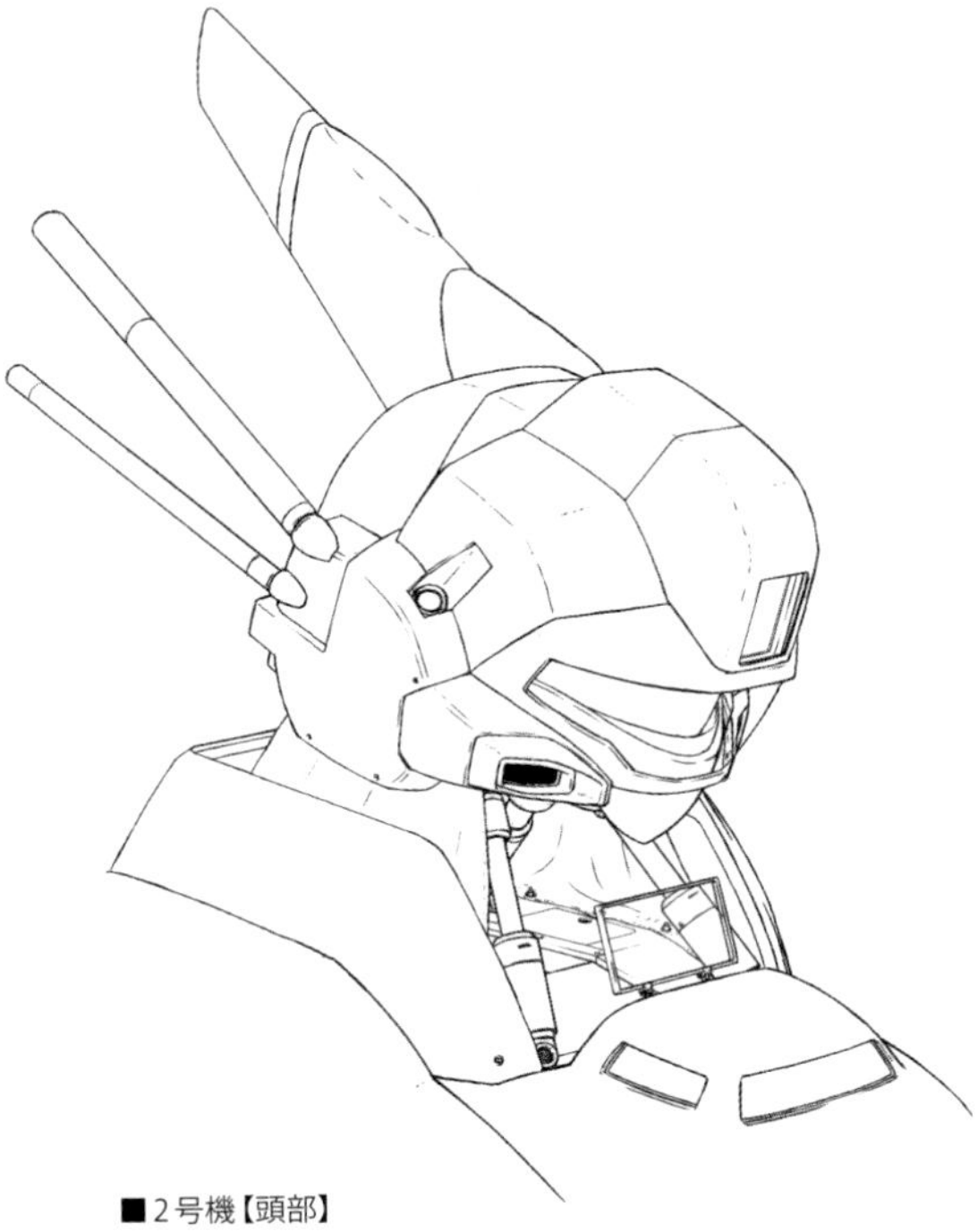
■2号機【頭部】

特車二課の設立経緯

警察組織におけるレイバー運用の先駆けとなった警視庁警備部特科車両二課、通称「特車二課」は、いかにして誕生したのか。その原点を辿《たど》ると、1990年代初頭に防衛庁が設立したひとつの組織にたどり着く。防衛庁技術研究本部第七研究所に発足した「多目的歩行機械開発運用研究準備会」である。会の中心人物である柘植《つげ》行人《ゆきひと》にちなみ「柘植学校」と呼ばれるようになったこの組織は、当時、建築土木分野で急速に普及しつつあったレイバーの軍事的潜在能力に着目。数々のシミュレーションモデルによってレイバーの実用性を証明しつつ、菱井インダストリーや篠原重工といった民間企業と防衛庁との間に太いパイプを構築するなど、後の陸上自衛隊におけるレイバー部隊の設立に、多大な貢献を果たしたと言われている。こうした動きに対して警視庁上層部は警戒感を強めた。陸自の動きを放置すれば、レイバー開発が防衛庁主導で進められていきかねないと危惧《きぐ》したのである。折しもバビロン・プロジェクトの進展に伴いレイバーの稼働数が飛躍的に増加し、これに比例する形でレイバー犯罪もまた右肩上がりの上昇曲線を描き始めており、国家公安委員会においても警察用レイバーの必

98式AV イングラム 2号機
改修後

SPEC	
全高：	8.02m
全幅：	非公開
乾燥重量：	非公開
装備重量：	非公開
最大起重：	非公開
最小回転半径：	非公開
装甲材質：	CFRP、FRM

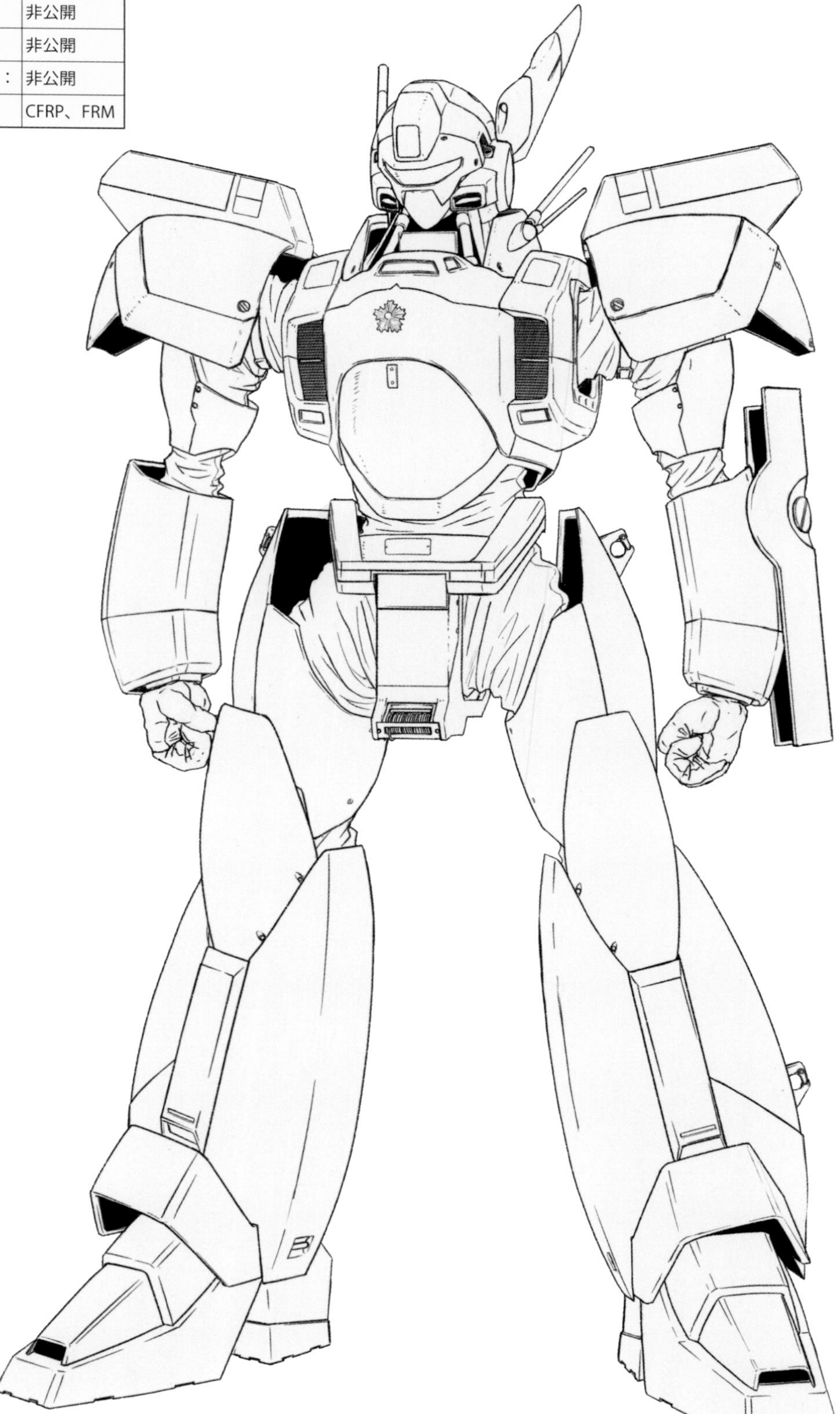

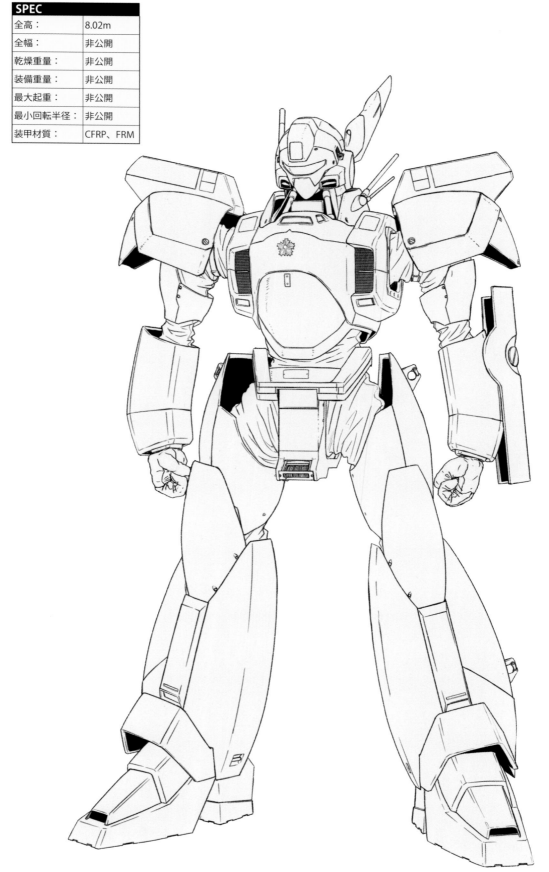

１号機と同様、「方舟事件」の後に２号機も全面的な改修を受けている。腕部の内部フレームが刷新され、肩幅が若干狭くなった。外装はほぼそのまま引き継がれているが、頭部はさらに新しい仕様となっている。この２号機の新型頭部の後頭部装甲は〈ヘルダイバー〉のものが流用され、当初は基本色の白色へと塗り替えて使用していたようだが、退役時には自衛隊仕様の塗色そのままの濃緑となっていた。

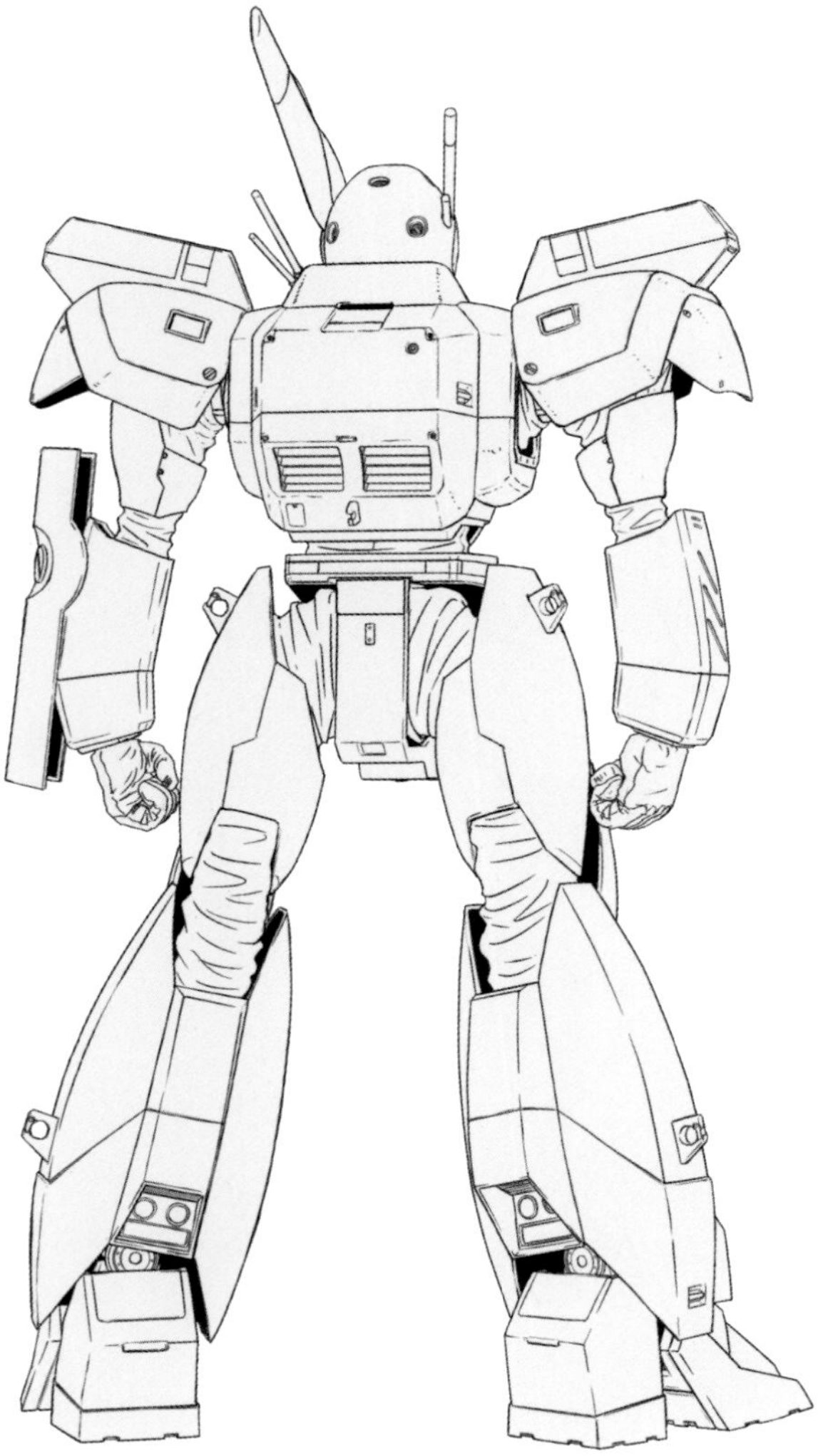
■改修後２号機【背面】

■改修後２号機【頭部①】

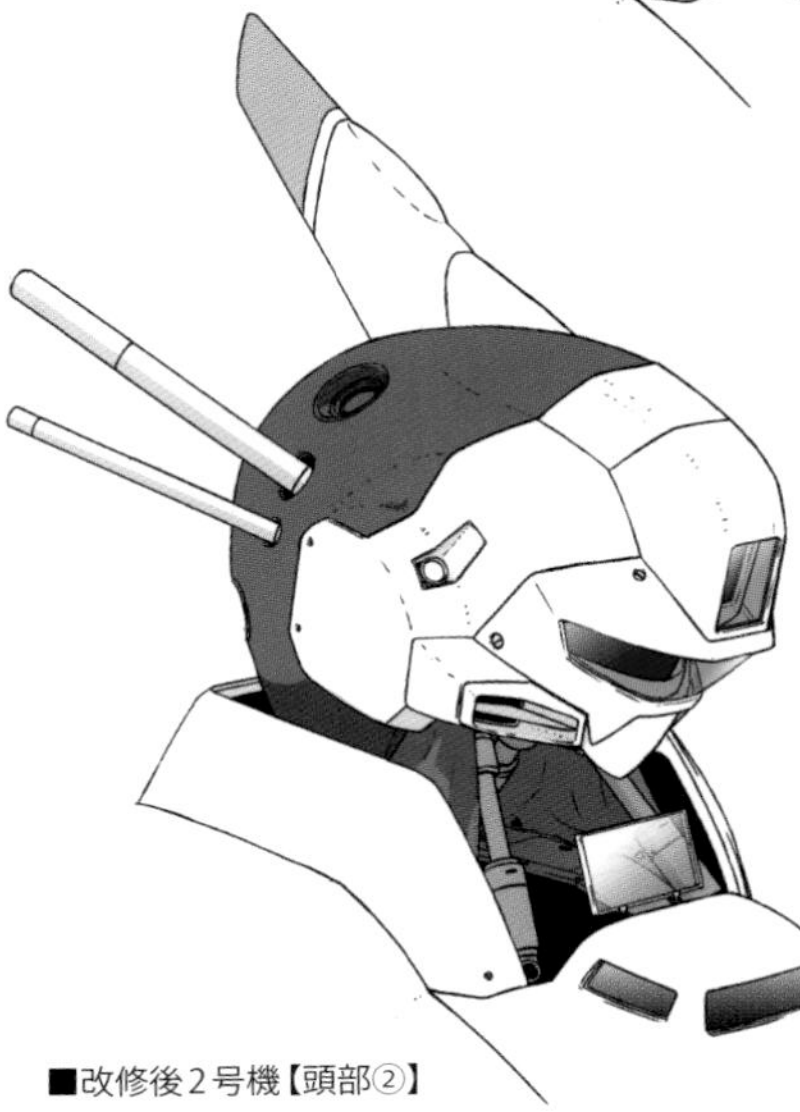
■改修後２号機【頭部②】

要性を説く声が強まりはじめていた頃合いでもあった。そこで警視庁は、警備部にて〝才媛〟との評価が高かった南雲しのぶを「柘植《つげ》学校」へと派遣するという手に打って出る。陸自側の理論やノウハウを吸収することで、警視庁でも早期にレイバー運用を開始し、先鞭《せんべん》をつけてしまおうという訳だ。つまるところパトロール・レイバー誕生の発端は、社会問題化しつつあるレイバー犯罪への対処という現実的な必要性に加えて、警視庁が防衛庁に対して潜在的に抱いてきた疑念と対抗意識が根底に存在していたことになる。

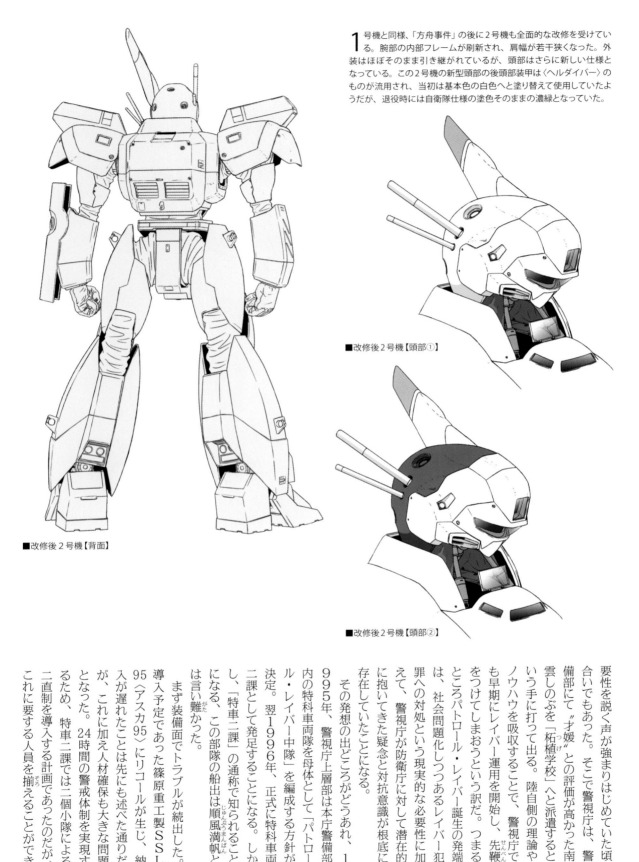

その発想の出どころがどうあれ、１９９５年、警視庁上層部は本庁警備部内の特科車両隊を母体として「パトロール・レイバー中隊」を編成する方針が決定。翌１９９６年、正式に特科車両二課として発足することになる。しかし、「特車二課」の通称で知られることになる、この部隊の船出は順風満帆《じゅんぷうまんぱん》とは言い難《がた》かった。

まず装備面でトラブルが続出した。導入予定であった篠原重工製ＳＳＬ95〈アスカ95〉にリコールが生じ、納入が遅れたことは先にも述べた通りだが、これに加え人材確保も大きな問題となった。24時間の警戒体制を実現するため、特車二課では二個小隊による二直制を導入する計画であったのだが、これに要する人員を揃《そろ》えることができ

98式AV イングラム 3号機
電子戦改修後

SPEC	
全高：	8.02m
全幅：	4.37m
乾燥重量：	6.0t
装備重量：	6.62t
最大起重：	2.4t
最小回転半径：	3.90m
装甲材質：	CFRP、FRM

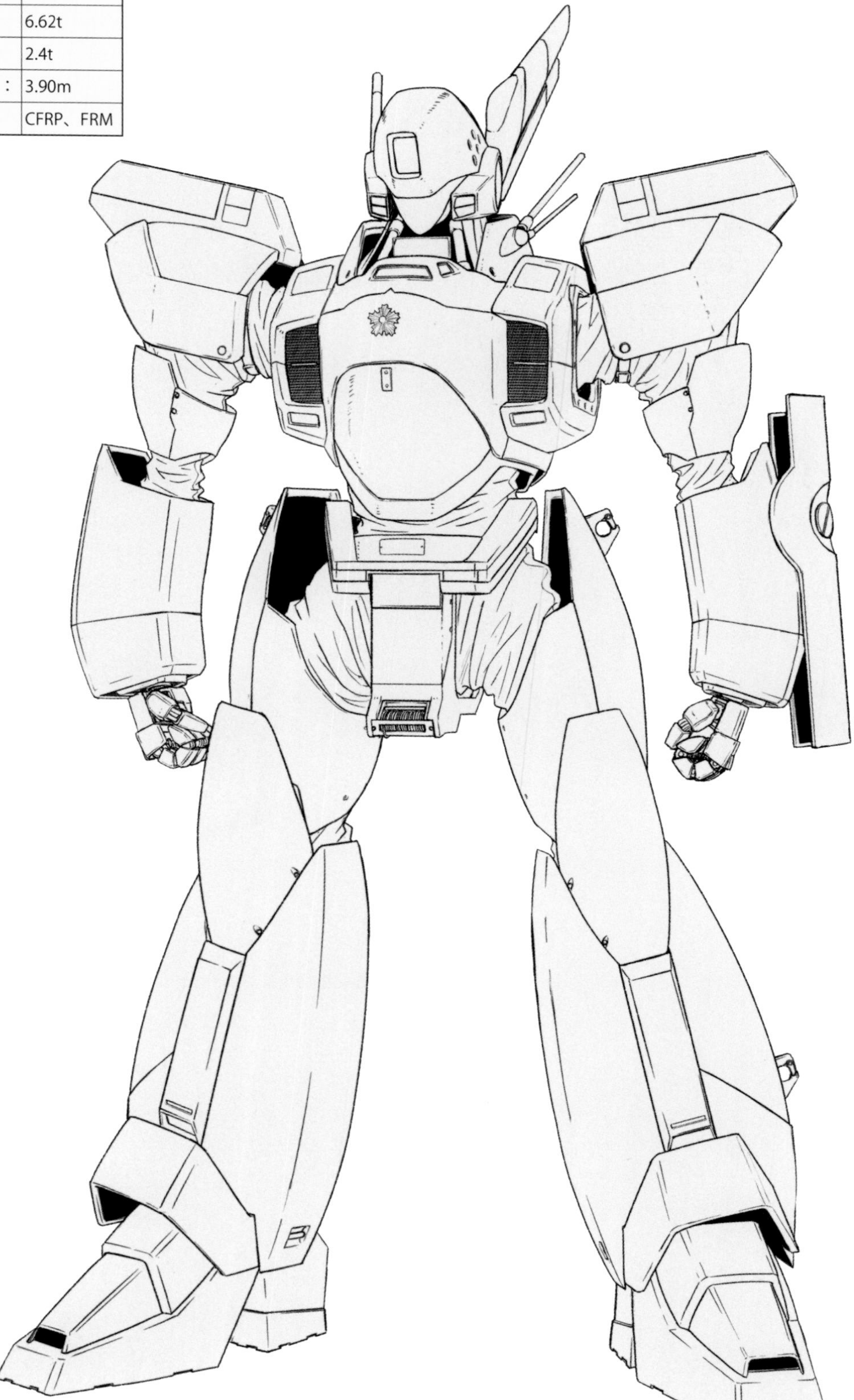

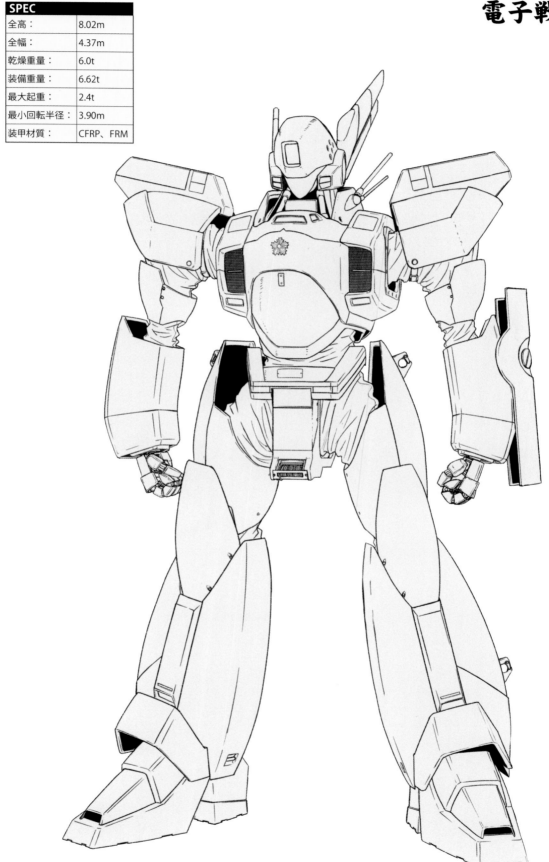

1号機及び2号機と同時期にロールアウトした3号機であるが、配備後は特車二課第二小隊の予備機として運用されていた。1号機及び2号機の部品損耗が思いのほか激しく、メーカーからの調達が間に合わない場合には、この3号機から部品を拝借することもあったといい、さらに98式AV自体の改修・改装テストベッドとして様々な仕様へと随時変更されていたこともあり、八王子工場を度々往復していたようだ。現場への初投入は導入から約1年後の1999年3月であったが、その際には電子戦装備を搭載した車体へと生まれ変わっていた。

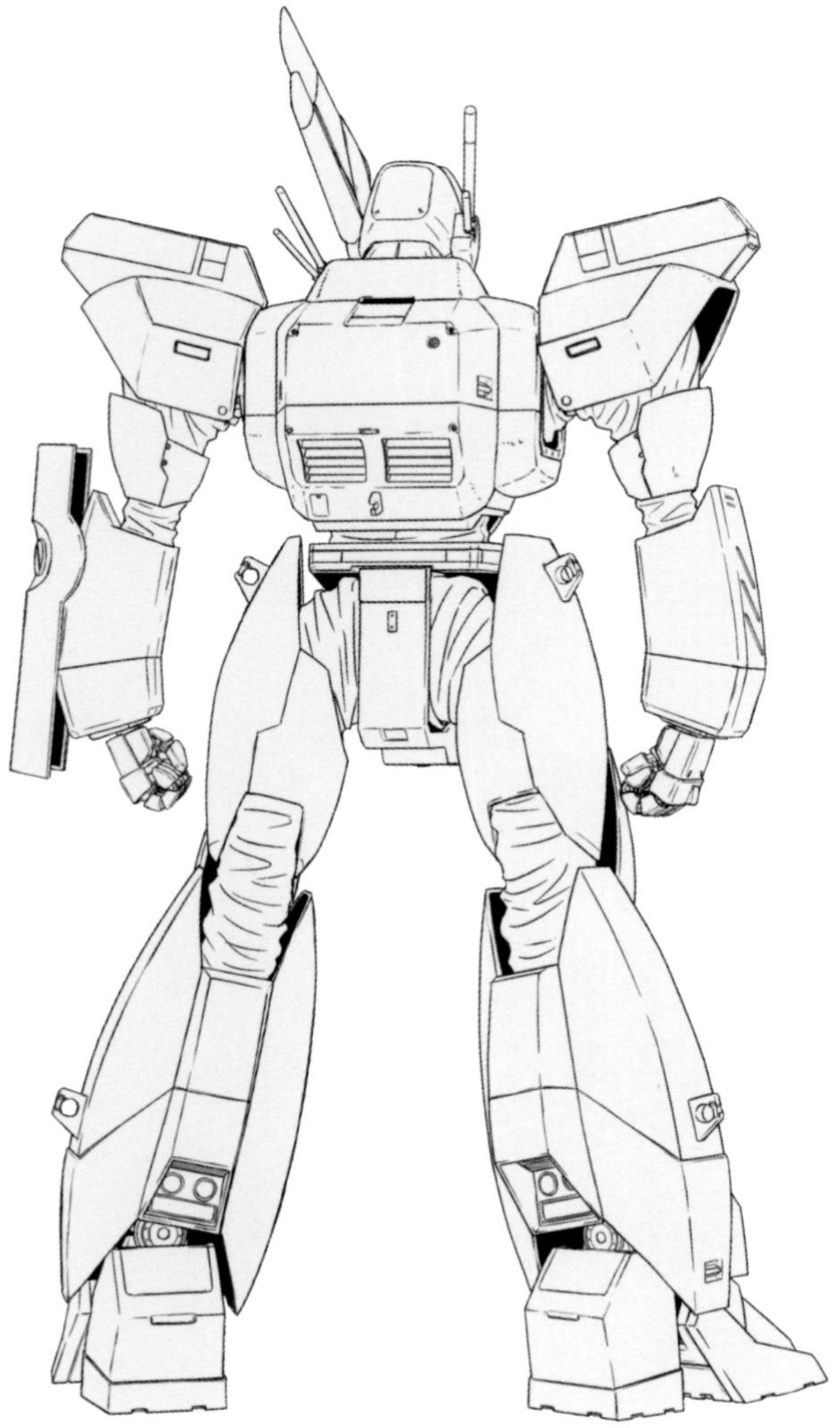

■3号機【背面】

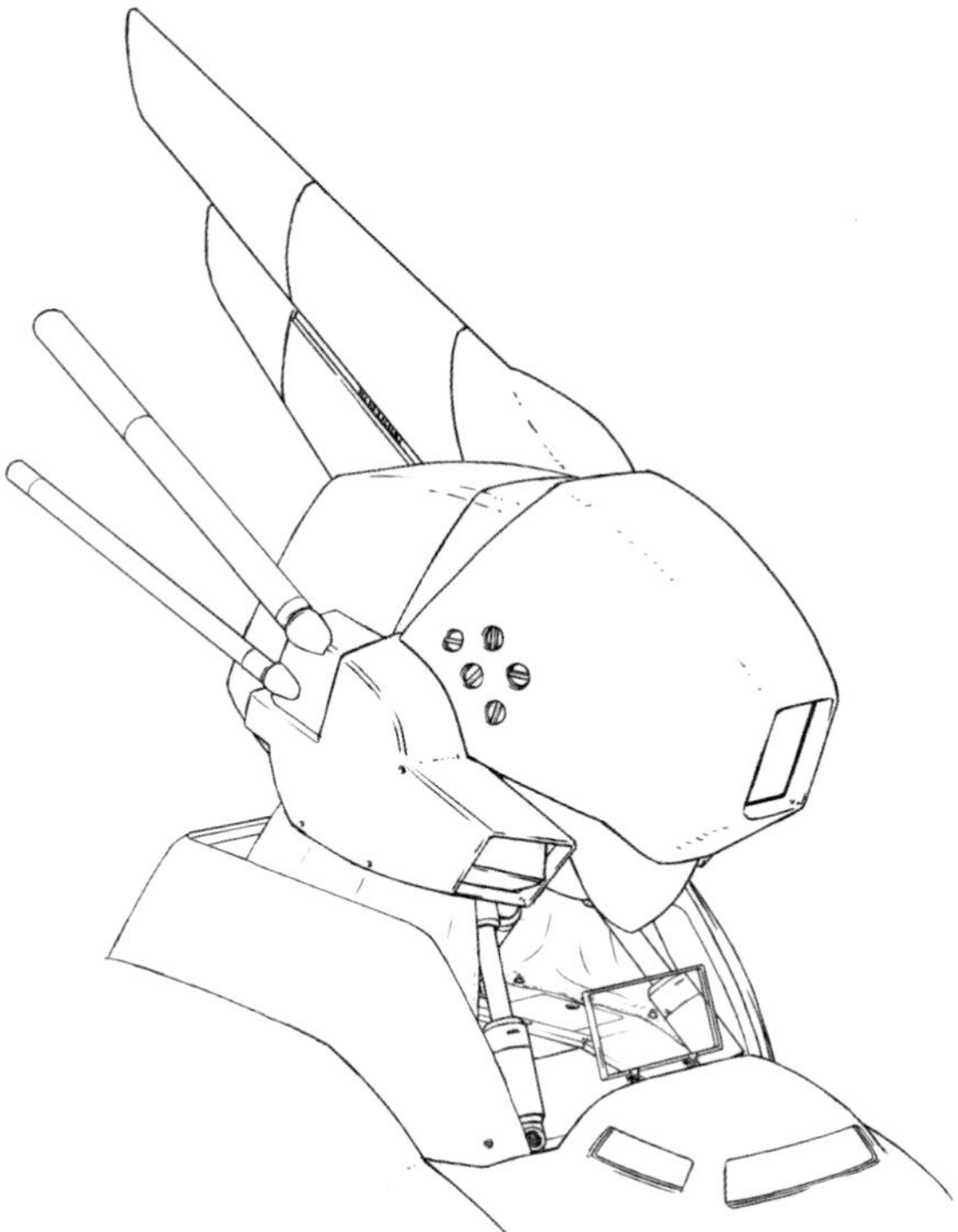

■3号機【頭部】

なかったのだ。実働部隊として、レイバーや大型キャリアの操縦が可能な有資格者が必要であるのはもちろん、自前で整備や修理を行うためには、最新のレイバー技術に通じた大量の整備士も求められる。それでも高待遇であれば、人員も集まっただろう。しかし、実際には1週間ごとに日中待機の早番と、夜間待機の遅番とを交代しつつ、準待機状態にあっても有事の際には緊急招集に応じなければならない過酷な勤務環境に加え、給与も決して高いとは言えなかった。世は空前の建築ラッシュに突入し、好景気に湧いている。レイバーの操縦資格や整備技術を持っている者ならば、より良い職場は都内にいくらでも転がっていたのだ。人材確保が思うように進まなかったことも必然と言えよう。また、隊員たちを率いる幹部人事も難航した。「柘植学校」帰りの南雲警部補を第一小隊の小隊長に据えたまでは良かったものの、責任が重い割に将来性が未知数な特車二課への配属を志願する者は——少なくとも出世コースに乗っていたキャリア組には——皆無であったのだ。最終的に、第二小隊の小隊長には公安出身の後藤喜一警部補が着任しているが、関係者の証言によれば、遡《さかのぼ》ること3年前に関与したある事件の結果として、本流から外れていた彼を蹴り出すための一種の左遷人事であったらしい。特車二

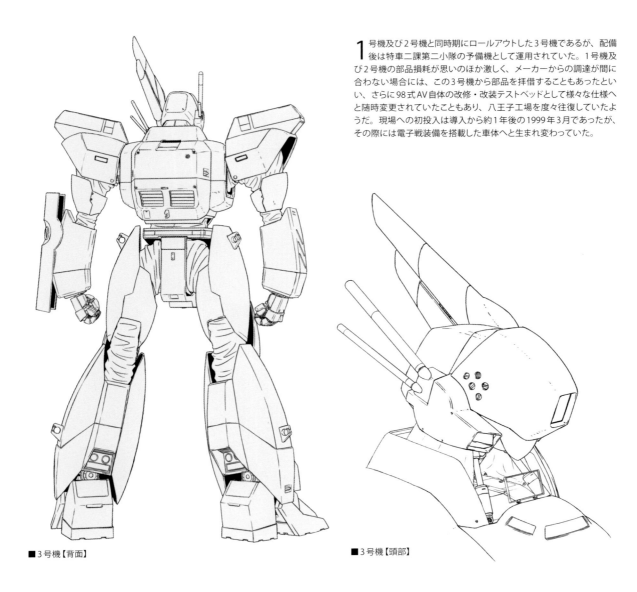

98式AV イングラム 3号機
改修後

SPEC	
全高：	8.02m
全幅：	非公開
乾燥重量：	非公開
装備重量：	非公開
最大起重：	非公開
最小回転半径：	非公開
装甲材質：	CFRP、FRM

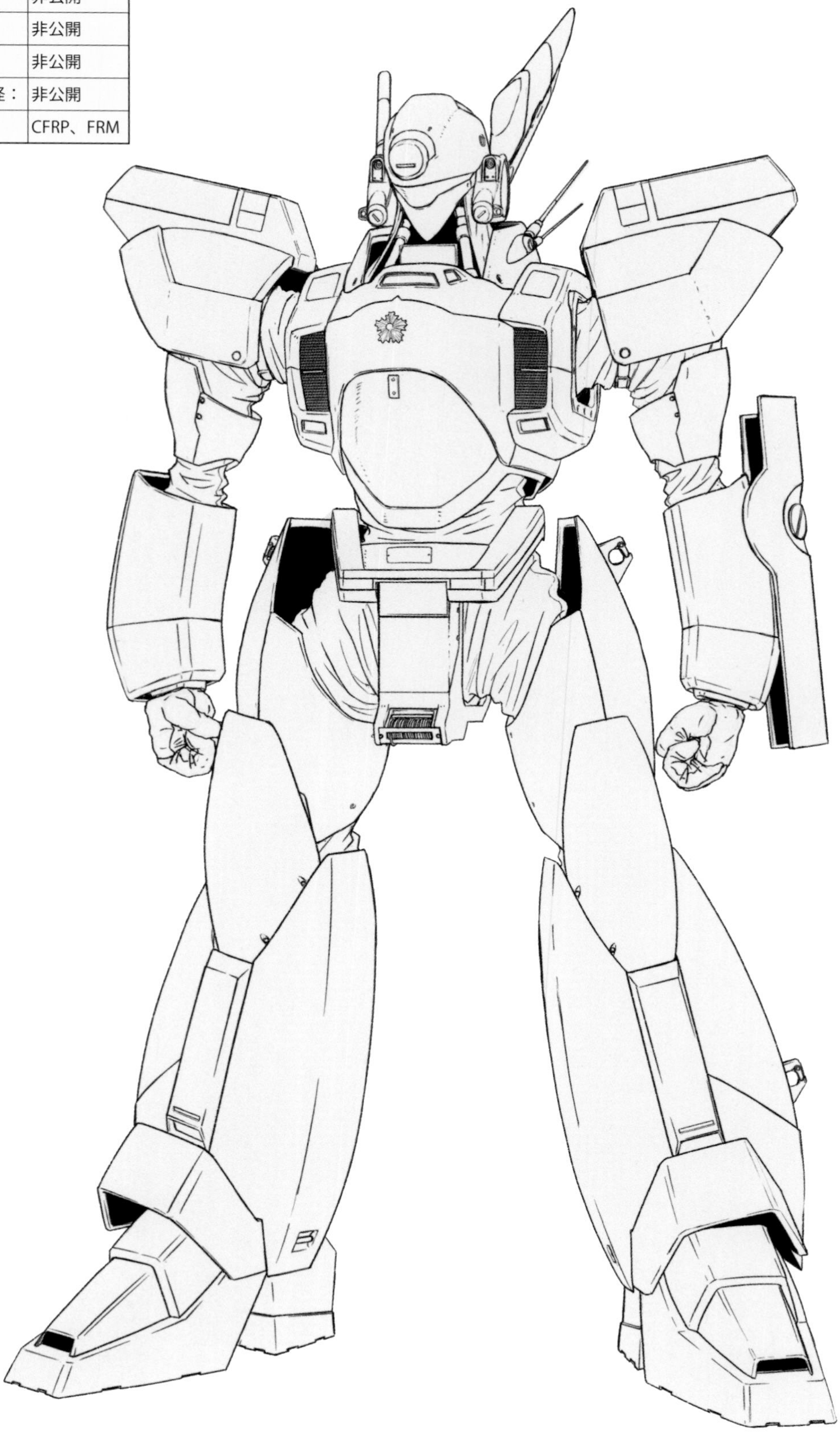

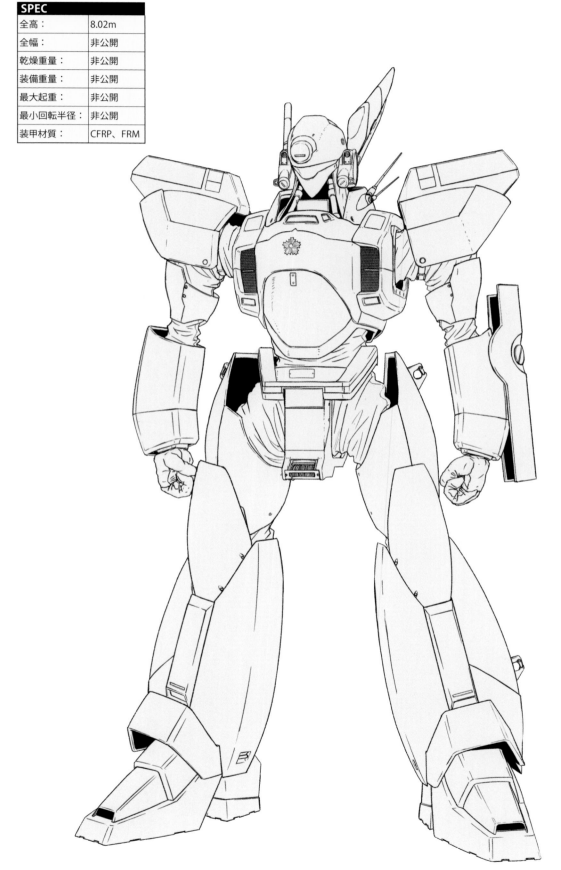

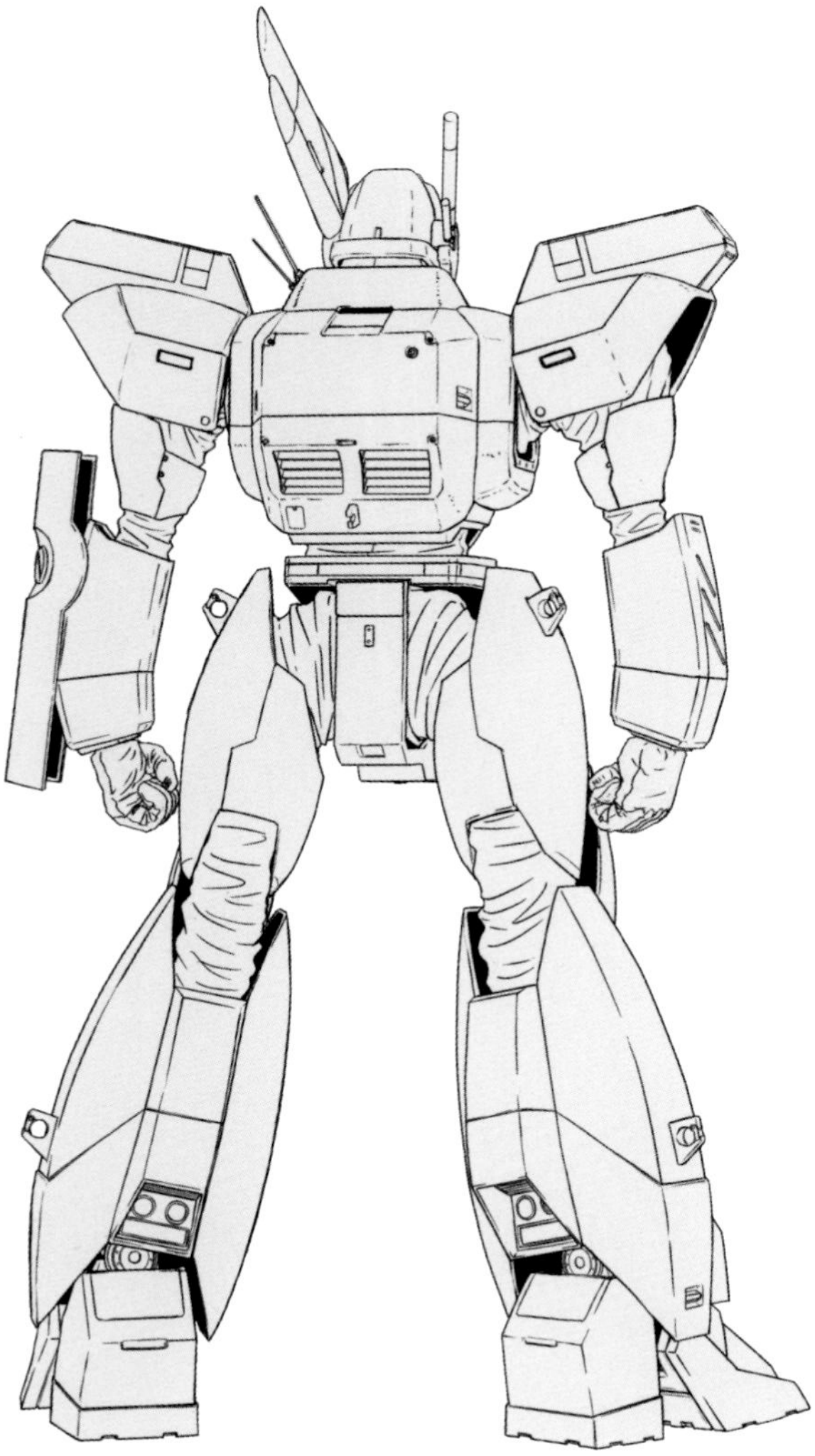

■改修後3号機【背面】

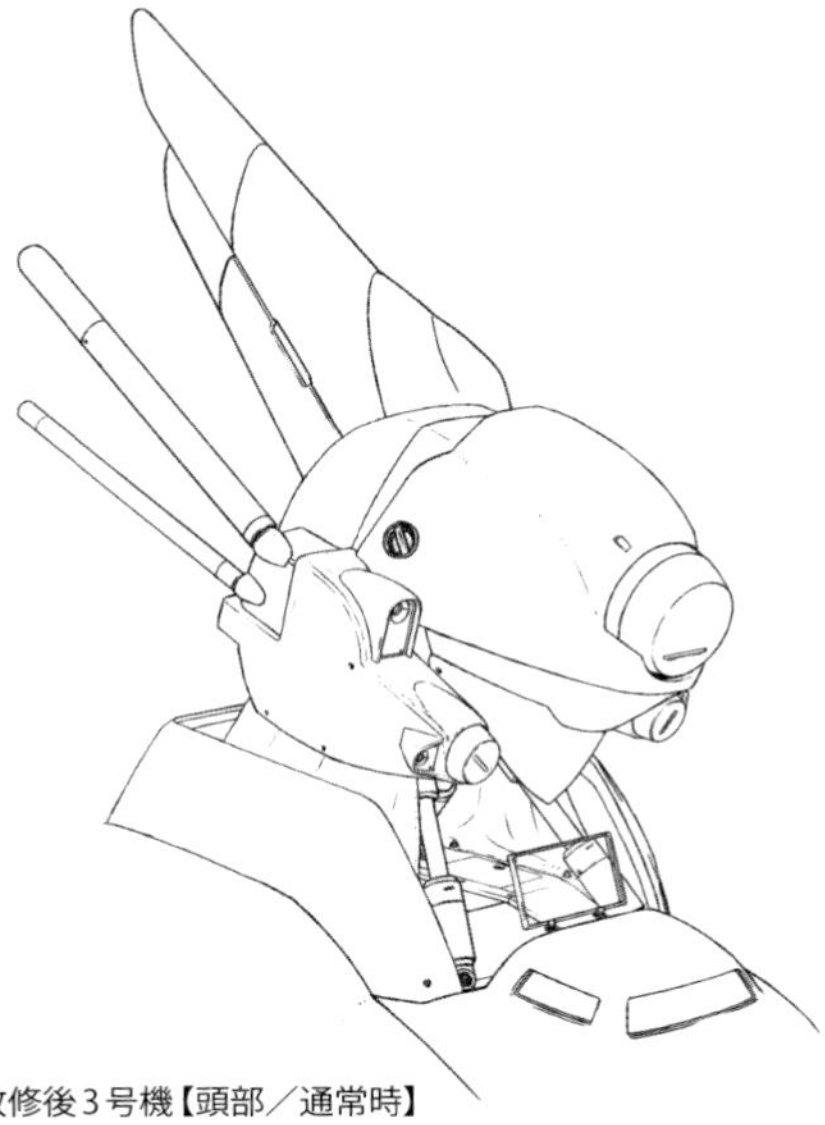

■改修後3号機【頭部／通常時】

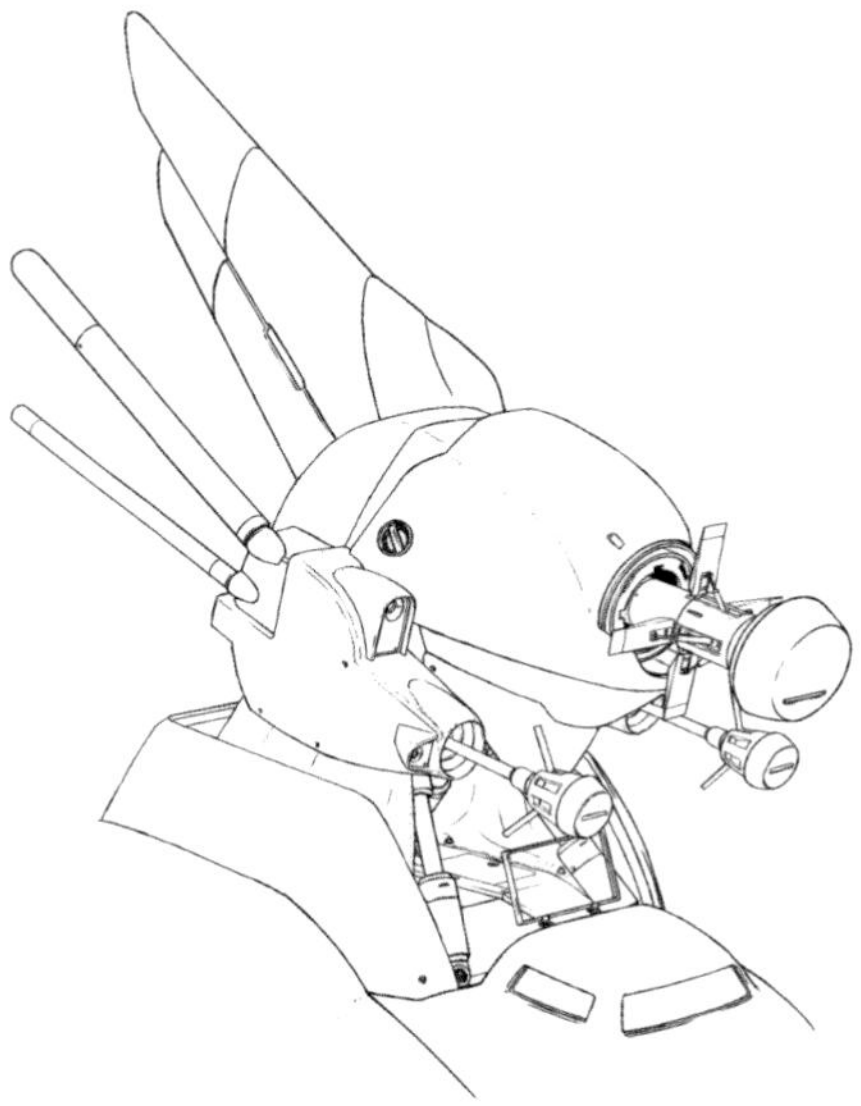

■改修後3号機【頭部／センサー展開時】
特徴的な頭部の開放機構から、ギリシャ神話を由来とする「メデューサ」の愛称を与えられた。

課の本部が、東京湾岸にある建物もまばらな埋立地に据えられたことも相俟《あいま》って、本庁内では「島流し」との言葉も囁《ささや》かれたという。こうした状況の中、特車二課は1996年1月の部隊発足から約1年に亘《わた》る間、レイバーもなく、人員も揃《そろ》いきらぬ状態で、ひたすらにリース車輌の教習用レイバーを使用しての訓練を強いられたのだった。

オート・バランサーを改良したMPL96〈アスカMPL〉が納車され、特車二課が遅まきながら正式な活動を開始したのは、1996年12月のことである。ただし、この時点でも未だ機材、人材の確保が充分ではなかったため、稼働を始めたのは第一小隊のみであり、当面の間は日中待機に限定されることとなった。第二小隊の活動開始は1997年も後半に入ってからである。同年8月、特車二課にマナベ重工製のMPL-97S〈パイソン〉が導入されたことを機に、これまで第一小隊で使われてきたMPL96を転用する形で、第二小隊を立ち上げたのである。しかし、未だ人員不足は解消できておらず、稼働可能なレイバーは1輌のみという分隊規模での運用開始となった。結局のところ、計画されていた二個小隊による二直制が実現したのは、1998年10月のAV-98〈イングラム〉導入を経て、2週間に亘《わた》る基礎訓練を終えた後のことであった。

外観仕様一覧

1～3号機は1998年4月のロールアウト時点で完全に同一の仕様であった。運搬車輌や指揮車も車輌本体と同時に納入されている。3輌分の当座の予備パーツ一式は別便で数日に分けて運び込まれ、その中にはハンドリボルバー・カノンなどの主要装備品も含まれていた。整備マニュアルは紙・電子の冊子が事前に特車二課に渡されており、整備員たちは実車の到着に備えつつ、先行して稼働中の第一小隊に混じって実地訓練を行っていた。

98式AVは警察用に開発されたレイバーであるため、純粋なAV-98が一般に販売されることはないが、パトランプなどの警察用装備を取り除いたこの外観がAV-98の基本形ということができる。なお、塗装は警視庁が作成した塗装要領（p.70-71参照）に従って八王子工場であらかじめ済まされていた。

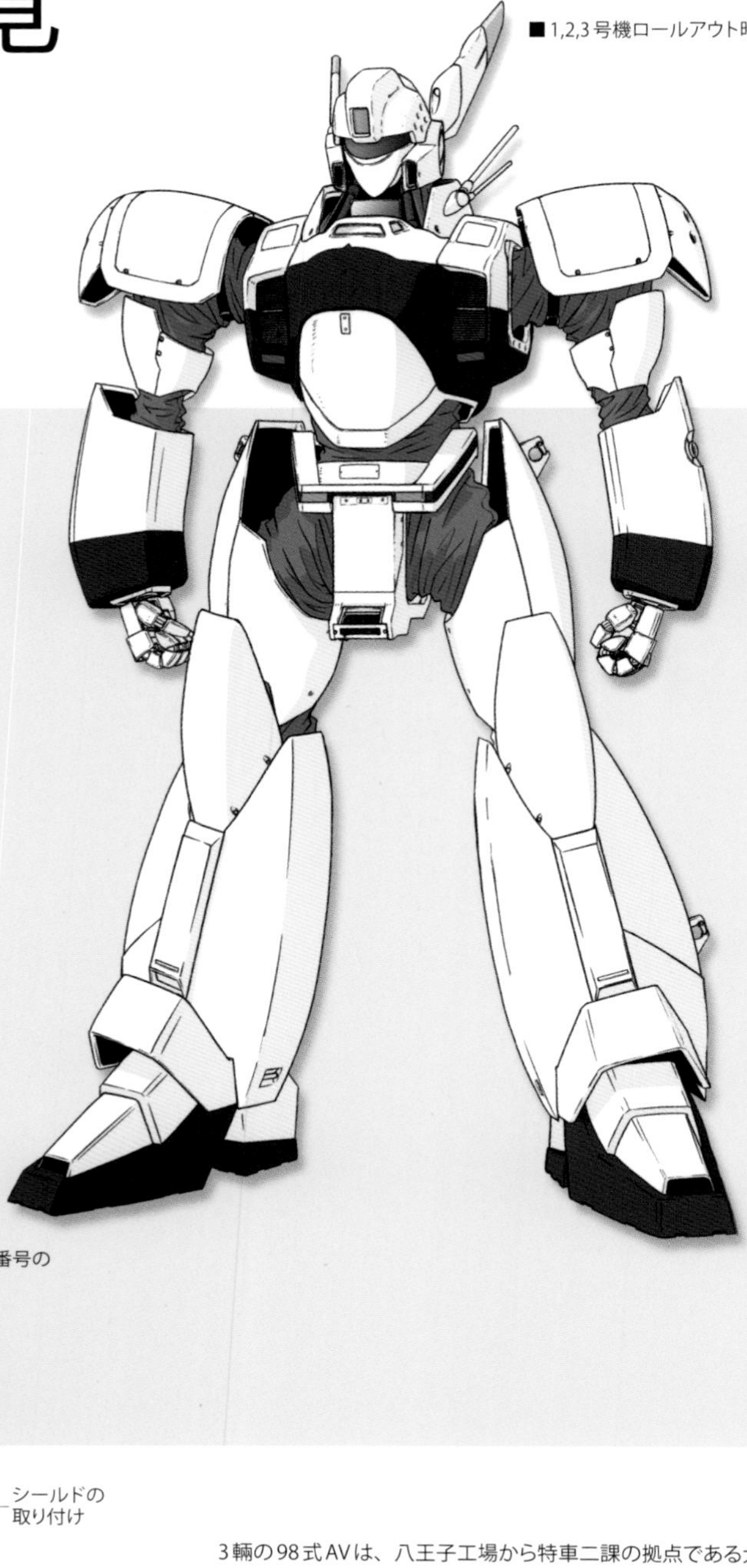

■1,2,3号機ロールアウト時

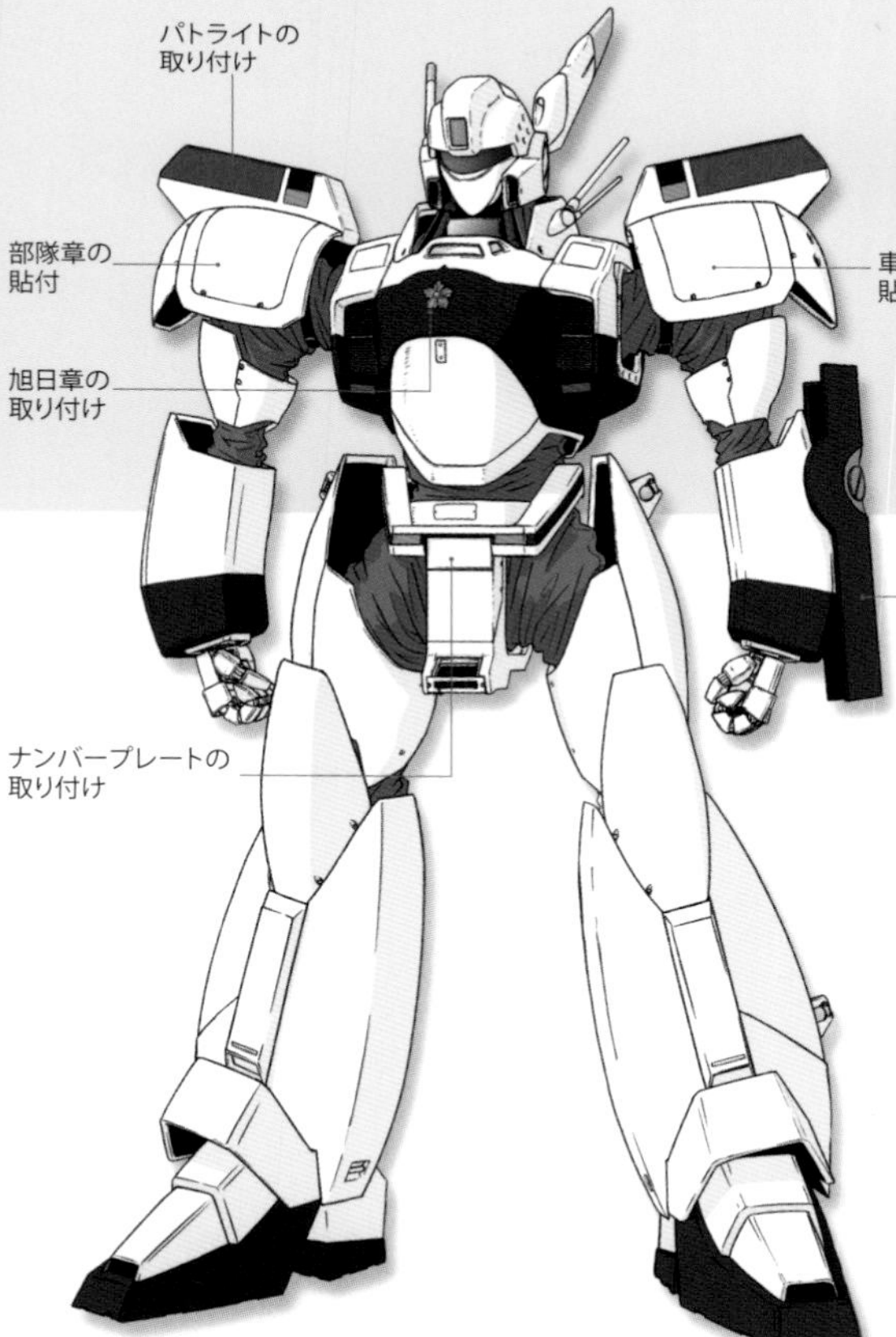
パトライトの
取り付け
部隊章の
貼付
旭日章の
取り付け
車輌番号の
貼付
シールドの
取り付け
ナンバープレートの
取り付け

■1,2,3号機配備時【1998.04】

3輌の98式AVは、八王子工場から特車二課の拠点である大田区城南島の整備場へと運び込まれた後、同課整備班の手でナンバープレート、パトライトなどの装備品が取り付けられた。各車識別のため所属や車体番号がシールによって貼付されたが、腰部フレームに刻印された車台番号の若い順番に、1、2、3号機として割り当てられている。

人員の揃い切らぬ中での小隊立ち上げであり、当初は以下のようなポジションで当直任務に当たった。

1号機操縦担当／泉 野明《のあ》巡査　同補佐／篠原遊馬《あすま》巡査

2号機操縦担当／太田 功《いさお》巡査　同補佐／進士幹泰《しんしみきやす》巡査

3号機／予備機

なお、配備直後より1号機の襟元（跳弾防止板）に「ALPHONSE（アルフォンス）」のロゴが入った。これは1号機の固有名称と思われるが警視庁や特車課から公式の声明はない（警察無線などで使用される識別コードの一種か。一説には1号機フォワードの泉巡査による命名とも言われる）。

98式AVイングラム

2号機は配備後数か月で外観を大きく変じている。内部機構そのものに大きな変更はないが、頭部のユニットがまったく新しいデザインとなり、肩部の装甲も異なる。損耗が予想以上に多かったことから純正部品が早々に尽き、開発中のパーツを急遽流用したと言われているが、真相は不明である。当時の篠原重工は陸上自衛隊用のレイバーを開発中であり、その試作として様々な評価試験を行っており、用済みのパーツをタダ同然で調達できることは警察としても多大なメリットがあったのは事実である。頭部はそもそも丸ごとを予備部品として用意できる数が限られており、これも試作品の流用でしのいだものと考えられる。ともかく、こうした流用は陸自用レイバーが98式AVの派生機であればこそ可能であったもので、警視庁・篠原重工双方にとって一石二鳥と言え、あらかじめ合意の下に行われていた可能性もあろう。

第二小隊の搭乗者、指揮者両方の運用者たちが車輌や事件対処に慣れるに従い、外装パーツの損耗率は徐々に減っていった。一方、内部の可動フレームの負荷は、効率良い運用と限界まで車輌性能を引き出すことの両面が進化した結果、損耗の高い部品とそうでない部品が極端に分かれていったという。こうした運用データも後の新レイバー開発に活かされている。

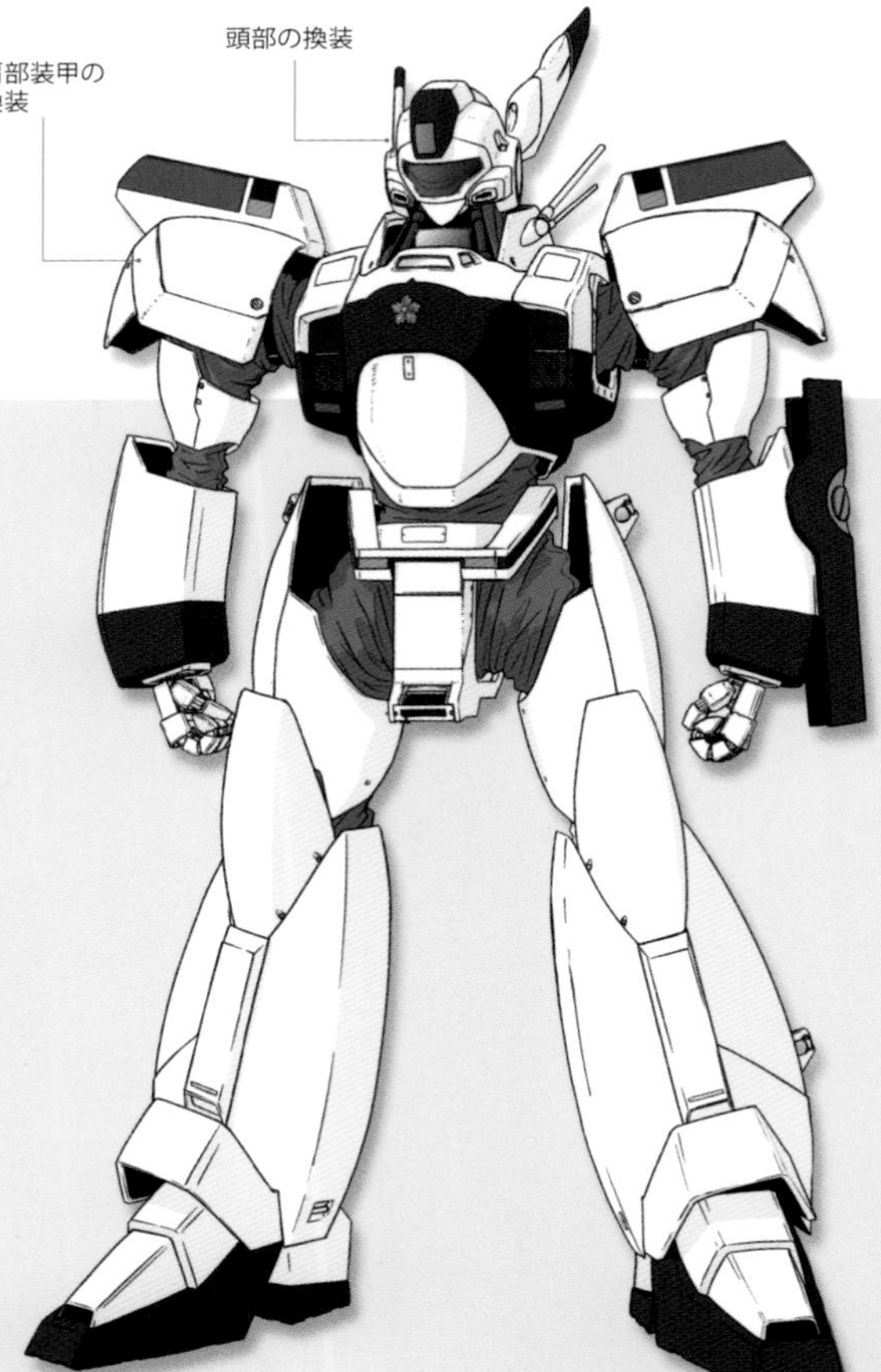
頭部の換装
肩部装甲の
換装
■2号機配備後

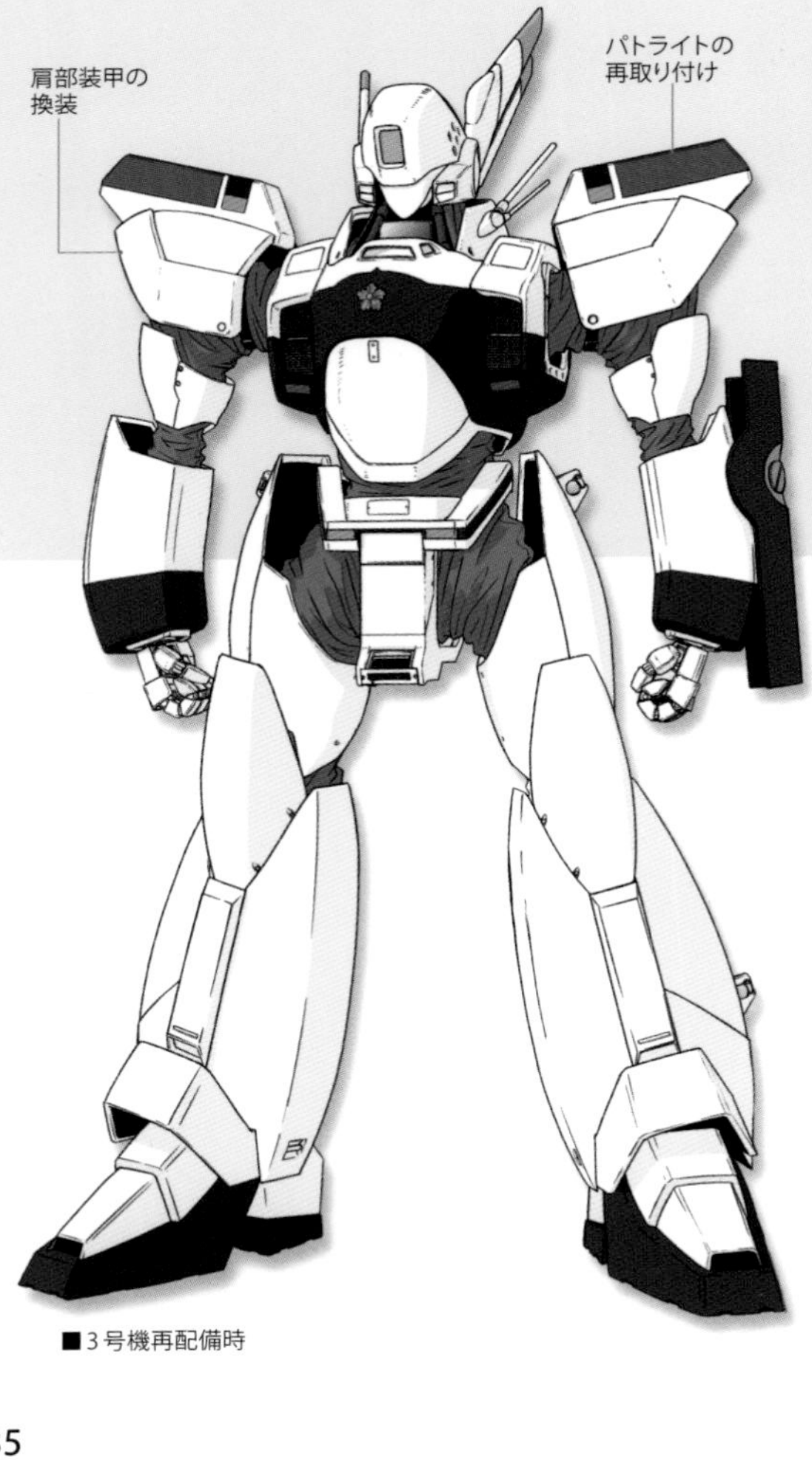
肩部装甲の
換装
パトライトの
再取り付け
■3号機再配備時

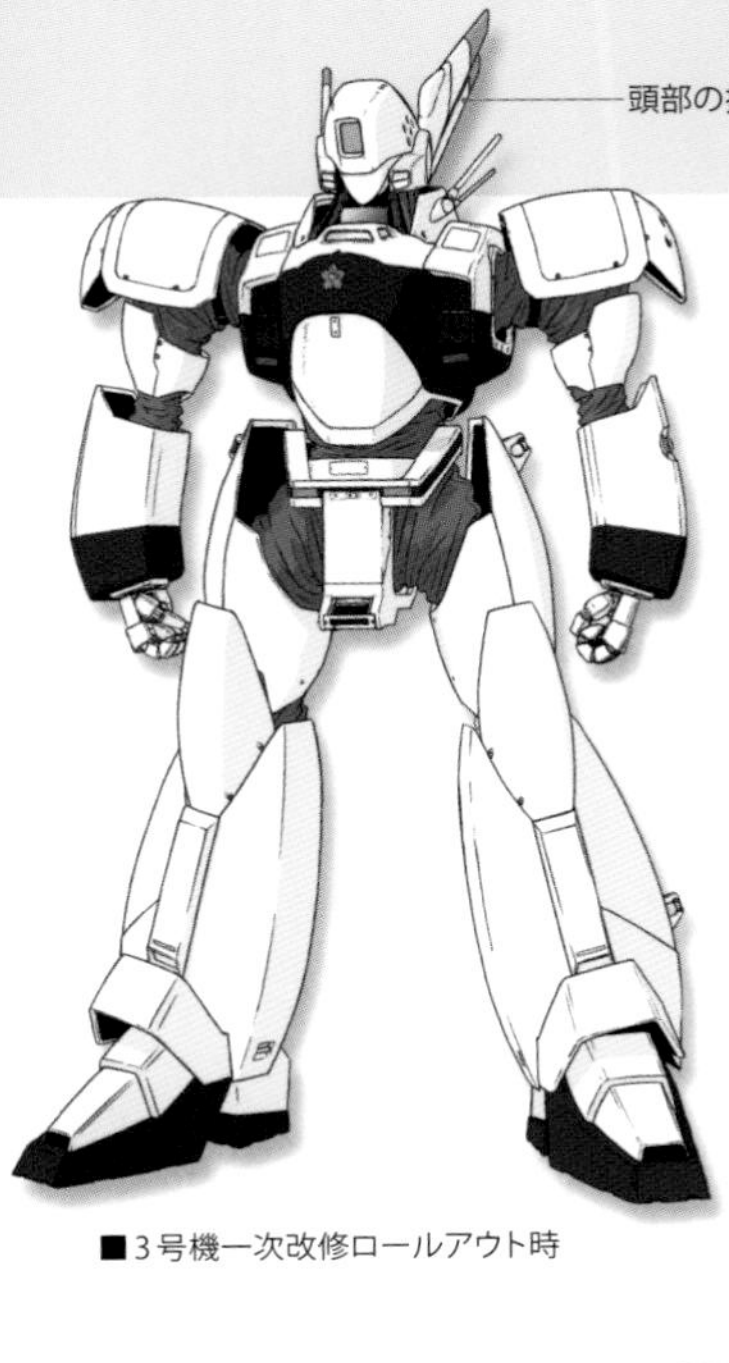
頭部の換装
■3号機一次改修ロールアウト時

1、2号機と同時に納入された3号機であるが、しばらくの間は第二小隊の人員・錬度不足から現場に投入される機会がなかった。その間、主として整備員の訓練に供されたほか、98式AVやその派生機に関する開発中パーツのテストベッドとされ、必要があれば八王子工場へ戻されて何度となく小規模改修を施されていたようである。後に新たに電子戦車輌としての能力付加のための改修を受け、頭部が固有のものに換装された。やがて"黒いレイバー"に関連する事件に際して急遽投入されることになり、その際は暫定として1号機バックアップの篠原遊馬巡査が搭乗した。

なお稼働実績のほとんどない3号機を現場投入するにあたっては、1号機の学習済み動作プログラムを使用した。

特車二課の活躍

特車二課の日常は、大半が待機で占められる。デモの警備や要人警護といった警備部の通常任務に駆り出されることもあったが、多くの場合、緊急出動に備えて本部で待機する日々を送っていたという。そうした待機中の時間は、レイバー等装備類の保守整備、そして乗員の訓練に充《あ》てられた。では、特車二課の緊急出動とは、どのようなものであったのだろうか。ここでは、いくつかの事例を交えながら主だった出動理由を紹介していこう。

【事故処理】

まず、もっとも多くの割合を占めたのが事故処理だ。作業中や移送中のレイバーが事故を起こした際、人命に関わる緊急度の高い救出作業や二次災害の恐れがある場合などに、特車二課に出動要請が入ることがある。踏切に入り込んだ自動車が架線工事中のレイバーに接触したケース、大量の重量鉄骨と共にレイバーが海に転落したケースなど、状況も場所も様々だ。特に何らかの機械的なトラブル、もしくは操縦者の問題——疾患《しっかん》による意識の混濁《こんだく》や喪失、飲酒や薬物摂取による酩酊《めいてい》状態など——でレイバーが暴走した場合は、事故処理作業が格闘戦の様相を帯び始める。こうなると大捕り物を生業《なりわい》とする特車二課でなければ、対処は難しい。中でも1999年8月に発生した「HOS暴走事件」は、途方もない被害額を叩き出したことで知られている。

事件発生の2か月前に篠原重工が発表したレイバー用OSである「HOS」に、開発者である帆場《ほば》暎一《えいいち》自身の手で、暴走を引き起こす「トロイの木馬」型のウィルスが仕込まれていたのだ。HOS搭載レイバーが、その高度なセンサーで特定周波数の低集音波を捉《とら》えた時、自動操縦システムが起動、操縦者によるいかなる操作も受け付けない暴走状態に陥《おちい》り、中枢部を破壊しない限り止めることが不可能となる。同年6月のHOSリリース以降、原因不明のレイバー暴走事故が多発し、ワクチンプログラムの配布による事態の沈静化までの間、特車二課では月間20回以上、緊急出動を強《し》いられることになったのだった。

【災害救助】

災害救助も特車二課の重要な任務である。1998年11月15日に発生した東京都多摩市のタワーシティ建築現場の大規模火災などは、その好例と言えるだろう。この火災では消防庁のレイバー隊も出動し、最新鋭のARV-99〈レスキューレイバー〉※15を投入しているが、複雑な地形の現場における人命救助にあたっては、より繊細な作業が可能なAV-98の方が適任であろうとの判断から第二小隊にも出動要請が下り、建設用クレーンで吊り下げてAV-98を現場に突入させるという大胆《だいたん》な救出作戦を敢行。視察に訪れていて偶然に巻き込まれた外国要人を含む、多数の生存者を救い出すことに成功している。

また、特車二課では常日頃から災害救助任務に備えた訓練も行っていた。本部周辺の埋立地で行われる基本的な訓練だけでなく、建造物の解体現場を利用することで実地に近い形での訓練も実施しているのだ。そのようなケースで発生した面白い事件がある。1999年5月1日、特車二課第二小隊は都内のビル解体現場を一時的に借り受けることで災害救助訓練を実施したのだが、この建物が地元住民や工事関係者の間では〝幽霊〟が出るとの噂《うわさ》が絶えない「曰《いわ》く付き」の場所であったことから話は始まる。この日、第二小隊は夜間での活動を想定した泊まり込みでの訓練を行ったのだが、隊員たちが次々と、いるはずのない人影を目撃。その目撃地点周辺を掘り返したところ、彼らは無数の人骨を発見することとなる。後日、マスコミが報じたところによれば、火浦藩の藩主が乱心し家臣10数名を惨殺、その凶行が幕府に露見《ろけん》せぬようにと埋葬もせずに隠蔽《いんぺい》していたらしい。かくして200年前の犯罪を暴いたとして、特車二課は思わぬ形で脚光を浴びることとなったのである。

【レイバー犯罪取締り】

ひとことで「レイバー犯罪」と言っても、その種類は様々である。道路交通法違反や違法改造の類《たぐ》いに始まり、失恋や持病悪化等の理由で自暴自棄になった人物による破壊行為、金銭その他を求めて行われる人質事件、レイバーによってATMごと現金を奪う連続強盗事件、操縦者同士の喧嘩《けんか》に端を発する市街地でのレイバー同士の格闘戦、「海の家」や「地球防衛軍」に代表される環境系テロリスト・グループによるバビロン・プロジェクトを標的とした各種テロ行為、等々……ここで、すべての事例を挙げることなど不可能であろう。

これら特車二課が対応したレイバー犯罪の中からひとつを選んで特筆するのであれば、レイバー開発史に与えた影響、そして社会的・経済的インパクトの大きさという点から、「黒いレイバー事件」を選ぶべきと筆者は考える。この事件の顛末《てんまつ》については別途ページを設けているのでそちらを参照されたい。

■1号機改修後【1999.9】

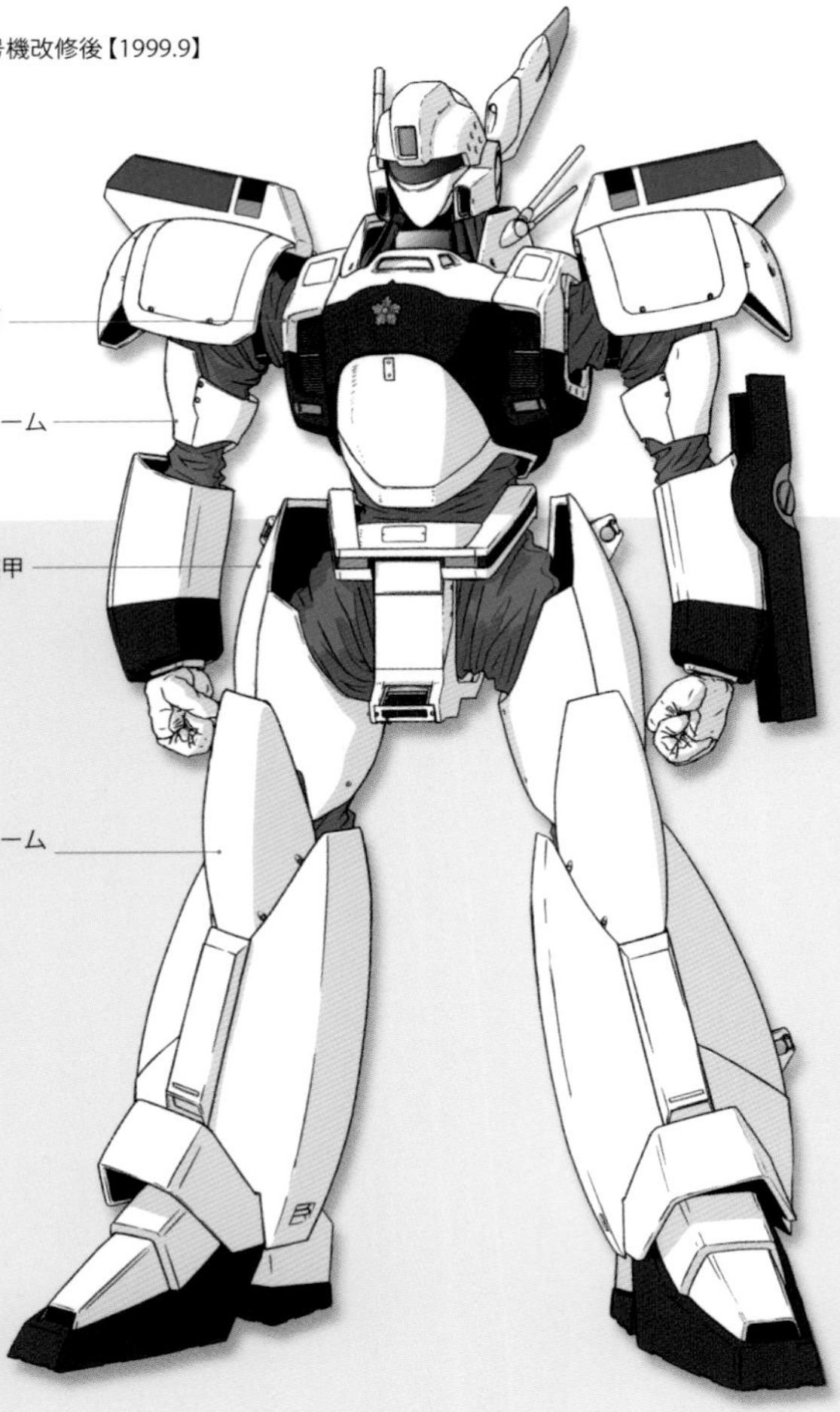
胸部側面
の換装
腕部フレーム
の更新
大腿部装甲
の換装
脚部フレーム
の更新

1999年8月の「方舟事件」において、メーカー後送が必要なほどの破損を生じた第二小隊の98式AVは、これを期に大規模改修を行っている。腕部・脚部は外装パーツはそのままに内部の駆動フレームが一新されているが、外観では従来のものと区別しづらい。胸部側面の内部機構やフレームも同時に見直しが図られた結果、肩幅が大きく減じている点、また手首が手袋状の保護装具で覆われた点が識別点となる。胸部の脇にあるインテーク開口部も幅を減じた結果、専用運搬車輛の固定装具も交換された。また、内部的にはセンサー系やコンソールの一部なども更新されている。

2号機の改修ポイントは1号機に準ずるが、頭部がさらに新しい仕様のものに換装された。

3号機も1、2号機と同等の駆動系改修を受けたほか、頭部を新造品に換装、さらに内部の電子戦装備もアップデートされている。3号機の担当は、アメリカより招聘した香貫花《かぬか》・クランシー巡査部長相当官が正式な搭乗員として当直任務のローテーションに組み込まれていたが、後に同官の帰国により熊耳武緒《くまがみたけお》巡査部長に引き継がれている。

そのほか、車体のベース塗色が別メーカーのものに更新された結果、白色の色味が若干変化している。なお、この時期より少し前に全車輛とも部隊章が改訂され、また各車のブレード状アンテナの先端色が統一された。

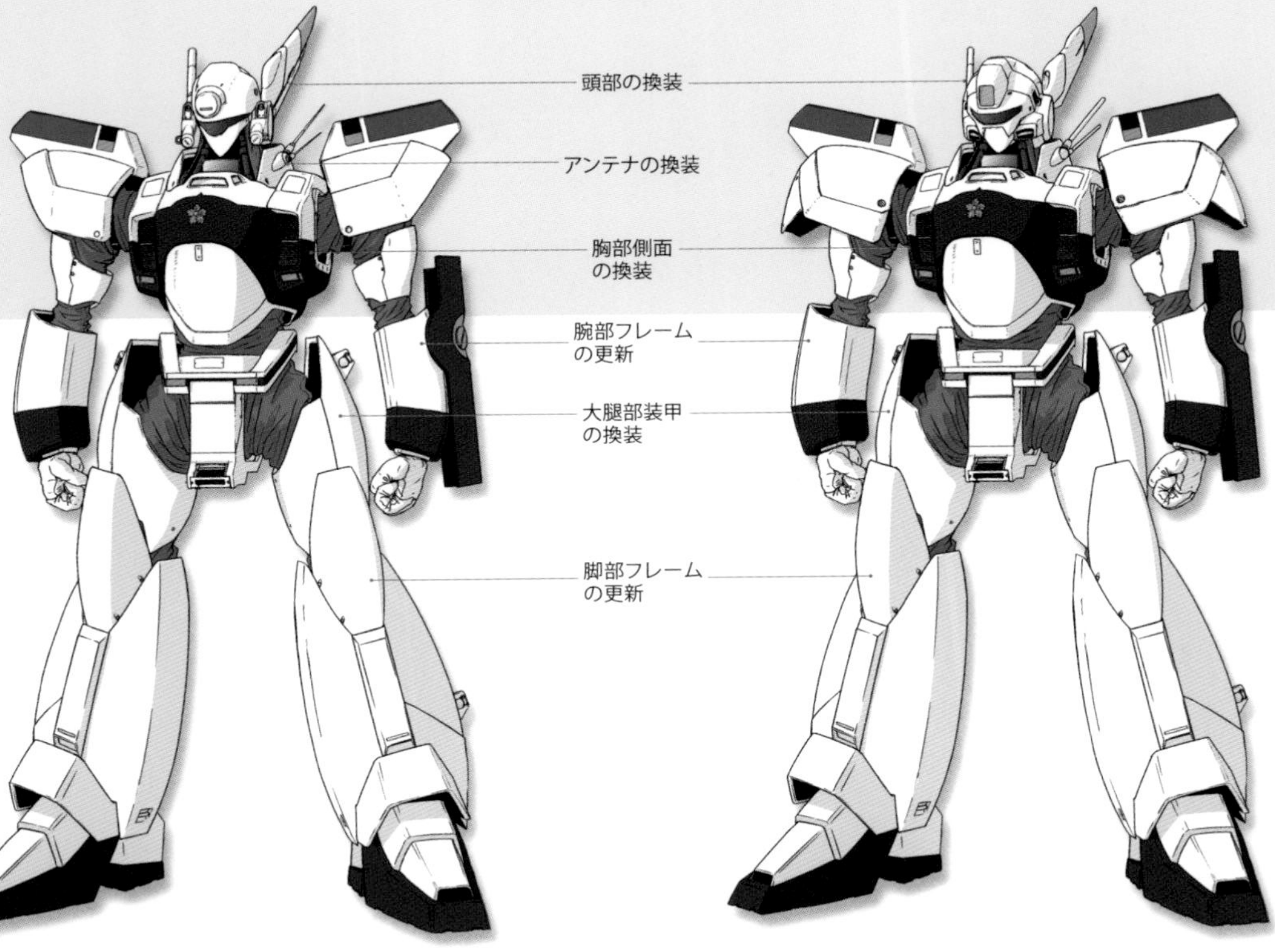
頭部の換装
アンテナの換装
胸部側面
の換装
腕部フレーム
の更新
大腿部装甲
の換装
脚部フレーム
の更新

■3号機改修後【1999.9】

■2号機改修後【1999.9】

【巨大生物退治】

実に奇妙なことであるが、〝巨大生物〟が出没したとの通報が入った場合、しばしば特車二課に出動命令が下されている。にわかには信じられない内容であったとしても、市民から通報があれば、警察としては何らかの対応をしなければならない。であれば、厄介者《やっかい》の特車二課に押し付けてしまえば良いという風潮があったという。

設立当初から特車二課は、最新の装備を保有する精鋭という建前とは裏腹に、レイバーの調達・維持に要する費用の高額さから、警視庁内部でも「金食い虫」と揶揄《やゆ》する声が存在していた。事件発生に伴い緊急出動を行ったとて僻地《へきち》の埋立地から現場までたどり着く頃には、すでに甚大《じんだい》な被害が発生しており、かつ大捕り物を演じれば、それはそれで多大な二次的被害※16を撒《ま》き散らすのだからなおさらである。特車二課の存在は、しばしばマスコミによる糾弾《きゅうだん》の対象となり、警視庁内部でも頭痛の種として知られるようになっていた。ならばいっそと、担当部署が不明瞭な案件を特車二課に任せ〝汚れ役〟に甘んじさせることが、警視庁内での政治的取引として利用されたとする言説もある。

たとえば、四倉村にて首長竜プレシオサウルスらしき巨大生物が目撃された際にも、特車二課第二小隊が沿岸警備に派遣されている。実際問題として、そのような生物がいたのかと言えば、もちろん否《いな》だ。結論から言えば、これは「未確認生物《UMA》出現の噂《うわさ》」を観光資源化することで、村おこしを実現しようとする地元住民たちによる自作自演行為であった。「プレッシー」なる愛称まで付けられていた巨大生物の正体は、菱井インダストリー製ML-98〈セルキーH10〉と淵山《ぶちやま》重工製SOV-9900〈シードッグ9900〉にハリボテを被《かぶ》せた代物であったのだ。

とはいえ、稀《まれ》にではあるが〝本物〟が現れることもある。秋川渓谷にて全長10メートル級の「怪獣」が出現したと紅葉狩りの観光客から通報が寄せられたケースでは、要請に従って出動した第二小隊が、実際に謎めいた巨大生物を確認、格闘戦の末に捕獲している。その後の捜査によって、「怪獣」の正体が多摩市内の製薬会社が飼育していた実験動物であったことが判明。投薬により想定外の巨体に成長した個体を持て余した末に、殺処分を試みようとしたところで脱走されてしまい、密《ひそ》かにレイバーを投入した山狩りを行ったものの撃退されたとの顛末《てんまつ》であった。

また2000年6月に発生した「湾岸連続テロ事件」についても、未知の怪物が原因であり、特車二課が陸上自衛隊と共同で殺処分したとの説が実《まこと》しやかに囁《ささや》かれている。同事件について警視庁は、生物兵器を保有するテロリスト・グループによる犯行であり、その全員を射殺したと発表している。しかし、警視庁が公表した容疑者5名の氏名は、政治思想犯リストに記されておらず、記者会見の直後より何らかの事実を隠蔽《いんぺい》する動きがあるのではないかと噂《うわさ》されていた。そんな折、ネット上に事件の真相について触れたものとされる「捜査資料」が流出。これによると、東都生物研究所が米軍と共同で極秘裏に開発を進めていた生体兵器※17が、移送中の飛行機事故によって東京湾へと脱走。25キロヘルツ以上の高周波音に反応する性質があったため、シャフト・エンタープライズ社製のレイバー用超電導モーターやレコードから発せられる音楽などに引き寄せられる形で捕食行動を行った結果、数々の「テロ行為の犠牲者」が生まれたというのだ。この流出資料によれば、東都生物研究所が培養したウイルスを、陸上自衛隊が弾頭化。これを特車二課のレイバーが銃撃によって撃ち込むことで怪物の動きを止め、最終的には陸自部隊の火炎放射によって焼却処分したとされている。しかし2002年現在も、警視庁や防衛庁はこの流出資料の存在を認めておらず、「湾岸連続テロ事件」は、あくまでも公式発表の通りであるとの立場を貫いている。

※15
ARV-99は、篠原重工製の人命救助を主目的とする初のレスキュー用途専用のレイバーである。AV-98で培われた技術をフィードバックすることで、極めて繊細な可動を実現している。

※16
特車二課は、サンライズ安心生命と「パトレイバー保険」なる保険契約を締結しており、公務中に生じた損害の賠償問題に対して、ある程度の予防措置を講じていた。しかしながら同社の審査基準は厳しく、充分な保険金が下りないケースも多々あり、出動時に生じた損害を弁済するために多額の予算を投入せざるを得ないことも少なくなかったという。こうした事態が、ますます「金食い虫」とのイメージを内外に浸透させたことは言うまでもない。

※17
件の資料によれば、この生体兵器とは、南極大陸にて発見された隕石に付着していた未知の物質の研究課程で生成された細胞、通称「ニシワキ・セル」に対し、ヒトの癌細胞をかけ合わせた末に造られた人工生物であると結論付けられている。本来であれば、安全策として特定の物質を与え続けなければ自滅する自己崩壊プログラムが組み込まれているはずであったが、研究員の独断で、これが解除されていたらしい。

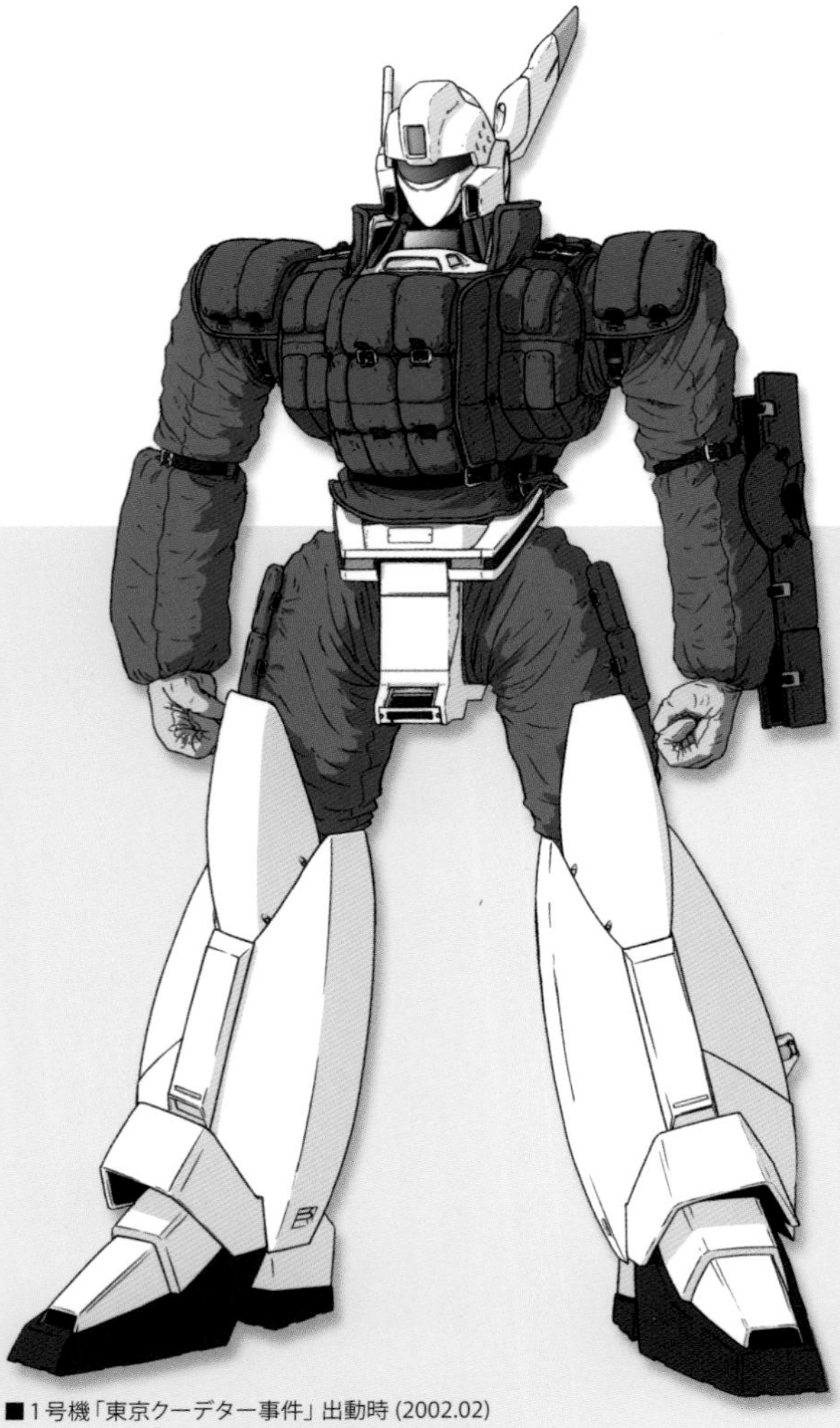

大規模改修の後、約2年間の運用期間を経て2001年に98式AVは退役となる。充分に実績を挙げていることから、本来であれば段階的な装備更新が望ましいはずであるが、量産を前提としない98式AVのパーツ生産をメーカーに続けさせるよりは、第一小隊と第二小隊とで一気に新型車輌への移行を図ることが、予算的にも運用効率的にも良いと判断されたのであろう。同時に小隊メンバーも入れ替えられ、各官とも新しい任務地へ転属している。

3輌の98式AVは篠原重工八王子工場に戻され、警察用装備のパトランプなどを外されて実験機として余生の一時期を過ごすことになる。ただし実験機としてどの程度活用されたかは不明で、実際には動態保存状態にあったと考えられる。

その後、2002年2月に起こった柘植行人による自衛隊クーデター誘発事件において、特車二課第二小隊・後藤喜一隊長の独断により借用され、事態収拾のため再び任務に就いた。その際、陸上自衛隊のレイバー用に開発されたリアクティブアーマーを装備している（詳細はp.82-85参照）。

■1号機「東京クーデター事件」出動時（2002.02）

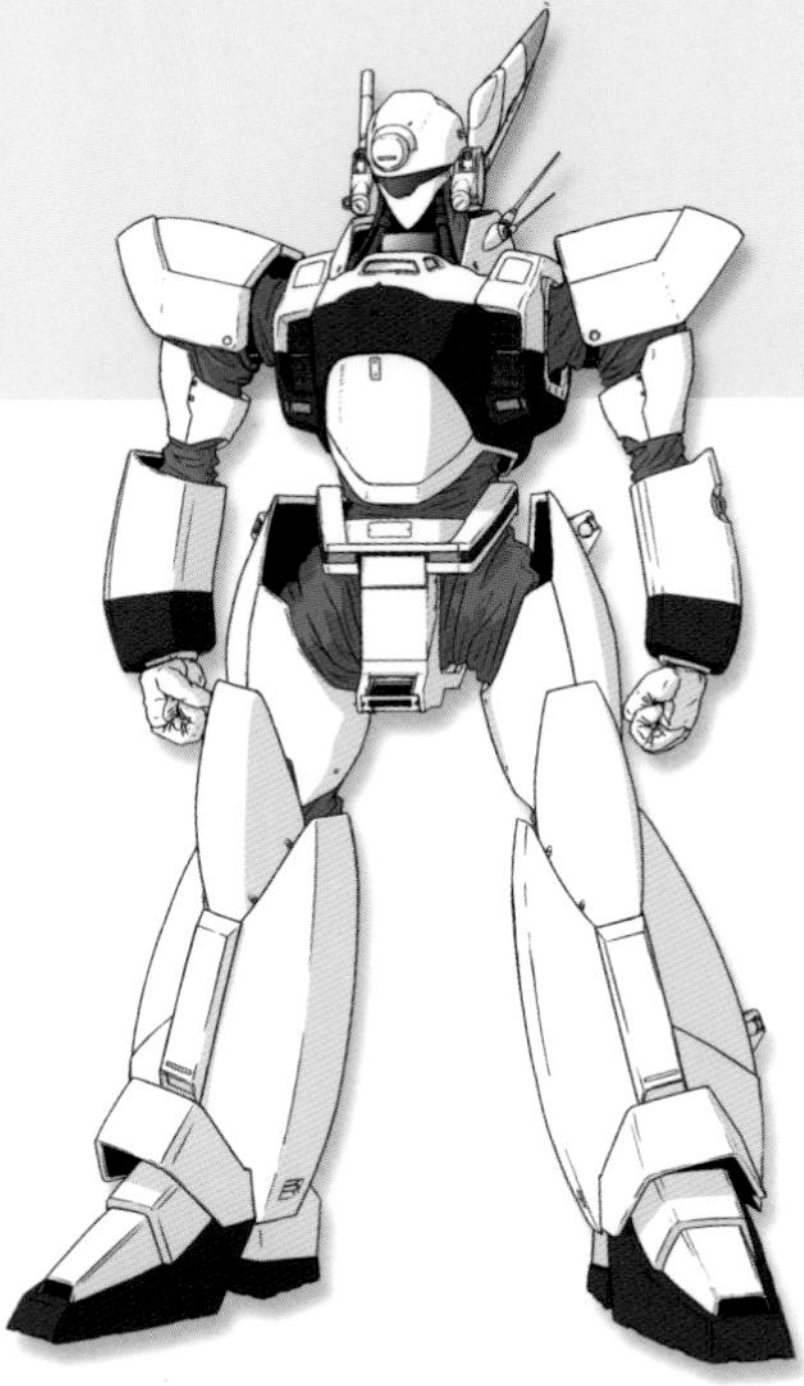

■3号機退役後

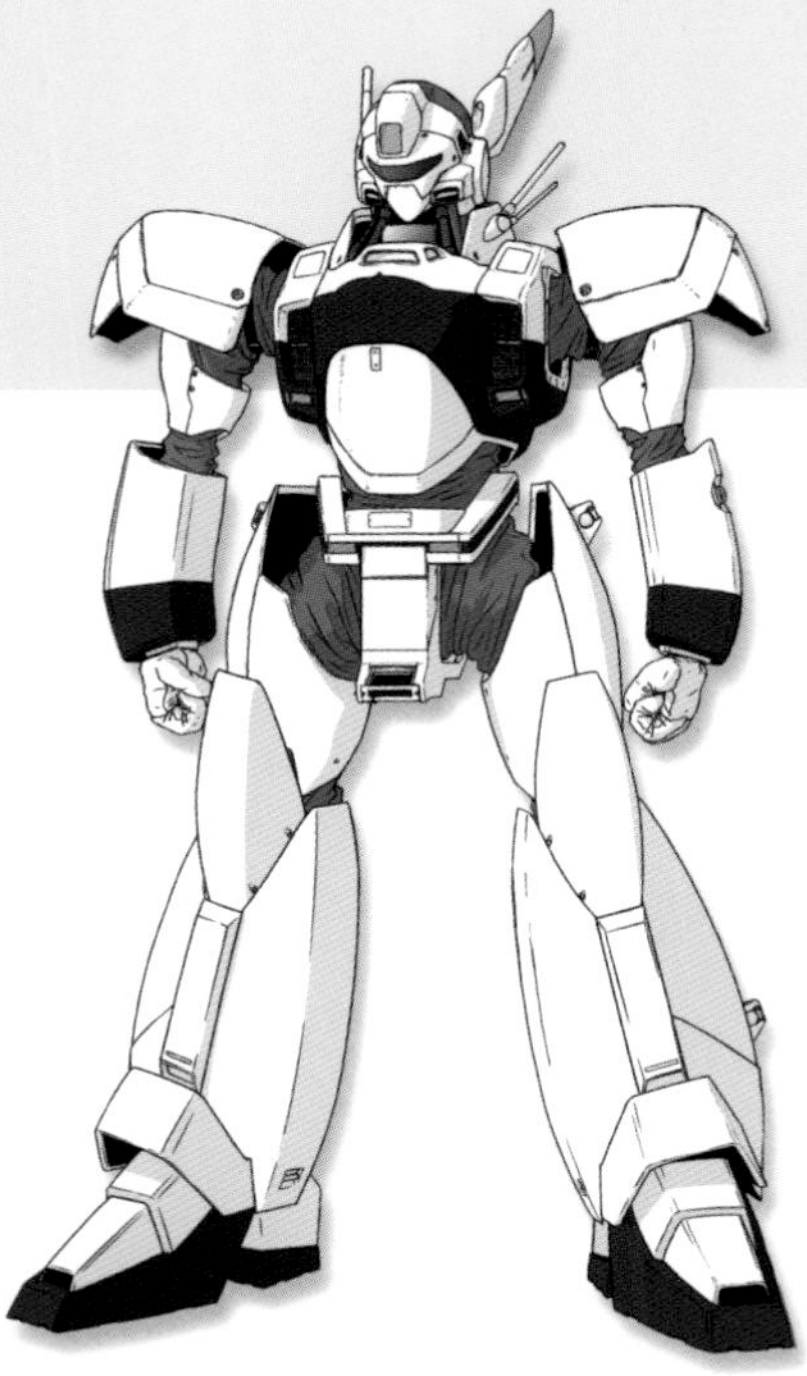

■2号機退役後

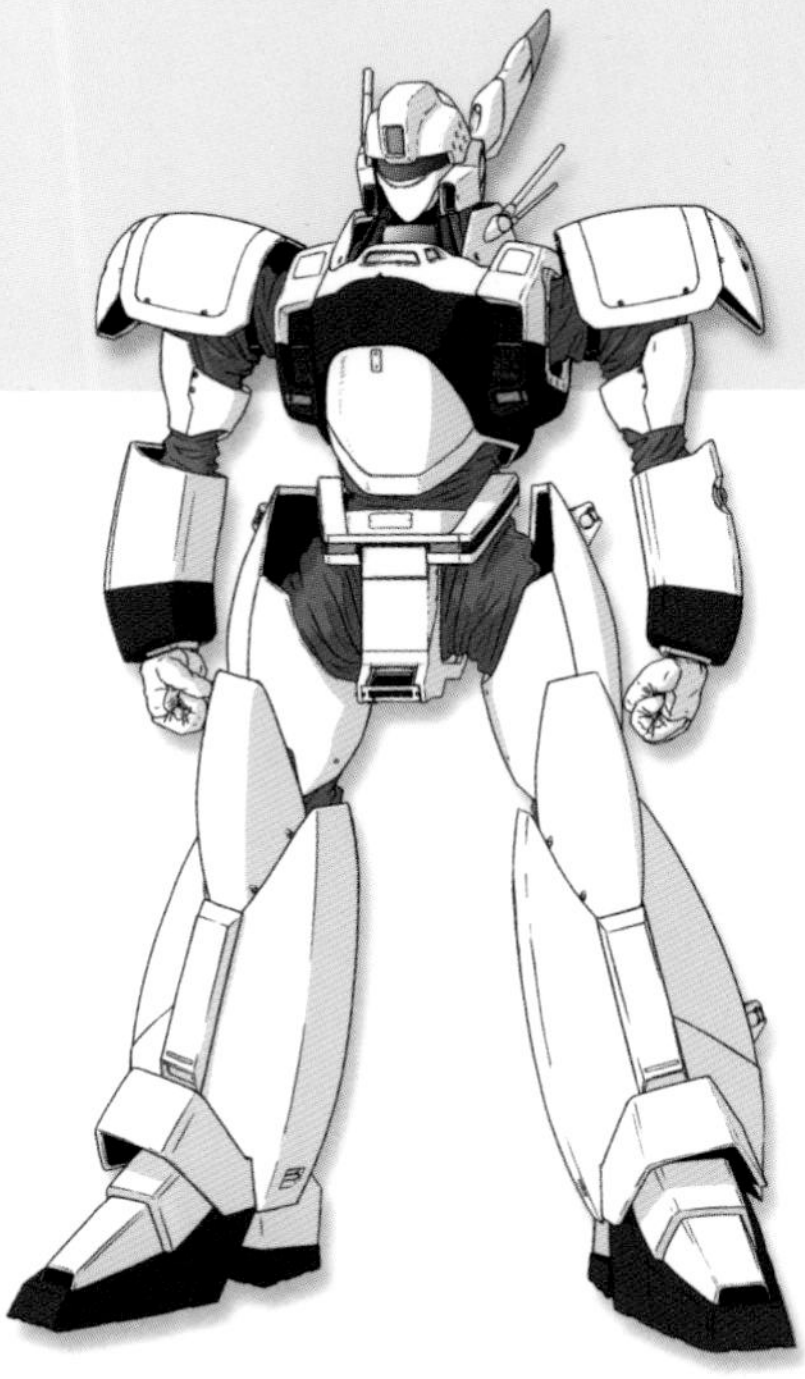

■1号機退役後

パトロール・レイバーの未来

2001年、バビロン・プロジェクトの中核を成していた川崎-木更津《きさらづ》間の大突堤が完成した。この歴史に残る大事業が終わったことで、首都圏のレイバー需要は激減。時を同じくして、大阪国際空港第二次拡張計画に代表される地方都市での大規模工事計画が次々と開始されたことで、東京に一極集中していたレイバーが拡散し始めた。レイバーが動けば、これを利用した事故も犯罪も地方へと移るのが道理であろう。最新のレイバー白書において公表された統計においても、一時は8千輌に達したとも言われていた東京のレイバー稼働数が地方に分散したことに伴い、レイバー犯罪も飛び火している実情がよく示されている。

こうした状況を踏まえ、予《かね》てより特車二課に研修生を派遣するなどして事前準備を進めていた大阪府警が、2001年度中にレイバー隊を設立。また神奈川県警も交通機動隊にレイバーを導入する形で、これに追随した。また一部報道によれば現在、愛知・宮城・千葉の各県警交通機動隊についてもレイバー導入を検討中とのことで、しばらくの間、各地でレイバー隊の設立が続くのではないかとの観測もある。

一方、史上初のレイバー隊である特車二課はというと、都内におけるレイバー関連事故・犯罪の発生件数減少に伴い、大胆《だいたん》な運用方針の転換を図っている。2001年、これまで数々の事件を解決に導いてきた名車、AV-98〈イングラム〉とAV-0〈ピースメーカー〉を揃《そろ》って勇退させ、第一小隊、第二小隊の双方が一斉にAV-2〈ヴァリアント〉へと装備更新しているのだ。運用コストが高い車種をAVS-98譲りの安価な車種に替えることで、より長期的かつ安定的に部隊を運用していこうとの判断であろう。

ただし、この決定の是非《ぜひ》については意見が分かれるところである。まだ記憶に新しい2002年2月の「戦争状態」では、犯行グループを率いていた元自衛官、柘植行人《つげゆきひと》の検挙に際して、AV-98〈イングラム〉が大きな役割を果たしていたというのだ。AV-2はといえば、籠城《ろうじょう》の構えを見せた陸上自衛隊練馬駐屯《ちゅうとん》地前に警備出動した程度で、その後は柘植《つげ》一派が差し向けた攻撃ヘリ、AFH-02B〈ヘルハウンド〉による特車二課本部への攻撃によって、為すすべもなく破壊されてしまっている。こうした状況下で、特車二課課長代理の南雲《なぐも》警部補、及び同課第二小隊隊長・後藤警部補は、篠原重工八王子工場にてデータ収集用の実験機となっていた3輌のAV-98を独断で調達。空挺レイバー用のリアクティブアーマーを装着させるなどして武装させた上で、柘植一派が野戦本部を置いていた18号埋立地への強制捜査を敢行した。その際、米陸軍も採用しているTRT-66〈イクストル〉3輌による防衛ラインを真正面から突破しており、AV-98が最新の軍用レイバーにも対抗し得る存在であることを強く印象づけている。

今後、軍用レイバー等を用いたテロ行為が発生したとして、AV-2〈ヴァリアント〉で抗し得るのか。レイバー犯罪の発生件数が減少傾向にあるとはいえ、首都を守る警視庁特車二課には、しかるべき高性能レイバーを配備すべきではないかという声が挙がったとして不思議はない。事実、こうした情勢を受けて篠原重工では、第3期AV計画を立ち上げたとの情報もある。同社関係者からの情報提供によれば、2005年度中の完成を目指しているという新型AVシリーズ[※18]は、AVS-98の系譜に属すAV-2からの流れではなく、明確にAV-0の後継として設計されているのだという。最高の運動性能と最高のパワーの獲得を目指し、次世代型のニューロン・ネットワーク・システムを採用する予定とのことで、これが事実であれば久々の採算度外視路線の復活と言えそうだ。果たして、この新たなる次世代AVシリーズは完成するのか。そして、その新たな「パトレイバー」が市民を守る盾となるのか——今後も目が離せそうにはない。■

※18
予定通りにロールアウトすれば、AV-5と呼ばれることになる可能性が高いだろう。いずれにせよ篠原重工による正式発表を期待して待ちたいところである。

上は今となっては貴重な、頭部が交換される前のデビュー間もない時期の2号機を捉えた写真。左下は警備に出動した改修後3号機。当時、首都東京は中心部でも震災復興・再開発が多く行われていた。右下は2000年の「湾岸連続テロ事件」における記録写真とされるが詳細は不明。

98式AVの構造と能力

Structure and Ability of AV-98

歩行肢式の軽・重作業用建設機械として発展してきたレイバーだが、警察専用として開発・完成された新型レイバーは、篠原重工が市場におけるアドバンテージを不動のものにしようという意図もあってか、従来のものとは一線を画す車輌として誕生した。純然たる警察用レイバーとして作られたＡＶ-98は、当時における最先端かつ将来性のある技術を前倒しする形で導入、完成されている。限定的な生産を前提とした次世代型レイバーのコンセプト・モデルともいえる仕様で、それは結果的に軍事用レイバーとも異なる特殊な車輌となった。本稿では、従来型の民間普及レイバーの開発にも触れながらＡＶ-98〈イングラム〉の構造について解説してみたい。

日本以外の警察組織において、人間の警察官は近年ほとんどがオートマチック拳銃を携帯する。これは、主としてリボルバー拳銃が装弾数において不利だからである。しかしオートマチック拳銃は、バネの力に抗して薬莢をマガジンに装填する、初弾を装填するためにスライドを引く、といった難度の高い動作をレイバーに要求し、これを人間が代わりに行うこともできない。また機構が複雑でパーツ点数が多く、整備性にも難がある。こうしたことからレイバーが携行する武装として、まずは機構や扱いの単純なリボルバー型からスタートするのは自然な成り行きでもあった。

■概観

AV-98も含め普及型レイバーの多くは、プロポーションの違いこそあれ二脚の直立歩行式で、いわゆる人型有人歩行機械としてのデザインが踏襲《とうしゅう》されてきた。一般普及モデルは主に重作業用機械として発展したため無骨な外観を呈しているが、これを洗練し動作も含めてより人間に近づけることが次世代型レイバーの目指す要件のひとつであった。しかし、より人間に近づいたスマートな外観を有する車輌に最適な用途、その機能を最大限に活かしきる需要はどこにあるのか、メーカーの持つポテンシャルと技術力を広く喧伝《けんでん》するデモンストレーターとしての役割は十二分に果たしうるとしても、コマーシャル・モデルとして販売する際の〝売り〟をどこに求めるのか。新たなマーケットの開拓が必要ではないかという懸念がなかったわけではないだろう。

そのタイミングで持ち上がったのが警察用レイバーの機材更新であった。警察は対レイバー犯罪用としてレイバーの試験導入に踏み切った。しかし初代警察用レイバーは篠原重工製の民間レイバー〈アスカ96〉をカスタムチューンした車輌である。このため犯罪に用いられる車輌に対する優位性は決して高いとはいえず充分な警察業務の遂行は難しかった。その後継機

■前面

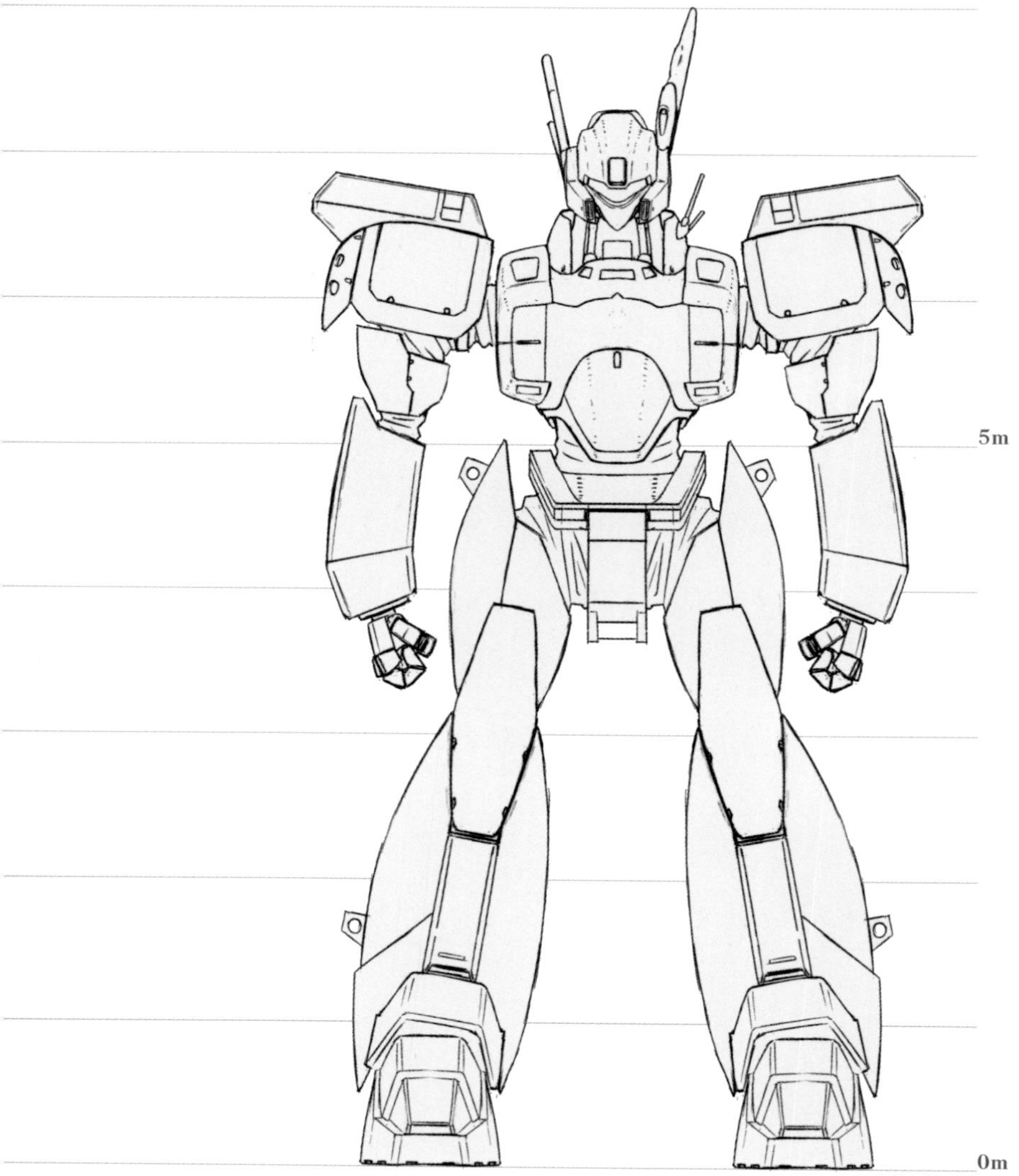

として採用されたのがマナベ重工製の〈パイソン〉であった。剛直そうな外観と頑丈な車体構造は対レイバー犯罪任務向きで、警察レイバーとして〝見栄〟の利く威圧感があり、デザインを含め警察向けに設計が行われたことを物語っている。それまでは機能の必然から外観が決まるような傾向のあった車体デザインに、完全装備の機動隊員を思わせる〝警察らしさ〟という視覚的印象を意図した意匠を導入したことはマナベ重工製〈パイソン〉の評価されるべき点のひとつであろう。またレイバーとしては早い時期に五指型のマニピュレーターを導入するなどの新機軸を打ち出す一方で、駆動系の基本構造は既存技術の集大成ともいうべき堅実なもので、メンテナンスも簡便なように注意が払われていた。しかし、それゆえに運動性能は必ずしも満足のいくものではなく、搭載コンピューターのOS（制御操作プログラム）を更新しても駆動系がそれに対応しきれないところにこの車種の設計限界があった。新機軸であったマニピュレーターにしても義手やロボットアームに広く用いられてきたワイヤー・コントロール（いわゆるテンドン方式）をベースにしていたため、タッチは繊細だが重量物保持の把握力は不足していたといわれる。

　その後の警察機材更新に際し、篠原重工は実用に供しうる性能のデモンストレーターを用意した。そのモデルがAV-98である。警察用レイバー納入業者の座を取り戻すというだけではなく、競合他社に対し圧倒的な技術力の差を見せつけるために格好《かっこう》の機会でもあり、また次世代レイバーの叩き台となるモデルともなるため、その力の入れようは相当なものであったといわれる。さらに言うなら、当時、警察用レイバーを配備運用していたのは警視庁警備部の特車二課のみであったが、遠からぬ将来、組織の拡充や機動隊での運用、さらには各県警に対レイバー犯罪部署が創設され、警察用レイバー導入配備の可能性があるものと期待していたことは間違いなく、そのためにも重要な車種と位置付けられていたようである。

　プロポーションは可能な限り〝贅肉《ぜいにく》〟を削《そ》ぎ落としたようなスリムさで、より人間のシルエットに近づいていた。これは内部構造、特に駆動系における技術的革新を示すものとして同業者の注目を集めた。重作業用レイバーに比べれば非力な印象を与えるが、実質的な出力差はさほどない。車体重量が軽くなっているため正面から組み合うと押し負けるという物理的な弱点はあるものの、フットワークが軽く小回りが利く運動能力を有するため操縦者の技量如何《ぎりょういかん》で圧倒的な優位性を確立することが可能であった。

　人に近い外観は、警察用レイバーに導入された〝拳銃型カノン砲〟の視覚的効果をより高めることになっ

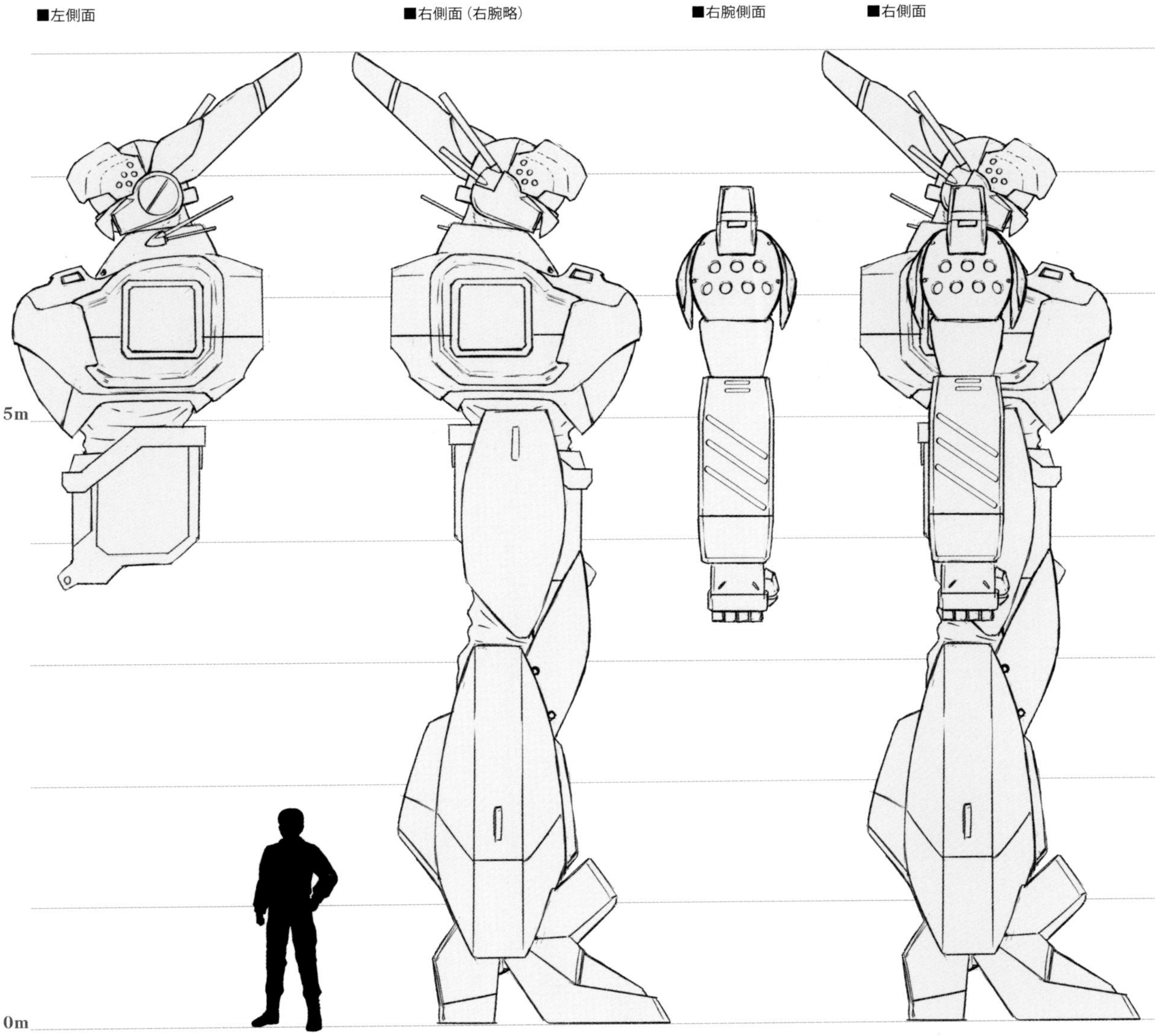
■左側面
■右側面（右腕略）
■右腕側面
■右側面
5m
0m

た。犯罪に対する抑止力として携行する専用火器を、あえて警察用拳銃に似せたデザインにしたことと相俟《あいま》って、日本においては特に、〝銃を構えた警察官〟への連想に直結させることで強硬手段に訴える前に事態を収拾しうると期待されていたのである。

　ＡＶ-98の革新は、搭載される駆動用モーターの大部分を超伝導モーターとし、搭載バッテリーも超伝導化されていたことにある。これによりエネルギーロスは極めて小さくなり、その結果、稼働可能時間が車体サイズ（容量）に比べて圧倒的に長くなった。運用状況にもよるが、先代の警察用レイバーである97式〈パイソン〉に比べても無充電でざっと3倍近い稼働時間を得ることができるようになっている。

　そして特筆すべきは、ＡＶ-98の持ち味である軽快で俊敏な運動性能を実現するために必要な、全ての駆動用モーターを協調させ制御しうるプログラムの開発に成功したことである。これはレイバー開発に際して重要なポイントのひとつであり（他社においても同様のことである）、軍用プログラムが民生用に流用されることは保安上まずありえないため、車種ごとに積み重ねられた制御プログラム、とりわけブレイク・スルーとなるOSは次のモデルにも直結する民間レイバー開発の要点でもあった。

　ＡＶ-98の運用開始からたいした間をあけず次世代モデルがロールアウトすることになるが、それというのもＡＶ-98があってこそといえる。後継機が実用試験を兼ね納入配備されてもなおこの車輌に対する現場からの支持が高かったのは、操縦者の個人的な習熟度や好みというよりも、車輌の持つ潜在的なポテンシャルの高さを物語る一面であろう。

■動力

作業用機械としてのレイバーは、各駆動部の稼働に電動モーターを使用することを前提としていたらしい。もちろん従来からの建機アーム駆動部などに使用されてきた油圧系を用いることは、改善の必要性こそあれ確立された技術なので、作業肢に限っては油圧ショベルのブーム／アームを進化発展させることも視野に入ってはいたようである。当時、まだ声高には叫ばれてはいないものの、二酸化炭素排出や窒素酸化物が将来的に地球環境にもたらす影響への懸念が高まりつつあり内燃機関の見直しと依存度の縮小が模索され始めた時期とも重なり、先行して次世代動力の実用化を目指したという風潮もあった。

民間用レイバーの企画段階では、作業肢先端部は、標準装備品のマニピュレーターである把握指以外にも従来建機で用いられた多数のアタッチメントが用意され、カッター、ブレーカー、グラッパー、磁石、圧砕《あっさい》、掘削《くっさく》、穿孔《せんこう》、各種バケットから電気式の溶断、溶接機など必要とされるであろうオプション器材が幅広くラインナップされていた。

だが、レイバー開発が始まって間もなく、油圧駆動の応用を推し進めることを中止する企業が大勢を占め、全てを電動モーターで賄《まかな》おうという方向に向かった。その理由のひとつには当時、従来からあるモーターの構造と性能を変える様々な革新的発明がもたらされたからである。材料工学的な変革に伴い電動モーターそのものの小型化や高出力化、それに反比例しての省エネルギー化（エネルギー変換効率の向上）が実現されてきたことが大きな要因となった。とはいえ、新型のモーター開発は小型化、極小化にベクトルが向いており、技術基盤が広がったとはいえ、大型機械の駆動源、歩行機械の駆動源として実用化するにはまだまだ出力が不充分だった。出力を大きくするためにはモーター本体の大型化は必須で、複雑な制御を行おうとすると必然的に補機の種類や数も増加してしまうため、結果、総重量が増す。このループをどのように断ち切って解決策を見出すかが、大型歩行機械実現に立ちはだかる壁のひとつであった。

重量問題は、間接的ながら油圧回路使用を断念する要因ともなった。油圧機器の駆動には作動油を搭載しなければならない。複雑で確実な動作を保証するためには、大小アクチュエーターの本数を増やすことが必要となるが、それを動かすためには複数の回路を満たす作動油と、作動用モーターを搭載する必要が生じる。油圧系を突き詰める方針で研究を進める企業は残っていたものの、レイバー開発に参入した大部分のメーカーは電動モーター使用を前提とした開発に絞り込むことになっていった。

このようにポイントを絞った集約的な動力開発方針をちょっとした出来事が後押しした。ほんの偶然から新しい「有機超伝導物質」が発見されたのである。それまで知られていた高温超伝導物質よりも加工条件が緩《ゆる》やかで、在来加工技術の延長線上で生産が行える可能性を秘めた物質である。しかも特殊で稀少な物質を複数必要とするような組成ではなかったこともまた、実用への希望を高めた。転移温度は高く、これまでの高温超伝導物質同様に液体窒素を冷却触媒とすればよく、産業界はこぞってこの新材料を用いた超伝導モーターと冷却系のパッケージを前提とした実用動力ユニットの開発に傾注するようになる。また同時に、超伝導電力貯蔵装置（SMES）として研究が進められてきた〝超伝導バッテリー〟の開発も勢いを増すことになる。

こうした流れにあって、超伝導モーターがレイバーの実現をすぐそこまで引き寄せたと関係者の誰もが思ったが、ことはそう簡単ではなかった。超伝導モーターの実用化を前提として、これをどのように制御するか。歩行機械に必要なもうひとつの壁が立ちはだかることになる。

98式AVのメンテナンス性はお世辞にも良好とは言い難かったようで、特に初期には整備員の慣熟に時間を要した。内部の器機にアクセスするにも、隙間から手を突っ込んでようやくであったり、外装や手前の器機すべてを外してからでないと内部のパーツが見えなかったりなど、設計の面でも改善の余地が多分にあったようだ。重い器機のネジをうかつに外して手を挟まれてしまう事故があり、器機を針金でフレームに吊るようにしたなど、整備マニュアルに独自のメモが追記されることもしばしばだった。
第一小隊との交代制でそれぞれがバックアップし合っていたとはいえ、当直時は24時間体制で待機しなければならない98式AVに対し、整備の手間や時間をマンパワーでなんとかやりくりしていたというのが、当時の実情であった。

全国に先駆け常に最新の機材を扱うことで、特車二課は98式AV以降の車輌についても専門知識を有するエキスパートであり続けた。ニューヨーク市警に零式が試験配備される際には、オブザーバーとして支援要員を派遣している。

■制御

レイバー開発では、比較的初期の段階において多脚歩行式と直立二脚式の研究が分離する方向に向かった。多くの企業が直立二脚式に絞り込んで実用化を目指した理由は、制御プログラムが多脚式とはまったく性質の異なるものだったからである。機械的な、ハードウェア面での相互関連性は高かったが、これを制御するオペレーション・システムについては、共通性はほとんど無いも同然だったという。

生物進化を辿《たど》るかのごとく段階的に脚数を減少させて歩行を再現する研究は古くから行われているが、そこから得られた基礎データが、今求められる機器開発には必ずしも有効であるとはいえず、実質的な関連性も薄いことはすでに判っていた。四脚あるいはそれ以上の多脚を有するレイバーあるいはロボットは、次第に多用途汎用というよりは特殊用途機材として位置付けられるようになり、二脚歩行モデル開発部門との研究・実験基礎データの共有こそ行われたが、実質的な作業はそれぞれ独立した別部門として進められることになったのである。

研究が先行したのは多脚式の歩行モデルである。歩行時の安定性が高く転倒リスクが小さい六脚や四脚歩行機械は、作業時の車体安定性に重きを置くならば労働用機械にうってつけで、必要に応じ歩行脚部を不動固定状態にし、作業プラットフォーム化することも可能と判断された。これは従来型建機で装備される〝アウトリガー〟のような役割を兼ねた機能を歩行脚に付与しようという試みでもあった。コンピューター上での歩行駆動概念モデルによる検討段階で、歩行制御実現への機械構造的なアプローチが比較的容易で、かつ作業時の安定を十二分に確保するという目的に適《かな》った歩行脚数は〝6〟がよいとされた。歩行脚配置は、上半身の回転軸中心に基部を置き、ここから放射状に広がるようにレイアウトするのが理想で、その姿はあたかも太った「バクテリオファージ」のようであったという。放射状配置であれば、前後左右への移動に融通《ゆうずう》性が高く、全方向へと動くことが可能である。それぞれの脚関節(多関節を想定していた)を任意に曲げて上半身の水平を維持調整し、重心をなるべく低く落とした状態で各関節部をロックすれば安定不動のプラットフォーム化が実現できるという考え方であった。

しかし、実際には放射配置された六脚の歩行肢で任意に全方向へと歩くことは、制御プログラムが複雑化しすぎるという現実に突き当たった。搭載を想定した車上コンピューターのスペックに見合わない容量と演算速度が要求されるのである。もちろん、脚部のみのスケールモデルを用いて平滑なトライアル・トラックを歩行することは容易だった。脚の挙動を単純化したモデルでは何ら問題は出なかったのである。ところがフルスケールの歩行実験モデルに上半身を想定したダミー・ウェイトを搭載し、機能肢を動かしている状況を再現した重心移動を加えながら、障害となる瓦礫《がれき》に覆《おお》われたテストフィールドを歩かせる実験では、動きの緩慢《かんまん》さには眼を瞑《つむ》るとしても、脚制御のハーモナイズが破綻《はたん》し、あろうことか躓《つまず》いて転倒するという事態が発生してしまった。何のことはない、上半身の重心移動に対応するバランス制御が、直立二脚歩行を実現するためのバランス制御に匹敵するほどの複雑な歩行制御プログラムが必要であることが明確になったのである。放射状に配置された脚部は〝アキンボウ〟と呼ばれる肘を張るような形状が常態であるため、もとより静止時の安定性は確保されているものの、六脚による効率的な歩行運動制御が単なる歩行ではなく、作業をしながら動くことによって実験室レベルでの想定を遥《はる》かに超えた不確定要素が介入するという、振り返って思えば判りきった事実を改めて突きつけられたことになる。

先述の通り建設機械という用途からすれば、歩行脚を含む移動肢部分は、その上に載る機能肢（作業用アーム）とそのターレット、及び操縦室を収める上半身を水平に維持し不動のプラットフォームを形成することが理想であるという高いハードルが設定されており、これが実現できないのであればわざわざクローラやホイールを脚に変更する意味はないとまで言われていたそうである。しかし放射状配置の六脚歩行は挫折《ざせつ》した。だが研究開発者たちはこれにいつまでも拘泥《こうでい》することはせず、不整地踏破《とうは》能力、特に上下移動への地形追随性が高いことが大きな魅力である多脚式移動肢装備レイバー開発を諦《あきら》めることはなく、障害にぶつかりながらも実用化への研究が継続された。制御プログラムのみならず、多脚になることで動力と（物理的な意味での）制御回路システムが複雑になり、車体シャシー部の総重量も増すというデメリットはあるが、被支持部（上半身）の重量を個々の脚に分散することで、作業器材（腕部）の大型化も見込めるという目算《もくさん》があったようだ。

多脚式のレイバーは結局、折衷的な設計とはなったものの充分に実用的に完成した。歩行脚に走行用ホイールを装備し、搭乗者位置を高く置いた見通しの利く操縦席を具《そな》え、急坂登攀《とうはん》を伴う作業、中長距離の移動を要する高速道路建設用などの特殊用途向け車輌として広く普及することになる。

一方、直立二脚式レイバー開発は超伝導モーターの実用化以前から、大出力コアレスモーターを主駆動源としての歩行実験が繰り返し行われていた。ごく初期の試験車輌は、主エネルギー供給源に小型の内燃機関（ディーゼルまたはガソリン・エンジン）をジェネレーターとして搭載、発電した電力をバッテリーに貯蔵し、これにより大出力モーターを駆動させるというシステムであった。この段階では駆動部全てにモーターを置くわけではなく、ギア及びシャフト・ドライブ、チェーン・ドライブ、テンドン方式など様々な駆動伝達方式を実験していた。当時実用化が進められていたハイブリッド車や燃料電池式の電気自動車などと同様で、バッテリーの性能とモーター出力、車体重量と消費電力との相関関係によって駆動可能時間と性能が決定されることになるが、研究は搭載重量を大きく見込め安定性の高い多脚式で先行し、機材の軽量化に目処が立ったところで直立二脚式レイバーへと駆動・動力系が転用されていくという道筋を辿《たど》る。

これらの歩行に必要な動力を制御するシステム、とりわけ自動バランス制御に関するプログラムの開発は、実用型超伝導モーターの完成を待たず、外部電源に接続して給電する形で積極的に進められていた。

プログラムは、コンピューターによるシミュレーションで開発可能な内容ではない。試作・実験によるトライ・アンド・エラーを繰り返して基礎データを収集することからスタートし、一定の行動、たとえば直線歩行をプログラムし、この行為のみを繰り返し行うということから始まった。飽《あ》くことの無い繰り返ししか打開策はない運動プログラム構築は、等身大モデルから大型モデルに、平坦地から不整地歩行へと対象フィールドが拡大されていった。等身大に近いサイズであれば従来型モーターによる出力で単独歩行が可能なまでに成熟した制御プログラムであっても、これをより大型の機器に適用できるかといえば、そのようにはならない。躯体《くたい》そのものの全重量や各駆動部に置かれたモーター、アクチュエーターとして機能するリニアモーターの重量と位置、出力によって、歩行時のバランスはまったく異なるものとなるためである。パラメーターを書き換えるだけでオールマイティに普遍化できる歩行プログラム／姿勢制御プログラムを開発することは難しく、基礎データを基にして車種ごとに新規プログラムの作成が必要で、これが直立二脚式（多脚式も同様であったが）レイバーの開発でもっとも労力と時間を要する部分でもあった。

一定の成果が得られた時点で実用化が開始された。小・中型の建設器機として内燃機関－バッテリー－電動モーターによるハイブリッド動力を搭載した脚歩行型の市販車輌がマーケットに送り込まれている。バッテリーのみではまだ稼働可能時間が極端に短いためハイブリッド動力となったが、企業側からすれば実用化することによって大きな実験場が得られることにもなるというのが本音であろう。リコールのリスクを視野に入れてもなお余りある成果がもたらされるという判断があった。

先鞭《せんべん》を付けたのは大企業ではなく、それまで大手企業が製造販売している車輌を受注によって改装、カスタマイズする中堅の架装メーカーだった。完全オリジナルの二脚歩行式建機は実用度という観点からすると従来のクローラ式のほうがはるかに優れていたため、業界の一部を除いてさしたる話題にもならず需要はほとんどなかったという。だが歩行式レイバーの開発を手掛ける企業の中には、同社のノウハウ、特にバランス制御機能プログラムが現在開発中の車輌にとって何らかのブレイク・スルーとなる可能性を秘めていることを見抜いた開発者がいた。密《ひそ》かに、この中堅企業争奪戦が水面下で始まったという。その勝者が後の篠原重工であった。

　篠原重工製レイバーに搭載される制御操作プログラム（OS）の中でも高く評価されているのが自動バランス制御プログラムである。ここに、例のメーカーが作ったバランス制御機能プログラムがどの程度反映されているのかはわからない。AV-98以前のレイバーで充分な手応え《てごた》を得た篠原の開発陣は、次世代に向けてのOS開発に総力を結集する。それは実用型の超伝導モーターを車体各駆動部に採用するための統合型制御操作システムであり、車体全体のエネルギーロスを最小限に抑《おさ》えながら無駄なくコントロールするというノウハウを確立することを目標にした。篠原重工のOSは、他社に抜きんでて評価の高いものとなったが、AV-98では総体として車体性能を充分に（最大限ではない。あえて30%ほどのマージンが残されていたという）引き出すことが可能なものとして完成されていた。駆動タイミング、確実な制動などが操縦者に違和感なくハーモナイズされ、さらに操縦者が緊急時以外は意識する必要のないようなレベルで個々のモーターのステイタス管理、冷却系温度管理、各部位の位置情報、出力調節などが自動的に行われ、操作に必要な情報が過多にならないようモニター上に表示されることこそないが、搭載コンピューターは車体各部に設置される測距《そっきょ》、感圧、接触、感熱、慣性などの各種センサーから収集されるデータを瞬時に解析し、操作入力に対する反応を適切に行えるような制御操作プログラムを構築、しかもそれが車体スペック上限の70%内で機能するように処理されていたのである。

　AV-98用OSには、特定の操縦者が継続的に搭乗することで操作入力特性を自動学習しフィードバックするプログラムが試験搭載されていたといい、これが車体性能のマージン分を引き出すための〝鍵〟として機能するようになったといわれる。性能のマージン分が、いわば〝隠れたパワーブースト・システム〟であると考えればわかりやすいかもしれない。搭乗者を試すようにも思えるシステムだが、操作スキルの向上に的確な対応を行うためにOSそのものを随時更新するという手間を多少なりとも省くために構築されたプログラムであり、また常に最大限の性能を引き出すような車体レスポンスでは、過負荷により搭乗者の安全性と車体の機能保証を担保することができないため、このような方法を採ったということである。

　必然的に、この制御操作プログラム（OS）は複雑を極めた。AV-98は車体駆動に関係するモーターをすべて超伝導化したが、この全てを管理することになる。また、超伝導状態が維持不能となった場合には通常のモーターとして駆動させる切り替えも管理制御するというものだけに、既存のOSに多くの追加プログラム※1を必要とした。超伝導による各駆動部のモーターは回転軸部位だけでなく、直線運動もリニア方式でアクチュエーターとして使用され、また磁気の反発力を利用したショック・ダンパー※2も超伝導が使用された。モーター使用に際しては冷却と、冷却系の熱交換システムが肝要であるが、この管理と制御もOSがこなす。

　物理的には冷却回路のシステムをどこに配置するかが問題のひとつであった。従来型の重作業用レイバーであれば、車体重心を下げて安定した構造体を構築することが目指す方向のひとつであったから、操縦室下部あたりに置くのが順当な選択肢であったが、AV-98では操縦室の後方、あえて車体背部に搭載した。これは軽快な二脚歩行のためには静止安定の常態を崩す必要があり、その役割を担わせようという目的があったためである。崩れたバランスを即座に回復し、次の挙動に備えることができる駆動系の出力と、全方向に対する質量移動の感知によって次の運動に向けての統合的な判断が行えるOSがあってこそ、AV-98はレイバーとして完成した。

　冷却触媒用の配管回路は全身の超伝導モーターを巡り背部のラジエーターを通って熱交換することになるが、作業肢（腕部）や歩行肢（脚部）といったユニットごとに回路は閉鎖可能で、緊急時には自動的に冷却触媒循環は停止する。各超伝導モーターは、低温化が阻害された場合に機能停止するわけではなく、通常の高出力コアレスモーターとして駆動する設計が導入されているため、稼働時間が極端に短くなり出力

整備員は定期的に篠原重工八王子工場へ出向し、98式AVの整備運用、機材の取り扱いなどの研修を行っていた。今後各地に創設される予定であった警察レイバー隊の運用を円滑にするべく、警視庁は特車二課をモデルケースとしてノウハウの獲得や運用要員の教育を企図していたのである。その成果は現在の警察用レイバーの運用に大いに貢献している。

も低下するが、制御操作プログラムは可能な限り駆動の継続を維持するように指示を出し、自己点検によって出力低下部位と車体全体との出力バランスを取る緊急対応を行い、即座に車輌不活性に陥《おちい》るようなことはない。このようなフェイルセーフ機能を具《そな》えていることは警察用レイバーとしてのアドバンテージを保証するものとして評価された。

なお、これはあくまでも地上における運用を前提にしたもので、水中における使用は想定されていない。冷却触媒の液体窒素は、状況によって緊急冷却触媒排出が必要となる場合もあるが、水中ではこれが阻害されるため、水没状態での行動は禁止されており、やむを得ぬ場合でも数分以上の水中活動は危険とされる。

超伝導／通常モーターの一括管理と緊急対応能力を有するOSはこれまでになく、それを搭載して実働したAV-98の存在意義は篠原重工のみならず、レイバー製造業にとって意味の大きいものであった。

※1
これらの新要素はHOS以降のOSに標準で実装されることになる。実際にそのルーチンが使用されるかどうかは個々の車体仕様による。

※2
レイバーに関する限りアクティブ・サスペンション、ショック・アブソーバー等もほぼ同様の機構を指す。作動方式に油圧・電磁等の違いはあるが、用語はそれを区別しない。

■車体

高い汎用性・多用途性も求められたレイバーだが、根底に流れるのはあくまでも有人操縦機械というコンセプトである。移動時に二脚式で歩行するとはいえ作業に入れば不整地であっても安定したプラットフォームとして機能しなければならない下半身の歩行肢、人間のような器用さには及ばないながらもある程度の器具・工具を扱うことができ、また必要に応じて特化した用途に対応できるよう（建機でいうところの）各種アタッチメントに交換可能な機能肢を持ち、ハードワークに要求される出力と堅牢さ、メンテナンスの容易さなどが求められた。一方で、従来の建設機械とは異なる形態による物理的な影響も考慮されねばならず、車体には様々な工夫が施されている。初期に普及した多くのレイバーがともすればユーモラスな印象の強い短足気味で太い歩行肢であることや、いかつい〝上半身〟となったことは、必然から生まれたプロポーションであったといえる。作業用支持脚としての有効性を重視するのであれば、歩行に差し支えない程度に可能な限り脚部、足（接地部）は大きく頑丈で、重心は低いほうが安定する。あるいは、メーカー側も特殊な用途に特化するものであれば、極端に長い脚部の上に操縦席を配置するという考え方から形状が決定されてもかまわないという自由度をもって特装対応できるようになっていった。

しかしいずれにしても、車体内部に搭載されるべき機材の質量は大きく、これらを支持するシャシーなどの構造材は頑丈な素材を求めざるを得ない。一般の車輛が改質を加えながらも鋼板を用いていた理由は、すでに材料の特性がよく解っており成型に関するノウハウが確立している、充分な剛性を有している、熱に強い、材料単価が比較的低コストで入手しやすい、再利用が可能であることなど、そのメリットが大きい点にある。レイバーの場合にも、各駆動モーターを支持する構造体やそれを覆《おお》う保護外殻構造を改質スチール系材料で構成することからスタートした。しかし機材サイズゆえに総重量が大きくなるため運用上の支障が出ない限り軽量構造化が進められている。独立して駆動することが可能なフレーム構造に保護外殻を被せるという〝骨格 - 外殻〟方式は採用されず、航空機や自動車で一般的になっているモノコック及びセミモノコック構造を組み合わせる方法がレイバーの一般的な筐体《きょうたい》構造となった。

初期のモデルでは外皮に改質鋼板を、フレームには強化スチールが用いられたが、これらは徐々に複合材料へと置き換えられるようになる。駆動系の信頼性が向上し、機材が大型化するに伴い、支持構造にはアルミニウム合金とスチール、保護外皮には難燃性の合成樹脂を主体とした繊維強化樹脂（FRP）やようやく民間レベルでの供給が確立した繊維強化金属（FRM）など、軽量で丈夫、錆などの生じない材質を組み合わせるようになっていった。また透明フード部分やライトのカバーなどは改質型のポリカーボネートが用いられている。

AV-98では、運動性を重視し機動性を高めることと、警察任務遂行における〝荒事〟にも対応可能なように、構造そのものの見直しが図られている。一般レイバーのモノコック／セミモノコック構造はいったん棚上げし、レイバー開発の原設計で検討された軀体（スケルトン・フレーム）に、交換が容易な保護外皮を被せる〝骨格 - 外殻〟方式を再度導入することが決定された。動力、制御プログラムをはじめ採算を度外視して開発されたAV-98は、筐体《きょうたい》構造材にも新たな試みを積極的に行っていた。基本骨格構造にはチタン合金と繊維強化金属《FRM》を多用し、また保護外皮（軍用レイバーとは異なり、明確な装甲としての機能は特に求められてはいなかった）にも繊維強化金属、炭素繊維強化樹脂《CFRP》など、航空宇宙用として用いられる材料を全面的に導入している。必然的にAV-98が量産化されることになれば販売価格を抑《おさ》えるために軀体、外皮は別のより低コストの普及材料に置き換えられることになるだろうが、特車二課に配備されたものは一種のデモンストレーターでもあるため、先述のような高価な材料で構成されていたのである。従って筐体《きょうたい》及び軀体各部、特に保護外皮の耐熱温度は高く低温耐性も充分に確保された軽量堅牢な材料となっているが、破損時の修復は容易ではなく、すべからく予備部品との交換を前提としていた。これは全ての車体構造部品が同様で、車輛維持コストは極めて高いものとなった。

実働車輛は実質的に3輛（常時配備は2輛）であったが、納入時点で6輛分にもなる予備部品のストックがあったという。破損や不具合により交換されすぐにストックが尽きた器材もあれば、退役までほぼそのままで使い続けられたものもあり、部品の消耗傾向なども詳細にデータが採られ、後の車輛配備に活かされた。
98式AVの搭載器機にはそれぞれ専用タグが付与され、交換時期や修理状況などが逐一記録（書類及び電子）されていた。その管理は通常の車輛よりも厳格で、98式AVの運用が多分に試験的であったことを物語る。

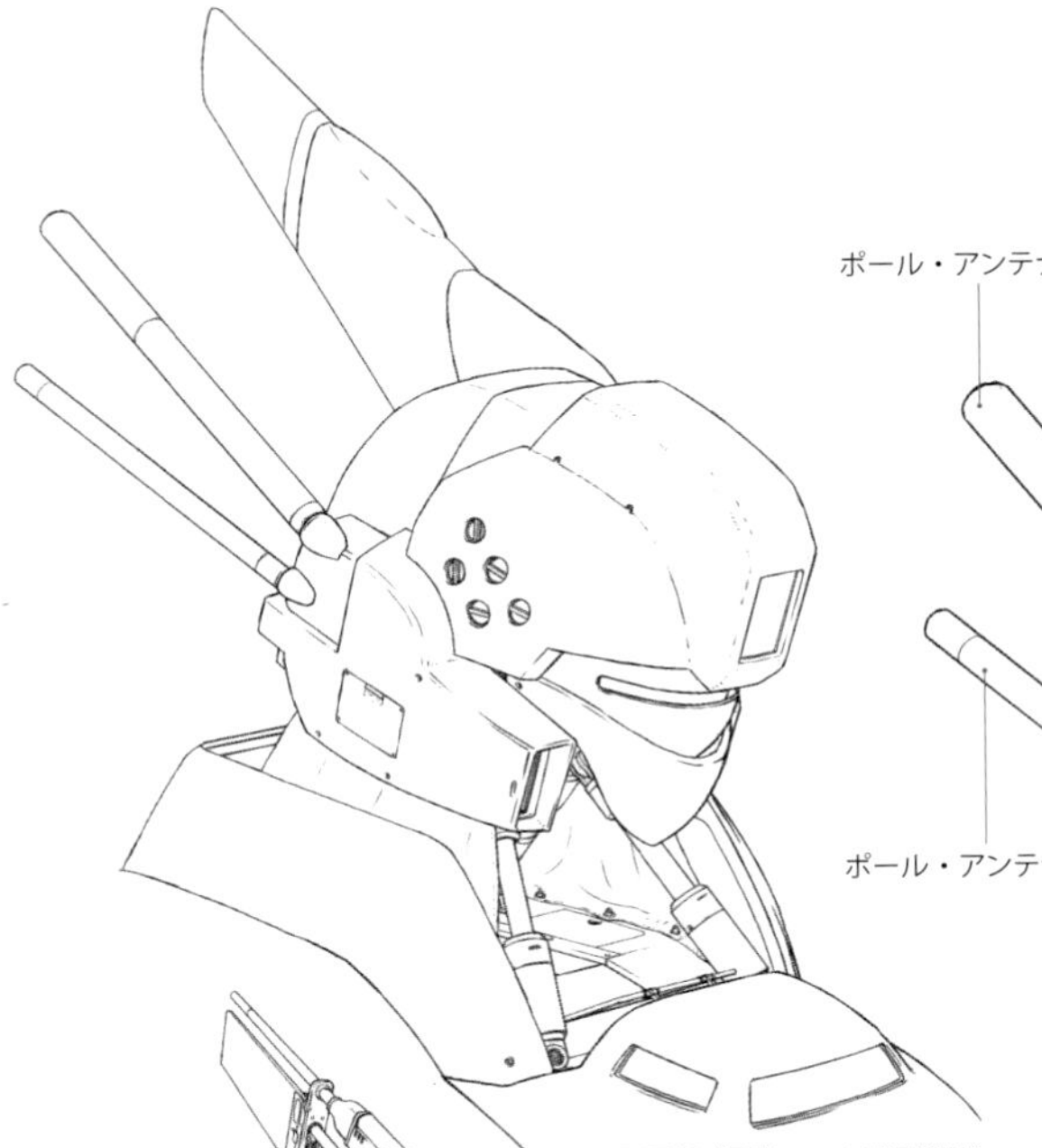

■頭部（保護シールド展開時）

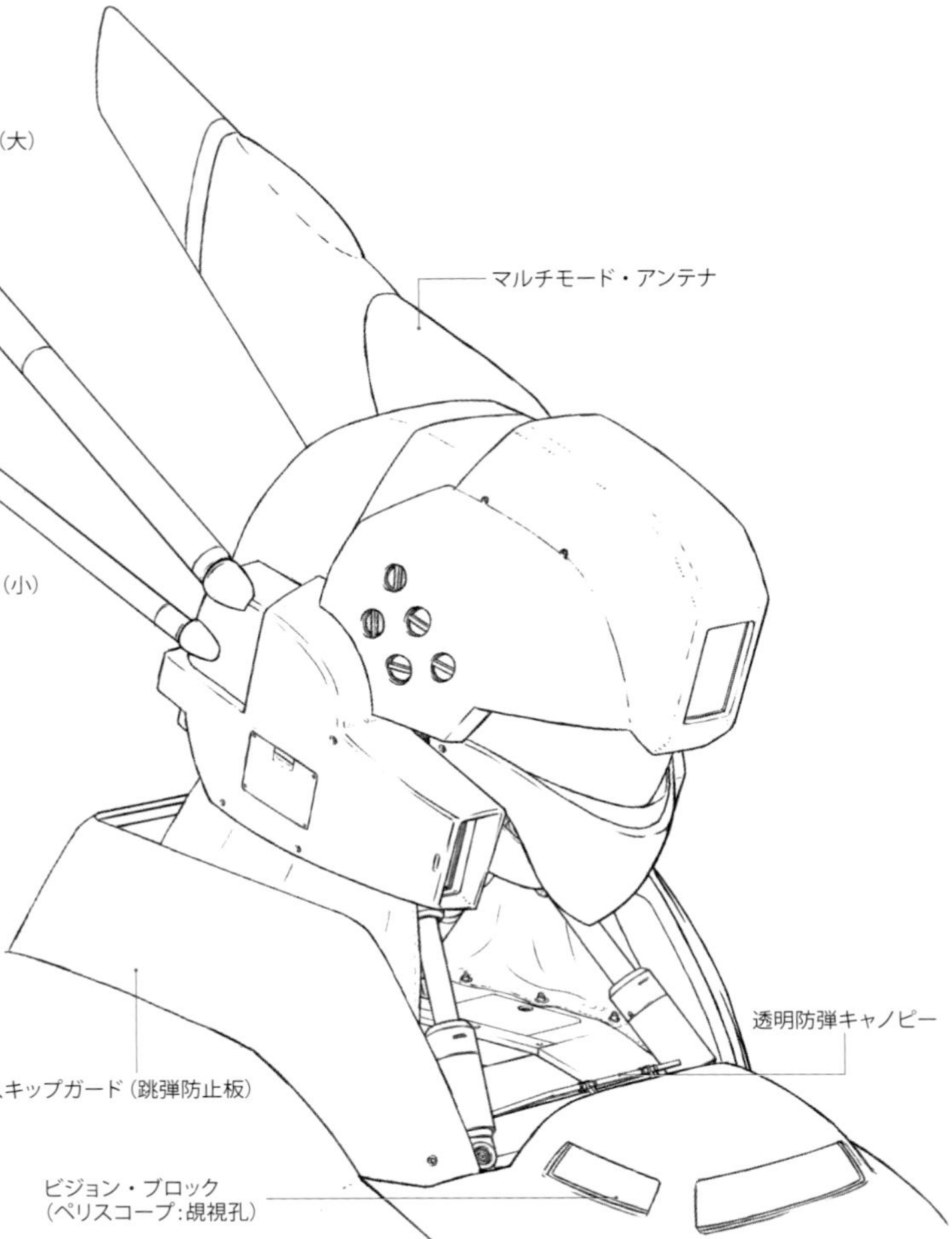
ポール・アンテナ（大）
ポール・アンテナ（小）
マルチモード・アンテナ
透明防弾キャノピー
スキップガード（跳弾防止板）
ビジョン・ブロック
（ペリスコープ：覘視孔）

■頭部（通常時）

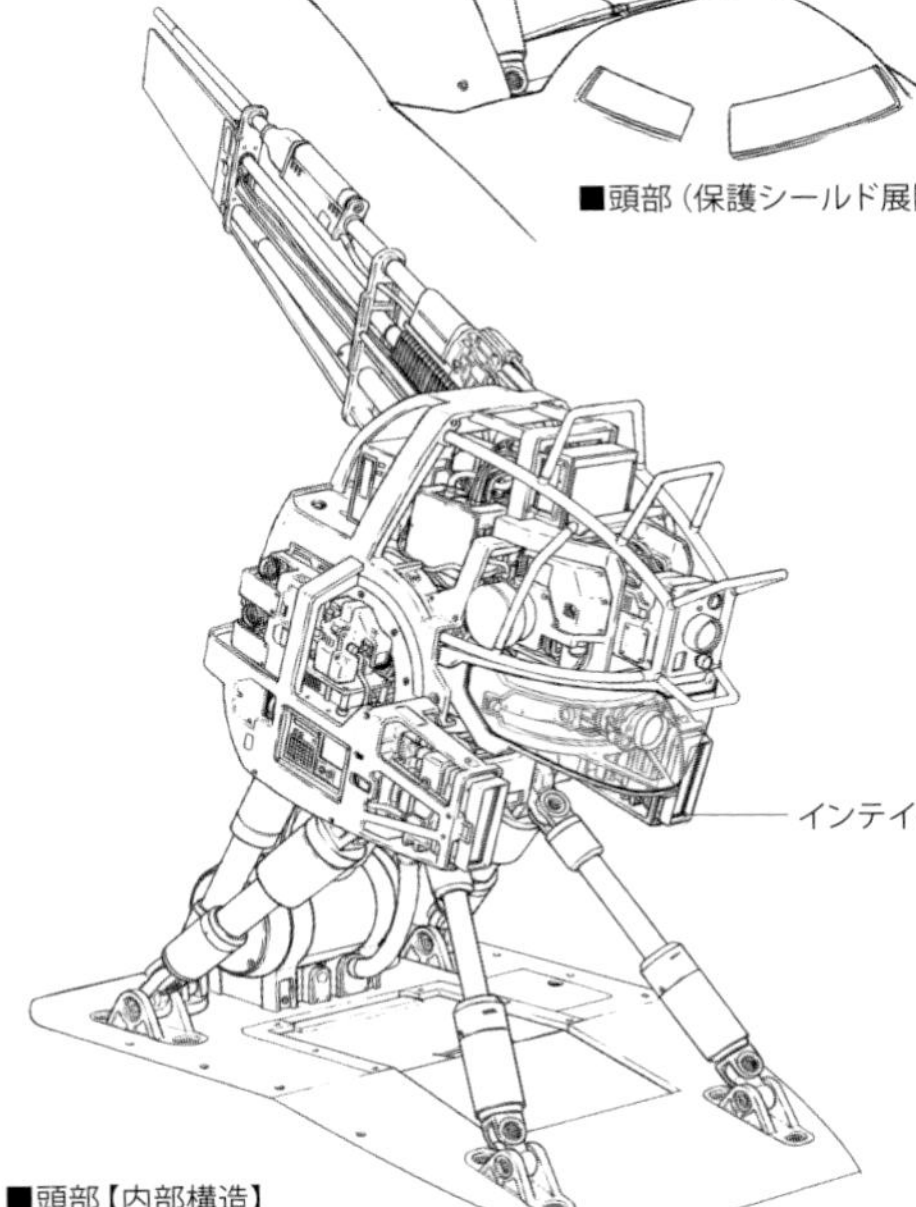
インテイク・ダクト

■頭部【内部構造】
（保護シールド省略）


AV-98の頭部は、当初1～3号機まで同一の仕様で納入されている。導入初期に破損の多かった2号機と、後に電子戦仕様へ改装された3号機はやがて外観の異なる頭部へと換装されたが、1号機のみは退役までほぼこの図の通りの仕様で使われた（内部器機や塗装には変更あり）。

ここでは、ある程度資料が公開されている標準仕様の頭部を構造を含め解説する。

■頭部

　車体のもっとも高い位置にある頭部は、他のレイバー同様に情報収集、通信機材搭載のターレットになっている。頭部筐体《きょうたい》はCFRP製で軽量化され、頸部《けいぶ》のリニア・アクチュエーターにより仰角95度、俯角80度、左右に180度の可動域が確保されていた。正面の透明部分は積層強化ポリカーボネート製のシールドで、その背後には視覚映像情報取得用のカメラが内蔵される。透明シールドの前方には視覚情報収集用スリットのあるスライド式軽合金製保護シールドを上げ、防護することが可能である。搭載カメラは上に5度、下に10度の仰俯角《ぎょうふかく》を有し、スライドレールに沿って左右に約120度の可動域を持つ。メインカメラは18-400㍉の無段階ズームレンズとなっており、また夜間の出動に対応するためメインカメラに併設する形で、高感度・赤外線暗視カメラも搭載されている。メインカメラは地上高で7㍍近くと視点が高く見通しが利く。しかし車体脚部周辺の近接域情報を捉《とら》えることはむずかしい。このため、ウインチが設置されている股部分のフェアリング内に下方監視カメラ、後頭部には赤外線ライダーが装備され後方の対物情報を収集可能としている。

　また額に相当する部分のフェアリング内には、補助カメラ（メインカメラ同様の可視光域、及び赤外域に対応）、対物レーダー波送受信装置及び赤外線ライダーが搭載されている。頬に相当する左右フェアリングには冷却用空気のインテイク・ダクトが開口、内部には強制吸気用のファンが内蔵される。

　頭部にはこの他、各種の通信用アンテナが設置されている。右後方に取り付けられている大小のポールアンテナのうち、下側の細いものは近距離の通信

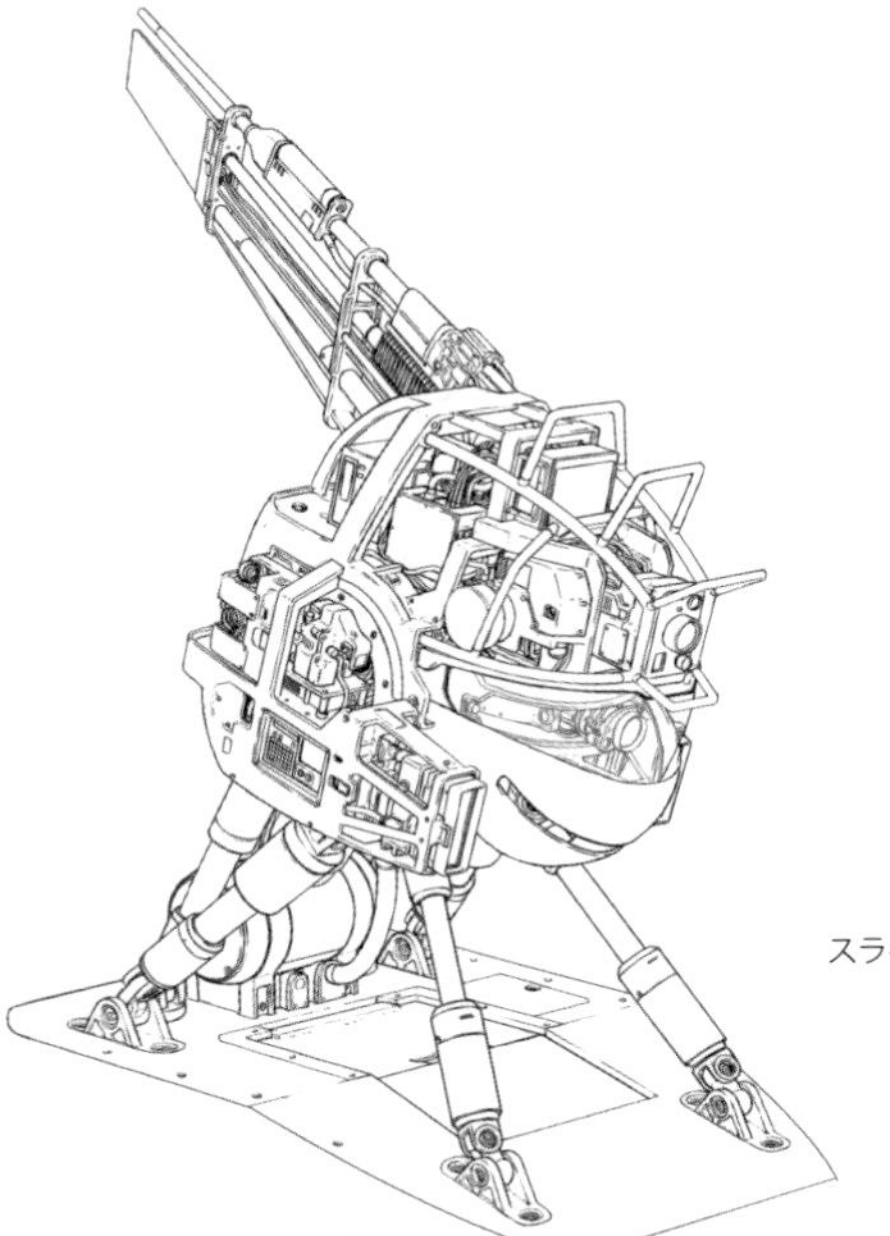

■頭部【内部構造】

■頭部【内部構造】（保護部材OFF）

頭部ユニットは、頸部外周に配置された複数のアクチュエーターによって支持されている。真下に当たる胴体の開口部から、搭乗者が車外に頭を出せるように空隙を作る必要から、ほかのレイバーではあまり見られない特殊な構造が採用されている。

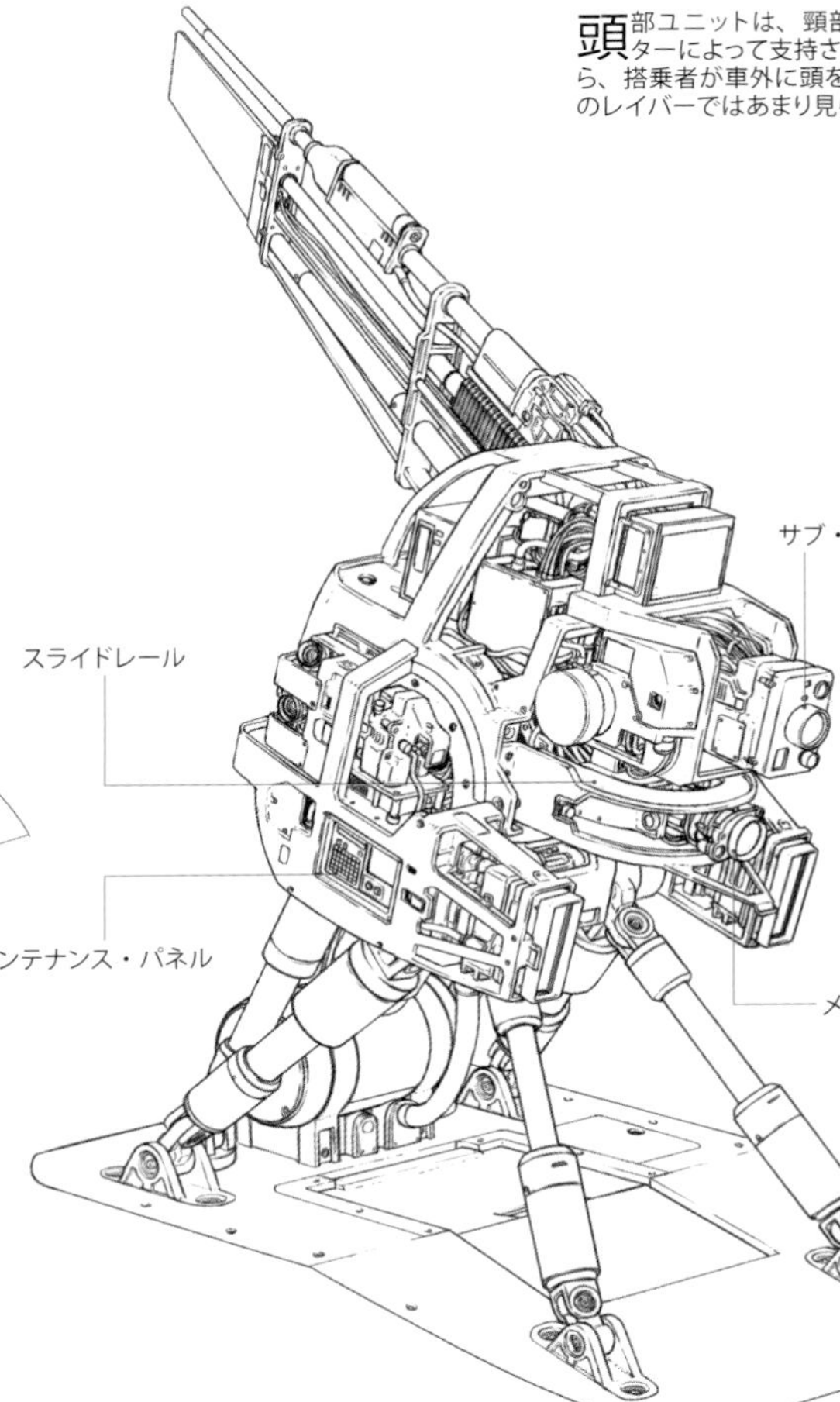
スライドレール
メンテナンス・パネル
サブ・カメラ
メイン・カメラ

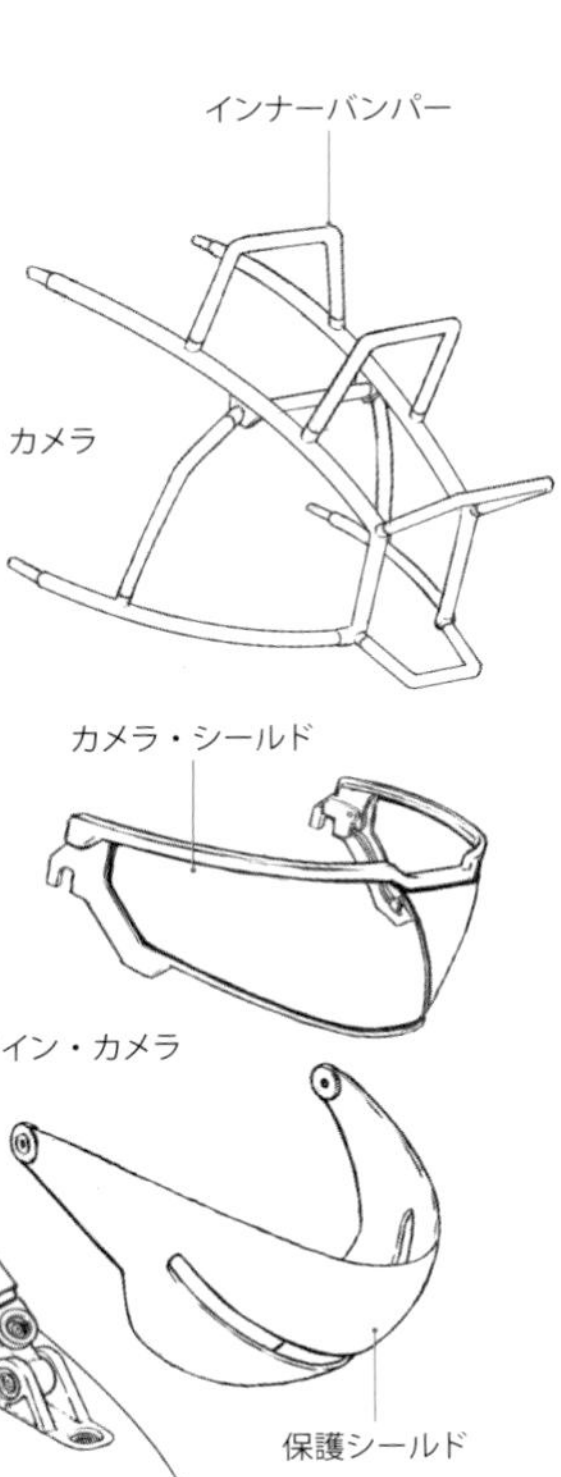
インナーバンパー
カメラ・シールド
保護シールド

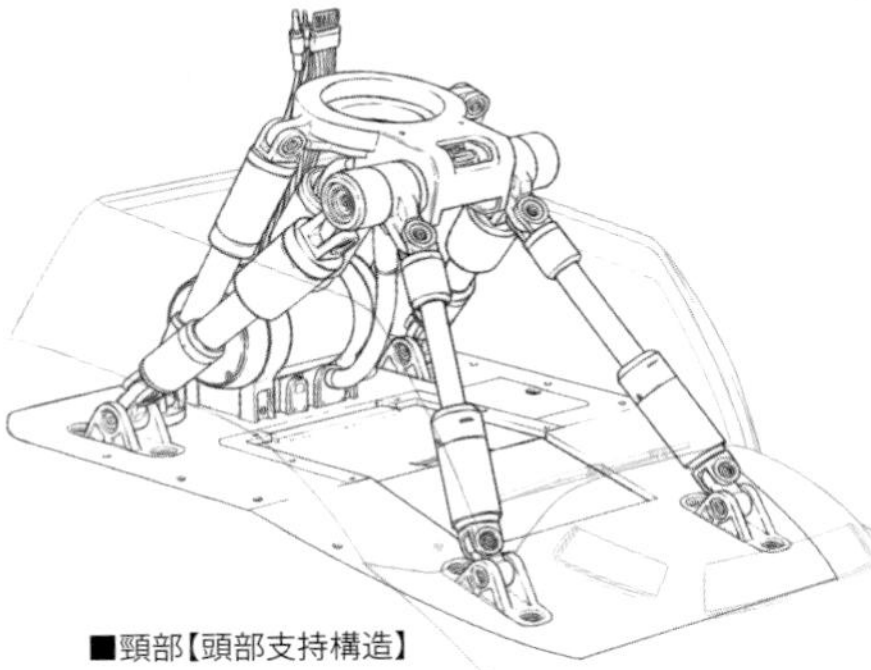

■頸部【頭部支持構造】

人間を模したレイバーとはいえ、関節可動域まで準じる必要はなく、これを大きく超える動作を行うことも本来は可能であるはずだが、AV-98ではアクチュエーターの動作限界により頭部は左右にそれぞれ90°までしか回転しない（仰俯角はやや人間より広い可動域を持つ）。
ただし、メインカメラはスライドレールに沿って左右それぞれ60°振り向けることが可能であり、カメラを広角にすれば真後ろまでの視野を充分にカバーすることができる。

専用で、レイバー指揮車、キャリア、隊長車ならびに僚機との音声通信に用いられる。また上側のポール・アンテナ（大）は、容量の大きいレイバー指揮車等からの画像データ送受信、所轄署や近辺に配置される警察車輌などの通信をモニターするための送受信アンテナとなっている。

　運用現場では〝ウサミミ〟などと通称される後方に伸びた大型のフェアリング内にはマルチモードのアンテナが内蔵される。これは、本庁からの指令のみならず所轄を越えた広域無線をカバーするためのものであり、広域波長帯高速通信用に用いるためのものとして対応機材が搭載されているが、対テロ出動が増えるにつれ警察用以外の通信傍受《ぼうじゅ》、通信妨害システム用アンテナも内蔵されるようになった（公式には認められておらず、また使用に際しては許可が必要であるとされる。また3号機では通信妨害用アンテナを独立させて装備しているらしい）。

　ターレット（頭部）基部、すなわち頸部《けいぶ》に相当する部分は、頭部の可動に追随するフレキシブルな素材で覆《おお》われる。これは、防弾ベストなどに用いられるアラミド樹脂繊維（いわゆるケブラー）に金属繊維を編み込んで強化した〝防弾布〟で覆《おお》われている。他の駆動部分も同じ材料による保護カバーで覆《おお》われるが、頸部《けいぶ》と胴部（腰部分）は厚いものが使用されている。さらに頸《くび》基部は、胴体に固定された襟《えり》状のスキップガード（跳弾防止板。FRM製）で保護される。なお、この〝襟《えり》〟の左側にもV字形状のアンテナが設置されているが、これはGPSによる位置同定及び表示信号発信と受信、警察車輌であることを識別するための認識信号を発信するためのものであり、公表されているような通信専用のアンテナではないようだ。

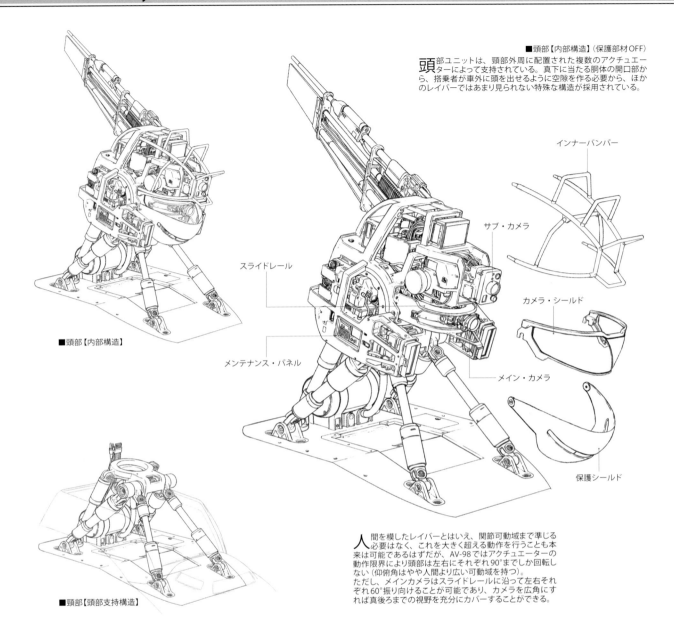

■胸胴部

操縦室を内包する胴体部は当然ながら車体でもっとも堅牢な構造となっている。強度を得るため最外殻にFRM製、ライナー（内張）はCFRPを積層したモノコック構造の筐体《きょうたい》で、内壁には器材取り付け支持架を兼用したロールバーが装着され操縦室空間が押し潰《つぶ》されないような設計で搭乗者の安全を確保している。胸部上方から頸部《けいぶ》前方にかけてハッチドアが設置されているが、これは直接目視による状況確認の便宜《べんぎ》を考慮して作られたものである（出入り口としての使用は想定されていない）。ハッチを開放した場合に正面を防護するため、起倒式の透明防弾キャノピーが標準装備されている。

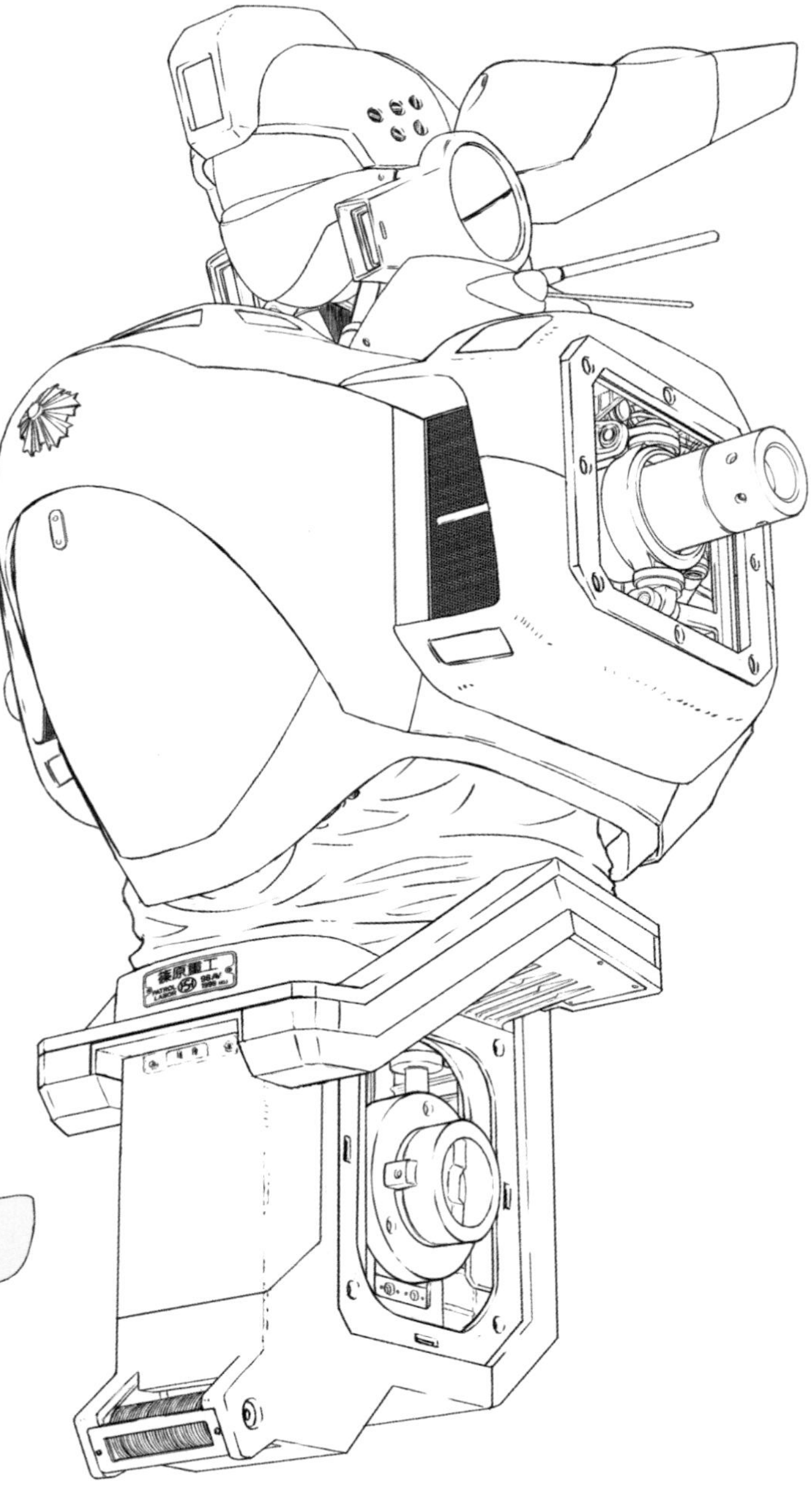

胸部前面外装は、搭乗者を収めるコクピットを大きく包み込む曲面を描いている。被弾経始と外部からの圧力に抗する最適形状を具《そな》える。またモノコック両側に組み付けられたフレームが、可動部を含む腕部の基部構造を支える形となっている。

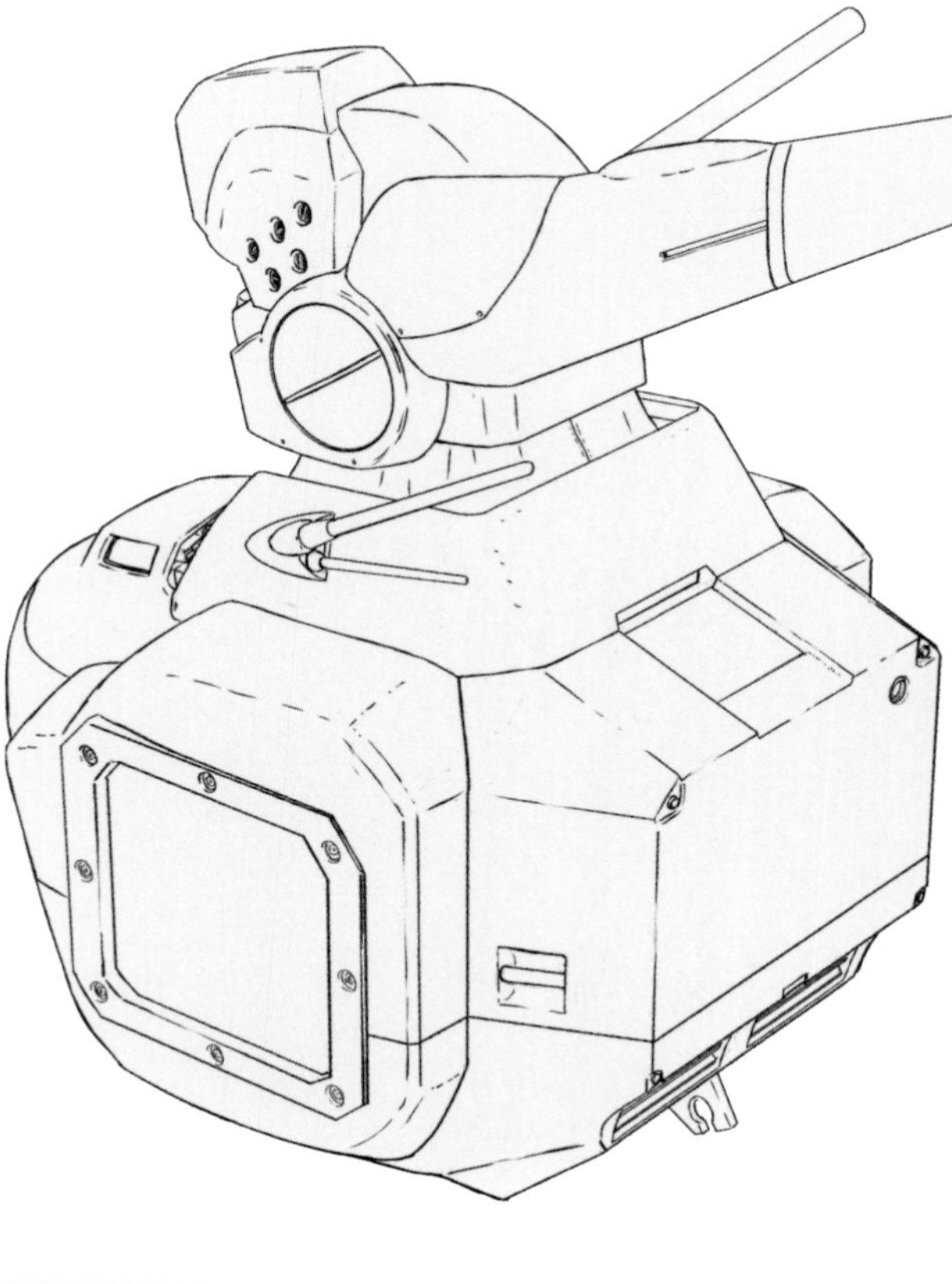

通常の操縦姿勢でも直接目視が可能なように、胸部には3箇所のビジョン・ブロック（メーカーでは〝ペリスコープ〟と呼称している）が設置されている。これらは従来型の積層防弾ガラスのブロックを嵌《は》め込んだもので直接の外部目視が可能だが、ハーフミラーによって内蔵カメラがモニターしており、メインモニターへの映像表示も可能である。

操縦室の居住性は、普通の体格であれば圧迫感を感じるほどの窮屈さではないが、大柄な者にとっては必ずしも快適であるとはいえないような狭さである。座席位置は、操縦者の体格に合わせて上下前後に調整可能であるが、その範囲は操縦室内容積の関係もあり、けっして大きくはない。背もたれも若干の角度調整は可能であるものの、快適である必然性はない（通常車輛のように長時間にわたる運用は想定されていない）と判断されており、操縦者が馴染むしかないというのが実状であった。着座した操縦者が車体の運動によって操縦席から放り出されないようしっかりと固定するため、ジェットコースターのような上方から引き下ろすタイプのセフティーバンパーが装備されている。当初は戦闘機のような3点または5点式のクイックリリース式シートベルトを装備する予定であったが、操縦室内のクリアランスが確保できたことから、ワンタッチ式のセフティーバンパー方式に変更されたという。

操縦席正面には大小3面、左右には各1面のディスプレイがある。この時代としては先進的な非ブラウン管式の液晶モニターを搭載する予定もあったとされるが間に合わず、こちらも技術的に未成熟ではあったが将来性がある（と言われていた）方式のひとつであったFEDモニターが使用された。正面のメインモニターには視覚映像、その他には各種の情報が表示されるが、必要に応じて切り換えが可能なことは言うまでもない。ただし、その操作は独立した機械ボタン式となっていた。これは画面タッチセンサー方式では誤動作を誘発する可能性があるとして採用されなかったという。正面上の横長の小モニターは通常、動力系の状況を表示しているが、警告ならびに危険を表示するのが本来で、警告表示灯としての役割が大きい。操縦者正面のモニターは外部視覚情報表示用で、その下にあるものは各種情報を分割表示するためのものである。右側方モニターは通常、車体右側方の外部実景が表示されているが、実際の機能は車体のステイタス表示で、機能不全箇所が発生すると正面の警告用モニターとともにその詳細が表示される。左側面の小型モニターは補助用であるが、通常は下方監視カメラによる映像を表示している。

胸部には左右対称位置にリトラクタブル式でフロントライト、赤色点滅灯が、中央にはラウドスピーカーが内蔵されている。これらの開閉起倒にまで超伝導モーターを用いようとした、などという都市伝説があるが、もちろんそれは虚偽であり通常型の小型モーターが使用されている。

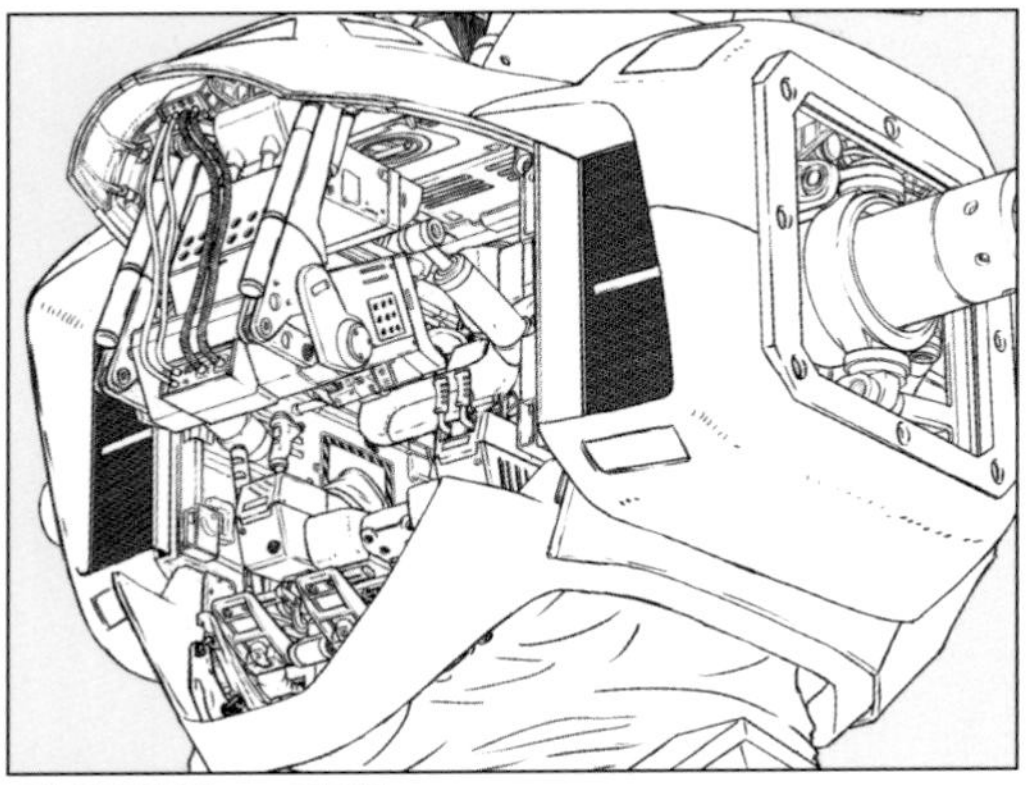
■胸胴部【前部ハッチ省略】

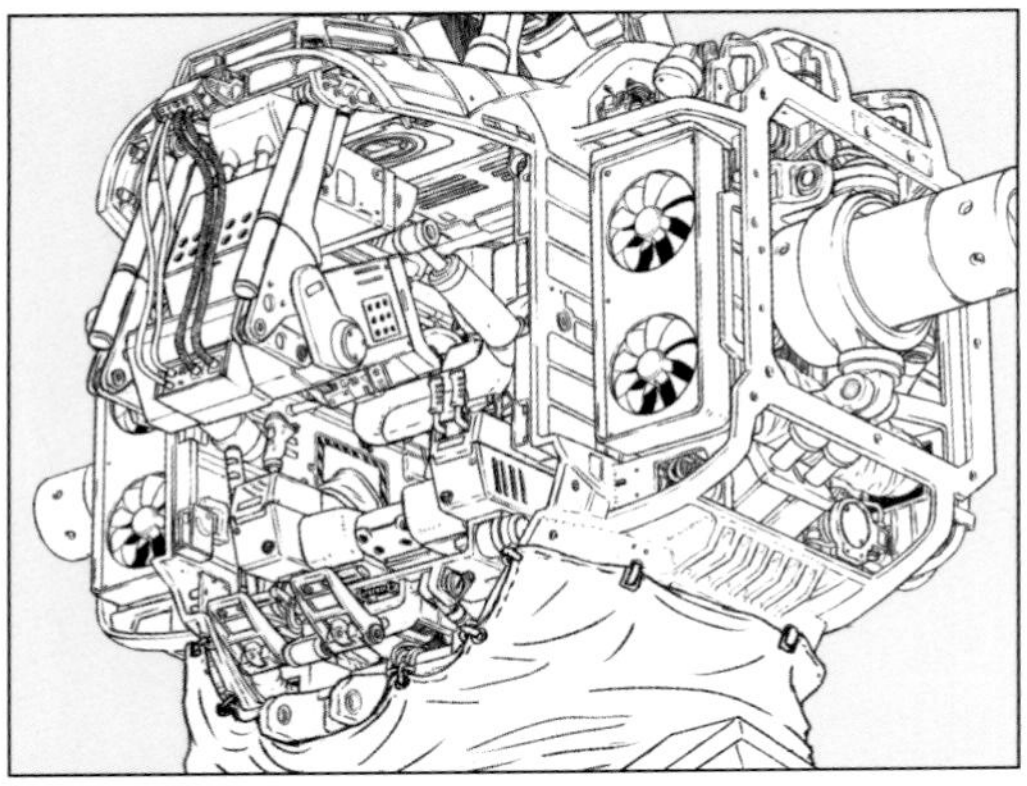
■胸胴部【前部上下・側面外装省略】

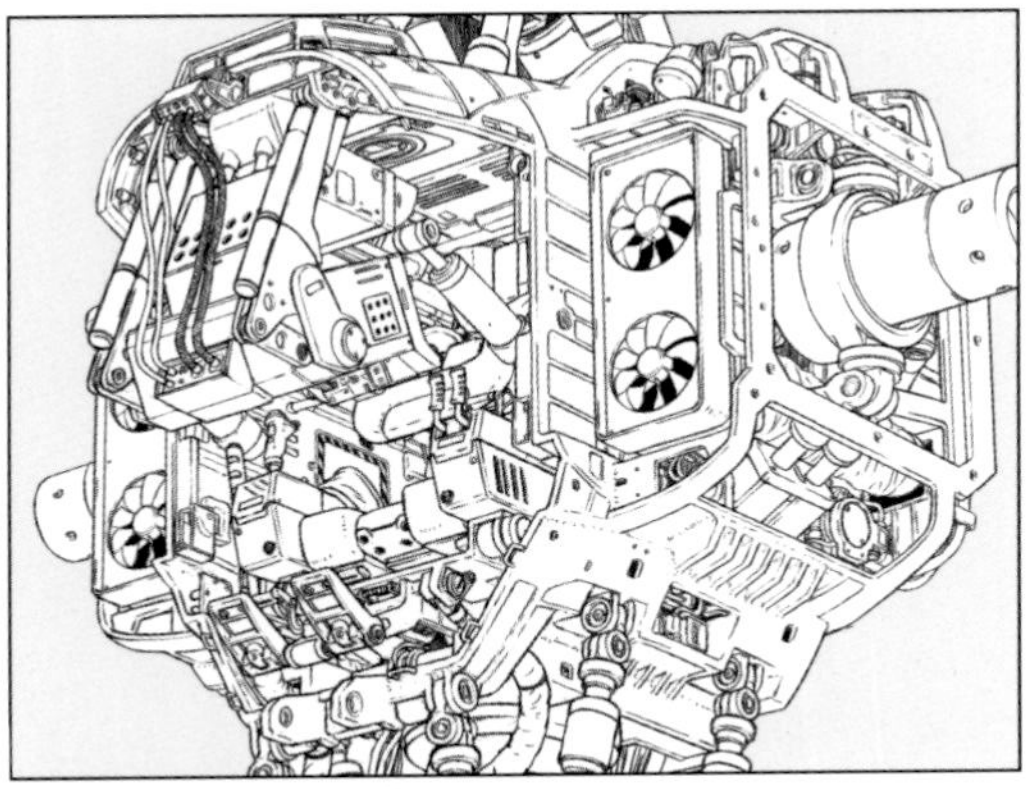
■胸胴部【腰部防弾布省略】

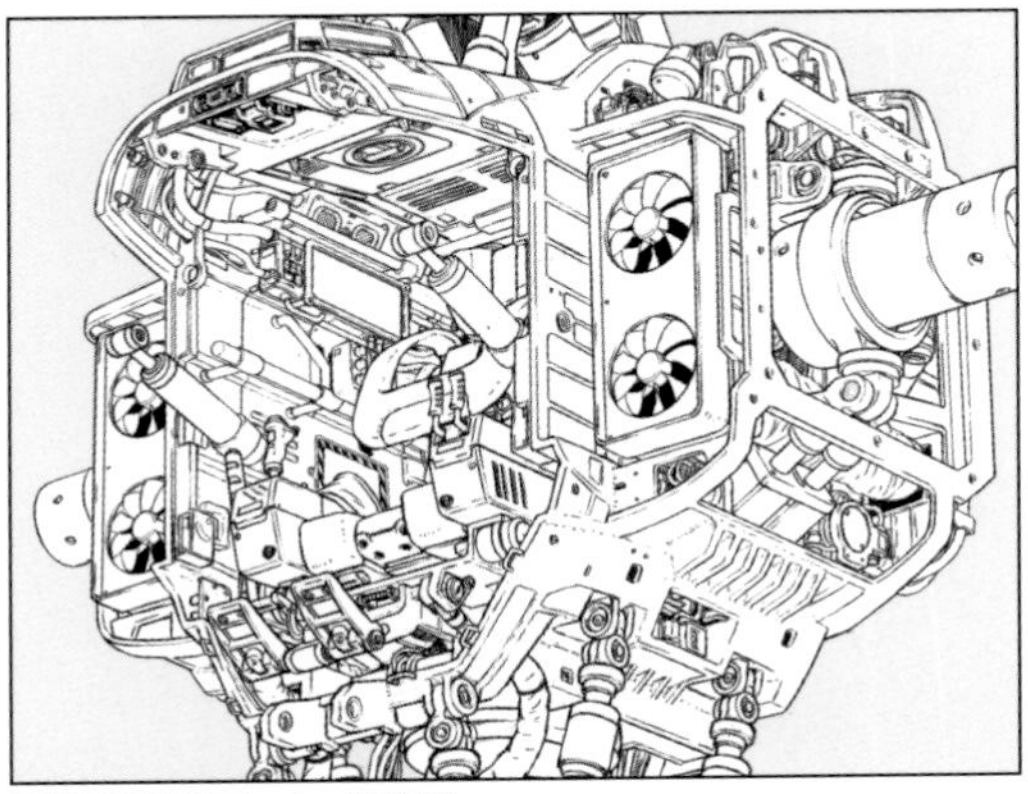
■胸胴部【正面モニター架省略】

車輛の赤色灯類は当時まだ比較的高価であった高輝度LEDを採用している。これは激しい運動と衝撃が予想されることから従来型のフィラメント式ライトでは保《も》たないであろうこと、搭載バッテリーの電力消費を少しでも抑《おさ》えるなどの目的があった。しかし白色LEDはまだ輝度が不足していたことから、導入当初のフロントライトはHIDランプを使用していた。また操縦機器周辺の表示灯もLED化されていた。

　また胸部左右にはエアインテークが置かれている。縦に2連で装備された吸気ファンにより強制吸入された外気は一部を操縦室に放出、大部分は背部の熱交換器へと送られる。このインテイク直下には走行用のライトが置かれている。

　胸下の腹部に相当する部分は上方スライド式のエントリーハッチだが、ここも他の部分同様の外皮で特に構造が強化されているわけではなかったようだ。だが球面形状であるため外部衝撃に対する耐久性は高く、搭乗者の下半身保護には充分な強度であるとされている。ハッチ口は非常に狭く、搭乗者の体格によっては乗り込むのに苦労を要するような大きさであった。

　操作入力は、操縦席のアームレストに作り付けで設置された現用戦闘機方式のレイアウトを倣《なら》っており、各レバーはHOTAS理論※3に基づいた設計によって作られている。入力は非常に微妙なタッチによって行われるため、適性が試される部分でもあった。

　操縦室は上部ハッチ、エントリーハッチを閉鎖・ロックしてもNBC※4対応にはなっておらず、もちろん水密・気密性もいわゆる"生活防水"程度にしか設定されていない。これは、運用を想定する警察任務では必要ではないと判断されたためである。したがって、やむを得ず水中に入る場合でも下脚上部までが許容範囲であり、車体全体が水中に没するような活動は禁止されていた。

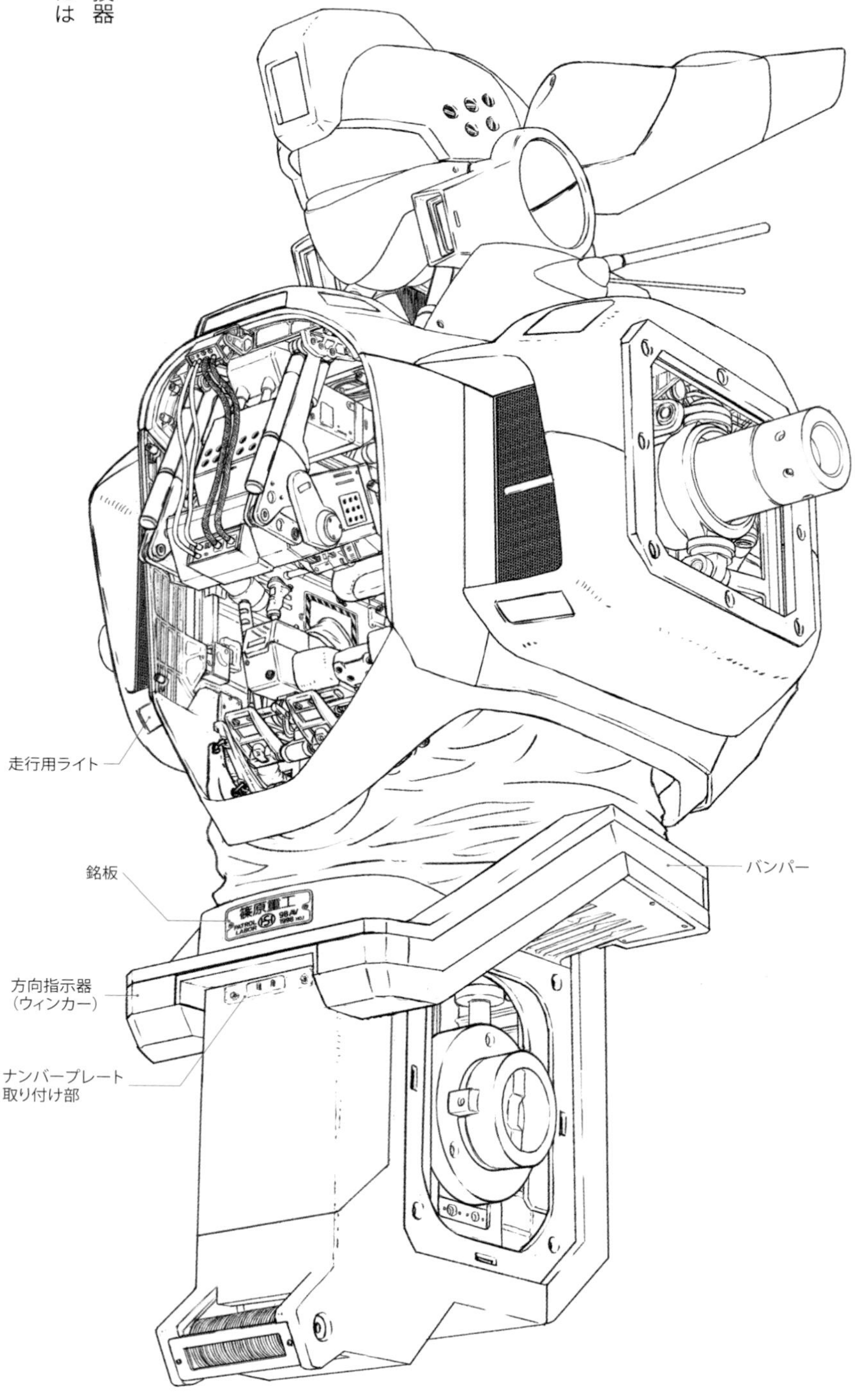

※3
Hands On Throttle And Sticks。ホータス。車体の操縦、スイッチや器機コントロールといった操作を、操縦者がコントロールスティックやスロットルレバーから手を離すことなく行えるように設計されるインターフェイスの概念。

※4
NBCはNuclear=核兵器、Biological=生物兵器、Chemical=化学兵器を指す。

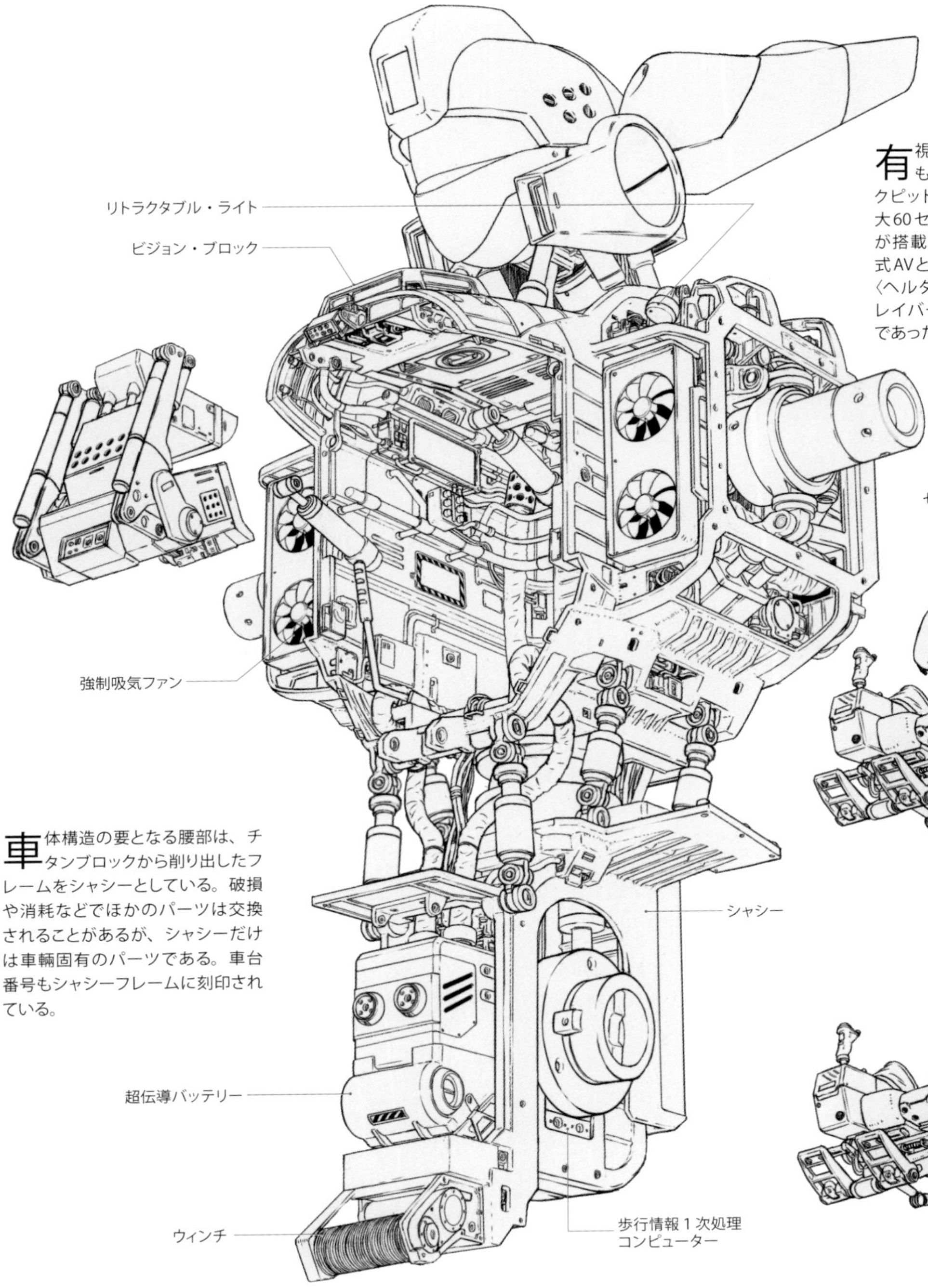
リトラクタブル・ライト
ビジョン・ブロック
強制吸気ファン
シャシー
超伝導バッテリー
ウィンチ
歩行情報１次処理
コンピューター

有視界における運用の必要性も想定していた98式AVのコクピットは、搭乗者をシートごと最大60センチの幅で昇降させる機構が搭載されている。この機構は98式AVと自衛隊に採用された99式AV〈ヘルダイバー〉、及びその訓練用レイバーの一部に採用されたのみであった。

車体構造の要となる腰部は、チタンブロックから削り出したフレームをシャシーとしている。破損や消耗などでほかのパーツは交換されることがあるが、シャシーだけは車輌固有のパーツである。車台番号もシャシーフレームに刻印されている。

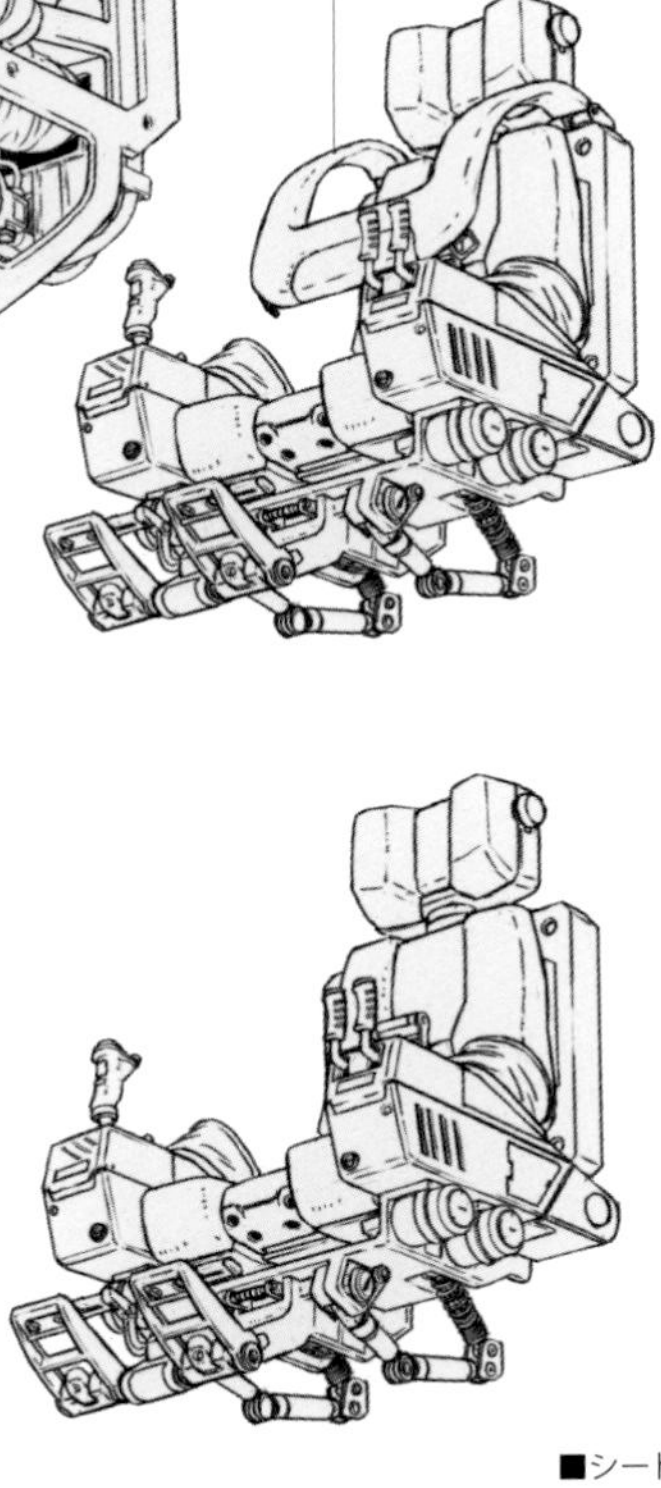
セフティ・バンパー

■シート

■腰部（シャシー）

上体を支持するシャシーはもっとも荷重のかかる部位であるため強固なフレーム構造が採用されている。フレームはチタン合金を惜しみなく投入しており、「容積あたりの単価がもっとも高い部分は腰なので、盗むならここだ」というジョークが技術陣の間で一時流行《はや》ったともいわれる。構造の堅牢さと車体重心安定性のために、超伝導バッテリー及び、専用筐体《きょうたい》に収められた歩行情報1次処理コンピューターも狭い空間を縫《ぬ》うようにしてここに収納されている。シャシー外装の腰まわりにはバンパー状の構造があるが、これはシャシー・フレームを保護するためのもので、高強度ポリプロピレン製の成型品だった。このバンパーと一体となるようにデザインされた方向指示器と停止ランプ（いずれもLEDライト使用）が設置されているほか、前後にナンバープレート取り付けスペースも確保されており、レイバーが車輌扱いであることを物語る部分でもある。

股に相当する部分には脚部周辺を監視するための下方広角カメラと、後方下部から接近するものを感知する赤外線動態感知センサーが置かれて、頭部メインカメラによって不足している視覚情報を補っている。

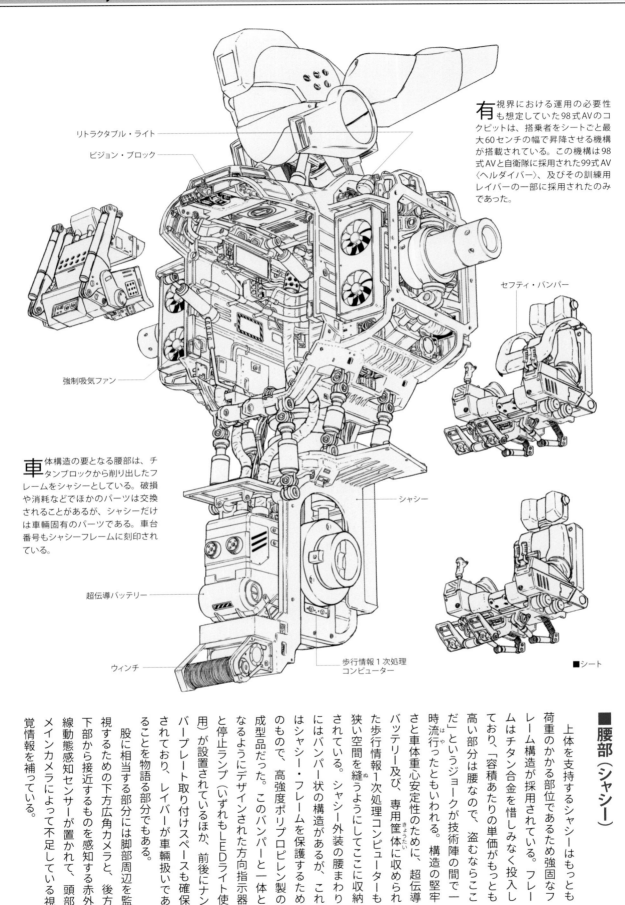

腰部は股部分とバンパー部以外にハード外装は装着されていないが、これは可動域を大きく設けるためやむを得ない措置であった。しかし胸胴部、大腿《だいたい》部とのそれぞれの接合部には、頸部《けいぶ》で用いられた〝防弾布〟と同様の素材で完全に覆《おお》われている。他の部位もそうだが、この防弾布は過度の繰り返し運動により素材の応力破断が生じる可能性があるため、定期的な交換が求められている。現場補修はメーカーから提供された応急対応キットの使用のみが認められているが、微少であっても傷があると本来の性能が担保できないため、直ちにメーカーへの返送が要求されている。

防弾布自体に吸湿・吸水性はほとんどなく表面には撥水《はっすい》加工が施されているため、台風の雨程度であれば水が車体内部に侵入するようなことはないが、水中に没し水圧がかかると繊維間から水が内部に浸透するため完全な防水性能は有していない。これは水中における運用を前提としていないことによる。肝心の防弾性能については、犯人が発射する可能性のある拳銃弾であれば、充分な耐弾性を持つが、軍用ではないため、狙撃用ライフル弾や対物ライフル弾への耐性は考慮されていなかった。

腰部唯一のハード外装を具《そな》える股間部には、前部にウィンチが装備される。内部に頑強なシャシー・フレームがあるため、このようなデバイスの装備が可能となった。ウィンチは本来、他のレイバーや故障した警察車輌の牽引移動に応急的に対処したり、足場の怪しい場所で行動する際の安全索がわりに用いるなどという用途が考えられていた。使用されるロープは耐荷重2000kgのワイヤー入り高強度ナイロン製で、直径は10ミリ、全長30メートルがロールに巻き取られている。先端にはストッパー付きフックが固定されているが、このリリースは車内からの操作が可能となっている。特殊用途としてワイヤー芯線を導体とする通電で電撃が可能であるとされるが、知られる限りでは使用例はない。

■AV-98（背部／試作時）

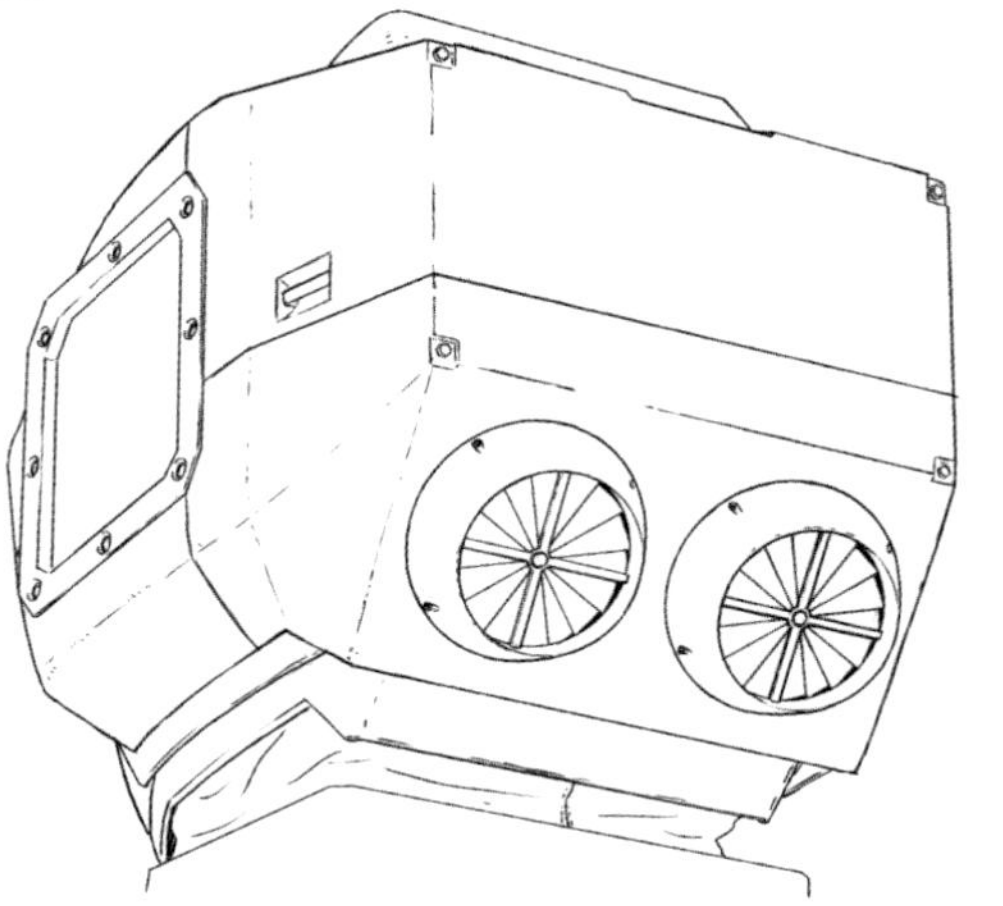

■AV-98（背部）

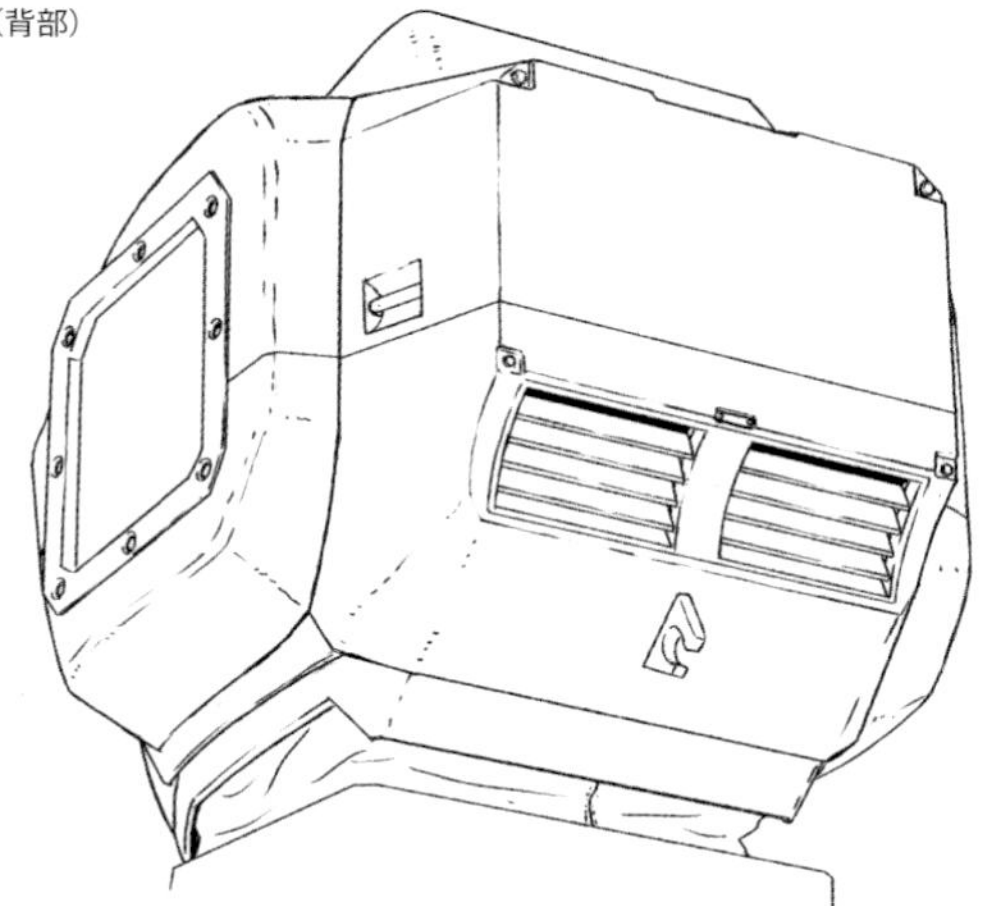

■AV-98T（背部）

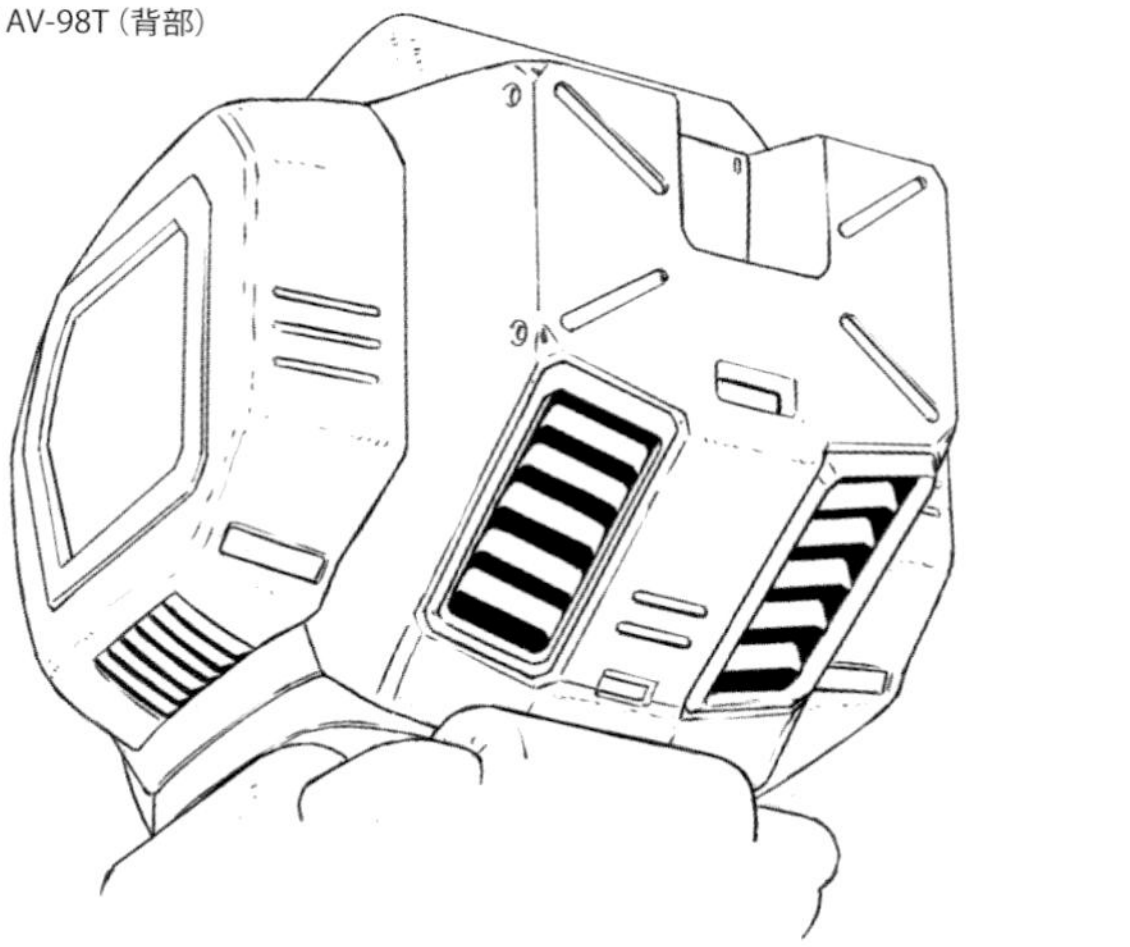

98式AVは背中に大型の熱交換器を搭載する。熱交換器を覆うカバー部分は形状が何度か変更されている。図上段は胸胴部側面と背中の外装が連続した形状で、試作時の形態である。古くからある土木作業機械は空調を装備しない場合も多かったが、構造や操作系が根本から異なり密閉式コクピットが多いレイバーでは、従来とは比較にならないほど多数搭載されたコンピューター器機の冷却のためにも空調は必須であった（AV-98に限らず炎天下におけるレイバーのコクピット内は70℃以上にもなる）。単純に言って熱交換器の効率が良いほど過酷な運用に耐えられることから、98式AVでは当初大型の熱交換器を採用したが、配備直後に内部の器機を小型化し外装もそれに合わせて縮小した（図中段）。篠原重工は98式AVから得られたデータに基づきその後も積極的に改良し、訓練用レイバーの〈ドーファン〉では排気口の形状などにも手を加えている（図下段）。

■腕部

機能肢である腕部は五指型のマニピュレーターを装備している。把握指は多くの場合、テンドン式(ワイヤーを人間の腱のように配して操作する方式。テンドンは腱の意味)を採用してきたが、AV-98ではマニピュレーターの全関節に駆動用モーターを設置した。この方式を実現するためには、各超伝導モーターの小型化、冷却回路の細密化が要求され、また破綻《はたん》のない連動制御プログラムの開発が必要であった。

■右腕内部透視図(通常時)

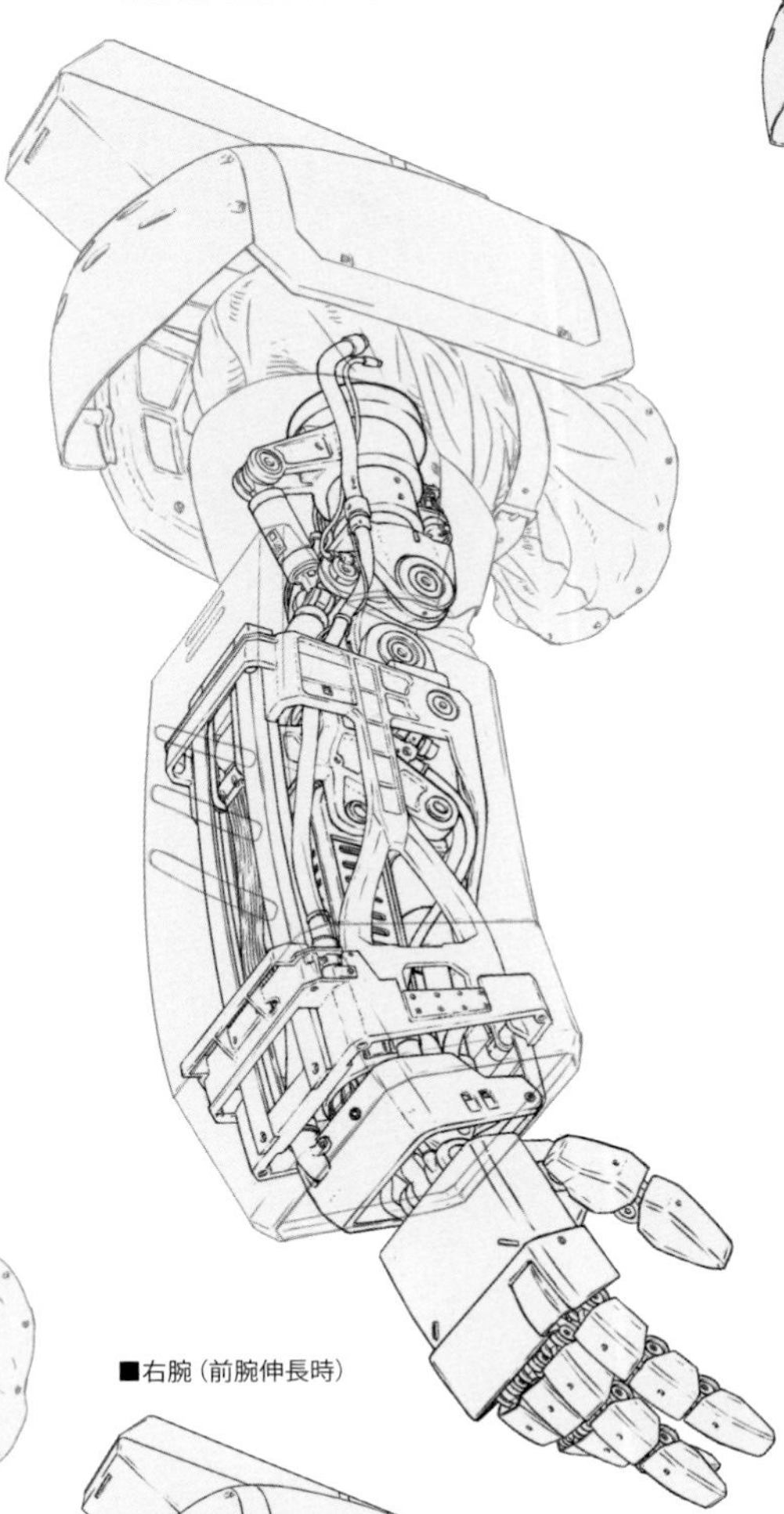

■右腕

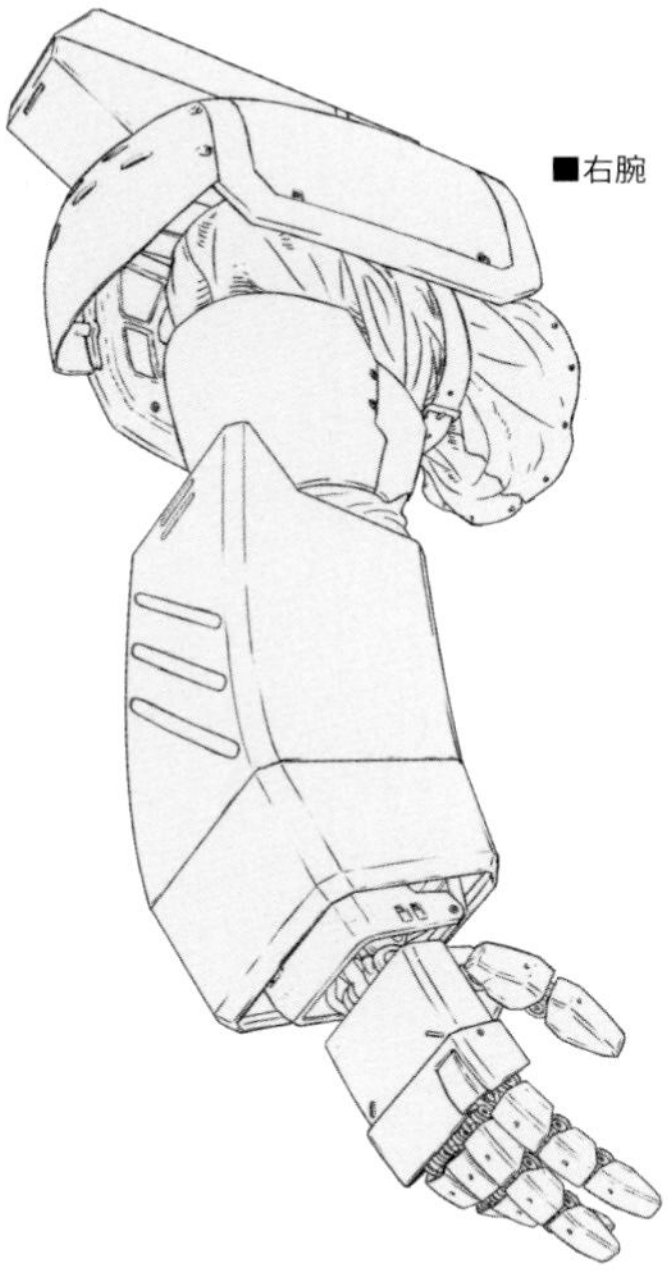

作業肢である腕部は物体を持ち上げる際にその反力が胴胸部と肩部を繋ぐ基部関節部分に集中する。過大な負荷が加えられた場合、腕部を支持する胴胸部フレームが破壊され搭乗者が危険に晒される可能性があるため、先に肩基部関節が壊れるよう強度設計されている

■右腕内部透視図(前伸長時)

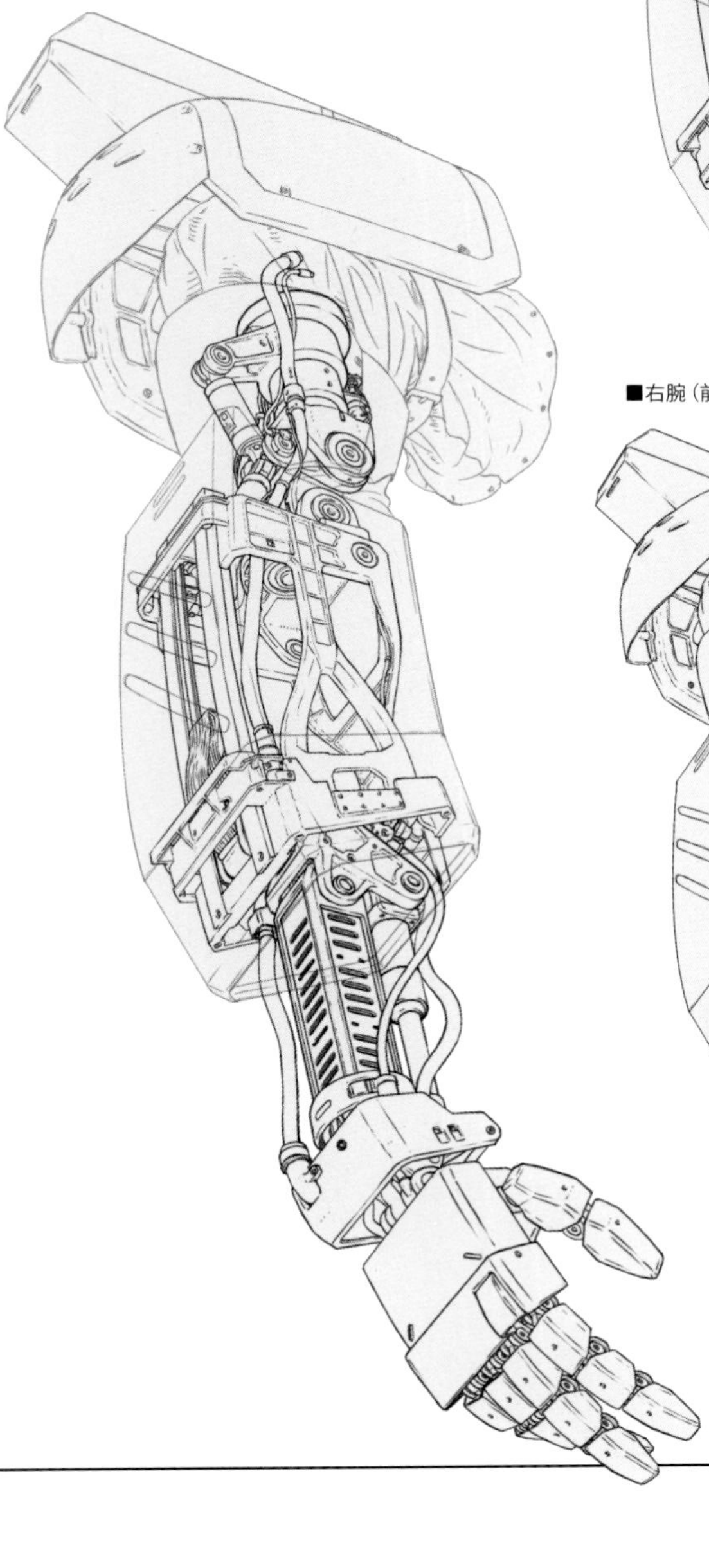

■右腕(前腕伸長時)

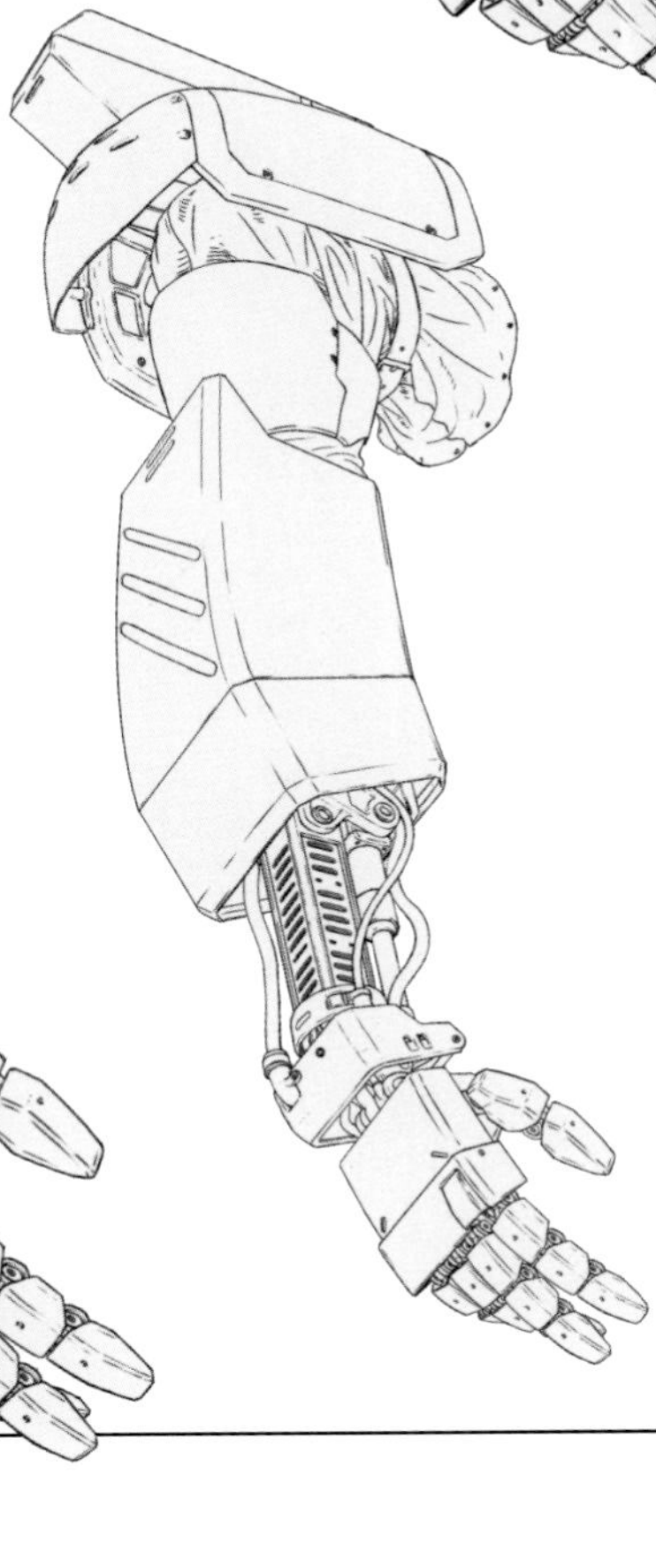

篠原重工のOSは自動バランス制御プログラムが他企業よりも抜きんでているところが高く評価されているが、実はこの連動制御プログラムも篠原製OSが他社に先駆けて導入、完成させたハーモナイズ・プログラムであり、それは車体全体の運動制御にも敷衍《ふえん》され、従来から定評のある歩行バランス制御と相俟《あいま》ってAV-98の運動性を傑出したものとしたのである。

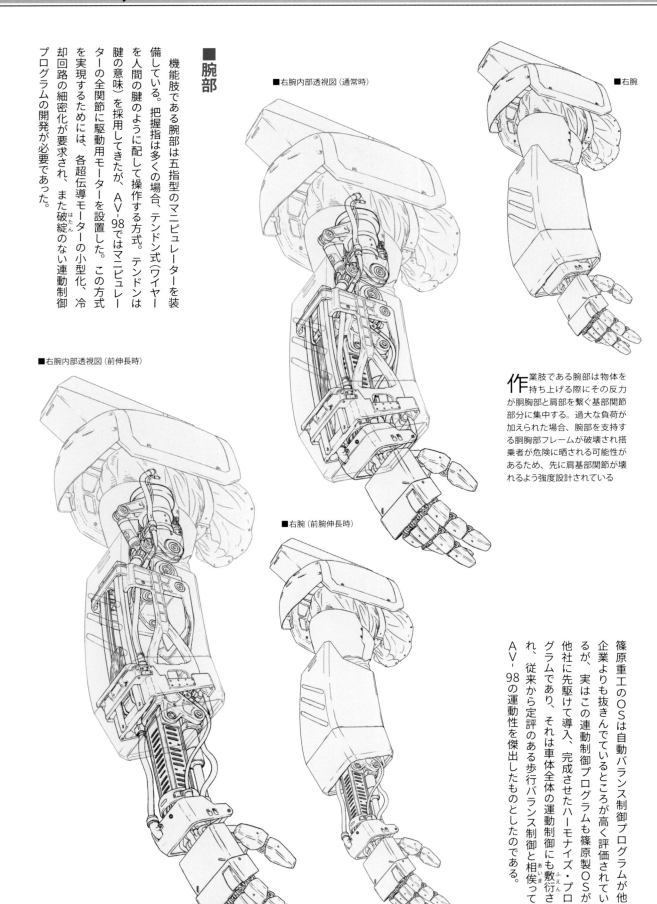

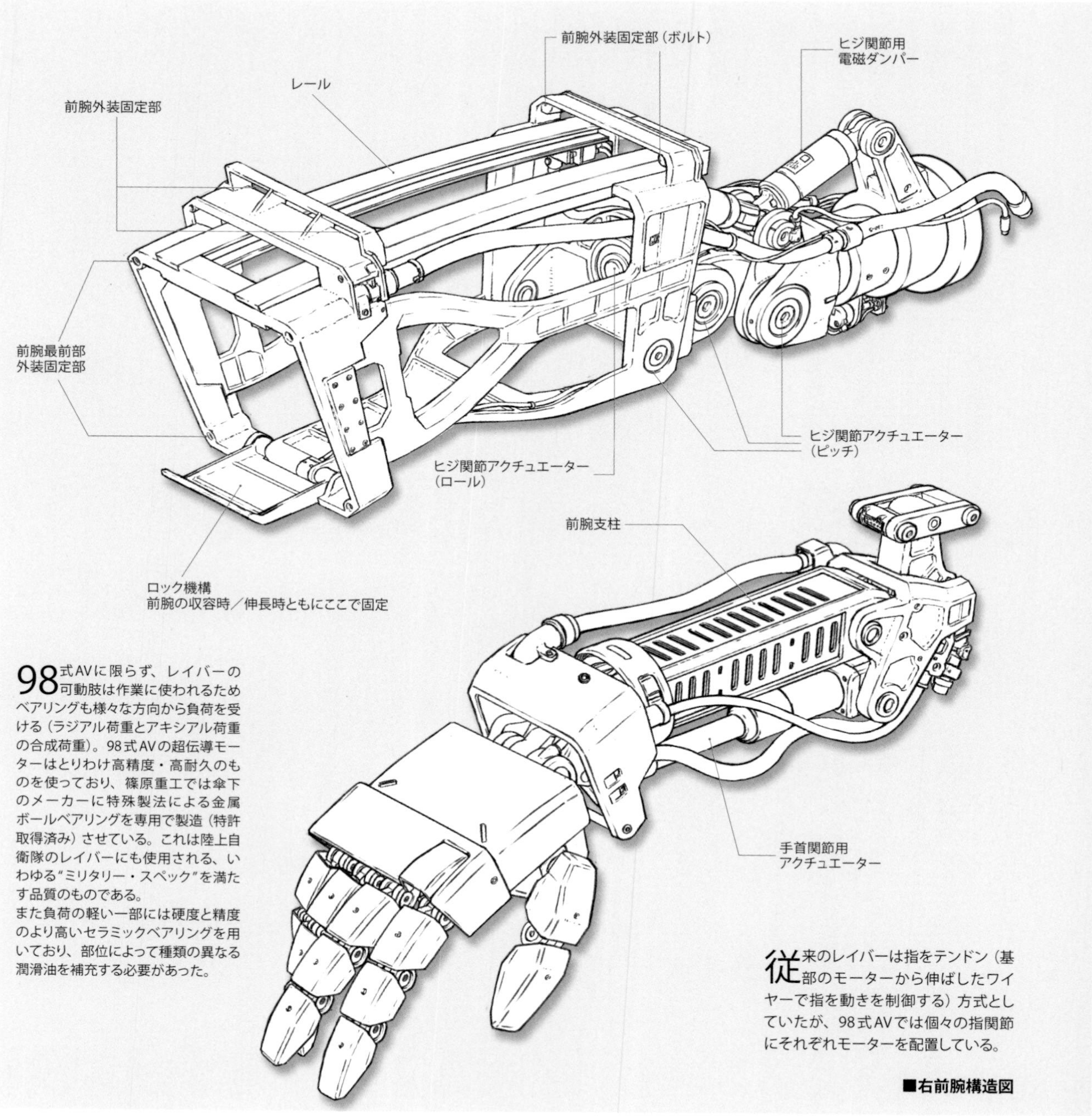
前腕外装固定部（ボルト）
ヒジ関節用
電磁ダンパー
レール
前腕外装固定部
前腕最前部
外装固定部
ヒジ関節アクチュエーター
（ピッチ）
ヒジ関節アクチュエーター
（ロール）
ロック機構
前腕の収容時／伸長時ともにここで固定
前腕支柱
手首関節用
アクチュエーター

98式AVに限らず、レイバーの可動肢は作業に使われるためベアリングも様々な方向から負荷を受ける（ラジアル荷重とアキシアル荷重の合成荷重）。98式AVの超伝導モーターはとりわけ高精度・高耐久のものを使っており、篠原重工では傘下のメーカーに特殊製法による金属ボールベアリングを専用で製造（特許取得済み）させている。これは陸上自衛隊のレイバーにも使用される、いわゆる"ミリタリー・スペック"を満たす品質のものである。
また負荷の軽い一部には硬度と精度のより高いセラミックベアリングを用いており、部位によって種類の異なる潤滑油を補充する必要があった。

従来のレイバーは指をテンドン（基部のモーターから伸ばしたワイヤーで指を動きを制御する）方式としていたが、98式AVでは個々の指関節にそれぞれモーターを配置している。

■右前腕構造図

全関節モーター駆動器材として完成したマニピュレーターは、OSのもつ機能を活用して丁寧《ていねい》な学習作業を繰り返せば、想像以上に繊細で器用な動きを再現可能であることが判っている。それは、本来メーカーが意図した使用法ではなかったともいわれるが、OSの持つ学習機能の優秀さを証明し、レイバーの可能性を高めたという点で意味のある試行であった。

指はモーターとフレームが交互に連結され、フレームの上側に各指を覆う硬質外皮（チタン合金板の成型品にFRM外皮を被せたもの）で保護するという、複雑な構造となっている。

マニピュレーター（手）は消耗品扱いで、ユニット交換により新品に換装することがメーカーからは推奨されていた。操縦者もモーターや部品のハーモナイズが微妙に変化することを嫌い、そのように望んでいたが、実情は予算不足から内部部品交換による修理も行っていたようだ。

前腕部は左右共に肘から先の部分を2倍の長さまで伸ばすことが可能なテレスコピック構造になっている。これは主に脚部に収納されるハンド・リボルバー・カノンを取り出す際の便宜性を考えての機構であるが、同様の機構を持つ作業用レイバーのようにこれを利用して通常の状態では届かない位置にある物を掴《つか》むなど作業に使用する場合もあった。後のAV-X0〈零式〉ではこの機構を改良し、構造や素材を強化することで攻撃手段として積極的に利用できるようにした。

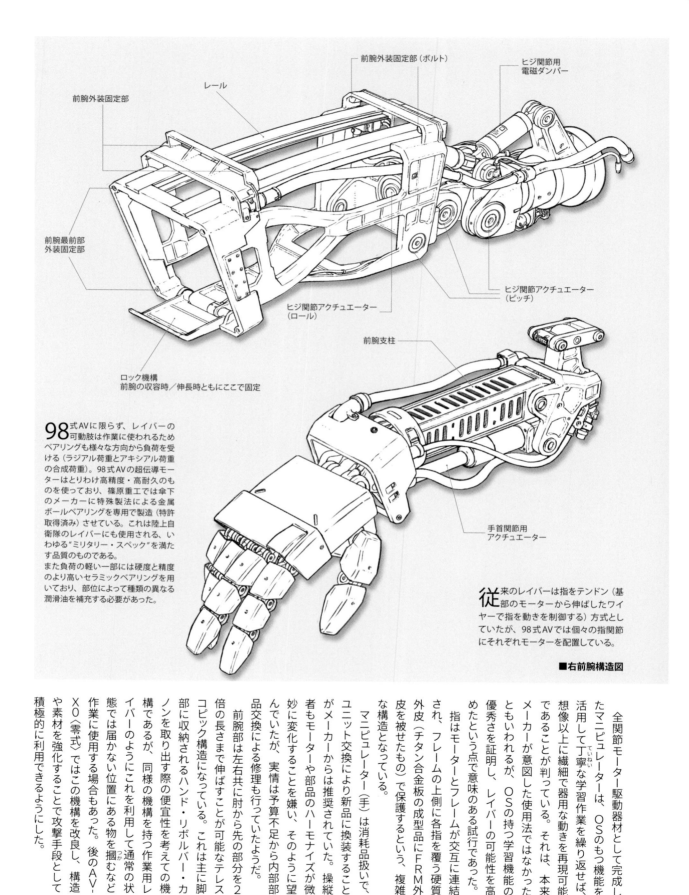

腕部は肩部分から肘、手首に至るまで基本骨格となるフレーム構造は最小限に抑《おさ》えられており、アクチュエーターとダンパーの組み合わせによって腕部形状が維持されるような設計となっている。このため機構はかなり複雑で調整にも時間を要する部位であるという。しかし作動の協調性は高く、篠原重工のハーモナイズ・プログラムが如何《いか》に優秀かを物語る部分でもあった。

■左腕

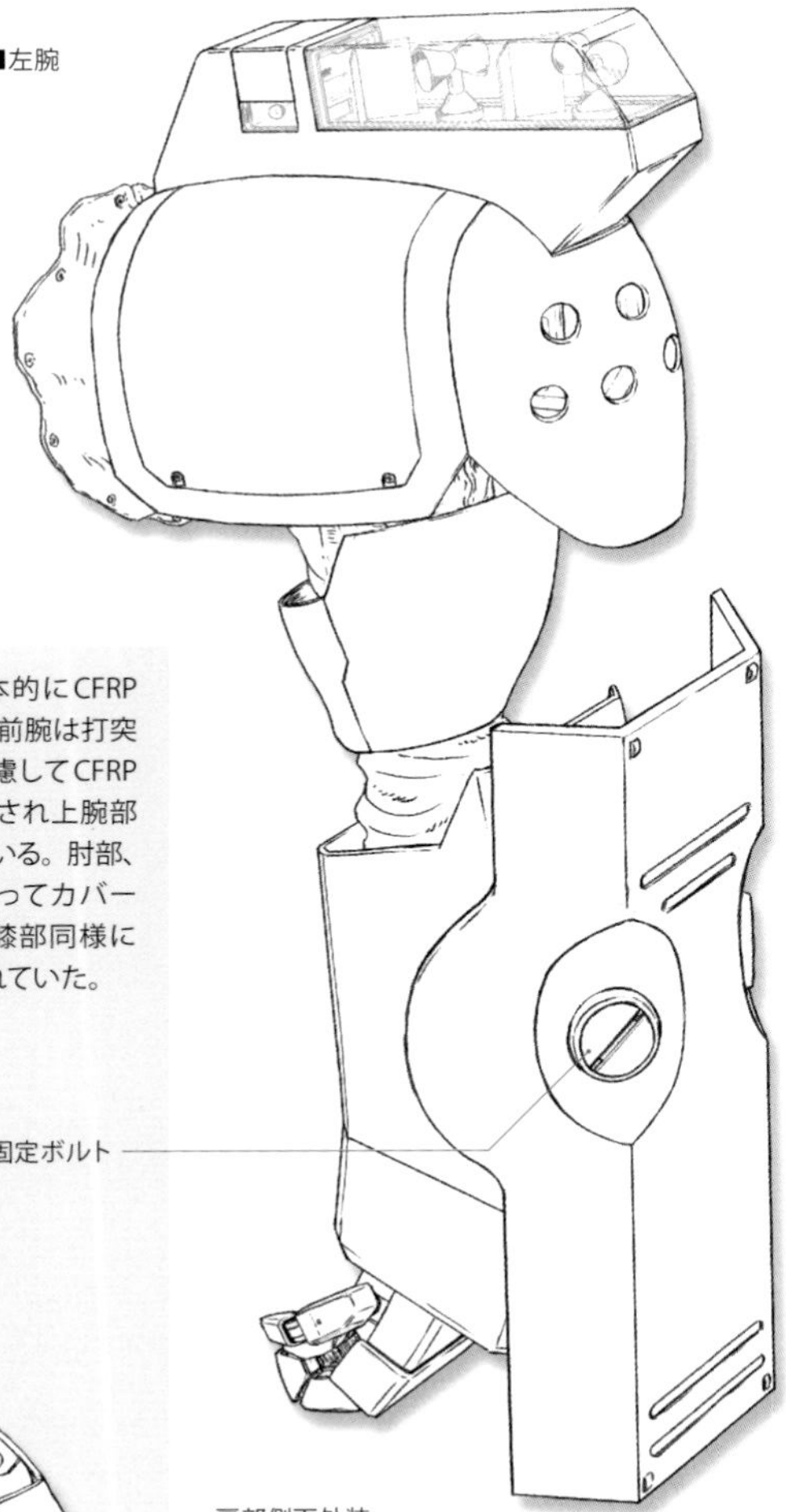
固定ボルト

腕部外殻は基本的にCFRP製であるが、前腕は打突による格闘戦を考慮してCFRPにFRM外皮が積層され上腕部よりも堅固となっている。肘部、肩部は防弾布によってカバーされるが、これは膝部同様に薄めの材料で作られていた。

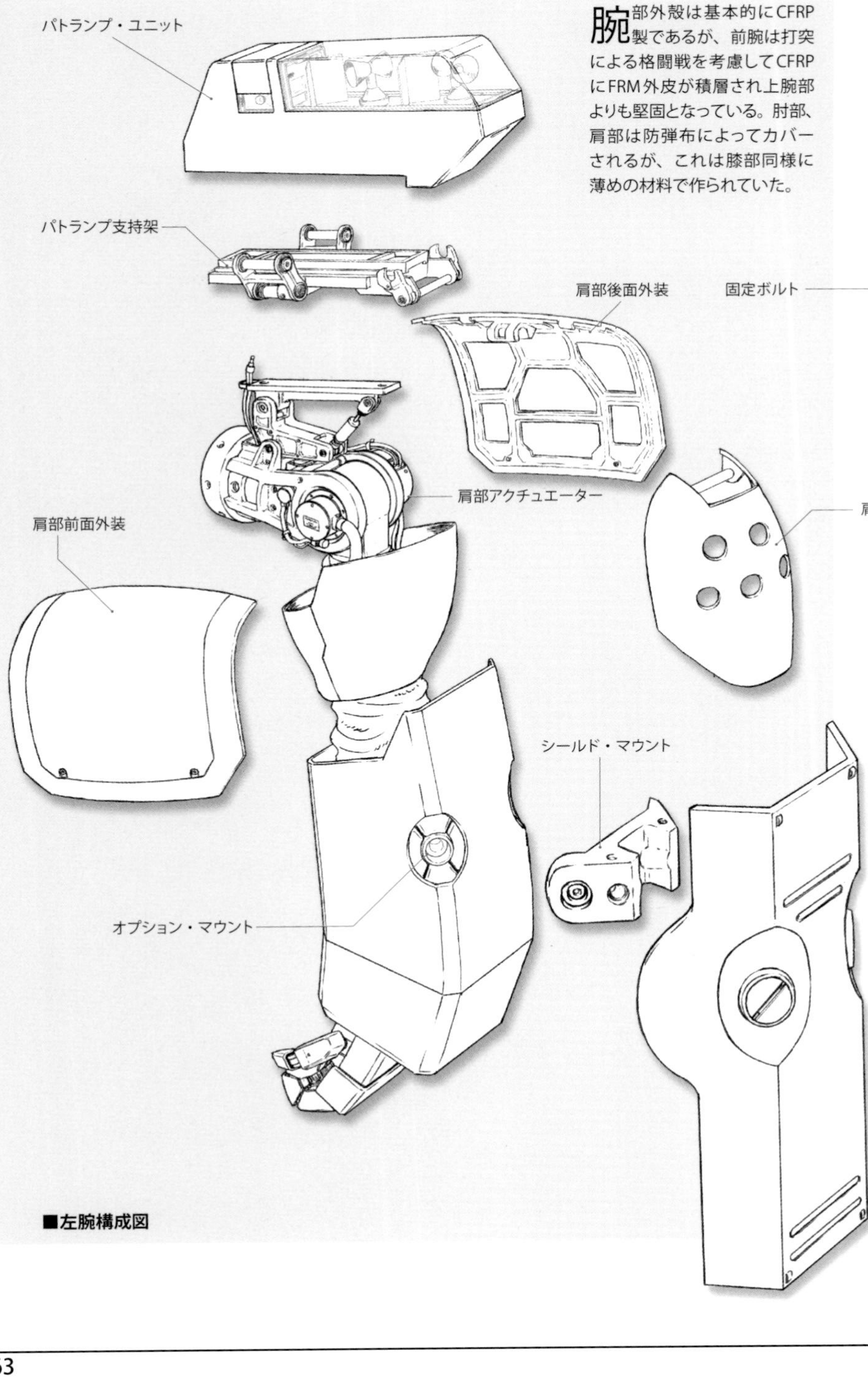
パトランプ・ユニット
パトランプ支持架
肩部後面外装
肩部アクチュエーター
肩部側面外装
肩部前面外装
シールド・マウント
オプション・マウント

■左腕構成図

レイバー用キャリアでは搬送困難な場所へ98式AVをヘリなどで空輸できるよう、肩部パトランプ支持架には懸吊フック用のポイントが設けられている。ただし警視庁はレイバー運搬に使用できるヘリを保有しておらず、通常の出動でヘリによる輸送が実施されることはない(市街地へ降ろす許可も下りない)。災害時など特殊な事情がある場合、自衛隊に出動依頼して空輸することを想定していたようだ。

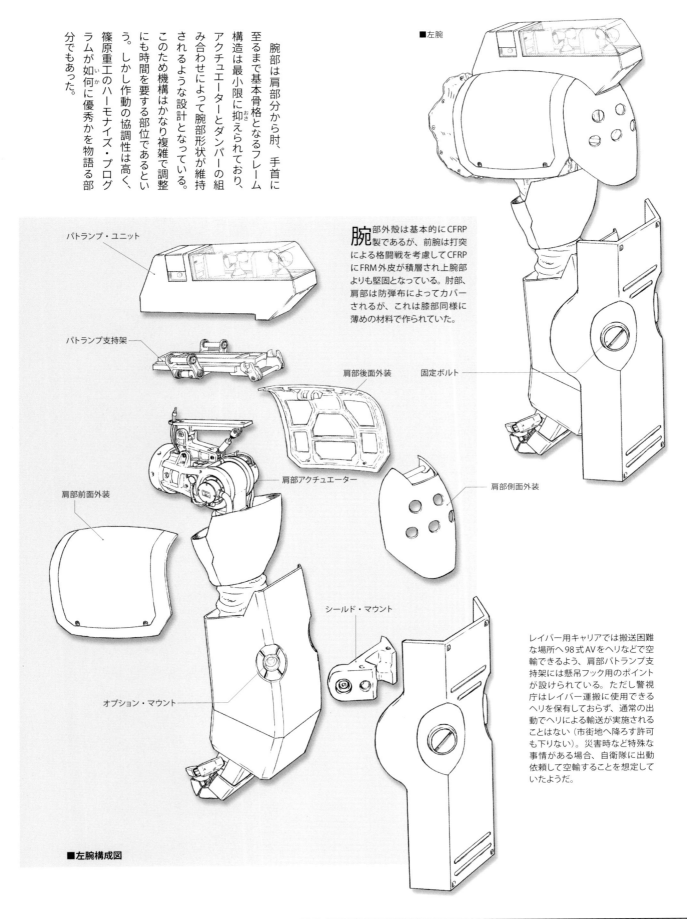

■回転警告灯(パトライト)

警察用車輌などの回転警告灯(パトライト)は、周囲への注意を促し緊急車輌の移動や現場における作業を円滑に進めるために取り付けられる装備である。特車二課のパトロール・レイバーには伝統的に肩上部へユニットが搭載される。用途上、遠方からの視認性を高めるため車輌のなるべく高い位置に設置する必要があるが、レイバーの場合は通常車輌と異なり人間と同様に全身が可動するため、その動作を阻害しない位置は自ずと限られる。作業肢(腕部)がどのように動いても回転灯が邪魔にならないよう、設置場所が作業肢の付け根に近い部分に落ち着くのは自然なことだった。なお、98式AV以前の車輌採用時に車輌頭頂部への搭載が検討されたこともあったようだが、センサー類への影響を考慮して却下された(単純に見映えの問題であったとする説もある)。

ユニットは横に長く、1ユニットにつき内部に2灯の回転灯を有する(開発時には1灯式のものが取り付けられていたこともある)。頭部センサーへの影響を最小限にするため、内向きに光を漏らさない構造としている。取り付けのために肩部関節のフレームに専用支持架を別途組み付ける必要がある。支持架はアクチュエーターで可動するが、これは肩を動かさずに腕を上に上げるなどの動作の際、ユニットごと持ち上げて干渉しないようにするためのものであるが、可動範囲はそれほど広くない。

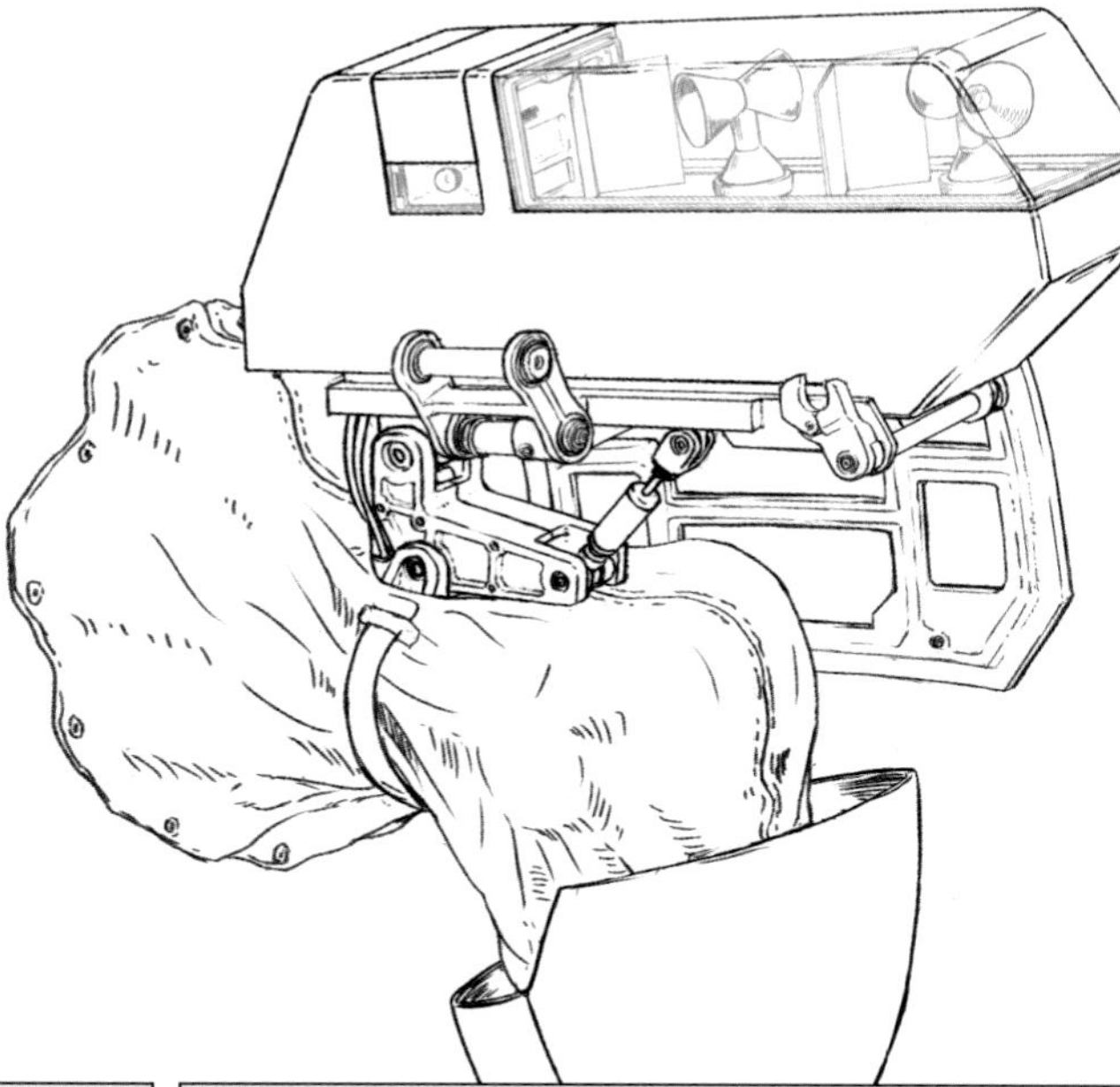

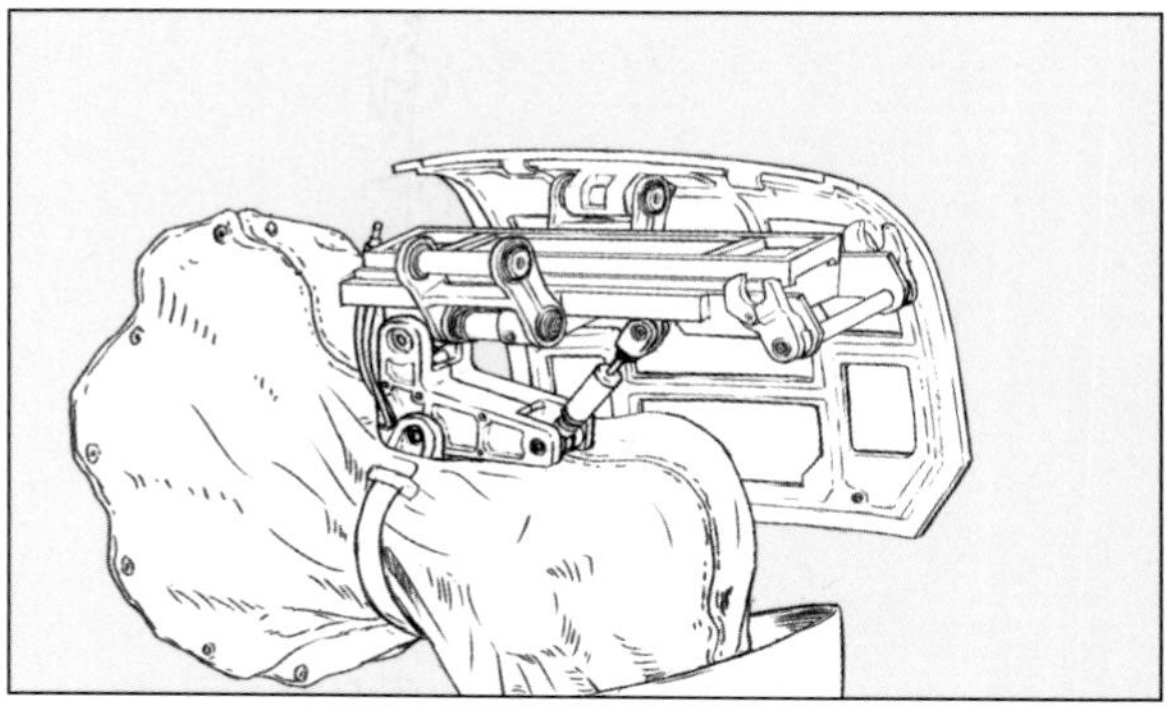

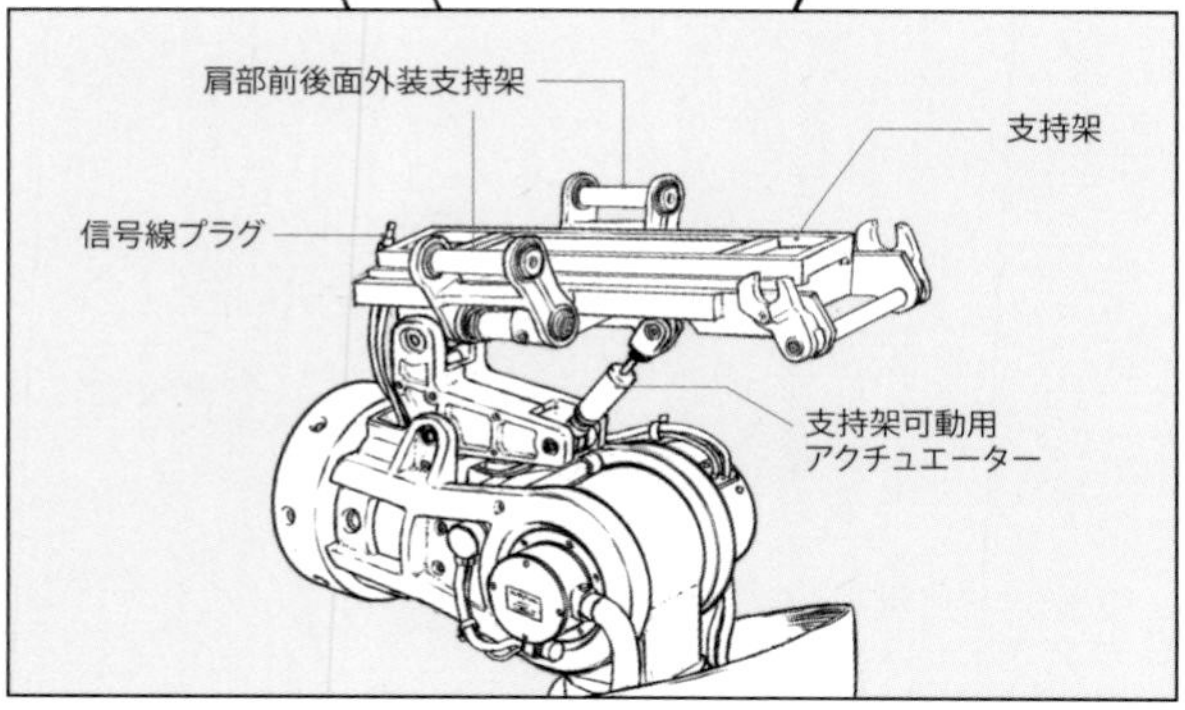
肩部前後面外装支持架
支持架
信号線プラグ
支持架可動用
アクチュエーター

98式AVが導入された1998年頃はまだLEDが一般に普及していなかった時期であるが、ユニットに採用されたランプ(光源)は高輝度LEDである。古くから用いられている従来型の回転灯の方式をそのまま踏襲しているが、時期により2種類の構造が確認されている。1つは光源の周りを反射鏡が回転するタイプ、もうひとつは反射鏡内に光源を置いた2灯連結式の部品ごと回転させるタイプで、光量や回転周期、光の放射角などが異なって見える。前者は極初期にのみ見られたタイプで、試作の外装に古い部品を取り付けた間に合わせのものだったようだ(ランプもHIDであった)。以降、2灯連結×2式のものを採用し退役まで使用された。クリアーレッドのカバーは通常のアクリル樹脂製で、度々破損してその都度交換されている。

AV-98 INGRAM
特2-22
2灯の回転灯は内側と外側で回転周期が異なり、内側は約1秒、外側はその半分の時間で1回転している。

■回転警告灯(タイプA)

■回転警告灯(タイプB)

■防御盾(シールド)

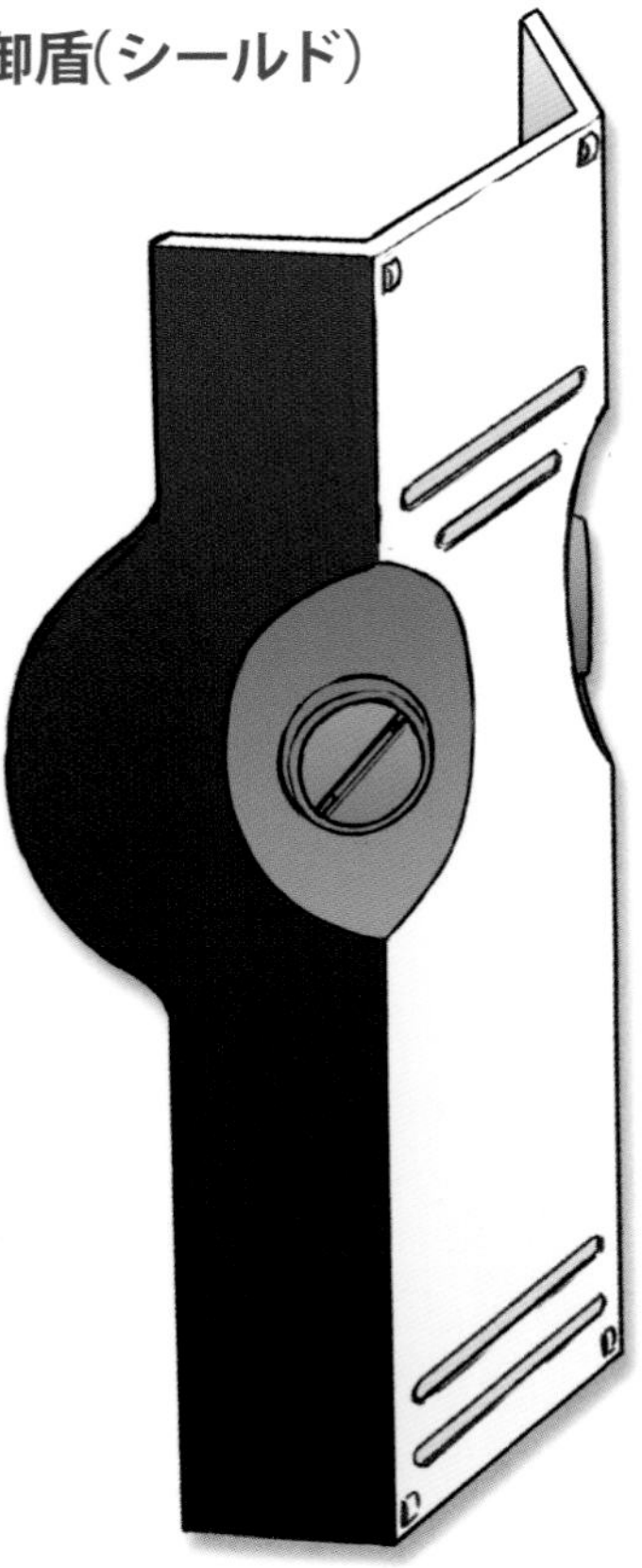

日本のパトロール・レイバーにとりシールドは火器に対する防御を主目的とはしていないが、全身が装甲とも呼べない外装で覆われているに過ぎない車輌本体を防護するほぼ唯一の装備であり、“機動力”という車輌特性を阻害しない範囲で可能な限りの防御力が与えられた。人間の機動隊員が持つシールドほど大きくはなく、腕部を使って能動的に防護する必要があるが、その分強力な防御性能を誇る。

シールドは大きく3重構造で、アラミド繊維層をジュラルミンで挟み込み、耐弾性強化と軽量化を図っている。暴れるレイバーを取り押さえる際、打撃や体当たりなどの衝撃を受け止め、押し返すため、硬さだけでなくある程度の靭性も備える。拳銃弾はもちろん、12.7mm対物ライフル弾の直撃に耐えうる性能があるといい、アラミド繊維層だけで繊維方向を変え5重とされている。

車輌本体も“取り締まり対象に対する視覚効果”を考慮された人型として設計されているが、シールドもまたその一端を担っている。シールドを構えた姿は興奮した容疑者に突進を躊躇させる効能があるという。またシールド前面に大きく「警視庁」の文字がレイアウトされているのも、多分に意図的なものである。

シールドは左前腕外装の取り付け部にボルトで架装する方式。左腕と右腕では内部フレームの一部設計が異なり、ボルトはフレームのハードポイントに直結固定されている。シールドは必要に応じて車内からの操作でパージ(切り離し)も可能である。なお左腕用の前腕部を使用すれば右腕へのシールド装着も可能で、左利きの搭乗者にも対応しているが、98式AVで運用された例は確認されていない。

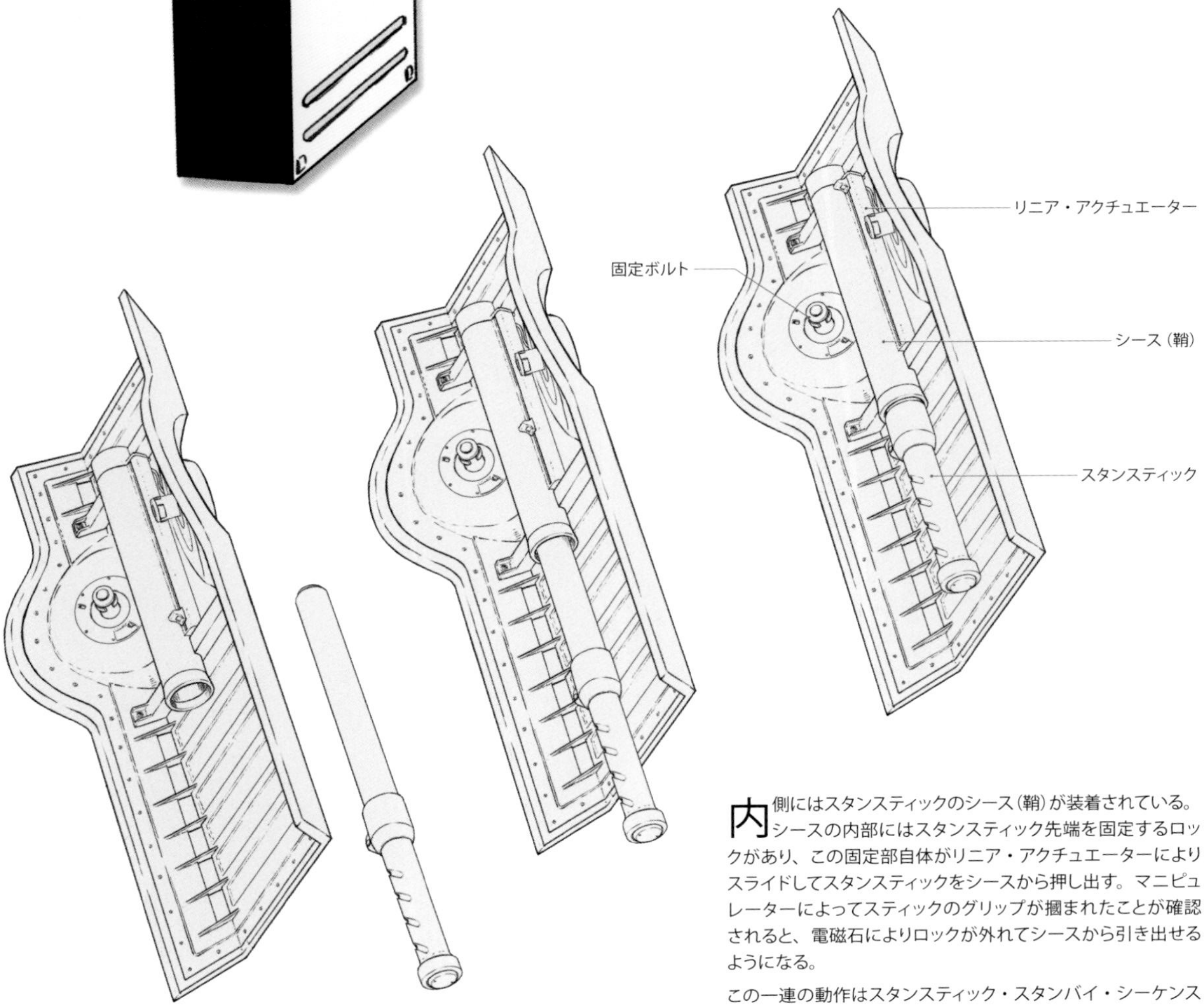

スタンスティックを収納しやすいよう、シースの開口部(鯉口)はやや広くなっている。

内側にはスタンスティックのシース(鞘)が装着されている。シースの内部にはスタンスティック先端を固定するロックがあり、この固定部自体がリニア・アクチュエーターによりスライドしてスタンスティックをシースから押し出す。マニピュレーターによってスティックのグリップが掴まれたことが確認されると、電磁石によりロックが外れてシースから引き出せるようになる。

この一連の動作はスタンスティック・スタンバイ・シーケンスとしてプログラムにまとめられ、操縦者のモードチェンジ、コマンド入力によって自動実行される(発令された時点の体勢によっては自動実行できずエラーになることもあるが、その場合でもマニュアル操作で実行を試みることは可能である)。

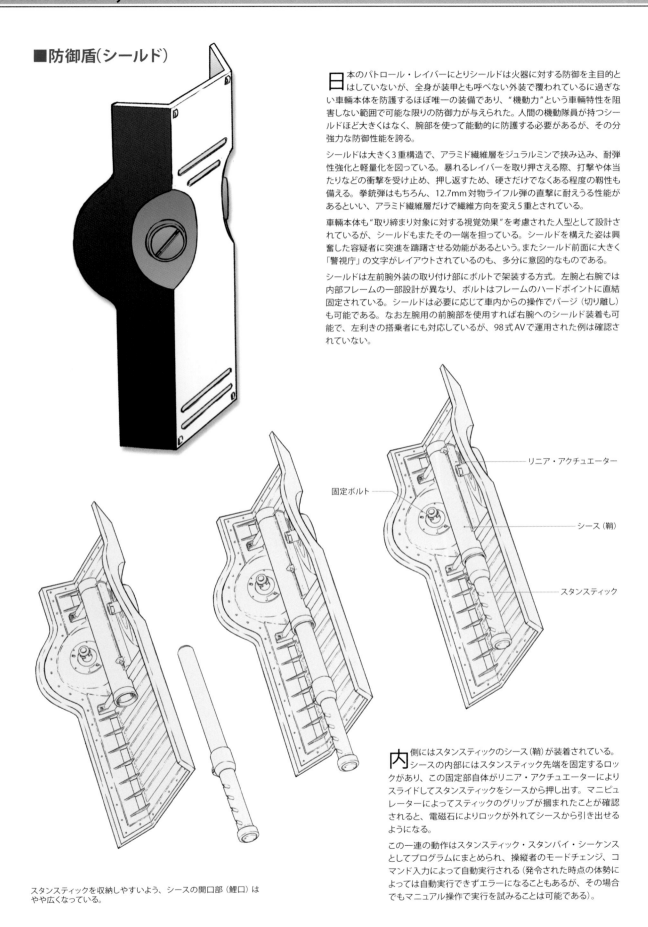

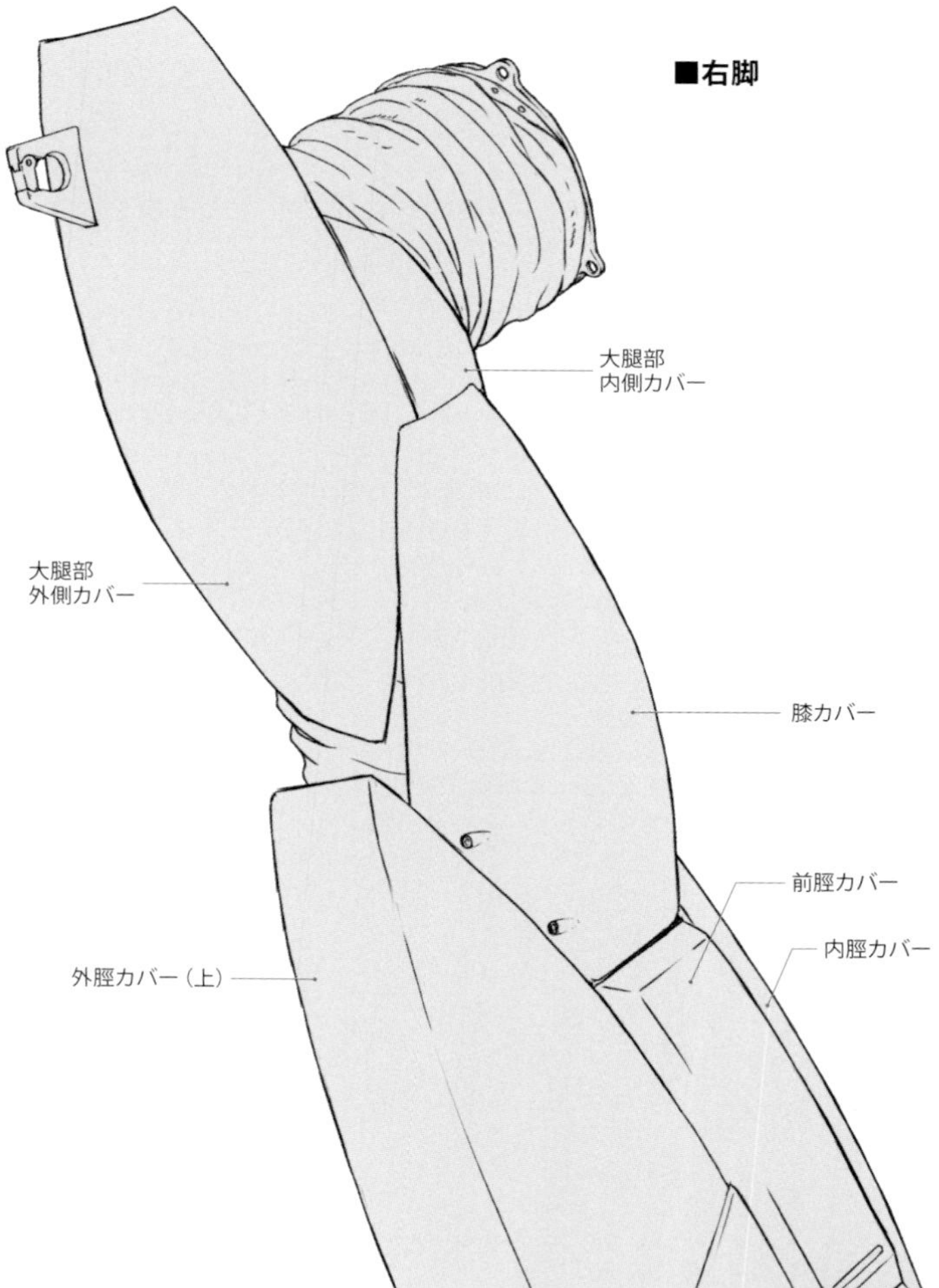
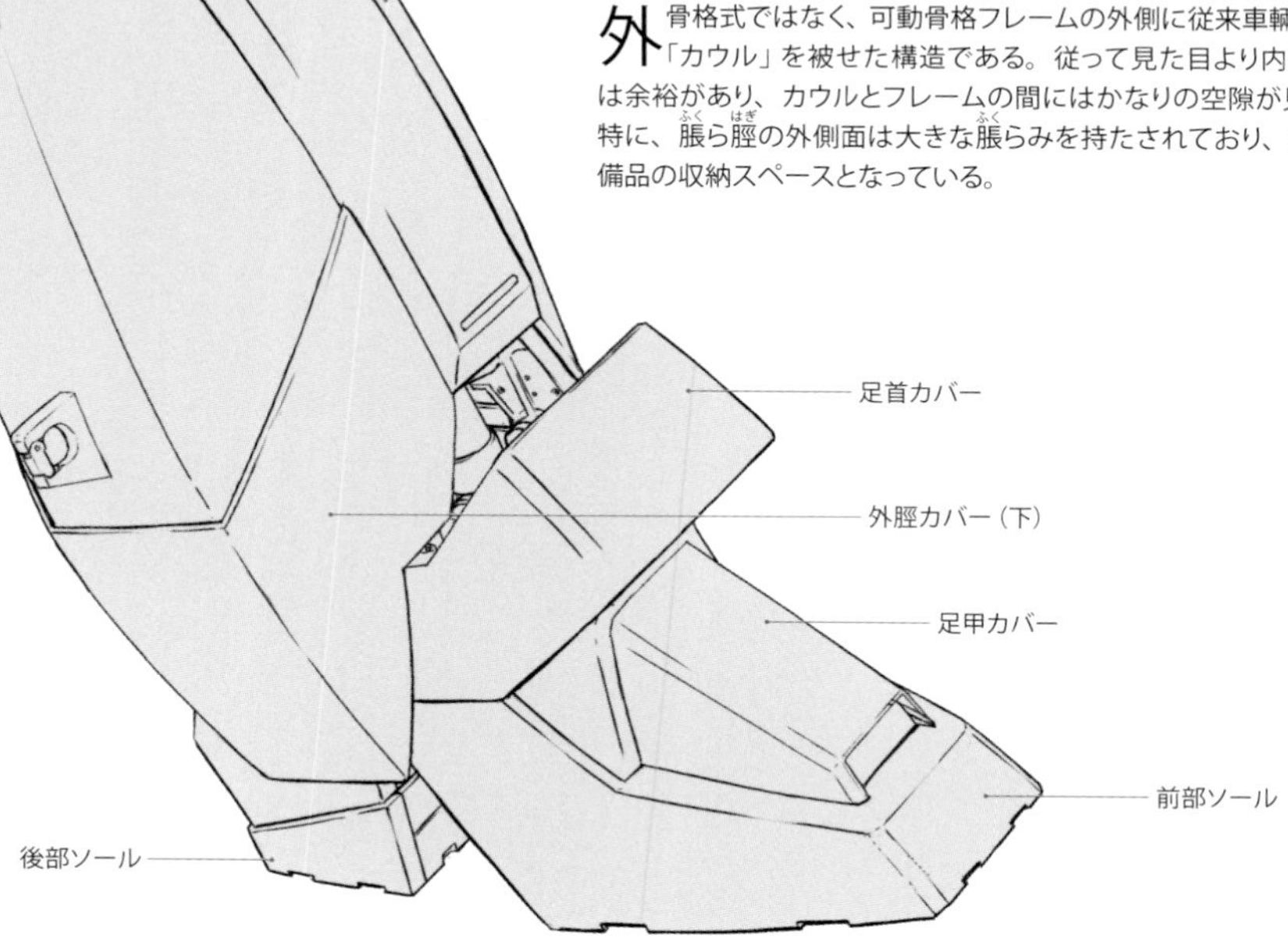
■右脚
大腿部
内側カバー
大腿部
外側カバー
膝カバー
前脛カバー
内脛カバー
外脛カバー（上）
足首カバー
外脛カバー（下）
足甲カバー
前部ソール
後部ソール

外骨格式ではなく、可動骨格フレームの外側に従来車輌と同様に「カウル」を被せた構造である。従って見た目より内部容積には余裕があり、カウルとフレームの間にはかなりの空隙が見られる。特に、脹《ふく》ら脛《はぎ》の外側面は大きな脹《ふく》らみを持たされており、内部は装備品の収納スペースとなっている。

足回り、特に足首周辺は出動のたびに土や泥などで汚れ、これを放置したまま稼働を続けると可動部品の摩耗や異音の原因になることから、フレームが露出するレベルまで分解されて洗浄される。足首周辺をほかの関節部と同様に防弾カバーで覆わないのは、フレームの動作角度が大きく防弾布を機構が噛んでしまう恐れがあるためであり、奥部の主要アクチュエーター周りのみカバーされている。

■脚部

膝《ひざ》、足首に相当する関節部の駆動は、リニア・アクチュエーターと電磁式ダンパーの組み合わせによるもので、これは機能肢の基本構造と同様である。しかし骨格フレームは車体重量支持のため太くソリッド化され、堅牢度を増している。主材料はチタン合金で、部分的にFRMの積層ブロック成型品が用いられた。

膝《ひざ》、足首（外側からは見えないが）関節も防弾布でシールされているが、頸部《けいぶ》、腰部、大腿部のものよりも薄い材が使用される。これは厚手の防弾布により運動性の障害となることを避けるためであった。もとよりこの防弾布によるカバーは、防弾が第一義ではなく、関節駆動部への異物侵入阻止と防塵《ぼうじん》が目的である。

歩行時のバランス検知のため、フレームの移動点には重力ならびに慣性センサーが多数設置され、計測データは股間部前方、ウィンチ上方奥に内蔵される歩行情報1次処理コンピューターを経由して、車体制御コンピューターに送られる。また脛《すね》と足前後にある障害物検知センサー、接地時の地盤の状況を感知する足裏の圧力センサーからの情報も歩行情報1次処理コンピューターに伝達される。

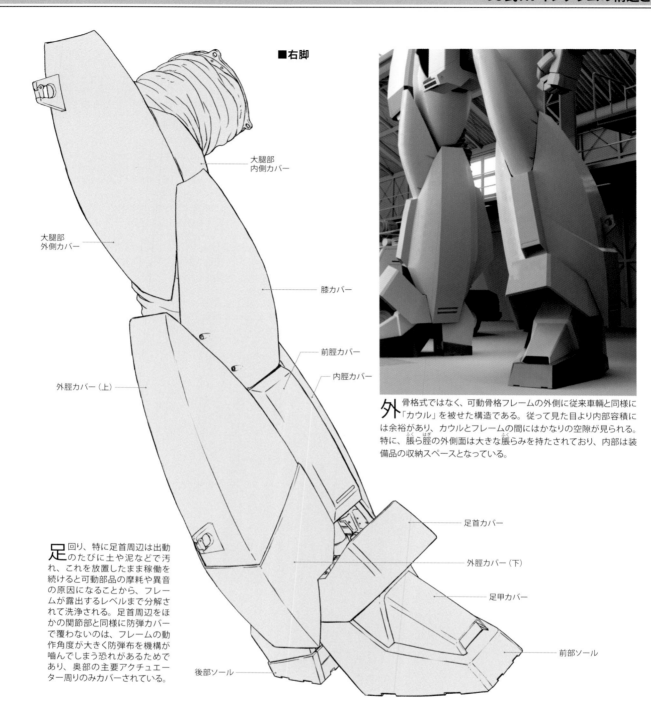

■右脚内部透視図

脚部の可動は、作業肢（腕部）と同様にアクチュエーターと電磁ダンパー（アクティブ・サスペンション）の組み合わせで行われる。ただし脚部は、車輛重量に加え動作により生じる荷重や衝撃を受け止める部位であるため、ダンパーの種類が作業肢とは異なる。ダンパーは動作方向の反対側に働く力（反力、外部からの入力）に対しアクチュエーターにダメージを生じないよう適度な弾力で力を受け止め、過大な負荷を和らげる働きをするが、脚部においてはその入力が巨大であるため、より大型でストロークも長く取られている。

AV-98の場合、それまでのレイバーにないアクションを想定して設計されていることから、脚各部のダンパー（いわゆる足回り）は相当固めにセッティングされている。従って、従来のレイバーでは難しかった走行などといった激しい挙動はもちろん、急停止から別の動作に移る場合など場合などの"きびきび"した反応が実現できた。しかしその分かかるショックは大きく、操縦者は急激なGに振り回された。慣れない人間は基本動作の範疇でさえ気分を悪くするほどのものだったという。

AV-98がロールアウトした時期は、まだこうした高機動レイバーが少なかった（実質的にAV-98が先駆けであった）ことから、プログラム（ソフト）と機械・構造（ハード）的な運動制御のせめぎ合いについて最適解を模索していた事情がある。その不充分な熟成度のうち、ある程度を操縦者の"適性"によって埋め合わせていたことはやむを得ないことでもあった。

※膝周辺部には、可動のためのアクチュエーター（第1、第2）のほかに関節様の軸が見られるが、これはダンパーとともに衝撃を緩和する機構であって、厳密な意味での関節ではない。なおロータリー・ダンパーとは、アクチュエーターとは逆に物理エネルギーを電気エネルギーに変えて入力を減衰する機構である。これにより、エネルギー回生を行い稼働時間延長にも繋げている（AV-98では部分的・実験的に採用されている。）。

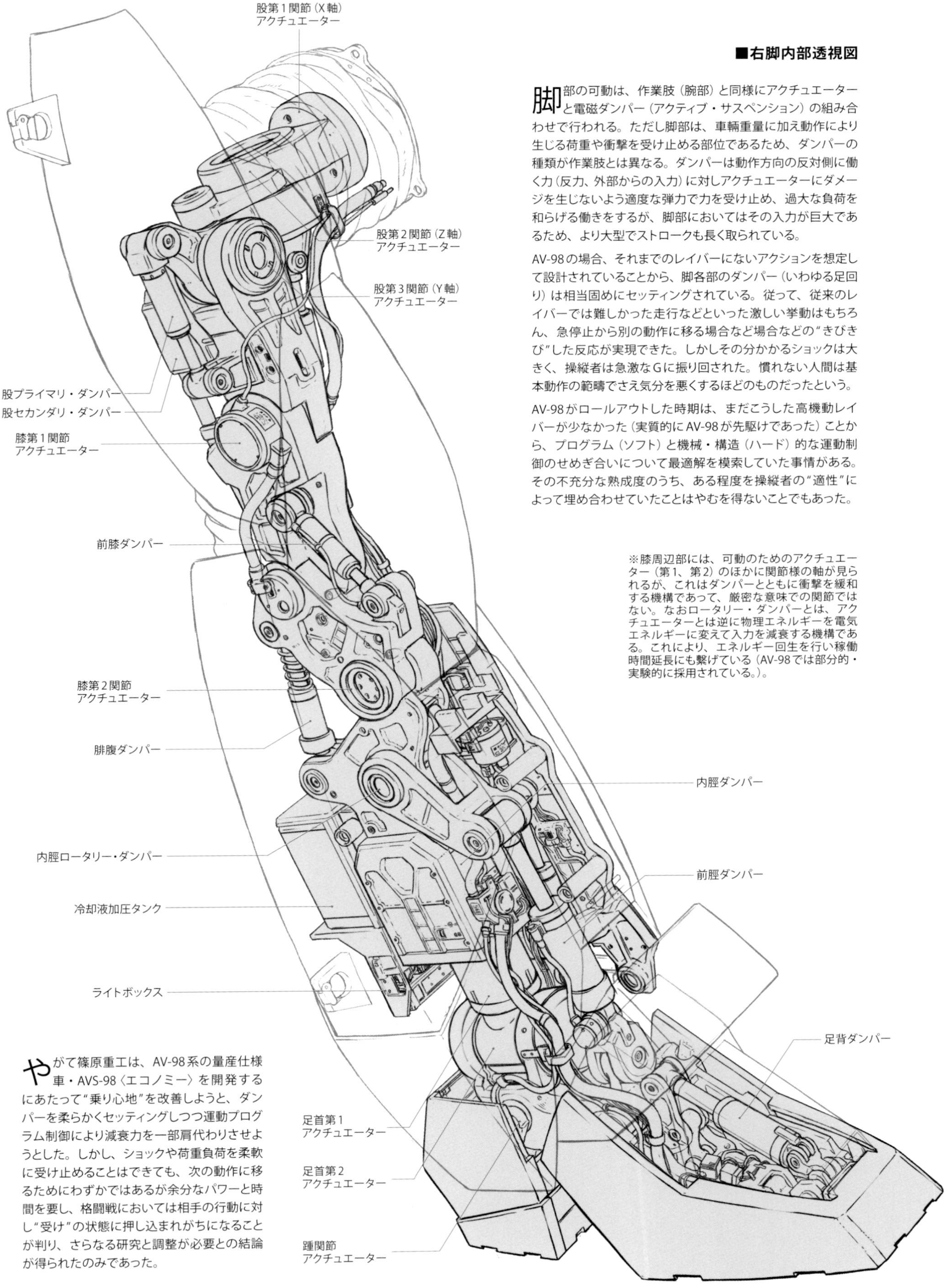
股第1関節（X軸）
アクチュエーター
股第2関節（Z軸）
アクチュエーター
股第3関節（Y軸）
アクチュエーター
股プライマリ・ダンパー
股セカンダリ・ダンパー
膝第1関節
アクチュエーター
前膝ダンパー
膝第2関節
アクチュエーター
腓腹ダンパー
内脛ダンパー
内脛ロータリー・ダンパー
前脛ダンパー
冷却液加圧タンク
ライトボックス
足背ダンパー
足首第1
アクチュエーター
足首第2
アクチュエーター
踵関節
アクチュエーター

やがて篠原重工は、AV-98系の量産仕様車・AVS-98〈エコノミー〉を開発するにあたって"乗り心地"を改善しようと、ダンパーを柔らかくセッティングしつつ運動プログラム制御により減衰力を一部肩代わりさせようとした。しかし、ショックや荷重負荷を柔軟に受け止めることはできても、次の動作に移るためにわずかではあるが余分なパワーと時間を要し、格闘戦においては相手の行動に対し"受け"の状態に押し込まれがちになることが判り、さらなる研究と調整が必要との結論が得られたのみであった。

■脚部装備ベイ展開機構

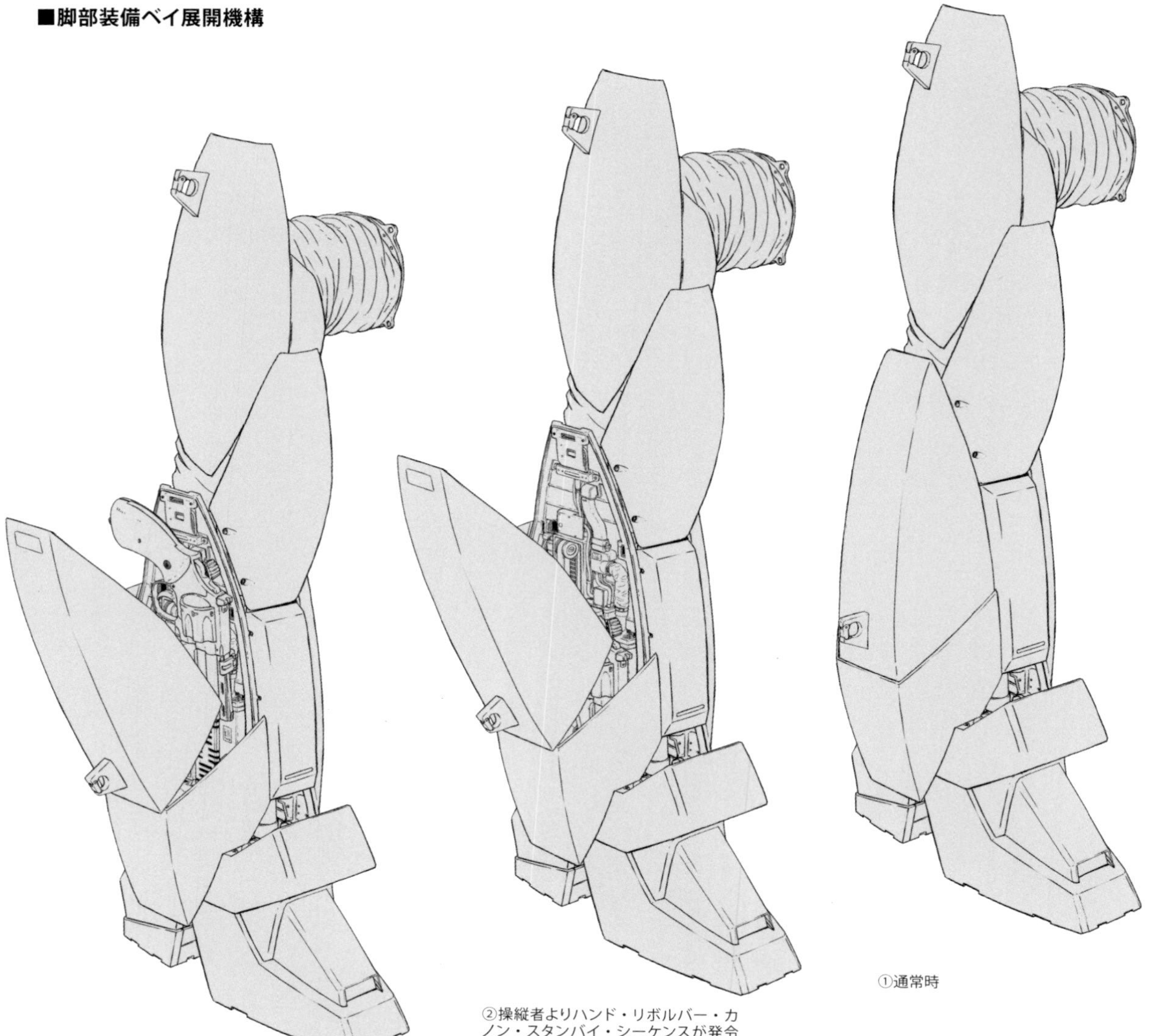

①通常時

②操縦者よりハンド・リボルバー・カノン・スタンバイ・シーケンスが発令されると、脛外側外装が展開される。

③収納されていたハンド・リボルバー・カノンがホルダーごとスライドして上に引き出される。

この一見無駄とも思える設計とプロセス設定であるが、ハンド・リボルバー・カノンの収納位置、及び保持までのプロセスは警視庁の要求仕様により決定された。彼らが求めたのは「携帯した武装が容疑者のレイバーにより容易に奪われることがないようにせよ」というもので、市民の目にも“複雑なプロセスで、奥まった位置から取り出す”ことが明らかに映るよう、かつ“可能な限り速やかに”にと配慮された。万が一取り出す途中で銃を掴み損ねても、脚部の収納部内へ落ちる確率が高く、すぐに外装を閉じれば問題ない。
そもそもパトロール・レイバーの操縦者には人間の警察官と同様、拳銃の使用は厳に慎むべきとされ、「常日頃は高価《たか》い弾を消費せず、実射訓練を可能な限り避け、一朝事あらば一撃必中」の精神で任務に臨むことが求められたのである。

下脚フレームには冷却媒体の加圧タンクが配置され、循環用ポンプなどもここに集中搭載されている。脹《ふく》ら脛《はぎ》にあたる部分には緊急時の冷却触媒放出ベントも内蔵されていた。さらに右下脚外側にはハンド・リボルバー・カノン収納ベイ、左下脚同位置にカノン用予備弾収納ベイを設置しているということもあって、脚部外殻は上脚（大腿）がCFRP、下脚はFRMと材質が分けられ、下脚外装は上脚よりも強固に作られていた。なお実務では左側の収納ベイに予備弾を収めて出動することはほとんどなく、個人装備などを収めるキャリッジ・スペースとして使用されることのほうが多かったらしい。

足は車体重量すべてを支えるため大きなフレーム構造を基本とするが、接地面に追随しやすくするため、可撓《かとう》性のあるユニットとソリッドなブロックの連結構造体になっている。消耗度の高い部位のひとつでもあるため、交換が容易なように機構は可能な限りユニット化され構成要素を単純化していた。接地面には感圧センサーが複数内蔵され、地面への接触角度や硬度の感知機能も有する。外装は甲部分はFRMだが、ソール（底面）を含む

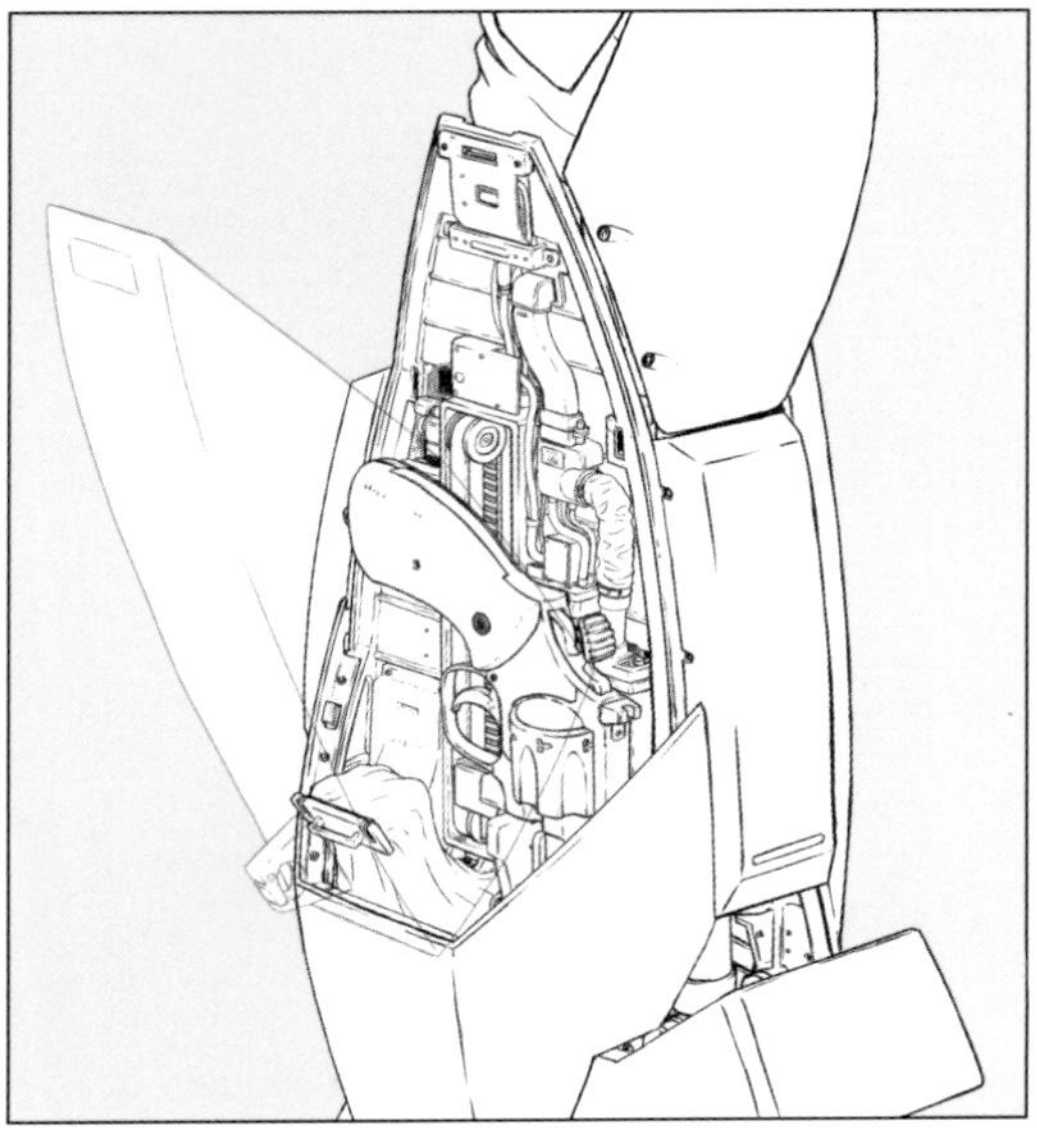

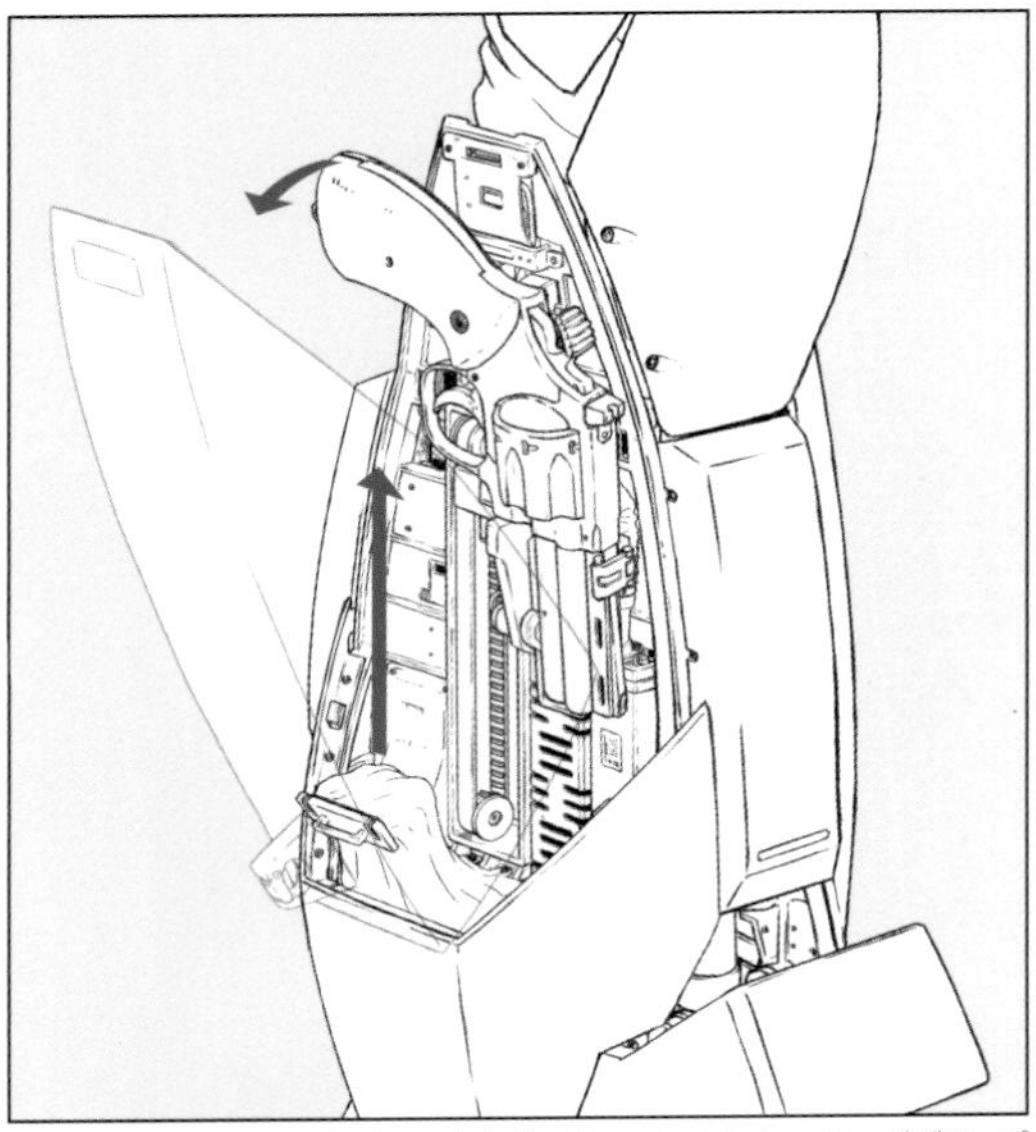

ハンド・リボルバー・カノンのホルダーは、マニピュレーターがグリップを掴みやすいよう外側へ銃を傾ける。

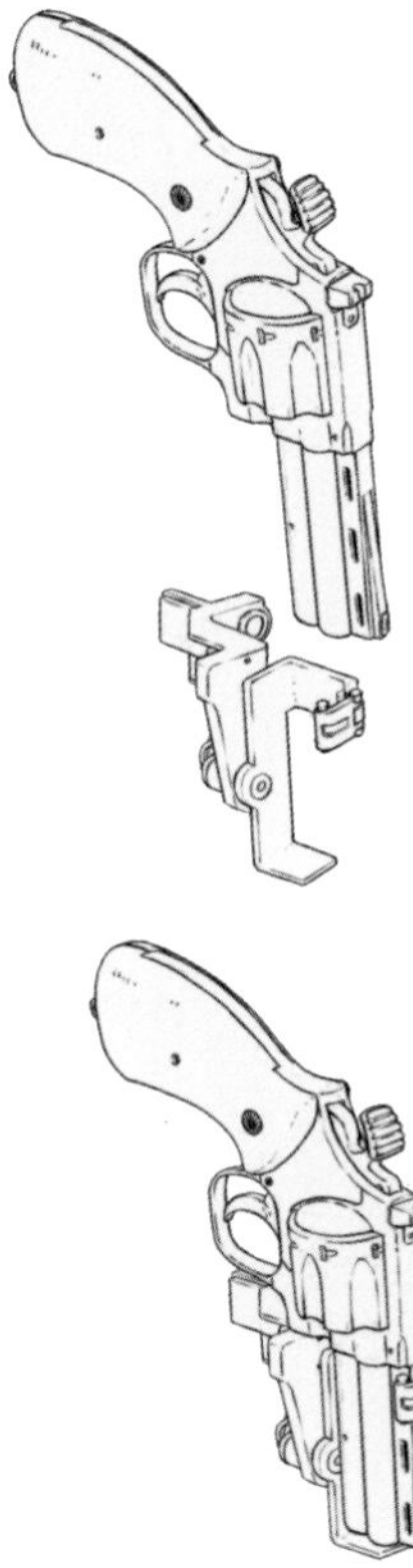

④マニピュレーターによってハンド・リボルバー・カノンのグリップが握られたことが確認されるとホルダーのロックが解除される。一連の動作はシーケンスの制御プログラムによって自動で行われ、前腕部の延伸動作なども含まれる。

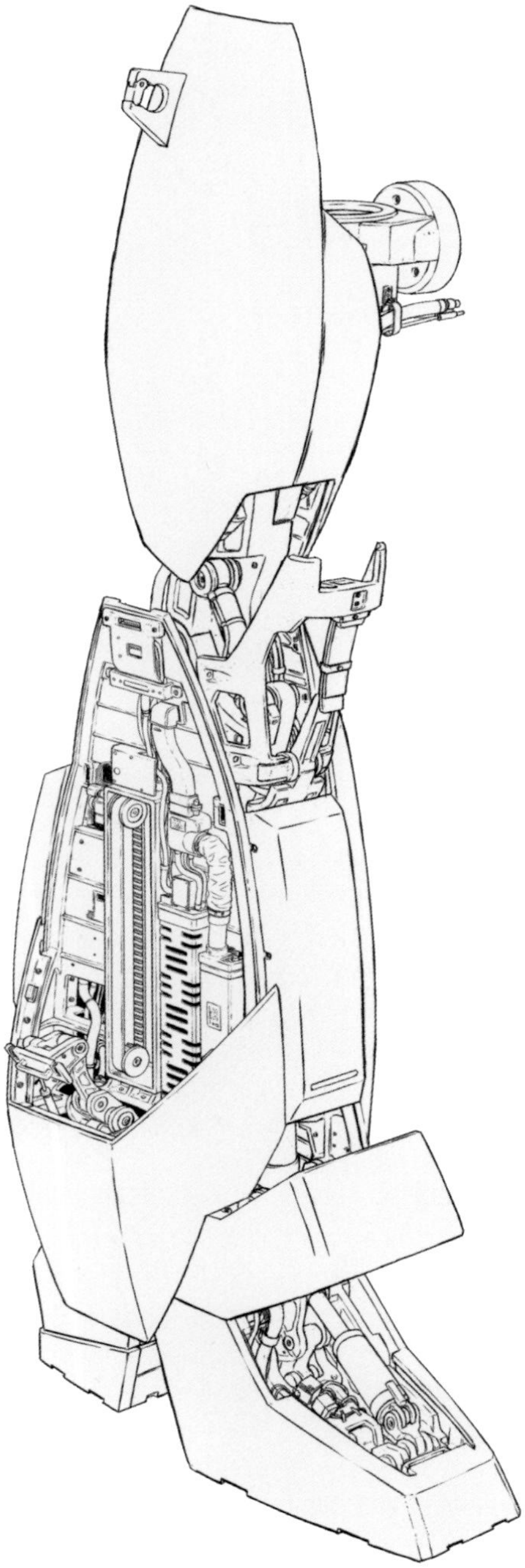

全体（黒色部分）は文字通りの〝靴〟であり、消耗が激しいため任務出動ごとに交換を行うように指示されていた。防弾布と同様の材料で織り込まれた芯を軟質・難燃性の樹脂で貼り合わせ、外側は厚くコーティングし成型したサイド部分と、車体の運動性に適合するように滑り止め材を調整した合成ゴム製コンパウンドを厚く成型したソールで構成される。トレッド・パターンはあくまでも自動車道での効率を主体としたシンプルなものであり、深い溝などは刻まれず、コンパウンドの性能にのみ頼っているようなところがあった。これは接地を感知するセンサーを配置しなければならないという物理的な事情が大きく影響している。

〝靴〟部分の補修も緊急時補修キットがメーカーから提供されているが、先述の通り、出動後は丸ごと交換することが前提で、使用済みの〝靴〟はメーカー返送することに決まっていた。またソール部のコンパウンドは折に触れ改質が行われているようで、グリップ力はどんどん向上しているとされるが、極端な変化は歩行制御に影響を及ぼすことから、OSのアップデートが必要となる。

パトレイバーの塗装とマーキング

■98式レイバーの塗装とマーキング

本稿では簡単に98式警察用レイバーの塗装とマーキングについて触れておこう。実際のところ、他の一般使用される重機としてのレイバーや、軍事用レイバーに比べて、外部から確認できるような「危険警告・注意喚起」のための付加的なマーキングはないに等しい。これは、器材運用形態に関連するものらしい。

今般入手し転載の許可を得た警視庁総務部装備課車輌係開発班が新型レイバー導入に際して策定した塗装並びに標識記入適用基準書類『次期導入新型特殊用途車輌外装に関する塗装要領』は、従来型車輌における運用実績と外装美粧（塗装）の詳細な効果分析などのデータを含め、A４版50数ページに及ぶ文書として作られている。これを全文掲載することはあまり意味がない（興味ある方は公開申請すれば入手可能なはずである）ので、ここではそこに添付されている図版の一部のみを掲載することとした。

文書の概略は以下の通り。なお器材納入と備品調達関連企業ならびに業者の一覧なども含まれるが、ここではすべて割愛している。

次期導入新型特殊用途車輌外装に関する塗装要領：添付図版①

●適用要領

塗装には車輌外板素材の物性に影響を及ぼさない水溶性ウレタン塗料（別表納入備品一覧の塗料欄を参照）を使用、塗布は緊急時の部分的な補修塗装を除き、必ずスプレーガンによるものとする。塗装皮膜厚さの不均質は車輌の運動平衡に影響を生じる可能性を有するためである。また塗装皮膜保護のため、最外層は仕上げ用紫外線硬化型エポキシ樹脂塗料（高透明）によるコーティングを施すことが望ましい。

各駆動部を覆う防護強化布部分については、柔軟性が担保されねばならないため、車体外皮用塗料が付着しないようにせねばならない。防護強化布に褪色などの不都合が生じた場合には部品交換を行い、塗料の塗布は行わないこと。

車体塗色は現行道路交通法令により色彩制限はないが、一般への認知度が高い警邏《けいら》車輌に準拠することとし、白地に黒の塗装を基本とする。従来の警察用レイバーにあっては、特殊用途警察車輌としての位置付けから白／青灰色、または白／暗灰青色などが用いられてきたが、広範な周知という観点からこれらを刷新し白／黒を標準とすることが決定された（視覚的、心理的効果に関する研究結果の項を参照）。

各車輌の所属ならびに器材記号は、図版指定の位置および寸法で記入すること。なお記入については、塗料による塗装ではなく、粘着式貼附《ちょうふ》シールにて行うこととする。車輌への貼附は別途、警察車輌ならびに器材適用要領を参照のこと。

なお、特殊重機運用に関する危険表示、注意喚起表示については、これを適用しないものとする。特車出動に際しては、周辺の立ち入り規正が十全に勘案されているからである。ただし、保守点検に関連する特記事項があれば、これを貼附シールによって明示することは制限されない。

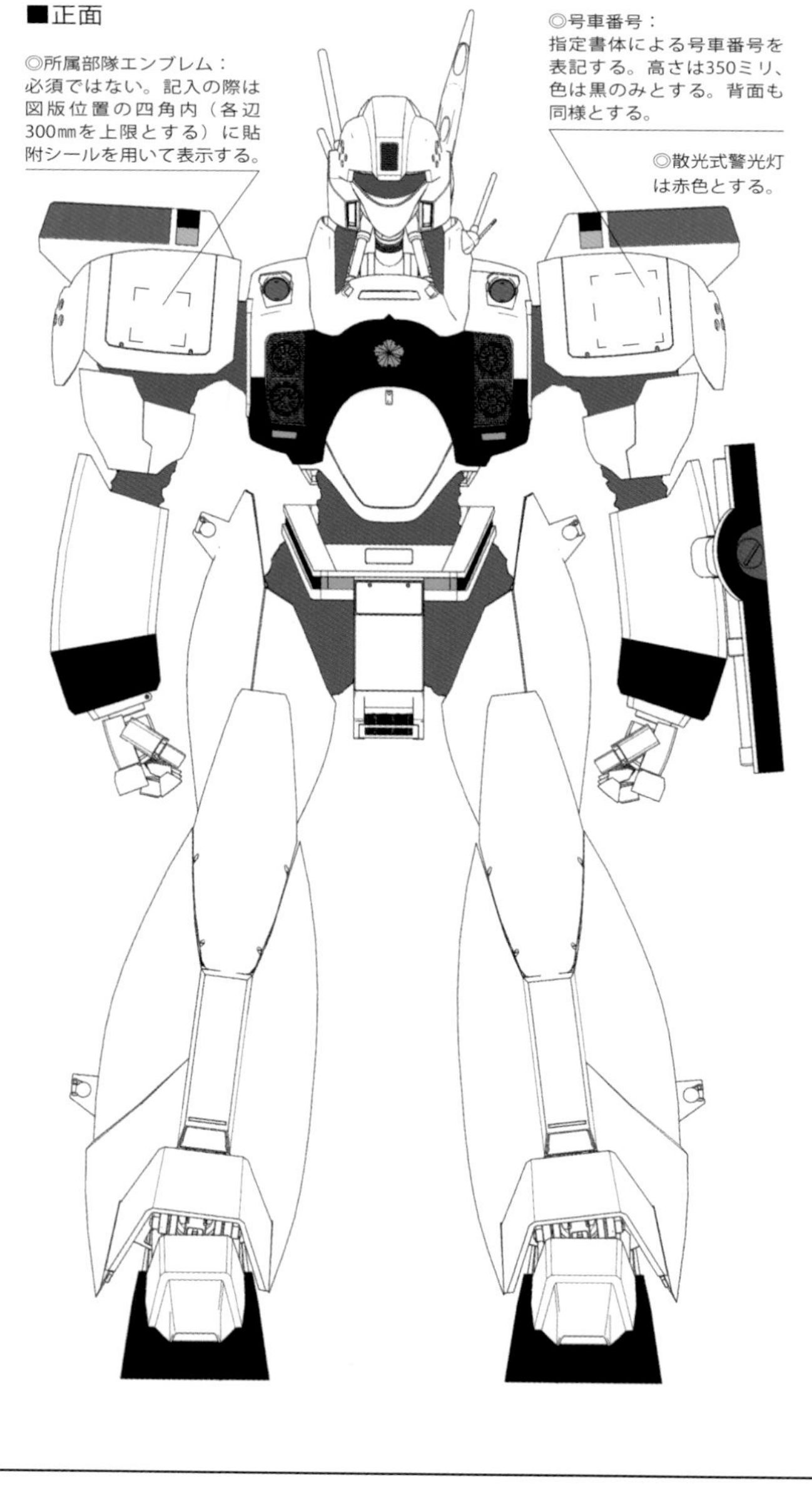
■正面
◎所属部隊エンブレム：
必須ではない。記入の際は図版位置の四角内（各辺300㎜を上限とする）に貼附シールを用いて表示する。
◎号車番号：
指定書体による号車番号を表記する。高さは350ミリ、色は黒のみとする。背面も同様とする。
◎散光式警光灯は赤色とする。

「98式警察用レイバーは従来運用車輌に比較して運動性能が強化され、実動に供するに至っては警務の広範な拡大が期待される。しかし従来車輌運用時における一般周知度は低いという分析結果もあり、新規車輌の導入に伴いより広範に認知度を高めることが期待される。このため、従来の警察用特殊車輌で広く用いられてきた空色／白や青灰色／白、あるいは灰色などの塗色ではなく、今後運用される特車については特例のない限り、一般認知度の高い警邏車に準じた白／黒のツートーンを用いることとする。特車98式については、黒と白の比率に関して検討を行い、最終的に別掲添付図の塗り分けを基本とし、現場運用における問題点が指摘された時点で、随時変更等を検討する。

　塗装は車輌外板素材の物性に影響を及ぼさない水溶性常温硬化型ウレタン樹脂塗料（別表納入備品一覧の塗料欄を参照）を使用し、塗布に際しては、現場における応急処置以外は、必ずスプレーガンによることとする。塗装皮膜厚さの不均質は特車の運動平衡に悪影響を生じる可能性があるためで、充分な留意が必要である」

■背面

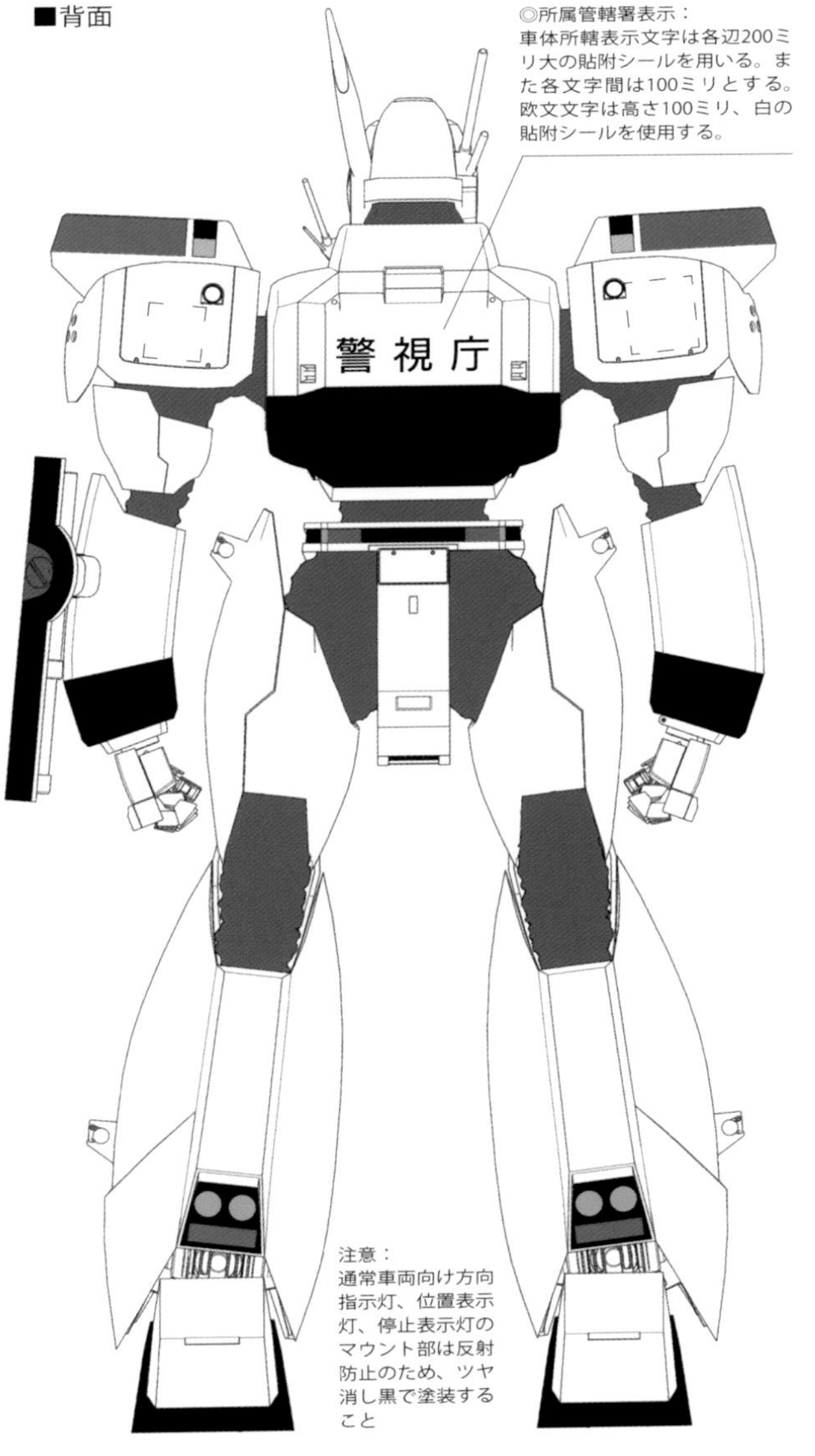
◎所属管轄署表示：
車体所轄表示文字は各辺200ミリ大の貼附シールを用いる。また各文字間は100ミリとする。欧文文字は高さ100ミリ、白の貼附シールを使用する。
警視庁
注意：
通常車両向け方向指示灯、位置表示灯、停止表示灯のマウント部は反射防止のため、ツヤ消し黒で塗装すること

■左側面

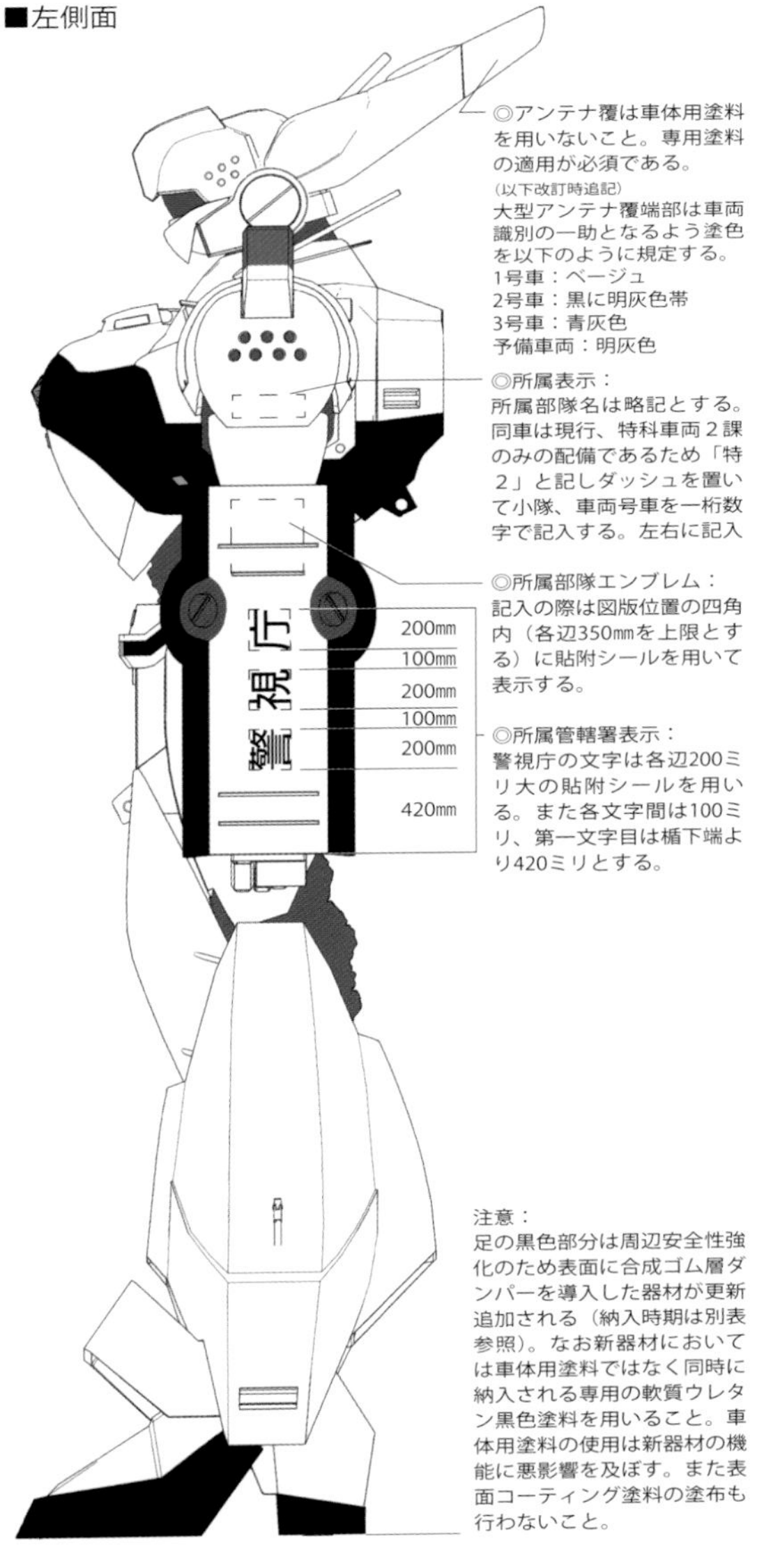
◎アンテナ覆は車体用塗料を用いないこと。専用塗料の適用が必須である。
（以下改訂時追記）
大型アンテナ覆端部は車両識別の一助となるよう塗色を以下のように規定する。
1号車：ベージュ
2号車：黒に明灰色帯
3号車：青灰色
予備車両：明灰色
◎所属表示：
所属部隊名は略記とする。同車は現行、特科車両２課のみの配備であるため「特２」と記しダッシュを置いて小隊、車両号車を一桁数字で記入する。左右に記入
◎所属部隊エンブレム：
記入の際は図版位置の四角内（各辺350㎜を上限とする）に貼附シールを用いて表示する。
警視庁
200㎜
100㎜
200㎜
100㎜
200㎜
420㎜
◎所属管轄署表示：
警視庁の文字は各辺200ミリ大の貼附シールを用いる。また各文字間は100ミリ、第一文字目は楯下端より420ミリとする。
注意：
足の黒色部分は周辺安全性強化のため表面に合成ゴム層ダンパーを導入した器材が更新追加される（納入時期は別表参照）。なお新器材においては車体用塗料ではなく同時に納入される専用の軟質ウレタン黒色塗料を用いること。車体用塗料の使用は新器材の機能に悪影響を及ぼす。また表面コーティング塗料の塗布も行わないこと。

特車二課所属98式AVマーキング

AV-98 INGRAM

2 3 【側頭部】

▶1 ▶2 ▶3 【肩部】

■車輌番号
図は左から1、2、3号機を示す。書体自体は98式AV導入時に作られたもので第一小隊ではその後の機材更新まで使われていない。

■所属部隊章
特車二課の部隊章。横向きのヘッドギアの図柄に「2」の文字、「S.V.II」は「Special Vehicles Division II（特車二課）」の頭文字である。米大統領訪日時など折に触れ幾度か改訂されているが、中央の略章が用いられることが多い。

■車輌形式番号及び車輌名
篠原重工製の商品としての型式番号及び車輌名。

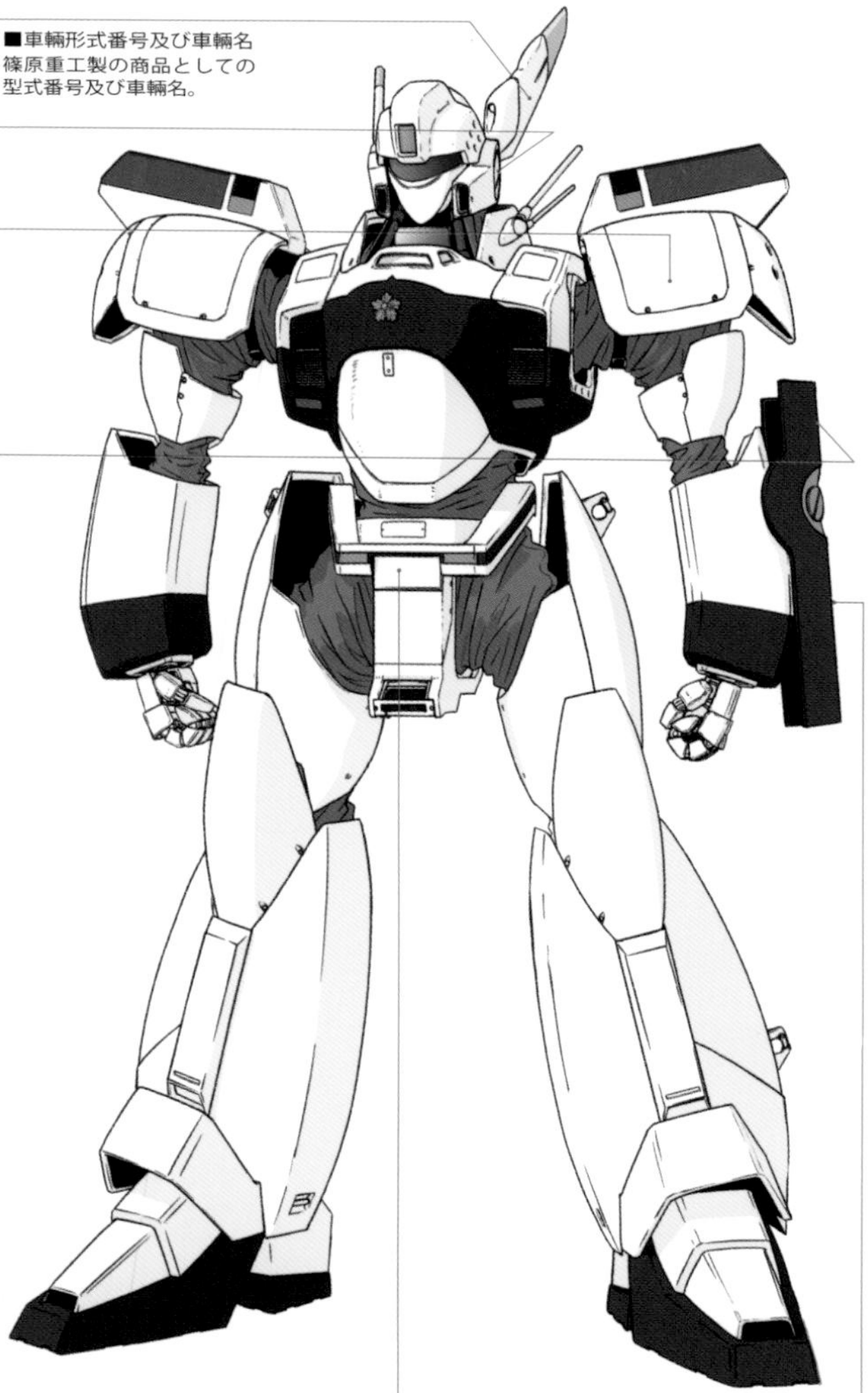

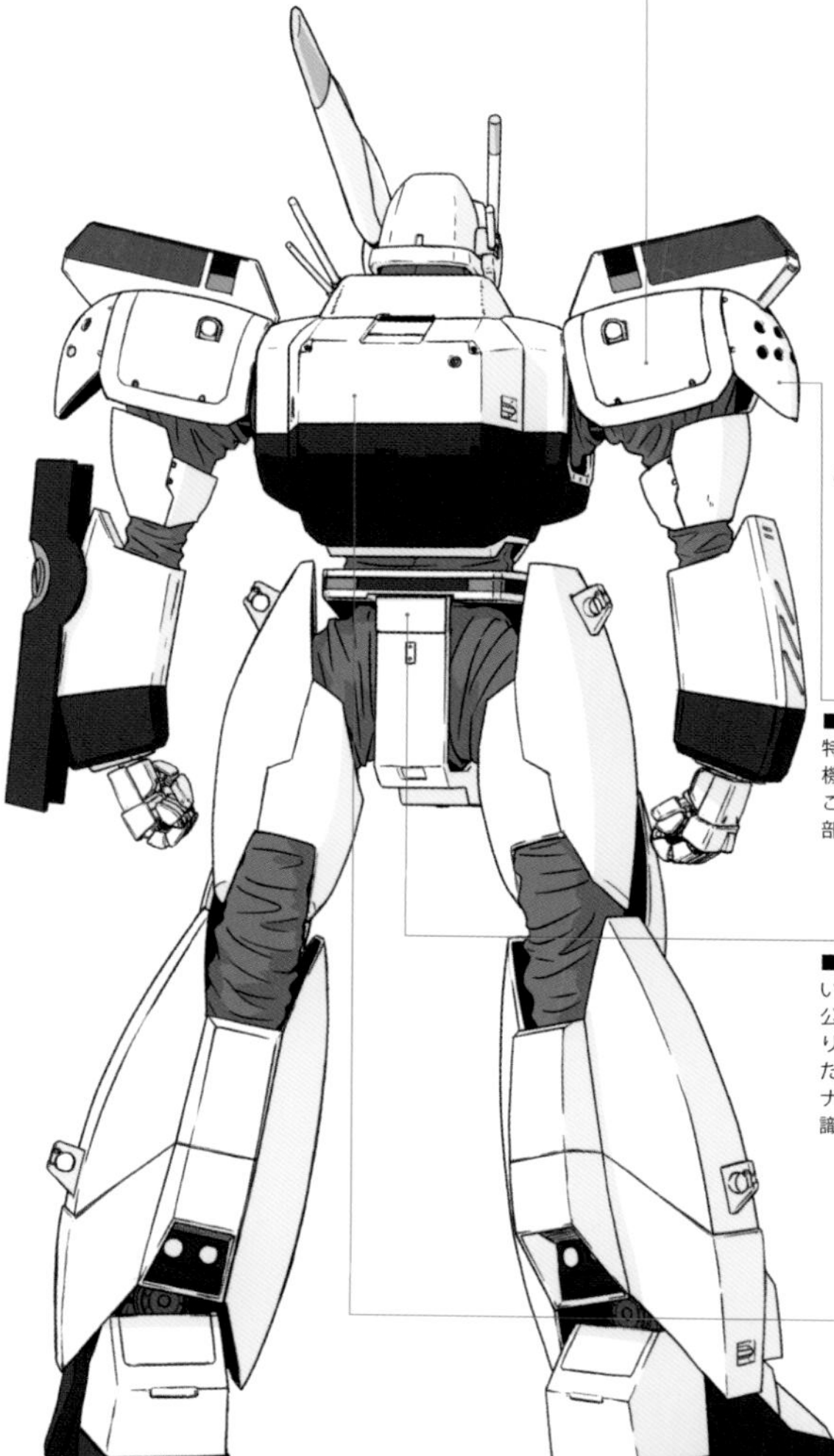

特2-21
特2-22

■車輌固有識別票
特車二課（特2）第二小隊の1号機（-21。以下同様）を示す。この3桁の数字が車輌のほかの部位に入れられることもある。

都 99
と 02-21
と 02-22
と 02-23

■自動車登録番号標
いわゆるナンバープレート。公道において活動するにあたり、国土交通省令で定められた通り取り付けられる。ナンバー自体は上の車輌固有識別票に合わせられている。

警 視 庁

■警視庁マーク
背中とシールド前面に警視庁のロゴが入る。近年のパトロール・レイバーでは、国際化の風潮に伴い「POLICE」の文字を併記することが多くなっている。

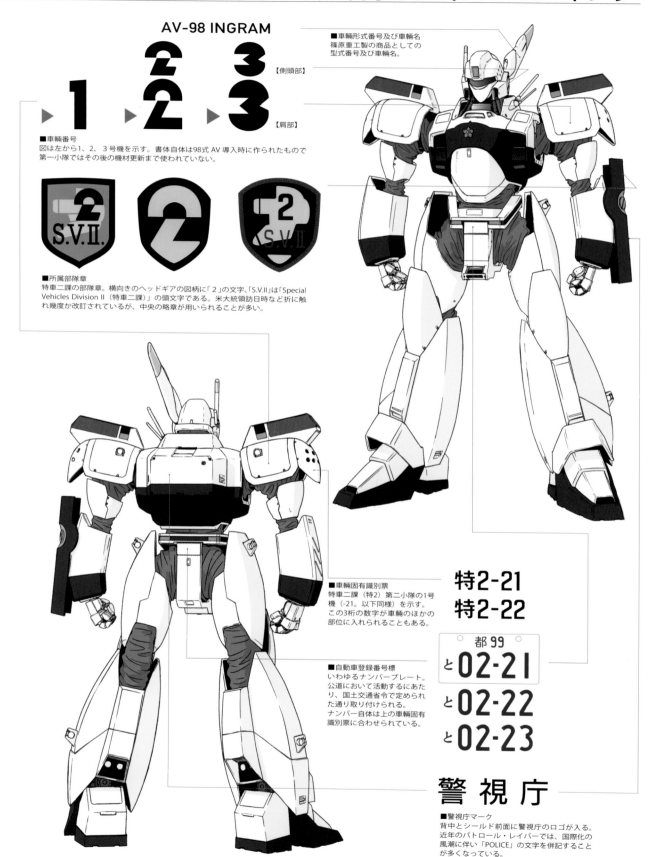

後継機においても基本の白黒のツートン及び各部マーキングルールは引き継がれている。下はAV-98退役と同時に採用されたAV-2〈ヴァリアント〉。

98式AVの装備

Equipment of AV-98

富士の射撃演習場においてリボルバー・カノンの実弾射撃訓練を実施する特車二課の98式AV（1、2号機）。リボルバーでも連続で引き金を引けば、連射が可能である。1秒以内に装填された6発全弾を撃ち尽くすこともできる。AV-98のマニピュレーターの保持性能は、500mで15cmのグルーピング（集弾）が可能であるという。ただし、照準動作そのものは搭乗者の操作にリアルタイムで委ねられるため、熟練度などの要素によって実際の着弾は一定とならない。

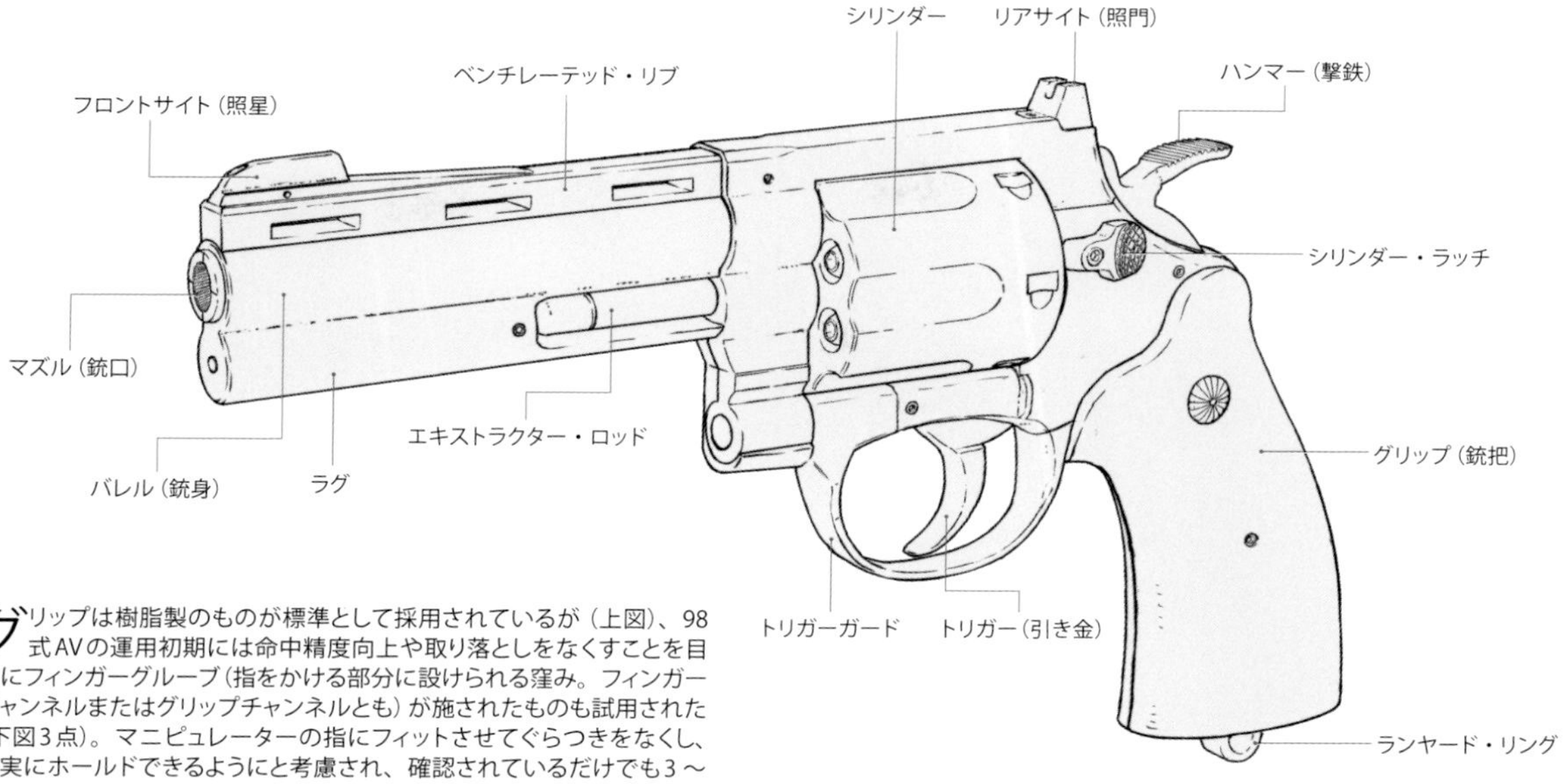
シリンダー
リアサイト（照門）
ベンチレーテッド・リブ
ハンマー（撃鉄）
フロントサイト（照星）
シリンダー・ラッチ
マズル（銃口）
エキストラクター・ロッド
グリップ（銃把）
バレル（銃身）
ラグ
トリガーガード
トリガー（引き金）
ランヤード・リング

グリップは樹脂製のものが標準として採用されているが（上図）、98式AVの運用初期には命中精度向上や取り落としをなくすことを目的にフィンガーグルーブ（指をかける部分に設けられる窪み。フィンガーチャンネルまたはグリップチャンネルとも）が施されたものも試用された（下図3点）。マニピュレーターの指にフィットさせてぐらつきをなくし、確実にホールドできるようにと考慮され、確認されているだけでも3～4種類が存在する。感圧センサーなどでホールドが確認できても、正しく射線が伸ばした腕の延長上にあるかどうかはプログラムでは判断しづらいことが予想されたために準備されたオプション装備であり、試用の後に最適なものを制式選定する予定だったと考えられる。しかし、これらは98式AVの実稼働データが少なかった時期の想定であり、実際には98式AV自身の性能の良さ、そして後継機においては制御プログラムの改良が果たされたことから杞憂に終わり、製造単価の安い標準グリップで問題ないことが確認され、98式AVの後継機でもリボルバー・カノン本体、グリップともに同型のものが引き続き採用されている。

そのほか、フロント及びリアのサイトなど細かなパーツも幾つかのパターンが見られる。

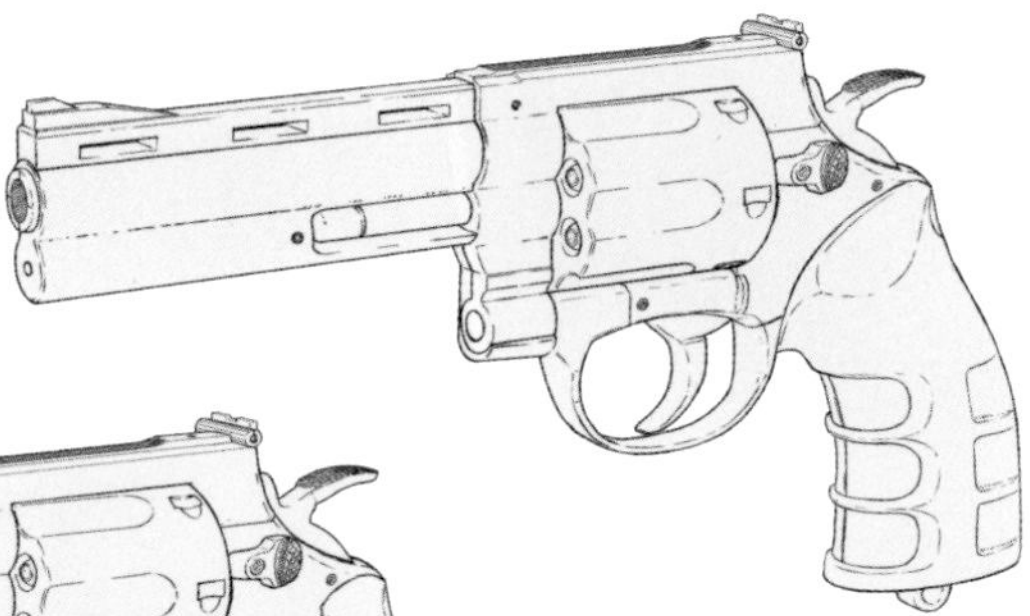

特2.01

銃身に表示される装備管理番号。

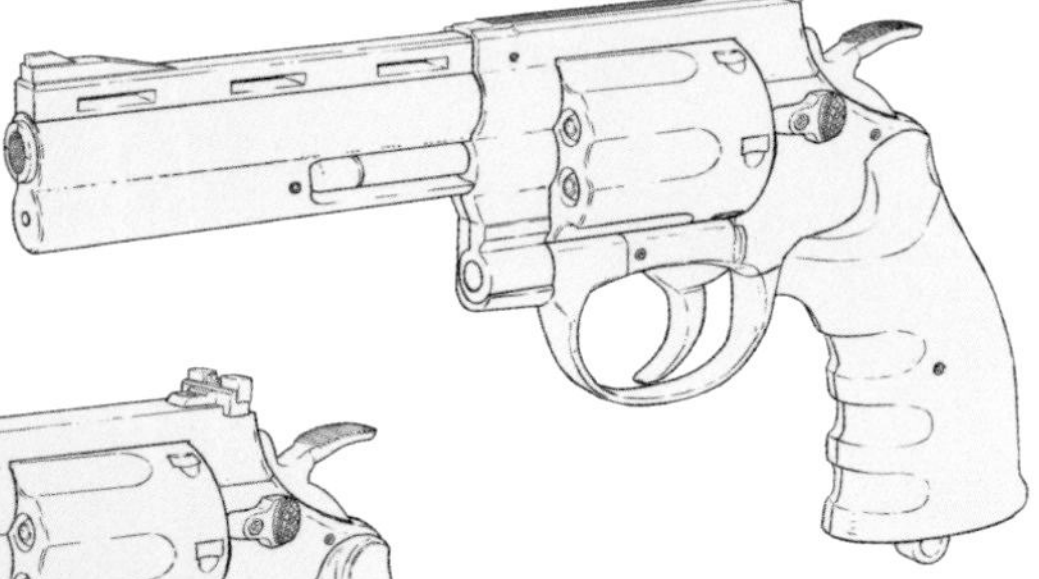

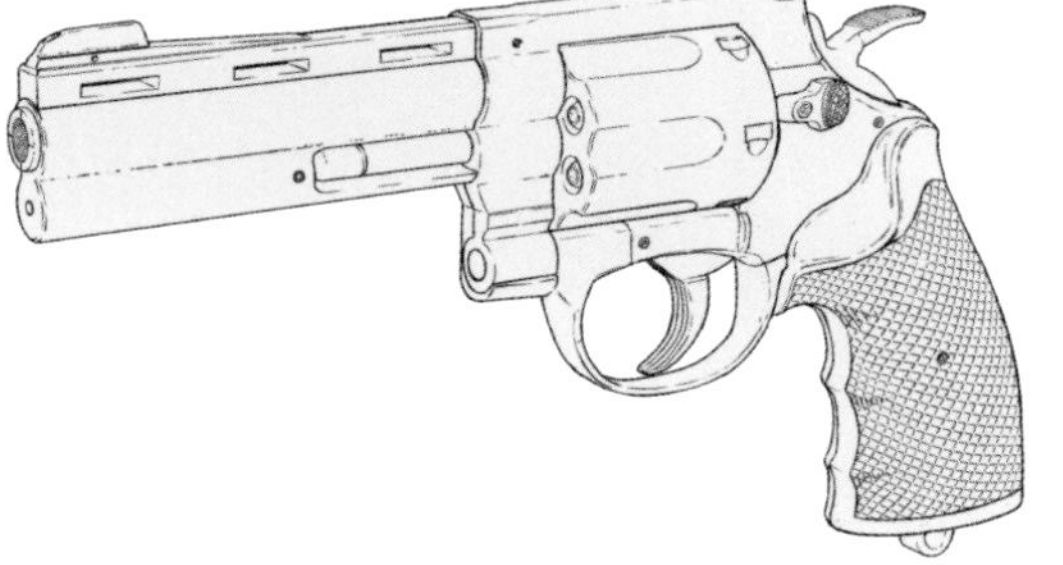

リボルバー・カノンの製造は大手鉄鋼メーカーであるダイワ製鋼が行い、砲弾類は火薬・火工品の老舗メーカー等々力火成が製造している。

■37ミリハンド・リボルバー・カノン

警察専用レイバーに使用が許されるほぼ唯一といっていい実体弾火器である。通常の警察官における火器運用規定がそのままレイバーの火器運用についても敷衍《ふえん》適用されており、使用に際しての制限は厳しかった。警察の機材としては特殊車輌という扱いであったレイバーも最新式の98式AVになってシルエットはより人に近づき、動きも人間のそれをトレース可能な性能を有するものとなり、このため携行火器についても「それにふさわしいもの」という要望があったとされる。ふさわしい、というのは、通常の警官が使用する拳銃の形状を模したもの、という意味であったと理解される。

これには理由があった。通常の警官が拳銃を構えたシルエットがそのまま拡大されたように見えることこそ、抑止対象者に与える心理的な影響は大きく、犯罪を犯す人間の行動阻止、犯行抑止に繋《つな》がるという考え方に基づくものである。さらに実用面では、シリンダーに装弾するリボルバー・タイプの機構ならば、装弾上限数が確実に制限可能であり、また発射弾数の特定も容易で実包《じっぽう》の管理が行いやすい。いわゆるオートマチック式拳銃のマガジン装弾機構では自動的に薬莢《やっきょう》が排出されるため、飛散する薬莢による二次被害の可能性があり、また使用後の薬莢回収も余計な手間を増やすことになるという理由もあった。

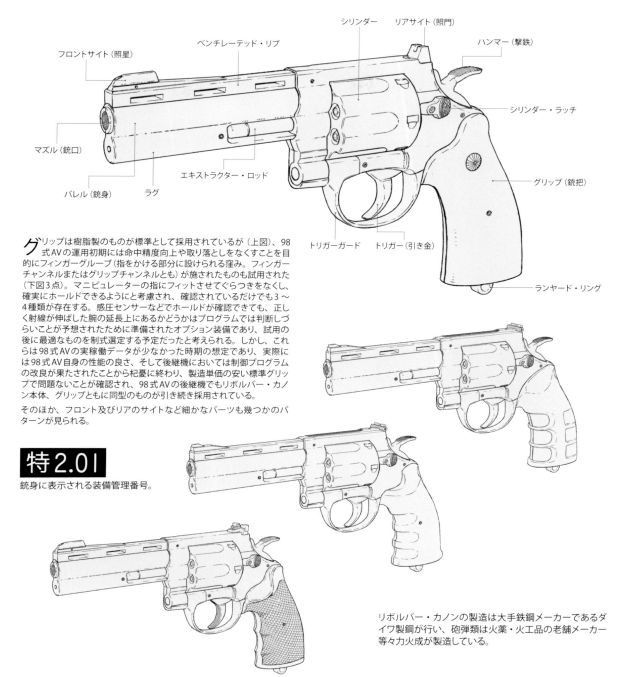

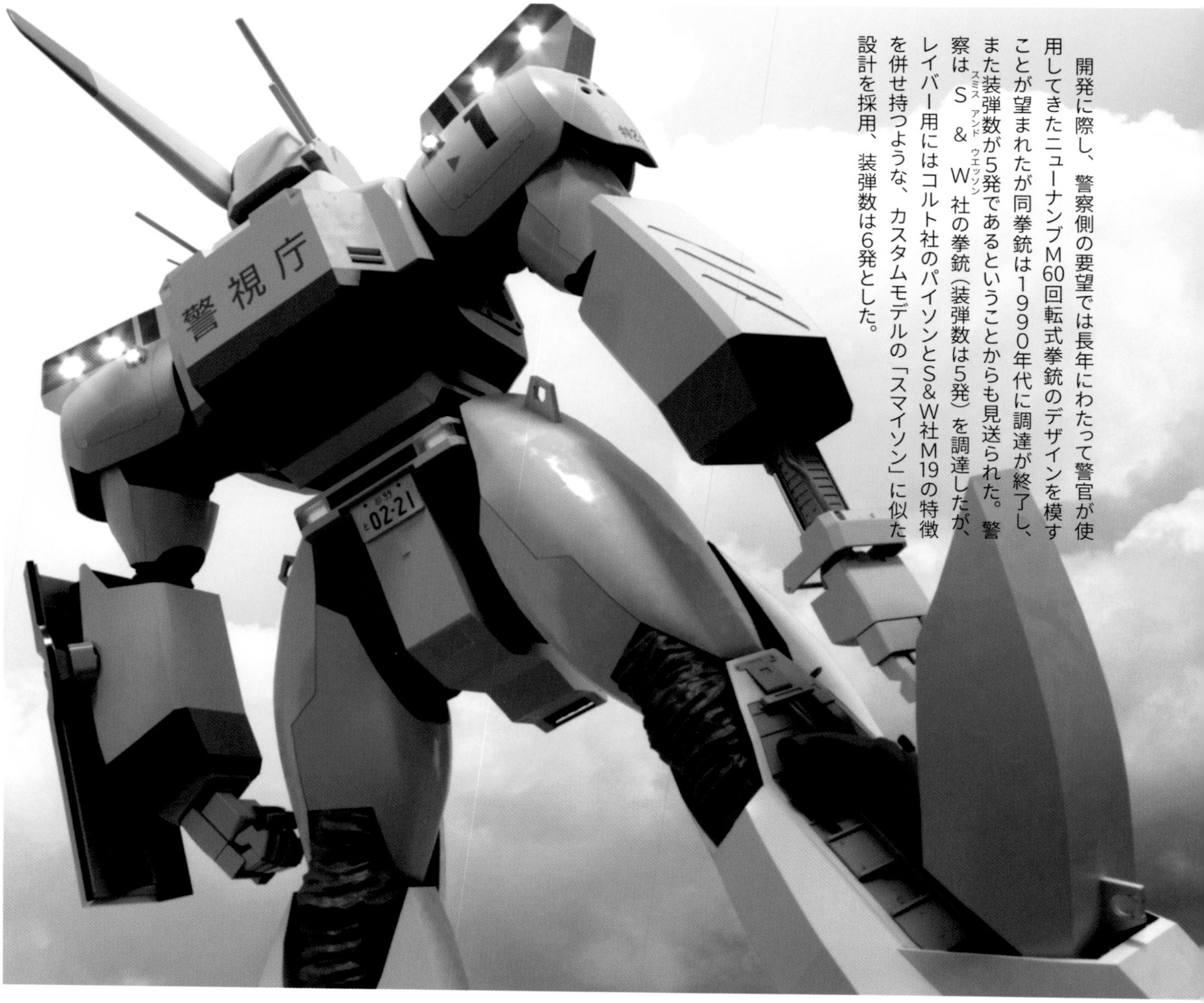

開発に際し、警察側の要望では長年にわたって警官が使用してきたニューナンブM60回転式拳銃のデザインを模すことが望まれたが同拳銃は1990年代に調達が終了し、また装弾数が5発であるということからも見送られた。警察はS《スミス》&《アンド》W《ウエッソン》社の拳銃（装弾数は5発）を調達したが、レイバー用にはコルト社のパイソンとS&W社M19の特徴を併せ持つような、カスタムモデルの「スマイソン」に似た設計を採用、装弾数は6発とした。

リボルバー・カノンは形状のみならず、基本的なメカニズムそのものも回転式拳銃を模したものになっている。さすがにハンマー（撃鉄）を起こし、これが落ちることによって撃発させる必要はないのではないか、という意見が主流だったが、コッキングという動作を挟むことでレイバー搭乗警官の発砲に対する認識を再確認する心理的な抑制と沈静の目的があったという。もちろん、ハンマーを起こさずともトリガー（引き金）を引き絞れば連続発砲が可能なダブルアクション機構となっていることは言うまでもない。

特殊性で言えば、打撃式によって撃発する機構のバックアップとして、通電式の撃発機構も併設されている点だろう。これは、まずありえないことを前提にした上で、さらに発砲の安全性に配慮した結果である。射撃時の不発あるいは遅発という現象は、使用弾の品質管理という観点からありえないとされていたが、ゼロであると言い切ることもできない。このため打撃式の撃発機構が作動しなかった場合には、電気式撃発機構が起動し強制的に発砲が実施される。したがって不発であった場合も射撃姿勢は最低3秒は保持しなければならないと規定されていた。この数秒が搭乗員にとっては危険が伴うことになろうとも、絶対厳守項目の一条であった。

カノンの消耗部にはスチール、ステンレススチール系の鉄合金が用いられるが、総重量軽減のため主要部品をチタン合金やアルミニウム合金、マグネシウム合金などの高強度軽合金で構成した。調達数が少ないこともあって予備部品を含めても1門あたりの単価は非常に高価なものとなった。構成部品はすべて防眩《ぼうげん》のため異素材であっても同色調の黒となるよ

ハンド・リボルバー・カノンには人間の警察官の持つ拳銃と同様、台尻に吊り紐（ランヤード）を付けるランヤード・リングがある。しかし、実際の運用ではほとんど付けられることはなかった。紐付きの物体に関する取り回しに関してレイバーと人間ではまったく同様にはいかないことが想定されたこと、また仮にリボルバー・カノンを対象レイバーに奪われても、これをそのまま使用できるレイバーはいないと当時は考えられていたことによる。マニピュレーターに人差し指そのほかの構造がなければ、またはサイズが合わなければ引き金を引けず、そもそもグリップを握れないからだ。しかし、その後「黒いレイバー事件」では実際にリボルバー・カノンを奪われるというケースが発生している。

う化成加工し、その上からに保護皮膜を兼ねた黒塗装が施されている。

37ミリという口径は現代の軍用火砲としては特殊な部類である。ごく単純に、レイバーの身長と人間のそれを対比して拡大した結果というような安易なものであろうはずもないが、この口径を選択した理由については明確化されてはいない。軍用火器のように目標破壊が目的ではなく、被疑者の搭乗するレイバーの動きを止めることが第一義であり、運用想定距離、つまり射程はごく近距離であることなどを勘案し、対象レイバーの筐体《きょうたい》外殻を侵徹し内部構造を破壊しながらも筐体後方の外殻は貫通しないような物理的エネルギーの付与を目標にして、効果的なストッピングパワーを加えるのに適したサイズを検討した結果である、とされる。

使用弾薬は通常拳銃における、いわゆる38スペシャル弾のような外観であるが、37ミリ砲弾という点から見れば第一次世界大戦で使用された対空砲弾のようである、ともいえる。目標を貫通して二次被害が起きることを最小限にするため弾頭は尖《とが》っておらずフラットで、かつ、メタル・ジャケッティド・ホロー・ポイントの構造をそのまま拡大したものである。ただし、抑止対象レイバーの筐体外殻に肥厚《ひこう》化、装甲化の兆《きざ》しが見え始めた時点から、同一弾頭のホロー（くぼみ）部を合成樹脂で充填《じゅうてん》した仕様のものが追加装備されたらしい。これは着弾時の侵徹をよりスムーズにする効果があるといい、着弾以降は弾頭が開き従来のホロー・ポイント弾と同じ働きをする。整備現場における合成樹脂充填も可能なように、レイバー配備現場には改修キットも配布されていたようである。

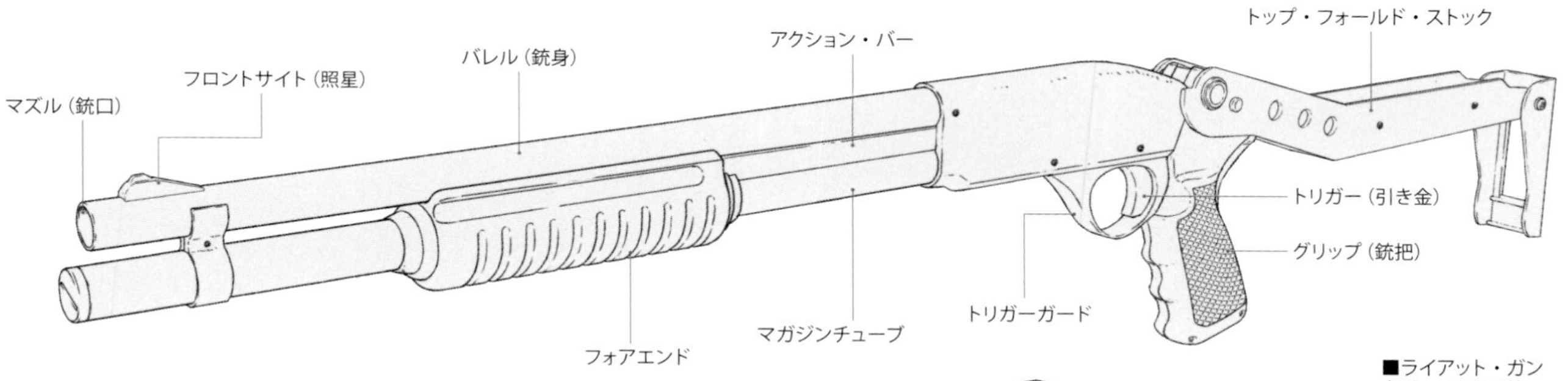
マズル（銃口）
フロントサイト（照星）
バレル（銃身）
アクション・バー
トップ・フォールド・ストック
トリガー（引き金）
グリップ（銃把）
トリガーガード
マガジンチューブ
フォアエンド

■ライアット・ガン
（ストック展開時）

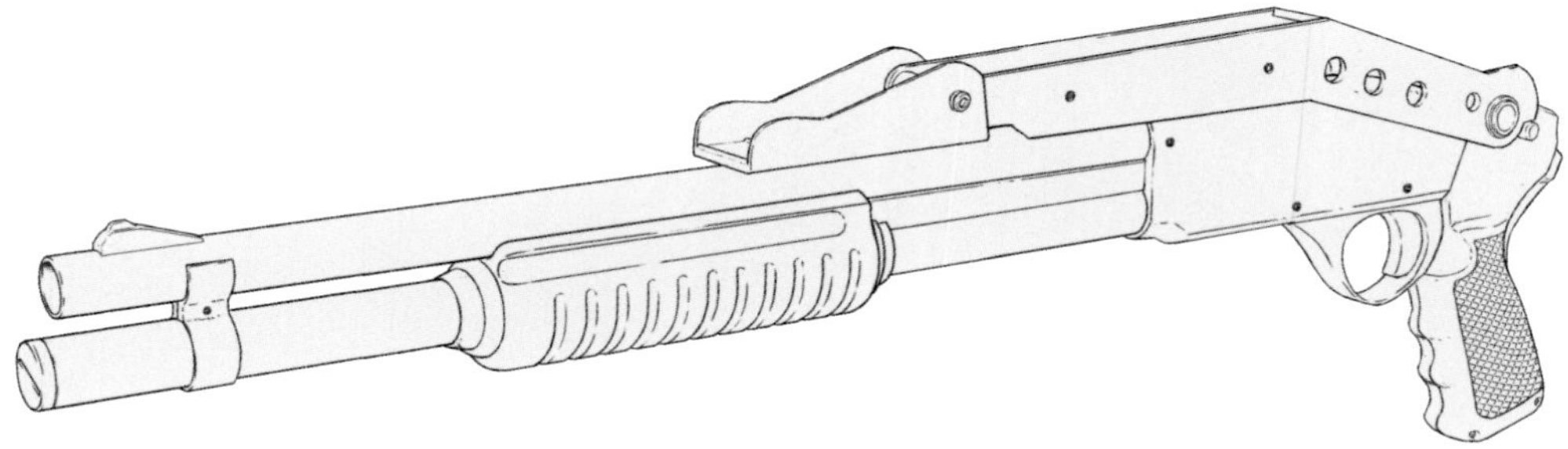

■ライアット・ガン
（ストック収納時）

■レイバー用ライアット・ガン

凶悪化傾向にあるレイバー犯罪に対し、拳銃方式のハンド・リボルバー・カノンでは対応仕切れない場合にのみ運用が許される大口径レイバー専用火砲で、通常警官の暴動鎮圧用ショットガンに相当する。これもまた、ハンド・リボルバー・カノン同様、外観による心理的な威圧効果を重視して〝お馴染みの形〟がデザインとして選択されたようである。ポンプアクションをそのまま機構として採用したのは、ハンド・リボルバー・カノン同様に、装弾された弾薬の管理が比較的容易になるという理由が大きかった。使用弾薬は薬莢《やっきょう》底部を除き合成樹脂製のケーシングで、人が使用するショットガンの構造をトレースしているが、これもまたケース内部に装塡《そうてん》される弾種が一目で識別できるという利点を重視したものであった。

ハンド・リボルバー・カノンと同じように、全体重量を軽減するために主部材は高強度軽合金製で、大きな負荷や荷重のかからない部分、耐熱・耐圧をことさらに求めない部位には繊維強化樹脂、繊維強化軽合金も導入されているが、外観上は均質の素材で構成されているかのように見える防眩用塗装で仕上げられていた。

口径は90ミリとかなり大きく、軍事用であれば戦車砲、対空砲クラスのサイズであるが、バレル長は2330ミリと短く、トップ・フォールド・ストックを折りたたんだ場合の全長は3640ミリである。このため精密射撃には不向きで射程も短い。もともとの運用想定が100メートル前後であるため、このような仕様となった。

バレルは縦型連装式のように見えるが、通常のポンプアクション・ショットガン同様、スライド式フォアエ

ライアット・ガンはうかつに発砲すれば周辺に被害をもたらす可能性が高く、その使用には細心の注意が払われた。発砲はむろんのこと持ち出しの許可も滅多なことでは下りず、報道も含め使用された現場を写した写真は少ない。

ンドが装着されている部分はチューブラー・マガジンで、ショット・シェル状の砲弾が内蔵収納されている。最大7発までの装弾が可能だが、6発装塡《そうてん》を標準としている。

使用弾は通常、AL-MSと呼ばれる対レイバー用の〝散弾〟である。砲弾のシェルに内包される散弾（ショット）は直径22ミリの硬質合成樹脂弾だが、内部にはネオジム磁石製のコアペレットが封入されており、発射された各ショットは対象レイバーの筐体《きょうたい》外殻を貫通後、内部駆動系の電磁気的な回路に多大な影響をもたらすように調整されていた。

この他、一般的なショットガンで用いられるような各種径の鉛または鋼製ショットを封入したものも使用可能であるが、周辺への二次被害が甚大になる可能性があり、確実にレイバーの活動を阻止するには精度の高い射撃運用技術を要するため、現場での使用はほとんどなかったという。

金属製ショットを内包した散弾よりも有効な弾種として、いわゆるサボウ・スラグに相当する砲弾もある。これは合成樹脂製のシースに収められた直径50ミリの単弾が内蔵されたもので、弾はいわゆるホロー・ポイント弾と同様の効果を持つ。切り込みの入った弾体が飛翔し着弾すると先端から広がって対象に大きなダメージを与えるというもので、貫通の心配はほとんどない。着弾時の弾形状からペタロイド・スラグと呼ばれている。

ライアット・ガンはダイワ製鋼がバレルとフレームを担当し複合材料部分はじめアッセンブルは篠原重工が行《おこな》った。各種弾薬は等々力《とどろき》火成が一手に引き受けている。

■レイバー用スタンスティック

警察専用レイバーの標準装備武器である。伸縮式警棒の拡大版とでもいうべき装備だが、効果的に対象を無力化するために高電圧放電による電撃が可能で、通常警官が携帯する伸縮式警棒よりもよりオフェンシヴな装備といえよう。軽量化のために本体はチタン合金製、3段伸縮式の円筒形であるが、ホールディング・グリップは絶縁も兼ねて合成樹脂製のエラストマーがコーティングされている。

短縮状態から伸張状態への移行は、グリップに装備されたロック・リリース・ボタンを押すことによって行われるが、この伸張メカニズムにはスプリング方式と振り出し方式があったらしい。スプリング方式の場合、内蔵されるバネの重量が打撃兵器としての質量を増すという観点と作動の確実性を保証することからオリジナル設計であるとされるが、一方で、整備現場における不慮の事故を誘発する可能性も高い（あまりにも現場を軽視した発言ともとれるが）ため、初期生産のみであったともいわれる。振り出し式は、スプリングの収納スペース分だけ本体筐体《きょうたい》の肉厚が稼げることから、器材そのものが頑丈で打撃効果も高いというメリットがあった。いずれも甲乙付けがたいところから、ほぼ同数が生産され現場に支給されている。

共通の特徴として、最先端部ユニットには、高電圧放電装置が内蔵されていることである。先端キャップは陰陽の電極となっており、グリップを45度回転させることによって放電が行われる。バッテリーはグリップ内部に設置されており、末端部（柄頭に相当する部分）のスクリューキャップを外すことで充電用アダプターにアクセスが可能である。この装備により、突き刺す、あるいは筐体外装をこじ開けて駆動部に放電を行いレイバーの制御系を破壊する。必然的に人間に対する影響もあるため（状況によっては死亡事故にも繋《つな》がる）、使用に際しての放電対象部位は厳密に選定されており、搭乗警察官は車輌搭載コンピューターのアシストによって、対象レイバーの〝急所を確実に攻める〟ことが必須であるとされる。

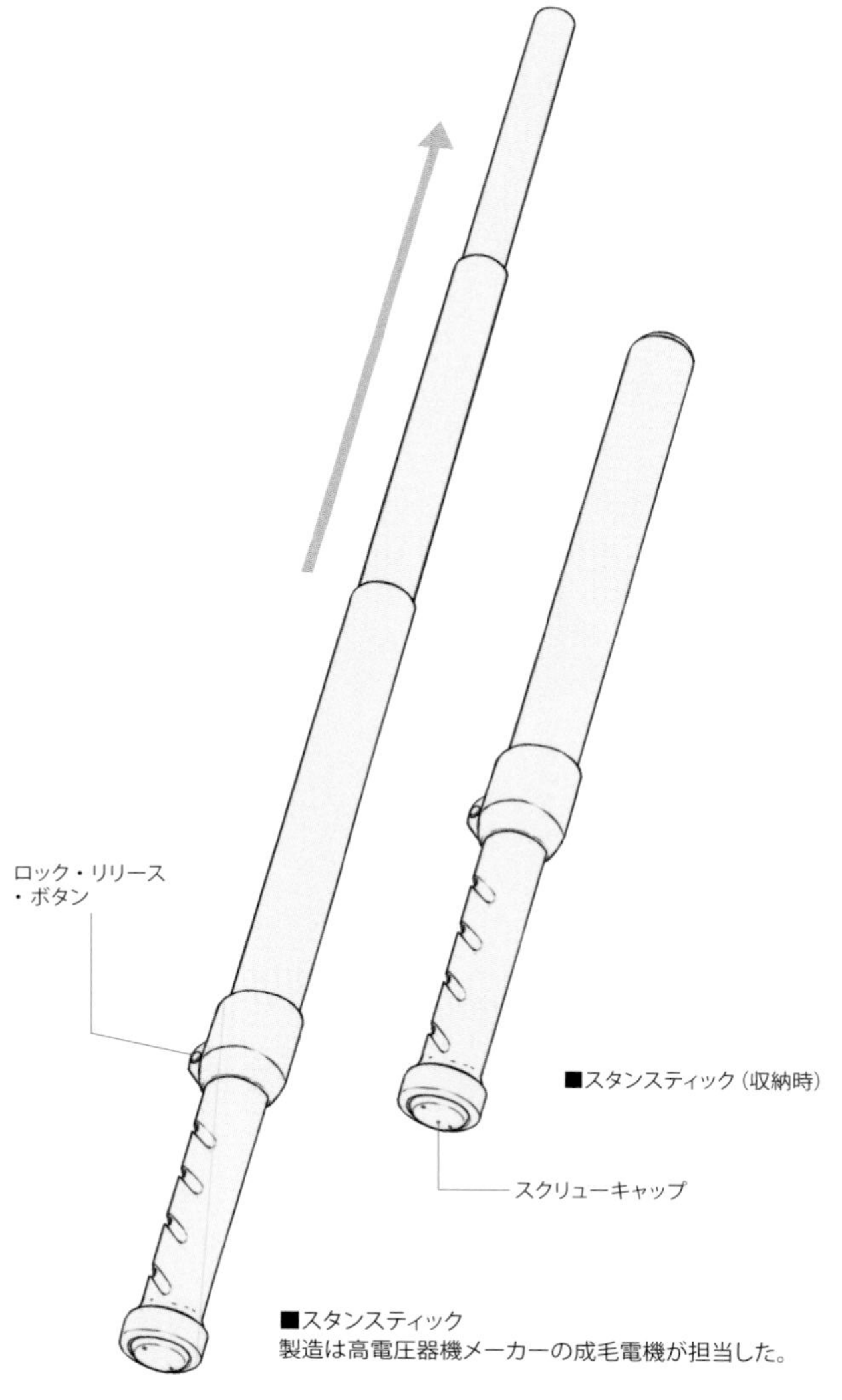

■スタンスティック（収納時）

■スタンスティック
製造は高電圧器機メーカーの成毛電機が担当した。

スタンスティックを握る手の構造強度に限界があるため、人間の警棒のように打撃により相手レイバーの外殻やフレームを破壊するのではなく、露出フレーム部への刺突及び電撃がメインの使い方である。

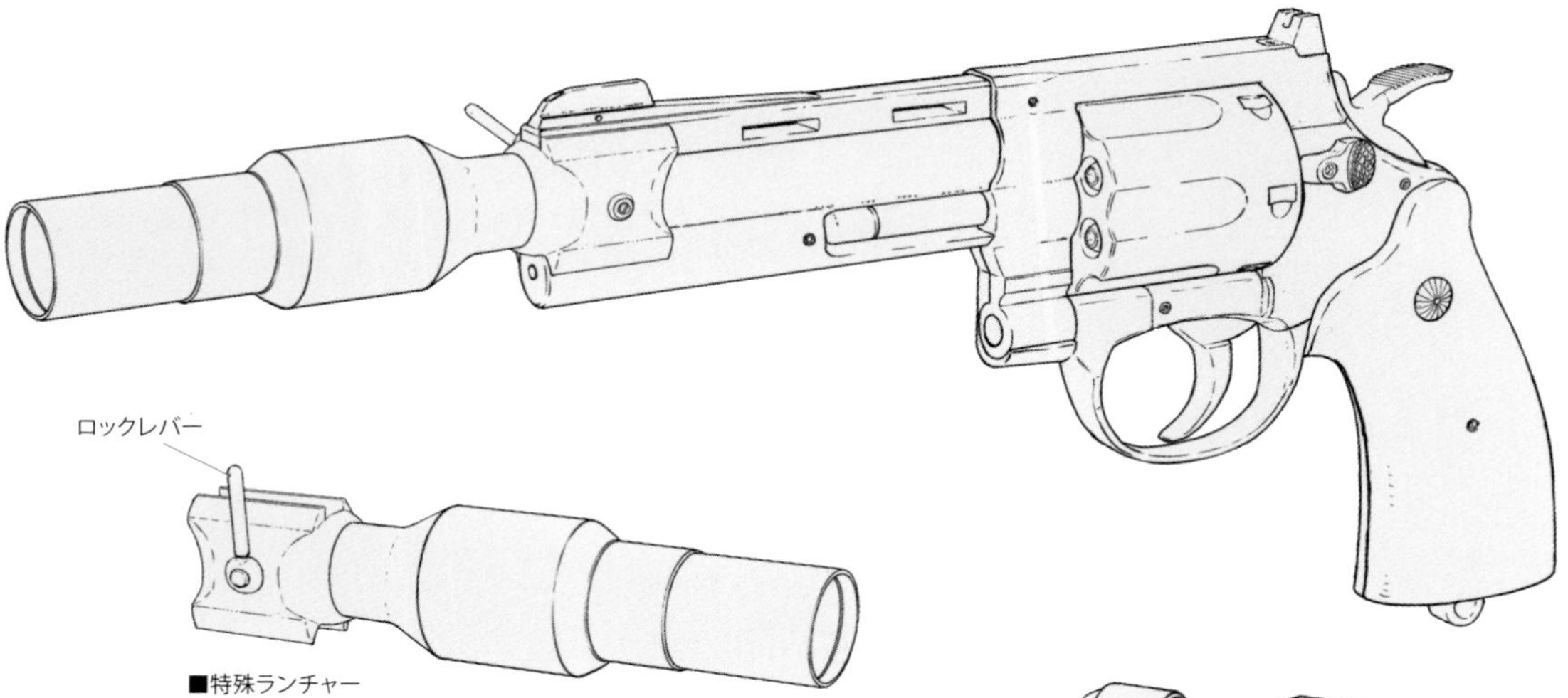

■特殊ランチャー

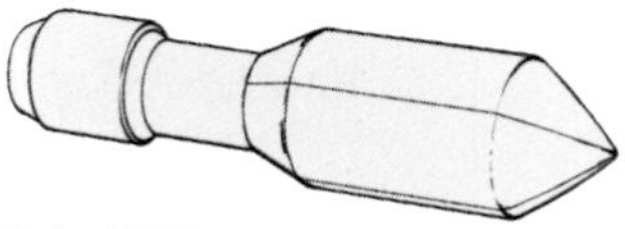

■磁気ネット弾頭
この磁気ネット弾は成毛電機が製造していた。

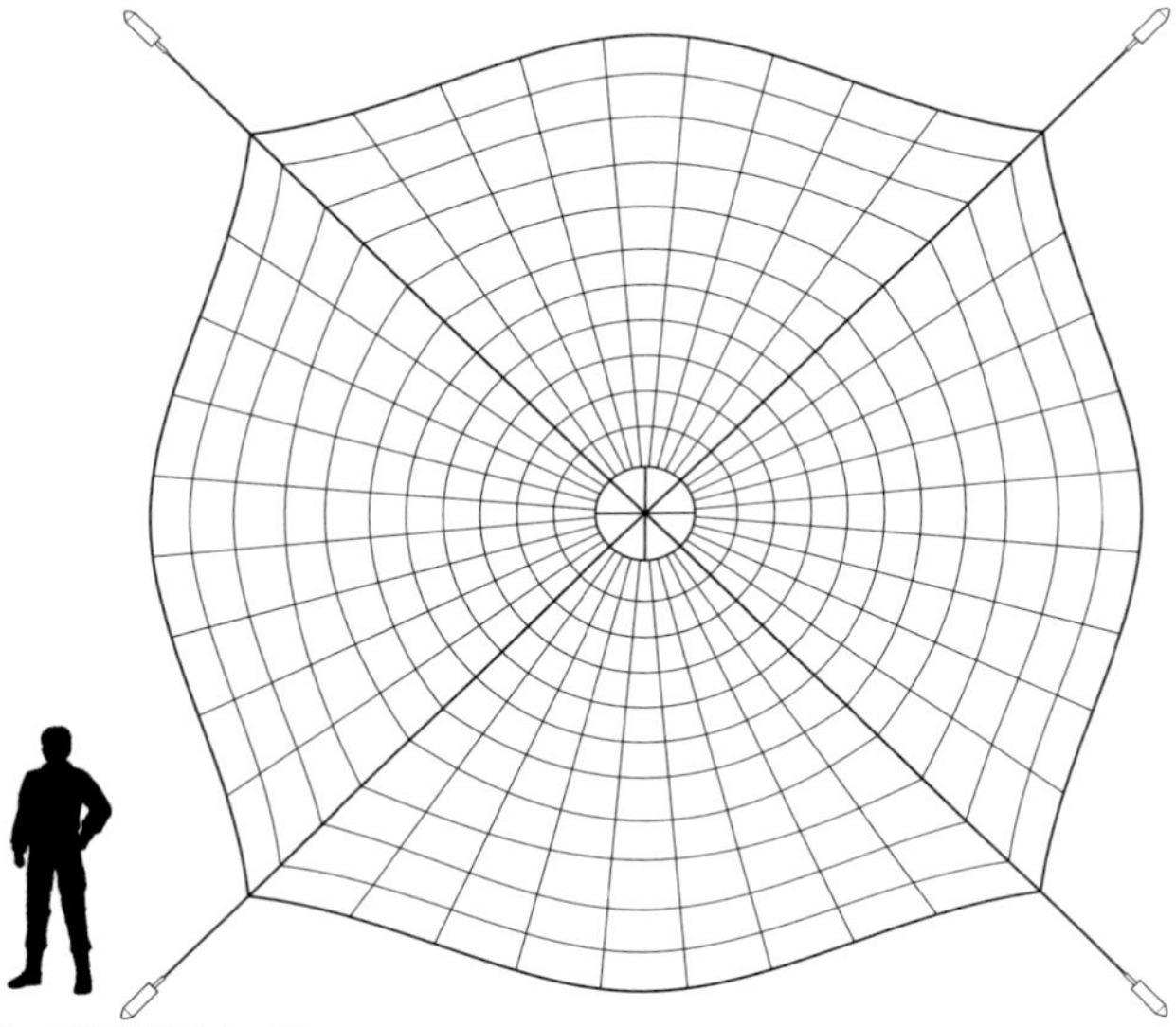

■磁気ネット弾（展開イメージ）

弾頭筐体の容積が限られるため、網体はロープではなく極細のワイヤーである。色は黒色で肉眼でも見えにくく、投射対象レイバーの搭乗者がモニター越しに視認することは極めて困難であると言われる。
網体の重量や空気抵抗などの問題で飛距離はさほどではなく、有効射程で約50mである。電撃のための通電は飛距離と飛翔時間が短いため射出と同時に自動で行われるが、バッテリーの容量が極端に小さく、持続時間は5秒程度とされる。電撃でダメージを与えられずとも、ワイヤーが車体や手脚に絡みつくことで行動を制限できるといった効果もあり、複数のパトロール・レイバーによる包囲攻撃、複数弾による多重攻撃も有効である。

■ハンド・リボルバー・カノン専用 特殊ランチャー＆磁気ネット弾

ハンド・リボルバー・カノンを利用した〝擲弾筒《てきだんとう》〟で、自衛隊を介し米軍より提供された非正規の支援装備であるという。発射体は炸薬《さくやく》を内蔵せず、代わりに〝投網《とあみ》〟状の網体が収納されており、網体周囲に複数個装着される錘《おもり》を兼ねた電磁石の展開装置によって発射後に網体が開き、対象を包み込んで行動を制約し抑止する。着弾時に爆発を伴うような装備ではないが、展開装置にバッテリーが内蔵されており、捕獲・阻止対象に触れた瞬間に網体に織り込まれた端子から高電圧の放電が行われる。もともとは軍用レイバー・軍用ヘリコプター用兵装としてアメリカ軍が開発した特殊弾の一種で非破壊型対ミサイル／無人偵察機無力化兵器であるが、日本も自衛隊所属の回転翼機／レイバー用自衛兵装として導入、ライセンス生産が始められた。軍用はミサイル様構造の誘導装置搭載飛翔体によって自噴推進飛行し、目標との相対最適距離でケースが分離され投網を打つように網体が展開するというものであった。これをレイバー鎮圧用として警察も導入を検討、当時唯一のレイバー運用部隊であった特車二課に現場運用試験のため特別納入されていた。

本来であれば専用の発射筒により弾体を射出するものだが、警察はハンド・リボルバー・カノンに装着して発射が可能な発射筒と専用空砲の開発を要請した。「網体発射装備・甲」と仮称された器材は、小銃に装備して擲弾を発射する擲弾筒を拡大したようなものであるが、専用空砲は運用時にシリンダーに装填《そうてん》しなければならない。誤って実包を発射した場合でも暴発事故には至らないが、磁気ネット弾は破壊されてしまう。使用弾の誤用を防ぐ目的で、空砲には薬莢部に黄色の幅広い帯がペイントされ、識別を容易かつ確実にしている。

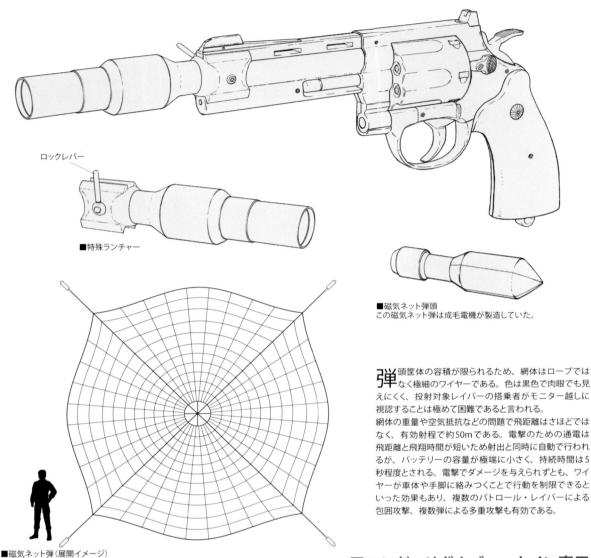

98式AV イングラム リアクティブアーマー装備

レイバー用外装装備のひとつで、反応装甲（Reactive Armor）と呼ばれる種類のものである。本来は篠原重工八王子工場が陸上自衛隊の空挺レイバー用に開発していたものであるが、2002年2月26日の東京クーデター事件に際し、後藤警部補の独断により同工場から借用された98式AV〈イングラム〉に装備、運用された。

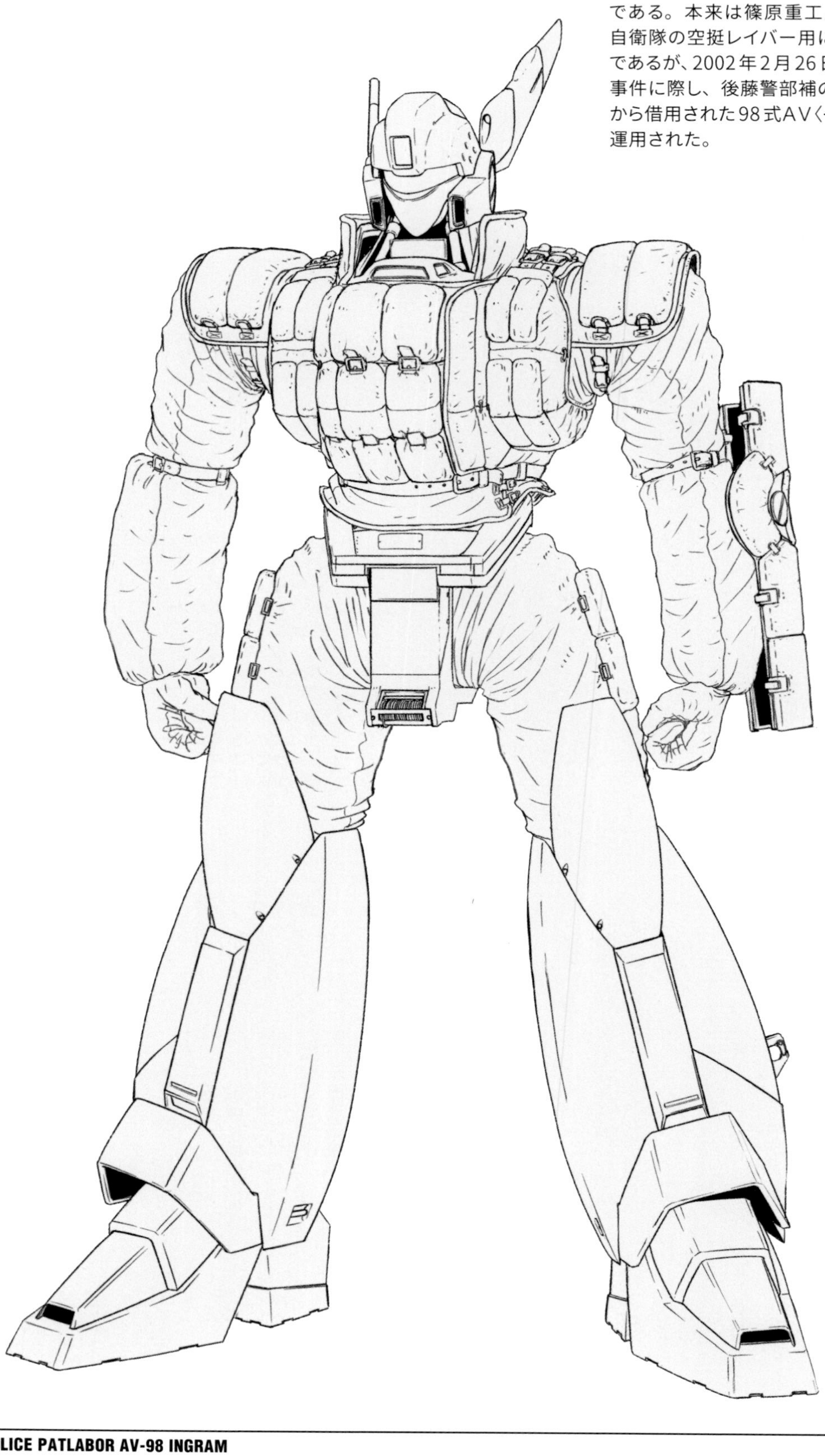

■特車二課第二小隊1号機〈リアクティブアーマー装備〉

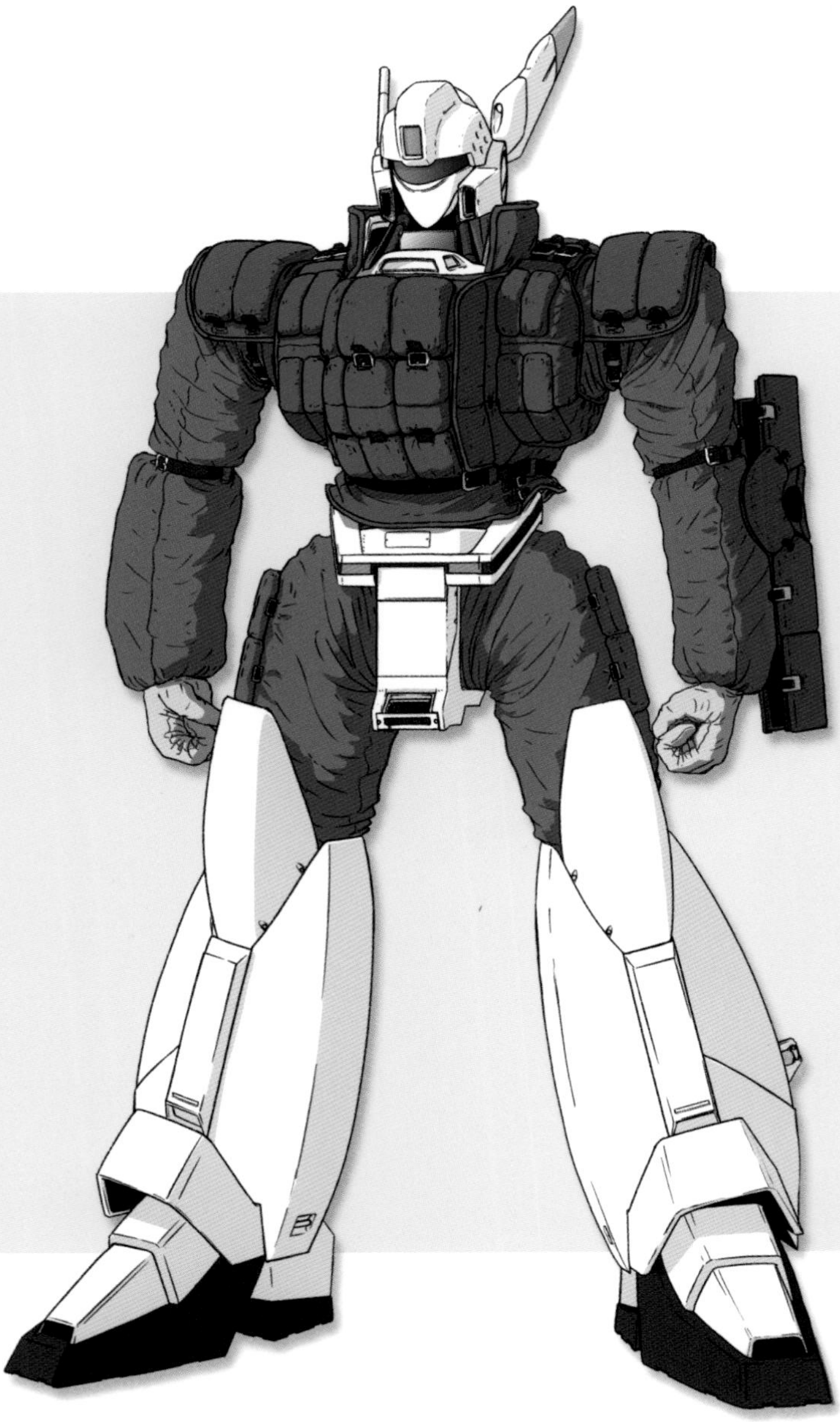

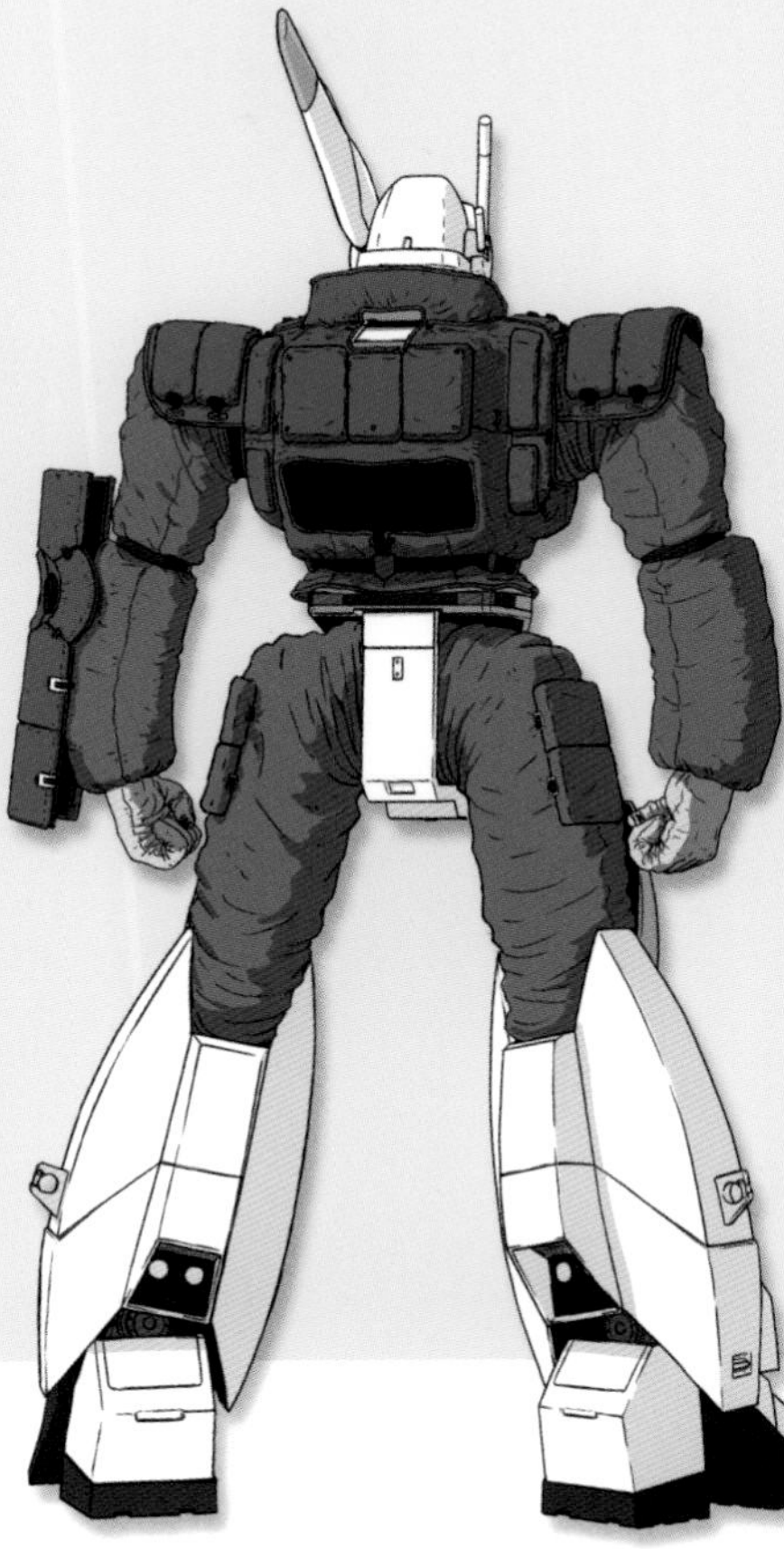

■リアクティブアーマー装備

厳密には爆発反応装甲であり、敵弾（特に戦車やRPGなどが使用する成形炸薬弾頭）に対抗するための外装である。戦車などでは通常装甲の外側を覆《おお》うように取り付ける形で装備するが、レイバー用では布製のジャケット内部に縫《ぬ》い込み、これ自体を服のように〝着込む〟ことで外装を包み込む。服といって差し支えない外見ではあるが、人間の服と同様の断裁と縫製がされているわけではなく、分かれたパーツをベルトやジッパーなどで組み立てて立体状に〝着せて〟ゆく。

ジャケットは細かく仕切られたポケットがいくつもあり、内側にあるそれぞれの開口部から幾つかのアーマータイル（小片）を連結したものを入れた構造になっている。実際の戦闘で敵弾を受け、アーマータイルが爆発し、反応装甲として作動した場合、表側はジャケットの生地ごと裂け弾けるため、少なくとも着弾部位を含むジャケットのピースは再使用できない。不使用部分のジャケットピース、及びアーマータイルは点検の後再利用可能である。なお、一度作動した部位に2発目を撃ち込まれた場合は当然のことながら着弾の効果をもろに喰らう。

アーマータイルは、2枚の鋼板の間にシート状に加工された爆薬を挟み込んだ構造で、着弾に反応して爆発、弾頭によるメタルジェットの形成を阻害し本来の装甲への侵徹を防ぐ。当時は開発された

98式AV イングラム リアクティブアーマー装備

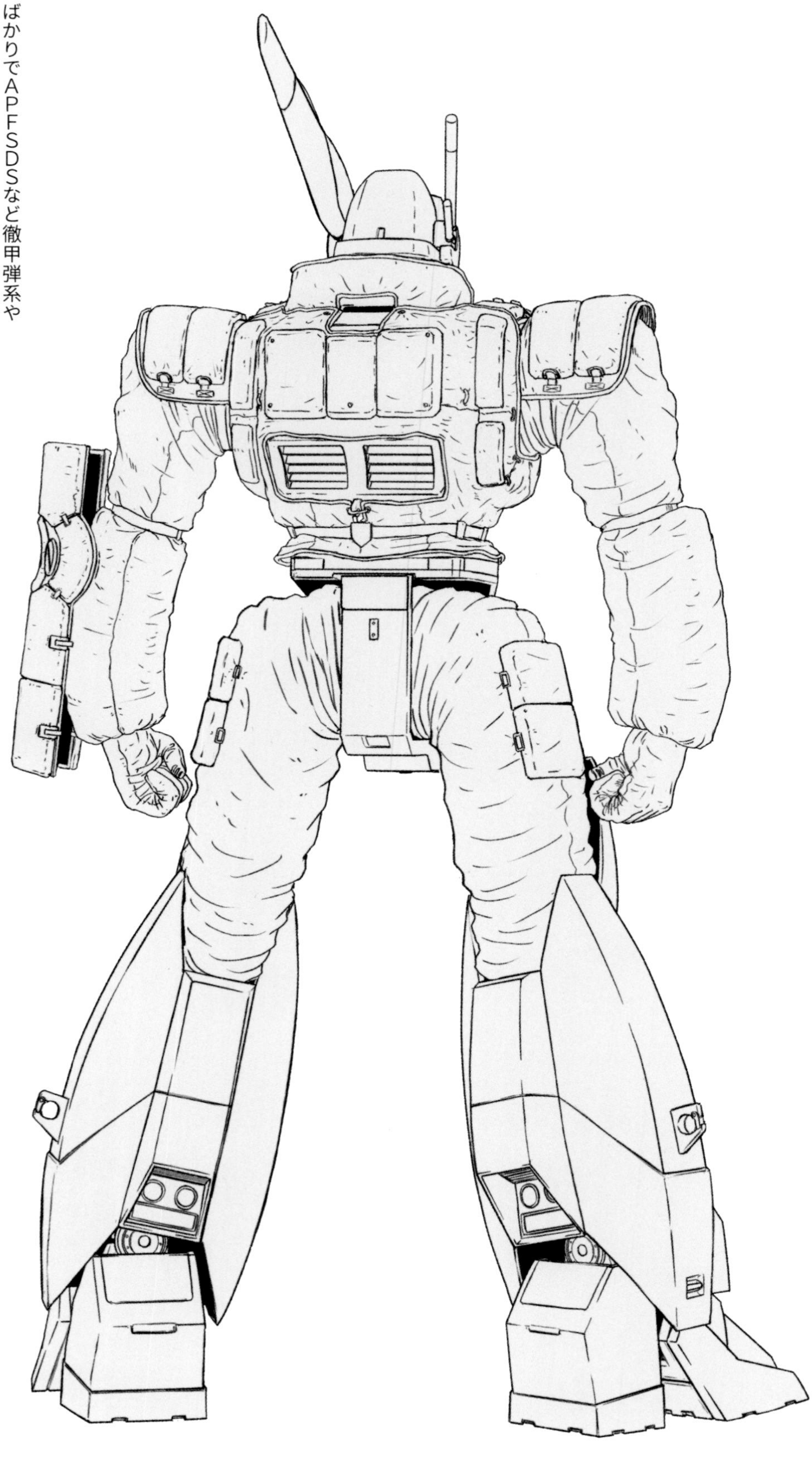

ばかりでAPFSDSなど徹甲弾系や複合弾頭などには効果が薄いが、少なくとも戦車などを相手にする場合、装甲とは名ばかりでほぼ〝カウル〟でしかない外装のレイバーにはこうした装備が必須であった。軍用レイバーには本来の装甲が戦車ほどではないにしろ強化されたものも多いが、空中から降下する空挺レイバーは重量軽減の観点から重装化が憚《はばか》られたため、軽量のリアクティブアーマーが研究されていたのである。

本装備でリアクティブアーマーである部分は図の濃緑色の部分に限られ（シールド含む）、濃青色の部分はAV-98がもともと関節部に装備していたものと同等の防弾布であるが、厚み等の詳しい仕様は不明である。また、大腿部の外側側面にポケットが設けられ、ここにもアーマータイルが入れられている。

胸部脇にあるインテークが塞《ふさ》がれ、熱交換が不充分になることからコクピット内部環境の悪化、稼働時間短縮やパワーの低下などを招く可能性があり、研究の余地は多分にあるが、前述のクーデター事件は雪の降る2月の出来事であったため大きな問題とはならなかった。

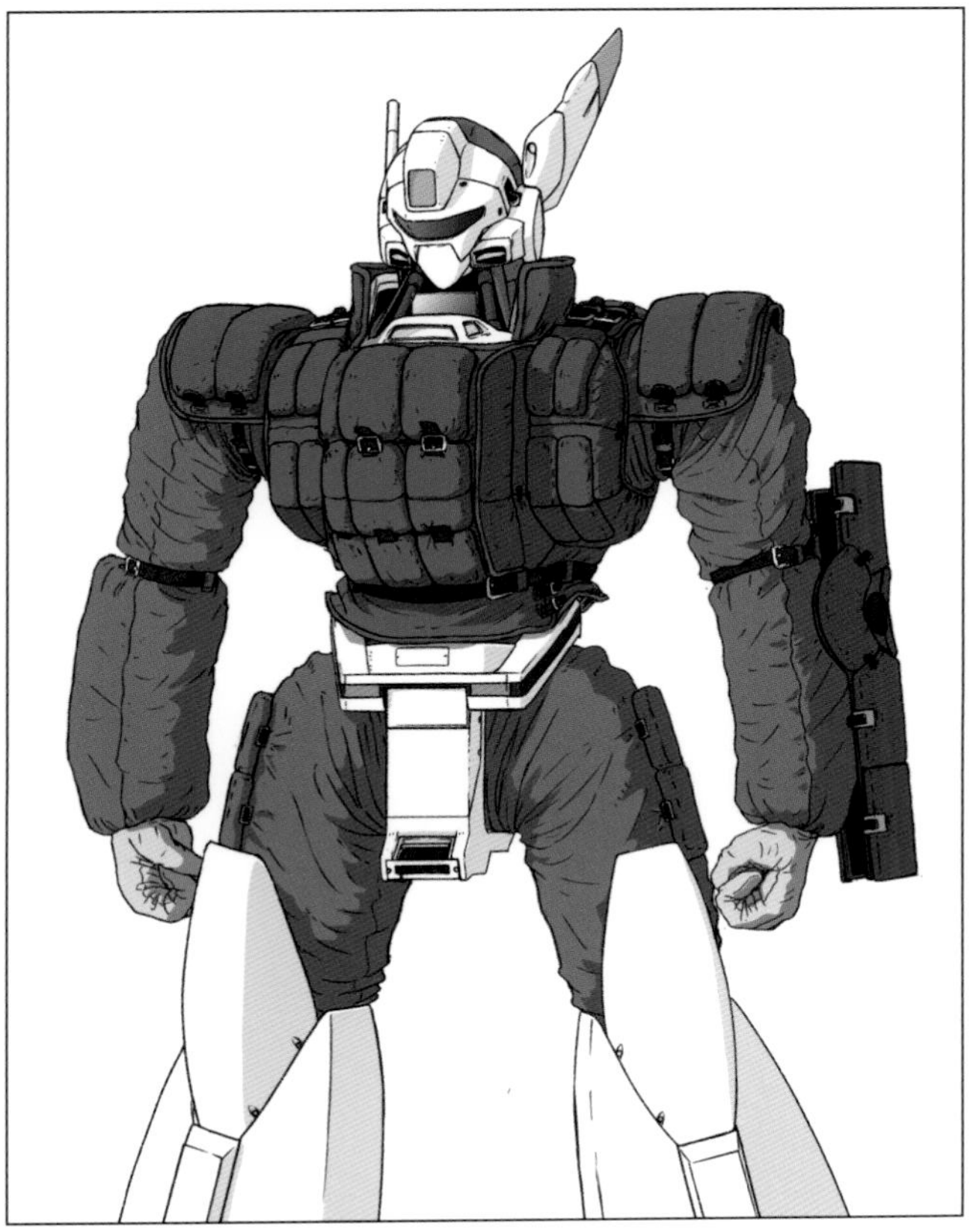

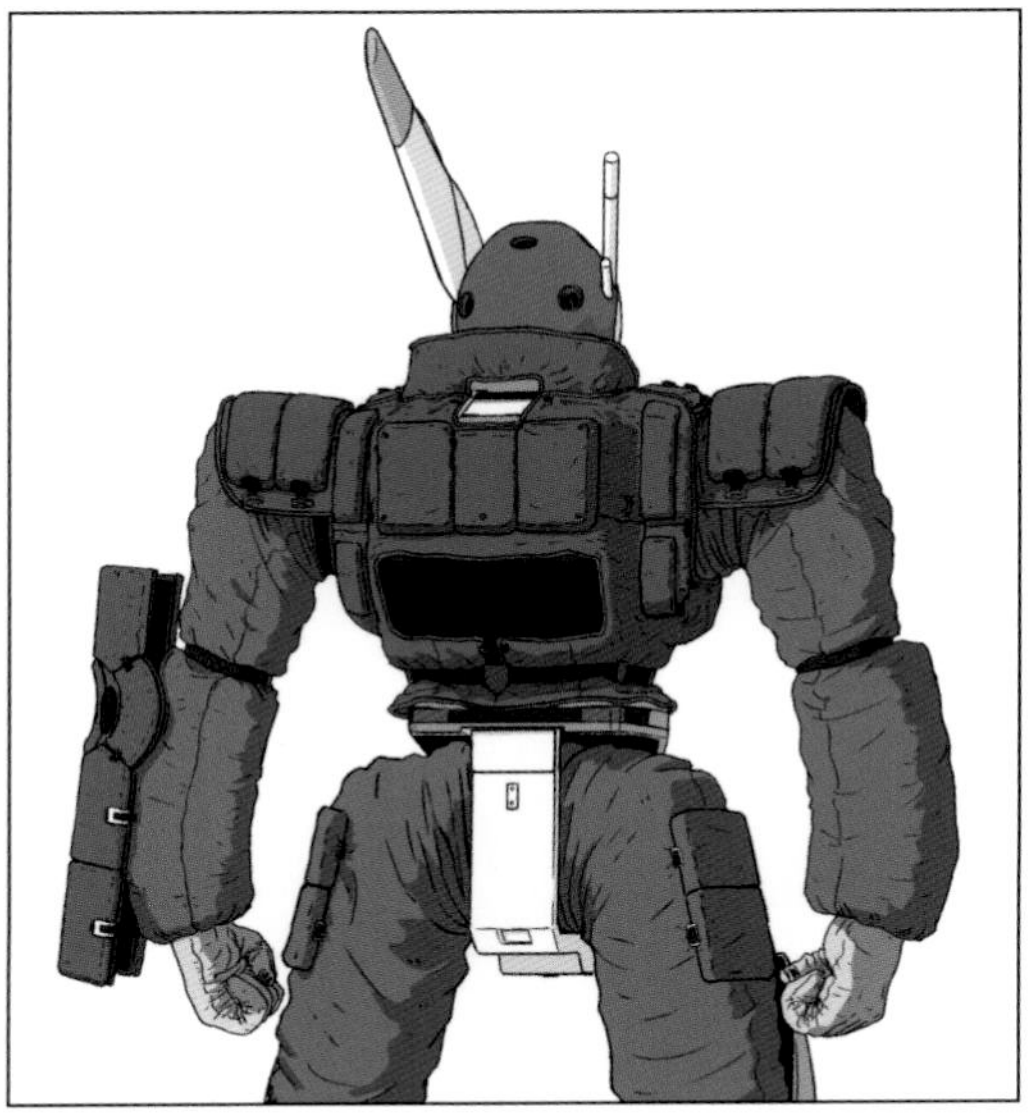

■特車二課第二小隊2号機〈リアクティブアーマー装備〉

このリアクティブアーマーはAV-98専用装備として開発されたわけではないが、退役し八王子工場へ返還されたAV-98を用いて実装備試験を行っていたことから、同車にフィッティングされた状態にあったと考えられる。それでも装備するにあたって、肩アーマー、頭部跳弾防止板上アンテナの撤去など応急の処置が必要だった。実際の空挺レイバーは各部の寸法が異なるため、まったく別のデザインや裁断になるはずである。

本装備を着装したAV-98は、上半身の外装のほとんどが隠され警視庁所属を示すマーキングの類いが一切見えない状態である。また、1～3号機各車は頭部のみの違いで識別できる。

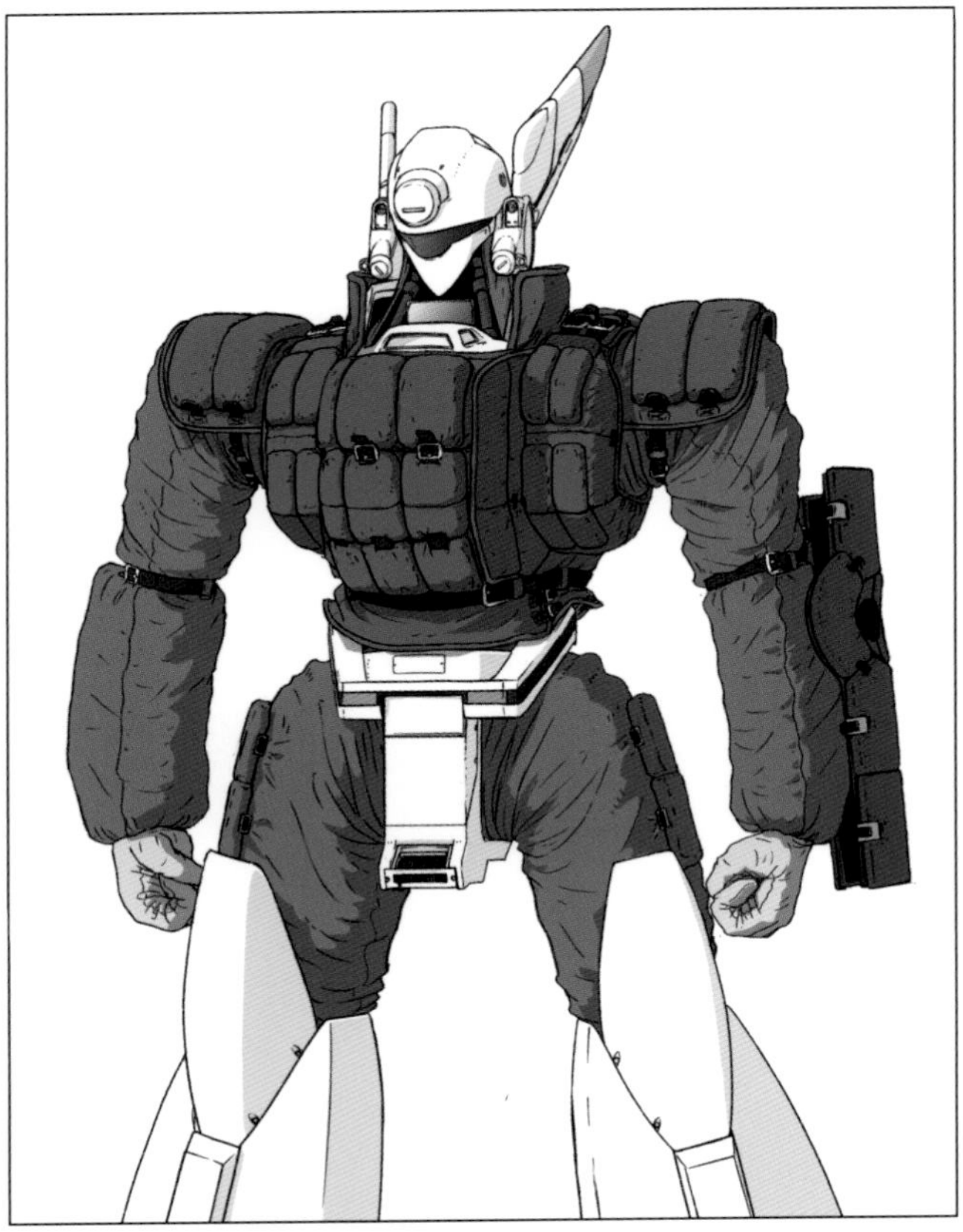

■特車二課第二小隊3号機〈リアクティブアーマー装備〉

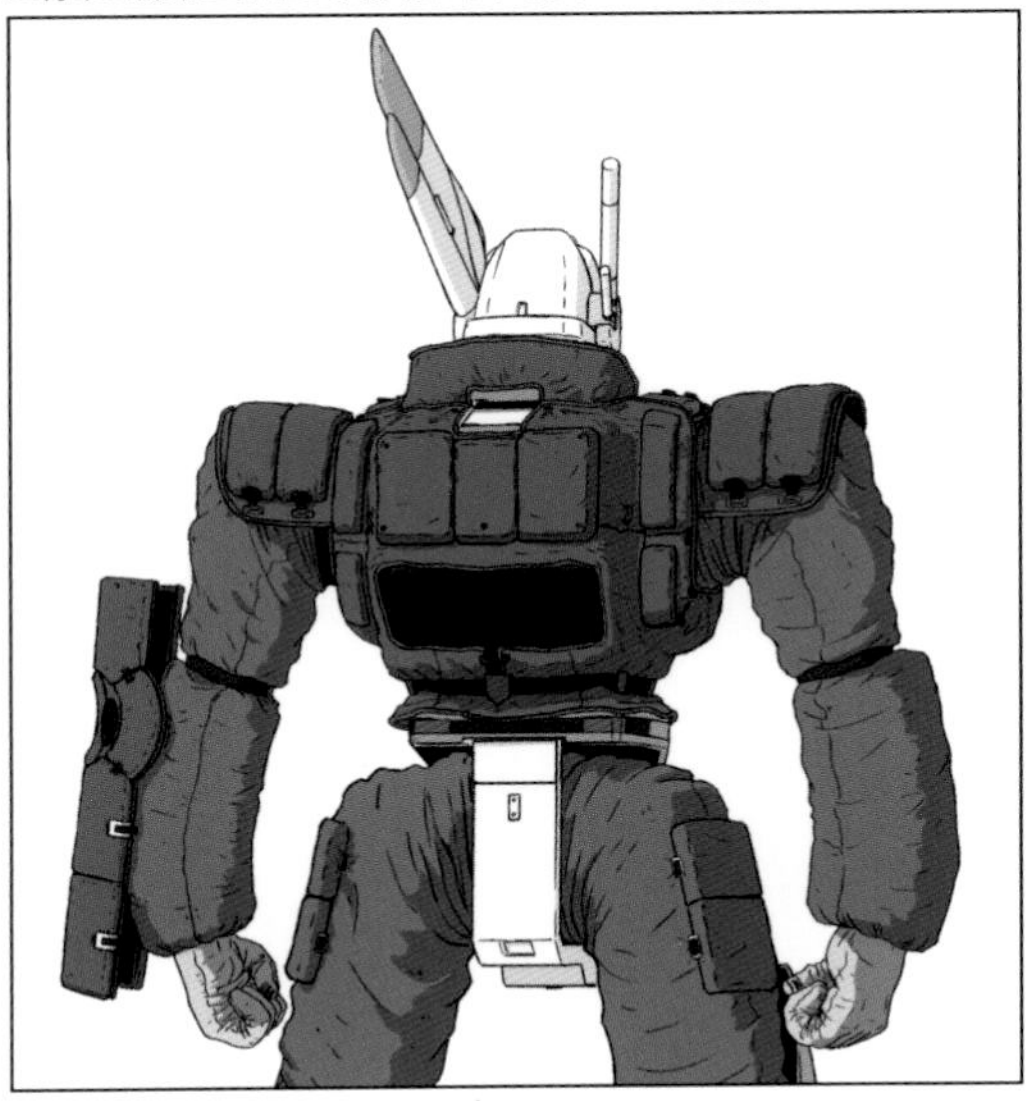

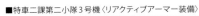

対テロ部隊としての特車二課

The Special Vehicles Division II As a Counter-Terrorism Unit

対レイバーテロ部隊の必要性

一般的なレイバー犯罪のほかにも、特車二課はレイバーを使用したある種の反社会的行為への対抗を想定されていた。それがいわゆる「テロ」である。バビロン・プロジェクトのために土木作業用のレイバーが爆発的に増加し始めていた日本において、テロリストが目的を遂《と》げんとする手段にレイバーを使うであろうことは特有の事情として早くから想定されており、警視庁内で作業部会が発足し対抗策が検討された。幸いだったのは、最先端をゆくレイバー産業が日本に存在したことから、警察用レイバーの導入や運用にメーカーの密接な協力が得られたことだろう。

第二次大戦後の日本は、戦争の相手国であったアメリカという大国の影響力に対し、いかに折り合いをつけるかで苦労してきた歴史がある。日米の安全保障は、国土防衛という独立国の主権に類するものを他国との依存関係に預けることになる決断であり、安保闘争に代表されるような一部国民

震災復興やバビロン・プロジェクトといった“特有の事情”によって、日本はレイバー大国となった。それに伴いレイバー犯罪やレイバーテロと、それらに対抗する組織づくりや“カウンター・レイバー”用レイバー運用のノウハウにおいても先進国となった。

の反発を招いた。しかし、軍備よりも経済復興を優先することも確かに重要で、歴代の総理大臣は時代の流れと民意の変容とを汲《く》み取りながら、現実を考慮しバランスよく舵取りを行ってきたのである。言い方を変えれば、日本が択《と》りうる選択はどっちつかずだったということだ。それが正しかったかそうでなかったのかはここで論じることではないが、その方針が極左勢力を生み出す元となったことも確かだろう。同時に、もう一方の対局に位置する右派思想も激化せしめた。経済が発展すればするほど格差は広がり、かつ戦争を放棄するという憲法の条文により自衛のための戦力ですら忌避《きひ》されるという、左派・右派双方に不満が鬱積《うっせき》する一種歪《ゆが》んだ状態が恒常化したのである。

1990年代に入ってもこうした戦後体制の根本は変わることなく、銃刀法によって大きな暴力行為がある程度制限されていた日本に、やがてレイバーという人を大きく超えた能力を持つ機械が一般に普及するに至って、〝思想の表現手段〟としてのテロは自ずと規模が拡大していったのであった。

98式特型指揮車とともに警備行動のため任務に就く98式AV〈イングラム〉１～3号機。

テロリストグループが組織的にレイバーを運用することは、狭い日本社会においては難しいが、計画的にしろ無計画にしろ、土木作業用の一般レイバーを盗み出してテロに使用することは可能である。問題は、金銭などが絡む犯罪とは異なり、人的あるいは物的な損傷や破壊を第一目的として彼らが行動するという点だ。

レイバー犯罪に限らず、あらゆる違法行為の中で無差別テロがもっとも厄介《やっかい》で対処困難である。いつどこで、なにを目標に行動されるか予測しにくいからだ。また、レイバーを用いたテロが想定されるならば、国内で開かれる大規模な催《もよお》しは当然その標的となるだろう。サミットや国際会議、スポーツなどの競技会、皇族や政府要人が参列する各種式典などがそれで、地域も首都圏に限らない。会場警備には特車二課が必要だ。さらに、同時多発的にテロが計画されることも考慮し、複数箇所に配置するために予備部隊も相当数準備せねばならない。

なおテロリストの犯罪行動には、誘拐や建物ジャックなどで立てこもる場合も想定されるが、これは多くの場合通常の警察力で対応できる。レイバーは基本的に長時間行動ができないことから立てこもりには向かず、仮にそのような事件が発生しても刹那《せつな》的かつ無計画なテロといえるからだ。むろんその際も現場に特車二課が出動することはある（追い詰められた容疑者が残存電力を使って最後に暴れるケースが想定されるため）。

ただし、そうは言っても初めから警察の側が長期戦を想定するのはもってのほかで、世間的にも迅速な解決が求められるのは当然のことだ。その意味で、レイバーによる強行突入を含めて対応力を備えておくに越したことはない。

この点について、最近引退した警察関係者から、特車二課創設前に警視庁幹部の間で検討された資料の一部への興味深い言及があった。それによると、警視庁内では昭和四十七年（1972年）に起こったあさま山荘事件が念頭にあり、土木作業を伴う突入にレイバーが有用であるとの意見が添えられていたという。あさま山荘事件は極左テロ組織が人質を取って立てこもった事件であるが、現在でも人質立てこもり事件の中では事件解決までに要した時間が日本最長である（219時間）。最終的にこの事件では建物外壁を破壊するために、民間の土木作業車輛をオペレーターごと借り出したが、まずもって威圧・実力行使による短期解決のため、また民間人への協力要請なしに自力解決できる対応力獲得のため、警察がレイバーを持つことの有用性がとくとくと述べられていた。要はレイバーがあれば、類似の事件発生に際してもっと早く事態を収拾することが可能と考える、という意見具申《ぐしん》である。

当時の警察上層部は、世代的にこの事件の生々しい記憶を持っていたため、この意見は決定打ではないにしろ一定の説得力を持っていたかもしれない。いずれにしても、レイバー犯罪、ことに「テロ」が現実的な脅威として眼の前に迫っていることを、当時の警察関係者が充分すぎるほど認識していた証拠ではあるだろう。

さらに今や戦後50年以上が経ち、日本も国際社会の重要な一員として大きな役割を与えられつつある。これは敗戦国である日本が再び国際社会に認められるという喜ばしい事象である一方、イデオロギーや民族、経済など世界規模の様々な対立構造に組み込まれることも意味する。その〝リスク〟が今後ますます高まるにあたり、特車二課の負うべき職務は確実に変化していくだろう。実際、ほぼ決定していたと言われる第三小隊の増設計画が見直された背景に、前述のような事情があったとも言われる。将来の特車二課が装備するに最も相応《ふさわ》しいのはどのようなレイバーであるのか。これまでにも二転三転してきた警察用レイバー採用事情であるが、いまだ未来は視《み》えないというのが現状である。

陸上自衛隊のレイバー

余談になるが自衛隊も同時期にレイバー導入を決定し、運用している点についても述べておく。本来、AV-98の書籍である本書で語る必要はないが、自衛隊に採用された本機の兄弟機を取り上げている以上はまったく無関係とも言えまい。

自衛隊のレイバー導入の背景には、世界的に軍事用レイバーが一般化してきたことが挙げられる。ソ連をはじめとする東側でレイバーが実用化され、軍事用に導入され始めると、その対抗手段が必要になってくるのは当然だ。自衛隊ではレイバーがどのように軍事行動に投入されるのか、どの程度の有用性があるのか、その研究に着手すると同時に、実際に複数台のレイバーを研究用に購入している。当時、自衛隊では通称「柘植《つげ》学校」と呼ばれる組織のほか、いくつかの研究部署があったという。

自衛隊が国内でレイバーを出動させる事態は起こりうる。その根拠となるのは「防衛出動」「警護出動」「治安出動」「災害派遣」である。離島に国外勢力の兵力が上陸する、といった明確な侵略行為の場合は防衛出動だが、そのほかは国内警察の力で対処できないケースで、自治体首長の要請や総理大臣の命令があれば出動できる。警護出動や災害派遣ではすでに多数の前例があるが、治安出動は２００２年２月に一度あるのみだ（さらに言えば、この事件が戦後初）。なお防衛出動は未だないが、海外派遣の際に戦闘に巻き込まれたとされる未確認情報はある。

自衛隊の場合、前提として国外から来る脅威への備え、また国内では警察の対応力を超える事態への〝最後の備え〟としてあらねばならない。従って、攻撃力にしても展開力にしても予算と世論が許す限り最大の装備が必要である。いずれにしても、レイバーが今後も高性能化し活動時間も延長されてゆくことは不可避であろう。この混沌とした社会の中で、前述のような〝思想の表現〟としてのレイバー犯罪が過激化していくことには備え続けなければなるまい。その中で、時代を代表する高性能車輌であるAV-98が警察史においても重要な役割を果たしたことは間違いのないことであろう。■

自衛隊は2000年までに複数車種のレイバーを導入しているが、1999年に採用された篠原重工ARL-99B〈ヘルダイバー〉は98式AVの系列に連なり、他と一線を画す軽量・高機動車輌である。

98式AVの指揮車輌

98式特型指揮車

98式特型指揮車は、特車二課のパトロール・レイバー支援車輌のひとつで、98式AVの導入に合わせ第二小隊に2輌が納入された。一見して装甲車のような外観であるが、ほとんどの外装はFRP製で、前面とドアが98式AVのシールドに準ずる装甲様外装となっている。これは建築資材などが飛んでくるような過酷な現場を想定し、最も破損しやすく、割れると乗員に危険が及ぶ窓ガラスの防御を目的とした防護板で、タイヤも防弾仕様としている。現場への移動時は防護板を跳ね上げ、視界を確保する。

リアエンジン／リア駆動（RR・5速MT）の2シーターであるが、助手席は通常使用せず、背もたれを折り畳んでいる。指揮車輌であることから、拡声器、投光器、通信機などの装備一式のほか、担当する98式AVのテレメトリーをモニターする受信・表示装置を具《そな》える。

車体は可能な限りコンパクトにまとめられており、レイバーに先行して現場の地理的条件の確認や偵察などを確実に行えるよう配慮されている。

SPEC	
全長：	3.45m
全幅：	1.62m
重量：	957kg
エンジン：	水冷並列4気筒OHC 1600cc
機関出力：	80PS ／ 4,500rpm 15kg/m² ／ 3,000rpm
最大速度：	145km/h

97型レイバー指揮車

97型レイバー指揮車は、特車二課隊員（指揮官である小隊長含む）を現場に運ぶ移動用車輌であると同時に、そのまま現場指揮本部として機能するための指揮管制装備を有する特殊車輌である（98式特型指揮車配備前の第二小隊ではバックアップ要員が使用し、レイバーの指揮を執《と》っていた）。98式特型指揮車と同様に軽装甲化されているが、より大型で人員と備品の積載能力は大きい。隷下《れいか》レイバーのテレメトリーをモニターする受信・表示装置も具《そな》え、所轄の指揮系統とも連携するため通信能力も高い。ルーフ下にもシートがあり、ステレオ式ペリスコープを使用しての観測・偵察が行える。ルーフを開口して車外に身を乗り出すことも可能。また、長時間に及ぶ待機や負傷者の収容などに備え、後部に簡易ベッドの設備及び救急箱等も搭載されている。

なお、第一小隊は第二小隊のようなフォワード＆バックアップという2名単位でのレイバー運用を行っておらず、この97型レイバー指揮車から南雲小隊長が直接全車輌へ指示を出していた。

特車二課小隊制服

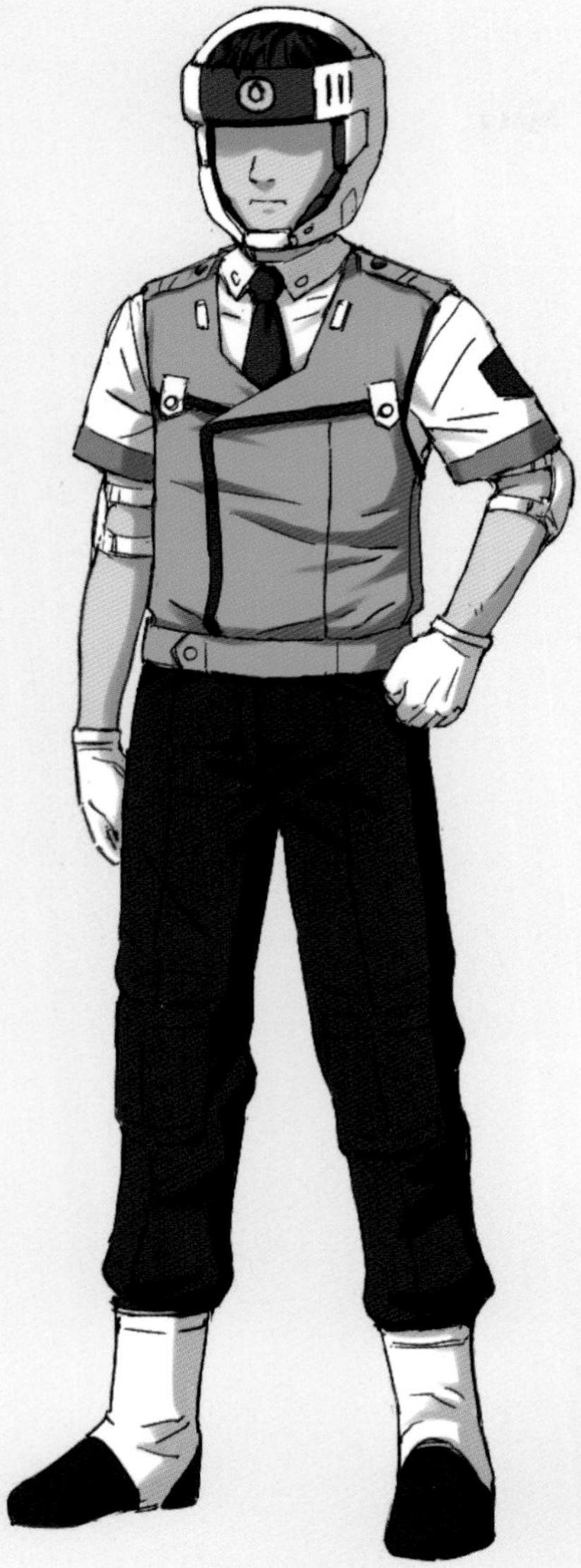

■レイバー及び指揮車乗車服（夏服）

■レイバー操縦者用ヘッドギア

■レイバー操縦者用ヘルメット（HMD）

■特車二課 小隊制服

特車二課の小隊制服については、「警視庁警察官服制及び服装規定」に基づき定められている。この規定には一般警察官の活動服（制服）をはじめとして、警察組織に属し公務に従事する者の役職等に応じて様々な服制が記載、指定されている。特車二課制服は、儀仗《ぎじょう》隊員や航空隊員などと同様に「特殊の服装」に分類され、特車二課創設に当たって訓令により改正（追加）、施行された。

上記規定の当該部には、「多足歩行作業機を扱う特科車両隊員（以下、レイバー隊員等という。）の服装は、次の各号に掲げるとおりとする」とあり、細則では、

①レイバー隊員
ア）乗車用ヘルメット又は活動帽（指揮車）、乗車服、制服用ワイシャツ、ネクタイ、乗車用手袋又は白色手袋、乗車靴（白色カバー付き）、並びに階級章及び識別章を着装または着用しなければならない。
イ）必要により警笛鎖、防具等、乗車用雨衣及び乗車用防寒具を用いることができる。

といった具体的な規定が記されている。また、「別表」には図とともに具体的な仕様が規定されており、夏服や冬服のデザインや生地の指定などのほか、女性警察官の被服について「前身ごろを右前とするほかは、男性警察官と同様とする」との細かな指定も見られる。

警察官は基本的に拳銃や警棒などを携帯する必要があるが、レイバー隊員については例外が認められている（これは通常の警察官も同様で、勤務の内容によっては携帯しないことができる）。

特殊制服に分類される特車二課の制服は、レイバーが“作業用機械”を由来とすることを象徴するかのように、明るい黄橙色が配されたデザインとなっている。白バイ隊員の制服に明るい青が採用されているように、一見して警察官であることを明示するとともに視認性を上げるためのものであろう。なお、小隊長も含めレイバーに直接搭乗しない隊員も同じデザインの指揮車用乗車服を着用するが、中には「中年には酷な服」といった印象を抱く者もいたという。

■レイバー及び指揮車乗車服（冬服）

■レイバー及び指揮車乗車服（冬服、防弾服）

狙われた〈アルフォンス〉

Aimed "ALPHONSE"
～ The truth about the Black Labor case ～

～黒いレイバー事件の真相～

正体不明の"黒いレイバー"こと〈グリフォン〉と対峙する特車二課の98式AV〈イングラム〉1号機。当時、機敏性や精緻な動作において他のレイバーの追随を許さない98式AVだったが、〈グリフォン〉はそれを上回るほどの、人間や動物のそれに近い極めて自然な動きを実現していた。

【事件の概要】

事件の主犯は、内海《うつみ》、あるいはリチャード・王《ウォン》※1と名乗る人物と目されている。彼はシャフト・エンタープライズ・ジャパン（以下、シャフト）の企画七課を率いる課長としての立場を利用し、同社土浦研究所のリソースを私的に流用※2することでTYPE-J9〈グリフォン〉※3なるレイバーを独自に開発。その過程で、環境系テロリスト・グループに自社製レイバーを供与、当時最新鋭機種であった特車二課第二小隊のAV-98と〝対戦〟させることで実戦データを収集しつつ、あわよくば〝研究用〟としてAV-98の実車を奪取しようと試みた。

その最初の一手として引き起こされたのが1998年12月24日に発生した「東京テレポート占拠事件」である。同日23時頃、シャフト・エンタープライズ・ヨーロッパ製の軍用レイバー、TYPE-7〈ブロッケン〉4輌と電磁兵器を搭載した不明レイバーが13号埋立地に上陸。現場周辺に広範な通信障害――電波無線へのジャミングに加えて、電話回線も寸断された――が発生すると共に東京湾トンネルに浸水があり、一時的に東京テレポートが孤立状態に陥《おちい》った。テロの疑いを強めた城東署は、特車二課に対して緊急出動を要請。第一小隊が先発、後に第二小隊も追随したが、ここで彼らは犯行グループのレイバー5輌と格闘戦を演じることになる。その結末はというと惨憺《さんたん》たる有様であった。特車二課はTYPE-7・2輌を行動不能に追い込むことに成功するも、第一小隊のMPL-97・2輌が大破、第二小隊のAV-98も1号機が小破、2号機が中破する事態に陥《おちい》ったのだ。一応は犯行グループの撃退に成功したものの、不明レイバーに自爆を装《よそお》わせるなど偽装工作を重ねた上での鮮やかな撤退劇であったと見る方が正しく、ひとりとして実行犯検挙に至らなかった点は痛恨事であったと言えよう。

さらに翌1999年3月2日には、伊豆大島にて民間警備会社「ホリ・セキュリティ・サービス（以下、HSS）」と合同訓練中の陸自レイバー部隊が、同じく所属不明のレイバーに襲撃されるという事件が発生※4。ここでも東京テレポートの一件で目撃されたものと同型の電磁兵器搭載型レイバーが確認されたため、翌日には特車二課第二小隊が沿岸警備のために出動。陸自側も虎の子のARL-99〈ヘルダイバー〉3輌を派遣して、さらなる襲撃に備えた。最終的に特車二課は、急遽《きゅうきょ》、篠原重工八王子工場にて予備機である3号機に電子戦装備を装着する改修を加えた上で増援として送ることで不明レイバーに対抗、これを退けることに成功する。だが、不明レイバーは戦闘続行が不可能と見るや自爆し、証拠隠滅《いんめつ》を図ったのだった。

かくして襲撃は終わったかに思えたが、これは序章に過ぎなかった。1999年6月、中央区晴海《はるみ》にて3日間に亘《わた》り開催されていた第3回東京国際レイバーショウ、その最終日において、またも不明レイバーによる襲撃が繰り返されたのだ※5。ただしこの時、現れたのは東京テレポートや伊豆大島に姿を見せた鈍重な重量級レイバーではなく、黒い外装に身を包んだまったく異なるタイプのレイバーであった。後に判明することであるが、これこそが内海以下、企画七課にとっての本命、TYPE‐J9〈グリフォン〉であったのだ。

突如として乱入したTYPE‐J9は、デモンストレーション中（警察関係者が試乗中であったとの報道もある）だった篠原重工製の新型レイバー、AVS‐98〈エコノミー〉と、会場警備にあたっていた第二小隊のAV‐98〈イングラム〉2号機を続けざまに破壊。遅れて同1号機が起動した時点を以《もっ》て、航空機を思わせる翼を展開すると爆音と共に飛翔し、現場から姿を消すことになる。レイバーによる単独飛行という前代未聞の光景に、現場にいたすべての者が息を呑《の》んだ。なお、晴海を脱したTYPE‐J9は、そのまま東京湾上空を横断する形で千葉県方面に逃走、南房総横断道路工事現場附近の山中に墜落したが、これは偽装に過ぎず、またも警察は襲撃犯を取り逃がしたまま、事件は長期化してゆくのだった。

晴海に続いてTYPE‐J9が現れたのは、木更津《きさらつ》第1人工島と川崎第二人工島のほぼ中間地点、「バビロンの城門」と呼ばれる巨大水門の建築現場であった。東京湾干拓を最終目的とするバビロン・プロジェクトの正に中枢とも呼べる工区である。不明レイバーによる再襲撃の可能性は高いとみて警戒を強めていた特車二課は、第一報にすぐさま反応。第二小隊を現場に急派する。だが、内海の暴走を止めようとしたシャフト上層部が、グループの警備会社「シャフト・セキュリティ・サービス（以下、SSS）」の部隊を差し向けたことで現場は混乱する。第二小隊のAV‐98 1号機は、圧倒的な高性能ぶりを誇るTYPE‐J9に対し苦戦を強いられながらも、どうにか持ちこたえていたが、SSSの警備レイバーが介入を試み[illegible]させたことで状況が一変、ダメージを負ったTYPE‐J9は、再び飛行による離脱を試みるも失敗し、東京湾に没したのである。

晴海埠頭の国際展示場で開催された「第3回東京国際レイバーショウ」閉幕直後、警察関係者を前にデモンストレーションを行っていたAVS-98が、突如現れた“黒いレイバー”の襲撃を受ける。これがTYPE-J9〈グリフォン〉が姿を見せた最初の事件だった。

しかし、バビロンの城門でもまた内海以下、企画七課や土浦研究所のメンバーを誰ひとりとして逮捕されることはなかった。この時点で、さすがに警視庁としてもシャフトの動向が怪しいと見て内偵調査に着手していたものの、決定的な証拠を欠いた状態で踏み込むことはできず、結局のところはマークしていた内海の海外逃亡を許してしまう。企画七課としても、TYPE‐J9の実機を喪失した上に課長不在の状況では、ほとぼりが冷めるのを待たざるを得ず、しばらくの間、本件は膠着《こうちゃく》状態に陥《おちい》っている。

一方、特車二課はHOS暴走事件への対応に追われる形で1999年の夏を慌ただしく過ごし、秋口に入っても事後処理に追われていた。この間、燻《くすぶ》っていた第一小隊のMPL‐97旧式化問題に関しても一進一退を繰り返しながらではあったが前進し、同年10月には待望の新機種であるAV‐0〈ピースメーカー〉の導入が実現。黒いレイバーに対する再戦の備えを着々と進めていた。

かくして運命の12月を迎える。海外に潜伏していた内海が帰国――時を同じくして、国際的なイベントや会合などの予定がないにも関わらず、レイバー産業の重鎮や兵器ディーラーが続々と入国し、都内に集結しつつあった。こうした動きを見て新型レイバーの非合法なデモンストレーション、つまるところ「さらなる襲撃」を予測した特車二課は、警戒レベルを引き上げる。そして程なく、予測は的中する。同月25日、中央区佃島《つくだじま》にTYPE‐J9が出現。特車二課第一小隊が緊急出動し、AV‐0で対応することになる。ところが新鋭機であるAV‐0を投入し、かつ2対一という数的優位を確保してなお、結果は惨敗に終わってしまう。一時は優位を得たもののニューロン・ネットワーク・システムの欠点に気づいたTYPE‐J9が、集合住宅を背にしたことで形勢が逆転。建物への衝突を回避する自動制御が働き、攻撃を封じられたAV‐0はサブシステムで稼働させねばならない状態に陥《おちい》り、特性を活かせぬままに1号機、2号機ともに破壊されてしまったのだ。

一連の「黒いレイバー事件」に決着が付いたのは、1999年も最後となる12月31日のことである。篠原重工製の最新鋭レイバーを打ち破ったものの、未だ完全に決着が付いていない特車二課第二小隊の1号機を狙《ねら》って、TYPE‐J9が葛西臨海公園に姿を現したのだ。これに対し第二小隊は舞浜大橋に展開して応戦。2号機が海に落とされて脱落するも、予備機ながらも投入された3号機※6の支援を受けつつ、1号機が奮戦、TYPE‐J9を行動不能に追い込むことに成功するのだった。なお、主犯と目された内海は現場から逃走、逮捕に失敗しているが、特車二課はTYPE‐J9の操縦者――驚くべきことにインド国籍の未成年少年であった――の身柄を確保している。また、該当の少年から得た証言により、事件に関与していた実行犯たちの氏名が判明。企画七課、及び土浦研究所の関係者は逮捕されるか、あるいは内海同様に国内より姿を消すこととなった。この後の捜査においてシャフトは、一連の事件は内海の独断による犯行であり、むしろ自分たちは被害者であるとの立場を貫こうと試みている。しかし、デモンストレーションを「観戦」していた者たちの姿がTV局のカメラによって捉《とら》えられていたことで、思い描いたようには"蜥蜴《とかげ》の尻尾切り"を行うことができず、社会的信用を失墜、経営的にも大打撃を被《こうむ》ることとなるのだった。

【事件の総括】

この事件はレイバー犯罪史の中でも相当に特殊な部類に入る。それは、企画七課が目的としたのがまさにAV‐98の能力そのものだったからだ。それも、搭乗者の能力や特性を色濃く反映し、より機敏で繊細な動作を習得した1号機、通称〈アルフォンス〉※7と呼ばれる"個体"である。企業間でこうした機密事項の奪取といった事例は、産業スパイなどの語が示すようによくあることだろうが、官公庁の実働部隊に対し堂々と挑戦してきたという意味で前代未聞と言える。

事件が明るみに出た際、「警視庁に高性能レイバーなどを配備するから起こった事件だ」――換言すれば「98式AVがなければ事件は起こらなかった」「98式AVの存在が犯罪を誘発した」――などと警察に非難を向ける声も一部聞かれたが、これは完全に的外れな意見と言わざるを得まい。

いずれにしても欧州で軍需企業として軍用レイバーを納入するような一流企業が、AV‐98の実働データをそうまでして欲しがったのは、高度なプログラムや"経験"の要素がいかにレイバーにとって重要で、得がたいものであるかを物語る。逆に言えば、ほかに代えがたいその資産が欲しいがために、篠原重工は採算を無視してでもパトロール・レイバー納入業者の立場を是が非でも手に入れようとしたのだ。

最後に、日本におけるシャフト・エンタープライズの評判は落ちたが、世界的にみたグループ全体の利益は決して落ちなかったことを記しておく。ニューヨークや各国警察に採用されるほどの名車AVシリーズを、さんざんに苦しめた〈グリフォン〉を造ったのはほかならぬシャフトの技術者だ。内海がはじめから表ではなく軍やブラック・マーケットでの評価を得る目的であったとするなら、それは充分に果たされているのだ。■

※1
彼の出自については極めて謎が多い。

※2
シャフトは、すべてが内海の独断であるとの立場を貫いているが、これはいかにも説得力に欠ける。ある捜査関係者によれば強制捜査が行われた時点で、すでに同社が保有するPCやサーバーからは、企画七課関連の資料や記録の大半が抹消されており、組織的な隠蔽工作が行われていたことはまず間違いない情勢だという。同社上層部が、どの程度、事件に絡んでいたのか。今後の捜査、および裁判によって真相が解明されることを祈るばかりである。

※3
黒いレイバーの型式及び呼称は事件後に関係者からの聴取に基づき発表されたものだが、事件の渦中で黒いレイバー自身が砂浜に指で書き残した"犯行声明"がまずメディアに報道されたことで、呼称はすでに世間的に広まっていた。

※4
当初は機密保持を理由に陸上自衛隊は、事件の詳細を明らかにしなかった。そのため翌日の各紙1面には「自衛隊、警備会社との合同訓練中に事故か!?」との見出しが踊った。当時の報道によれば、陸自のAL‐97B〈サムソン〉2輌、HSSのTYPE‐6Q〈キュマイラ〉、SR‐70〈サターン〉各1輌が被害を受けたとある。

※5
晴海に出現する以前に、小笠原諸島で演習中の陸自レイバー部隊が襲撃されていたという噂もある。だが、2002年現在においても防衛庁は「噂の類に反応する理由はない」として襲撃の有無を明らかにしていない。

※6
関係者の証言によれば、当時、3号機は1号機、2号機用のパーツ取りの対象となり非稼働状態であったらしい。これを特車二課整備班がAV‐0の予備機から転用可能なパーツを流用することで、半ば無理やりに起動させたのだという。

※7
〈アルフォンス〉は特車二課の98式AV〈イングラム〉1号機の固有名とされる名称である。由来は不明であるが、1号機フォワードの泉野明巡査（当時）が個人的に付けた名前を、小隊内で非公式に用いていたようだ。むろん警視庁は関知しておらず公報などに登場したことはないが、民間誌に掲載された泉巡査のインタビューなどでその名が見られ、広報部も黙認していたらしい。

MPL97AV-T プロトタイプ・イングラム／教習用レイバー

SPEC	
全高：	7.51m
全幅：	4.24m
乾燥重量：	4.95t
装備重量：	5.35t
最大起重：	1.87t
最小回転半径：	3.90m
装甲材質：	強化スチール、FRP

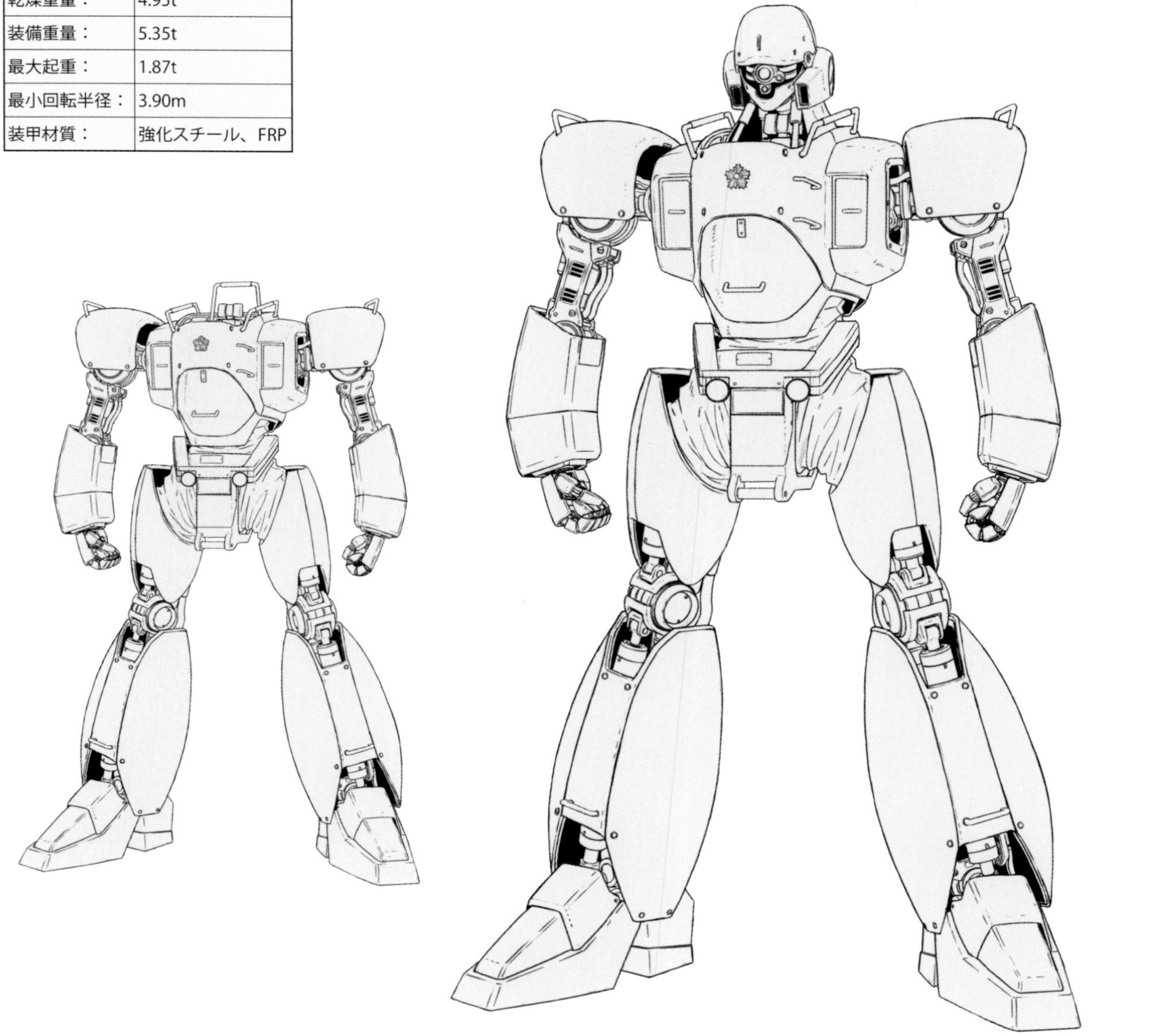

MPL97AV-T〈プロトタイプ・イングラム〉

1998年2月、AV-98〈イングラム〉の採用内定を受けて、篠原重工は前年10月に完成していた試作機を複数輌、警視庁に引き渡している。この時点で、予定されていた試験項目をすべて完遂《かんすい》していたこともあり、役目を終えた試作機を操縦者の訓練に役立ててほしいと篠原重工側から申し出があってのことであった。警視庁は、この試作機にMPL97AV-Tという型式を付与。警視庁警察学校中野分校や、富士のレイバー隊員養成施設へと回して、レイバー隊員候補生たちの訓練に使用している。

外装デザインの確定を待たずに造られただけにMPL97AV-TとAV-98は、頭部形状を始め、いくつかの点で異なる外観を有している。また、当初は下地塗装のみのグレー1色であったが、引き渡し時に白と黒を基調とするカラーリングに塗り替えられ、胸部正面に旭日章が取り付けられたようだ。

PROTOTYPE INGRAM

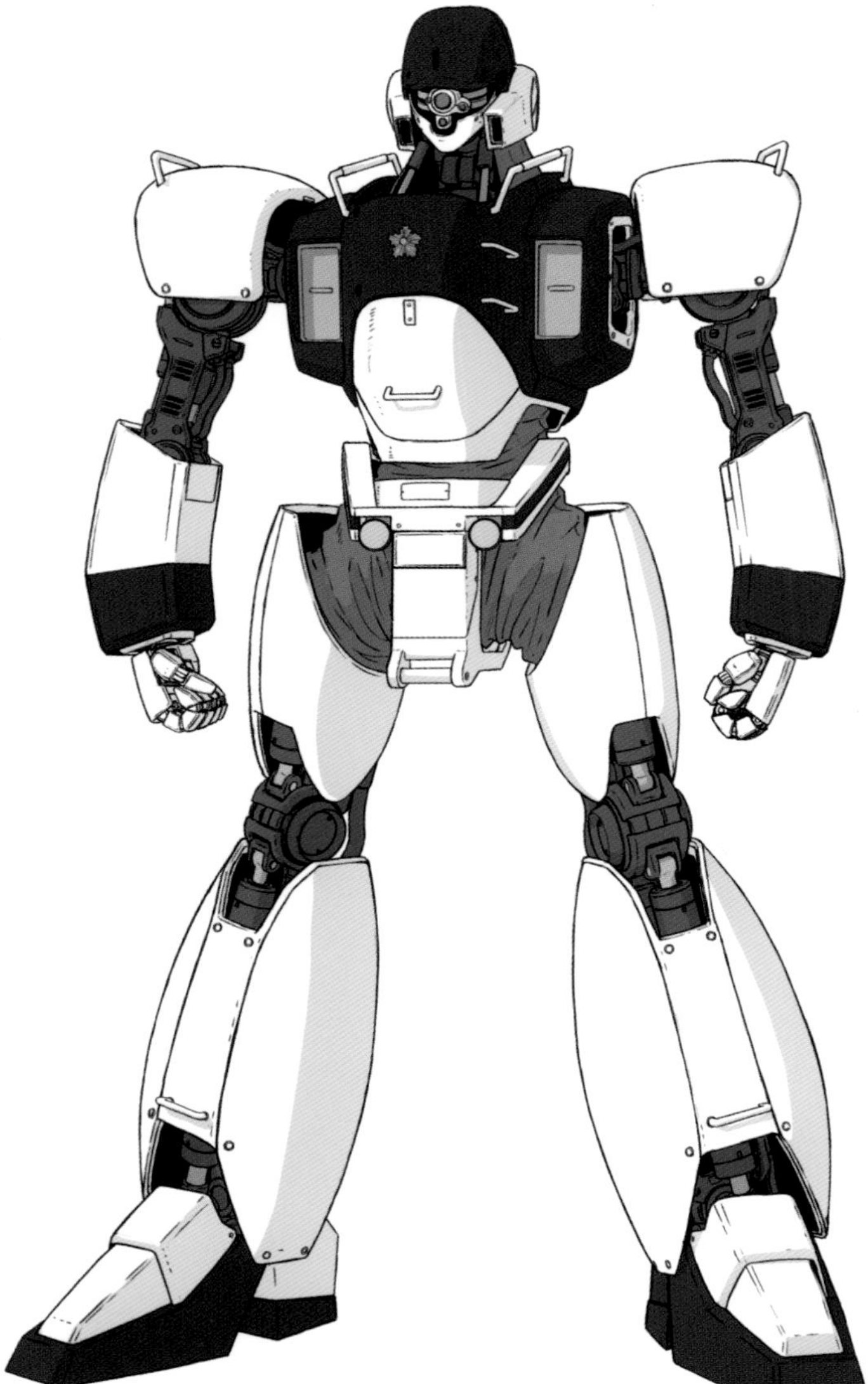

■MPL97AV-T

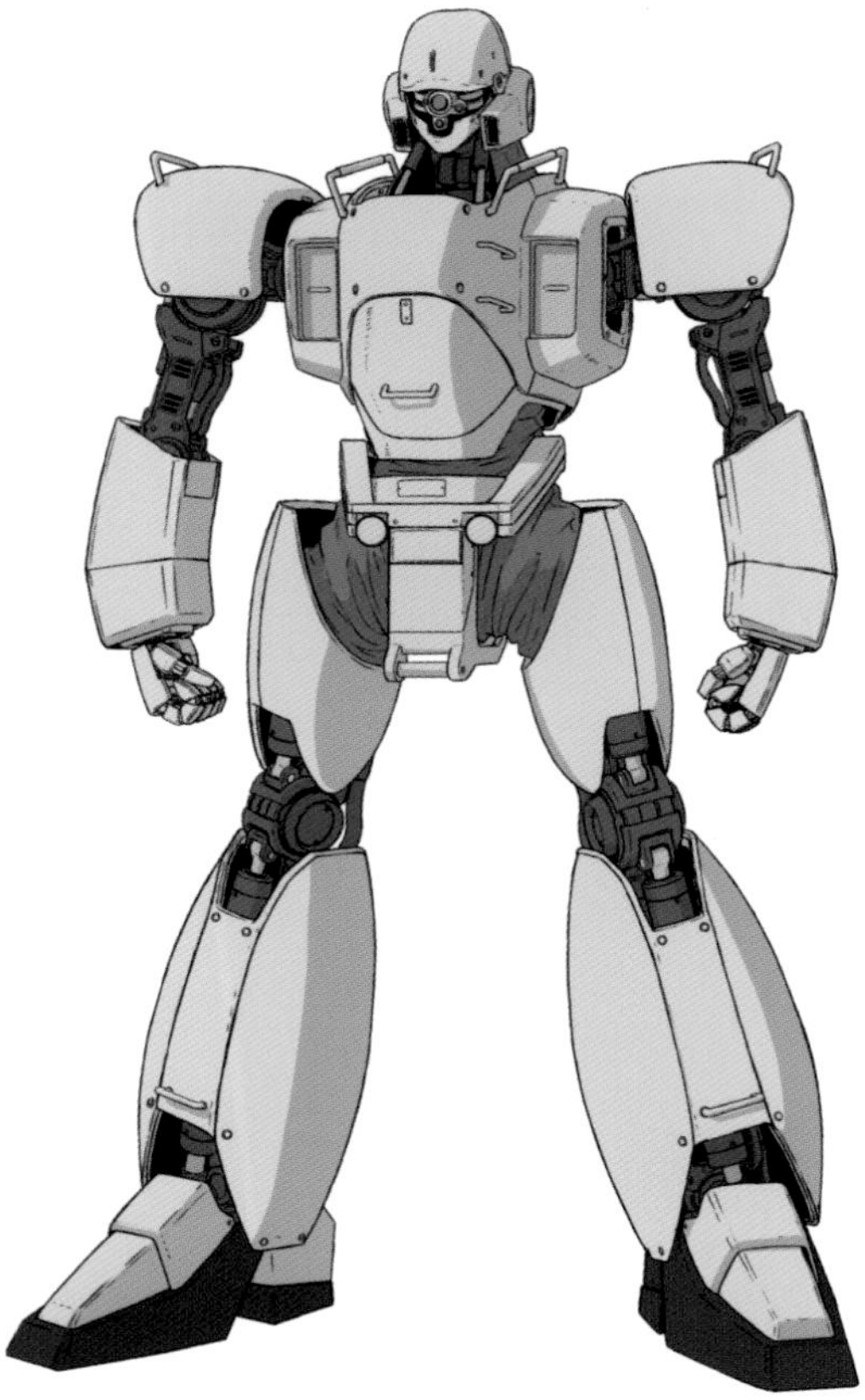

■MPL97AV-T【開発時】

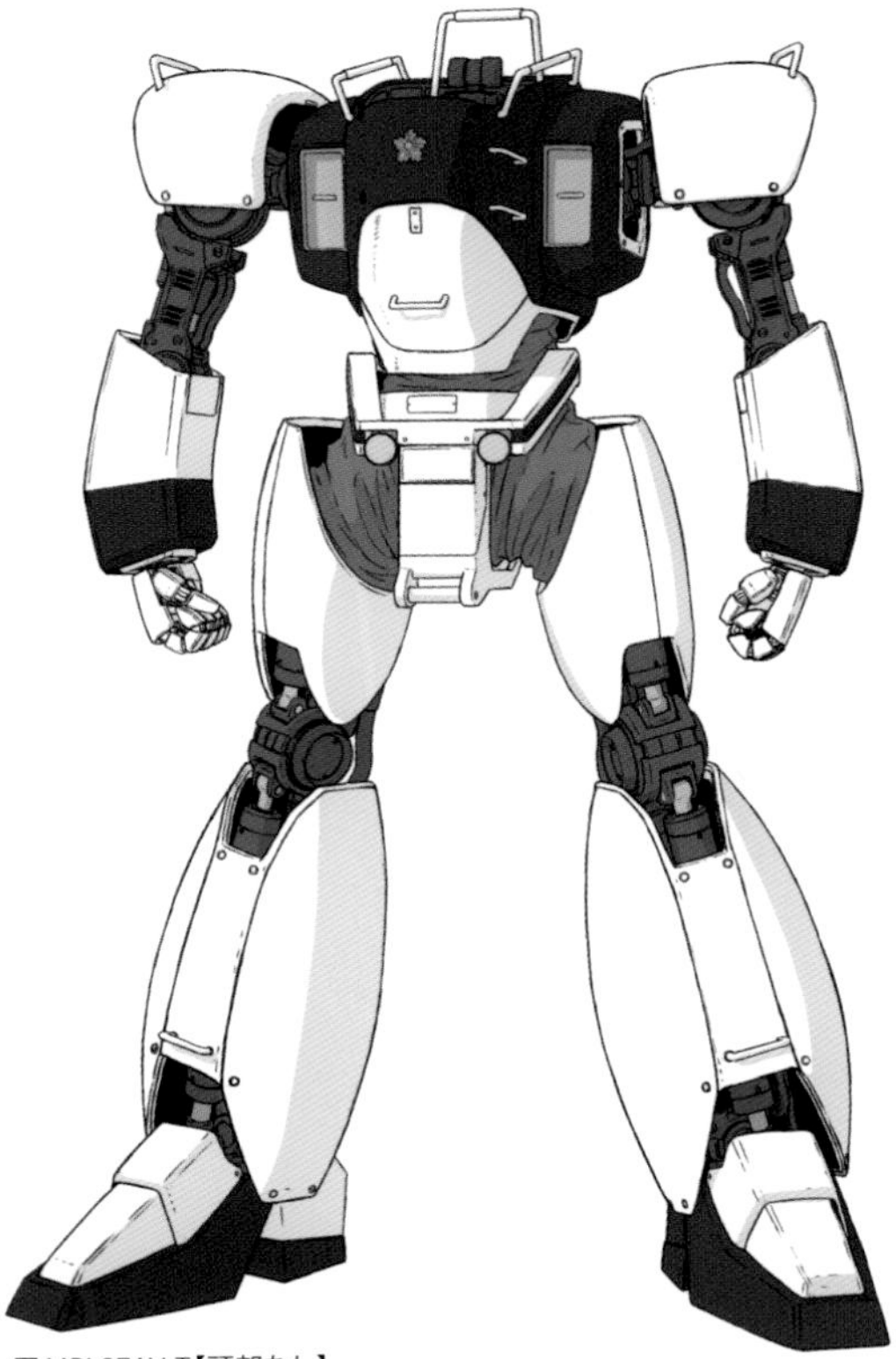

■MPL97AV-T【頭部なし】

98式AVのプロトタイプであり、頭部も開発中のものが取り付けられたまま教習用として納品された。その後、訓練中の事故により頭部を損傷し、予備部品もないことからこれを取り外し有視界による運用のみとなった車体もある（右図）。

やがて特車二課に新型のパトロール・レイバーが採用されると、養成所にもそれに応じた新しい訓練車輌が入り、MPL97AV-Tは主に教官が"取締り／制圧対象レイバー"として使用することが多くなっていった。98式AVの退役と同時に、交換・補修部品の調達が困難になったことからMPL97AV-Tも引退している。

AVS-98 エコノミー

■左側面（左腕脚略）

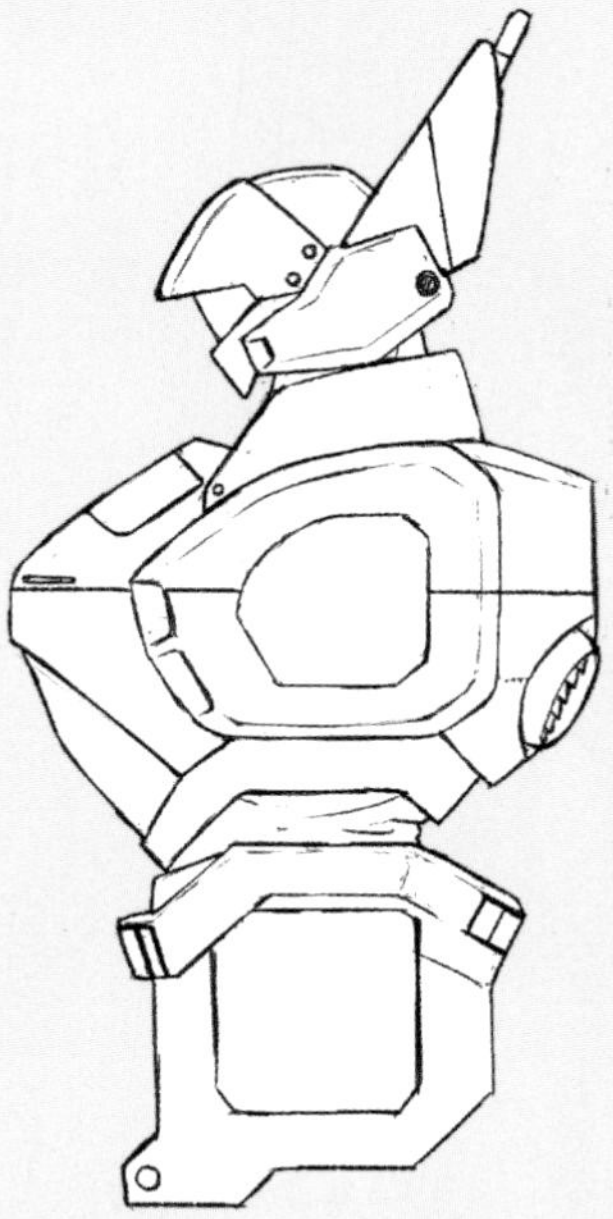

■前面

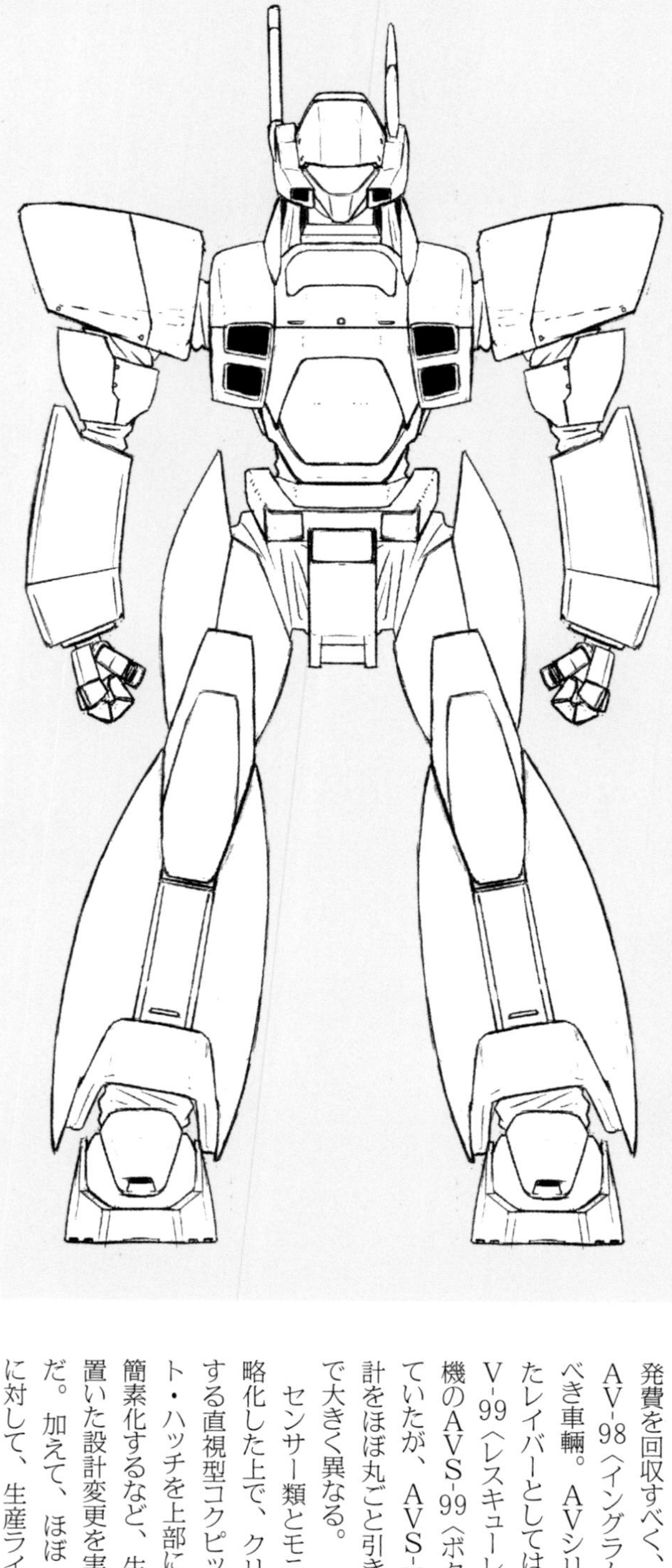

SPEC	
全高：	8.2m
全幅：	4.37m
乾燥重量：	5.89t
装備重量：	不明
最大起重：	不明
最小回転半径：	4.00m
装甲材質：	CFRP、FRM

AVS-98〈エコノミー〉

AV計画のために投じられた莫大な開発費を回収すべく、篠原重工が開発したAV-98〈イングラム〉の廉価《れんか》版とも言うべき車輌。AVシリーズの技術を転用したレイバーとしては、消防庁向けのARV-99〈レスキューレイバー〉や汎用民生機のAVS-99〈ボクサー〉などが存在していたが、AVS-98はAV-98の基礎設計をほぼ丸ごと引き継いでいるという点で大きく異なる。

センサー類とモニター・システムを簡略化した上で、クリア・キャノピーを有する直視型コクピットに変更、コクピット・ハッチを上部に変更して開閉方式を簡素化するなど、生産性の向上に主眼を置いた設計変更を実施しているのが特徴だ。加えて、ほぼ一点物だったAV-98に対して、生産ラインを整備して量産することで、製造コストを圧縮しようとの試みがなされており、原価ベースでは10分の1程度にまで抑《おさ》え込むことに成功したと言われている。篠原重工が内々に警視庁へと伝えた想定販売価格は、生産数に応じて変動するものの1輌20億円以下を確約していたとも伝えられている。

それでいて、パワーやスピード、オート・バランサーによる安定性の確保など、基本的な性能を維持しており、劣悪だった乗り心地もアクティブ・サスペンションの設定変更によって改善するなど、スペックは上々であった。特に注目すべき

■右側面

■右腕側面

■右側面（右腕略）

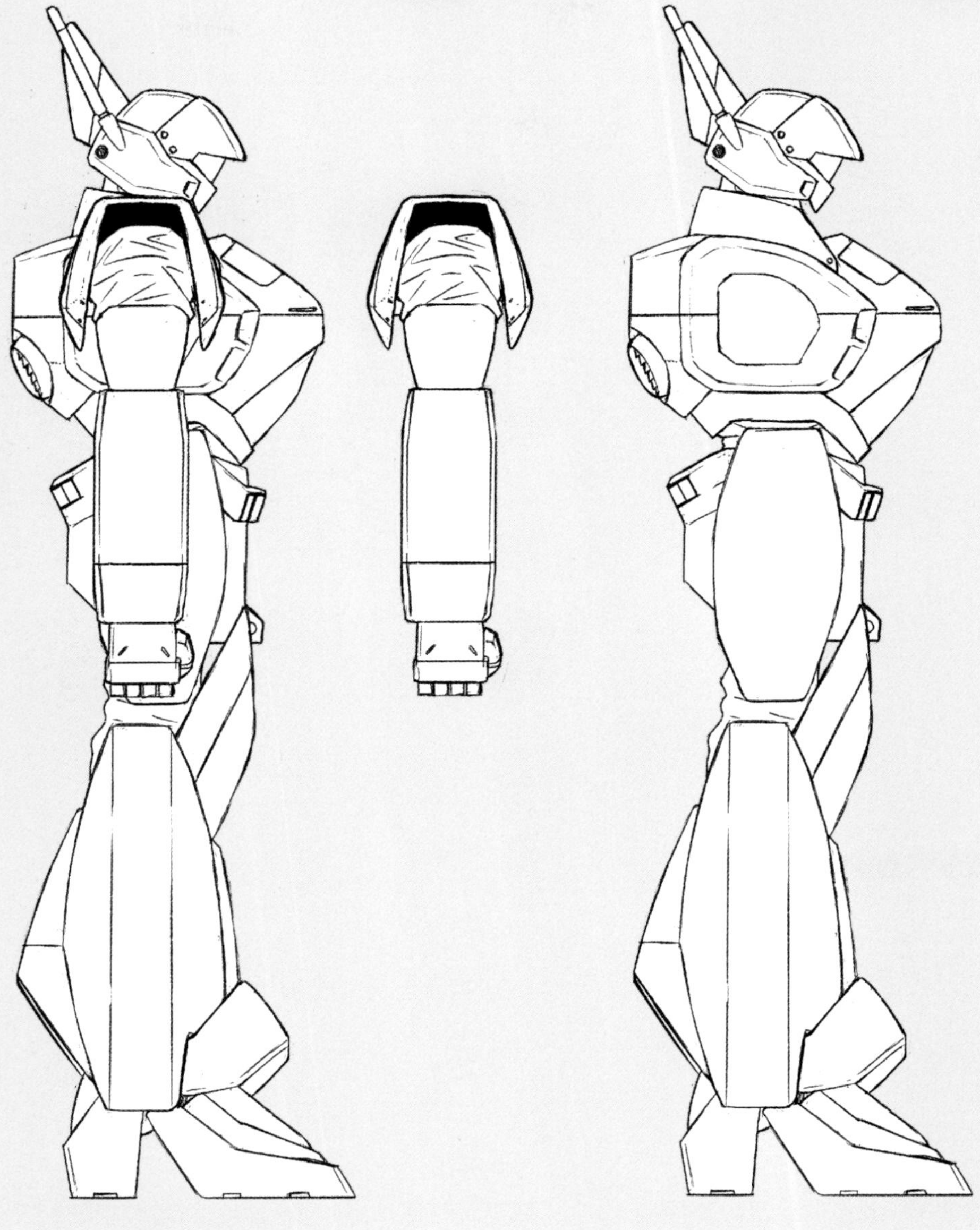

は、基本ソフトウェアがAV-98との完全互換を達成していた点であろう。車輌設定が入った起動ディスケットさえ流用可能という条件は、蓄積した実働データという資産を引き継ぎながら、運用コストを抜本的に削減できるという点において、大きな魅力があった。一時は特車二課に配備中のAV-98を下取りに出した上で、複数のAVS-98を配備し、二個小隊から四個小隊制に部隊を倍増させようとの計画も、警視庁内部で真剣に検討されていたほどであったという。

しかし、その目算は脆《もろ》くも崩れ去る。1999年2月8日から14日の日程で、東京晴海の国際見本市会場にて開催された第3回国際レイバーショウにて、篠原重工はAVS-98〈エコノミー〉を一般公開。名車AV-98〈イングラム〉の量産仕様とあって、イベント開催期間中は展示ブースに連日、人だかりができる人気ぶりであったのだが、全日程を終えた撤収日に悲劇が起こる。各地で襲撃を繰り返していた「黒いレイバー」が突如として出現。デモンストレーション中のAVS-98が、予期せぬ格闘戦を強いられた末に、為すすべもなく破壊されてしまったのだ。この結末は、廉価版では最新式のレイバーに対抗できないという印象を強く示す格好《かっこう》となり、警視庁は検討を進めていた導入計画の破棄を決定。売り込み先の心変わりを受けて、篠原重工はAVS-98の本格生産を見送らざるを得なかったのである。

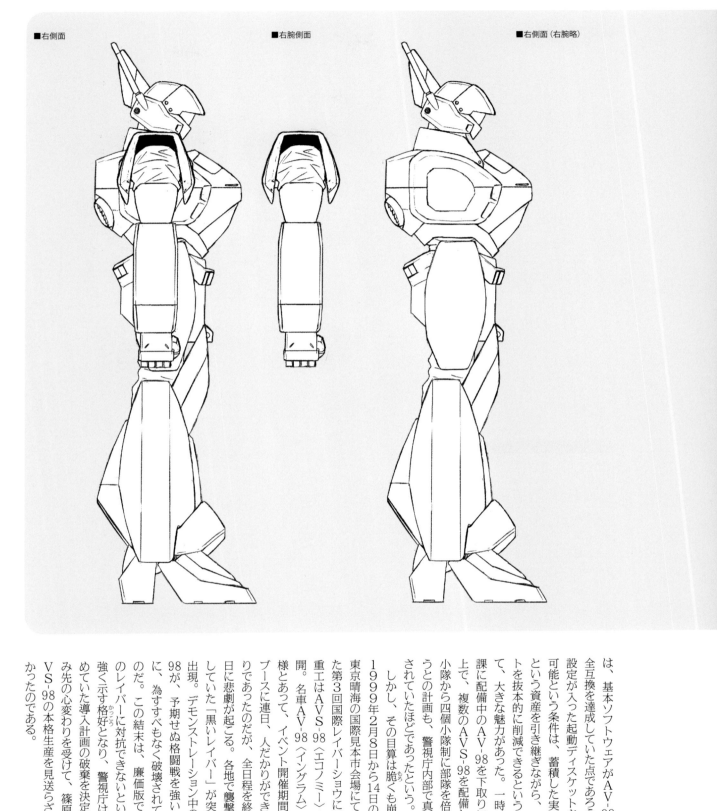

AVS-98MARKⅡスタンダード

■左側面（左腕脚略）

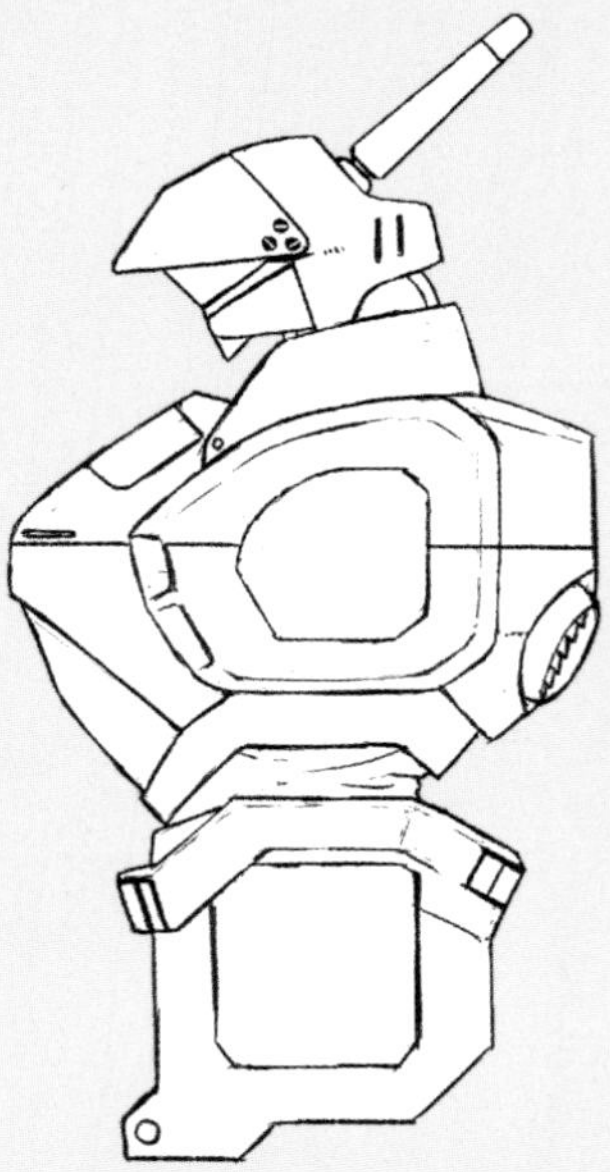

■前面

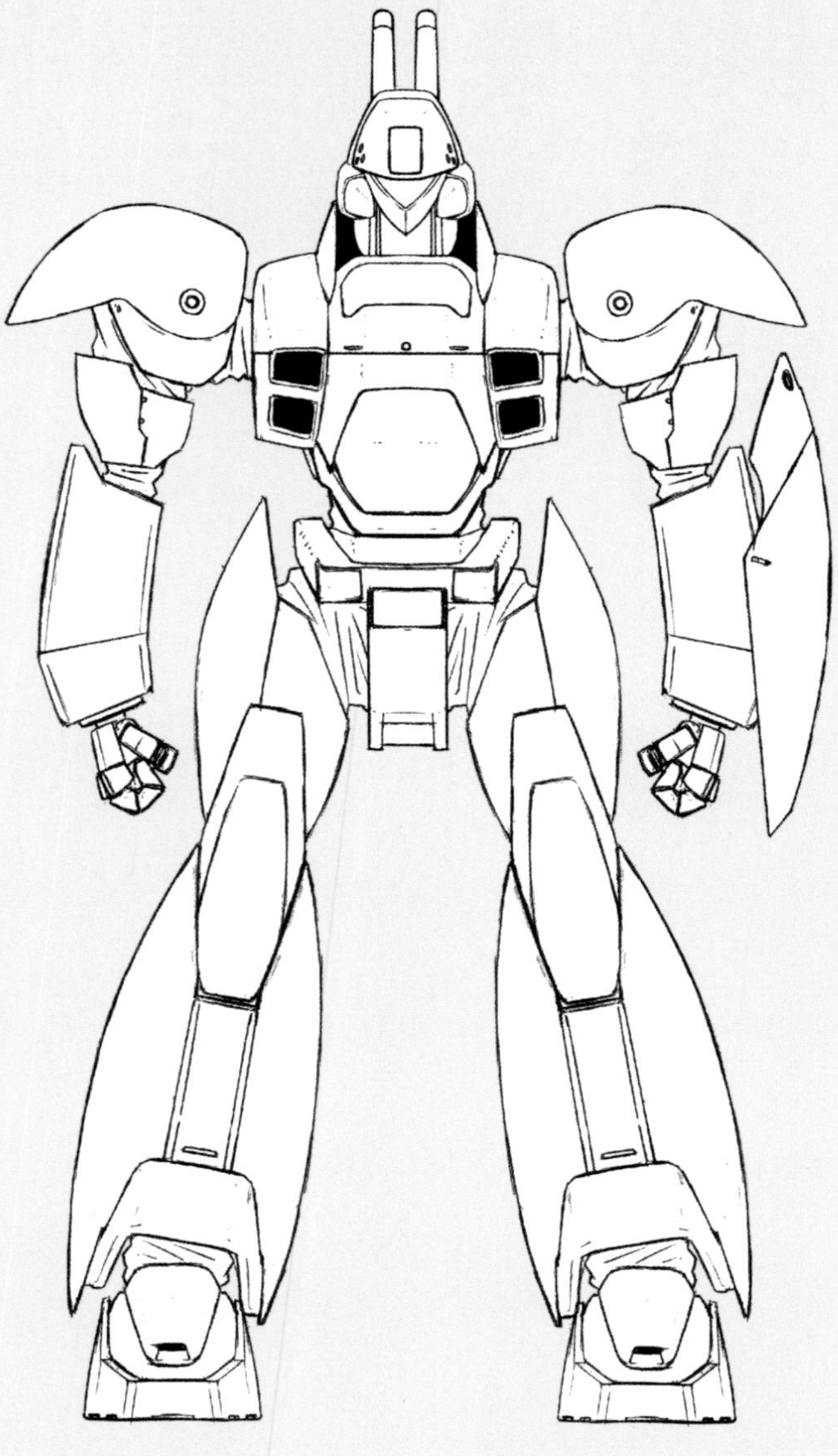

SPEC	
全高：	8.02m
全幅：	4.37m
乾燥重量：	5.89t
装備重量：	6.12t
最大起重：	2.45t
最小回転半径：	4.00m
装甲材質：	CFRP、FRM

AVS-98MARK《マーク》Ⅱ《ツー》〈スタンダード〉

AVS-98〈エコノミー〉が採用に至らなかったことを受けて、篠原重工は、そのマイナーチェンジ版の開発を決断。性能とコストの両立というコンセプトをそのままに、AVS-98に不足していたパワーを底上げしつつ、問題があったオート・バランサーにテコ入れしたものが、AVS-98MARK《マーク》Ⅱ《ツー》〈スタンダード〉と呼ばれる車輛である。

また、AVシリーズの基本ソフトウェアを踏襲《とうしゅう》しながらも、駆動系に連動した学習型コンピューターを搭載。熟練操縦者が乗れば乗るほどに、車輛そのものが最適化した動きを覚え、初心者が操縦した場合においても一定以上の性能を発揮できるという新機軸の車体制御システムを採用したことも特徴といえる。

こうした改修は、概《おおむ》ね良好な結果を生んだ。警視庁も特車二課の隊員を篠原重工八王子工場に送り込んで約2週間のテストを実施するなど、導入に前向きな姿勢を見せたほどである。しかしながら、テスト日程の最終段階で行われた特車二課第二小隊のAV-98〈イングラム〉との模擬戦において、AVS-98MARKⅡは手も足も出ないほどの惨敗を喫《きっ》してしまう。この結果を受けて、警視庁はAVS-98MARKⅡの

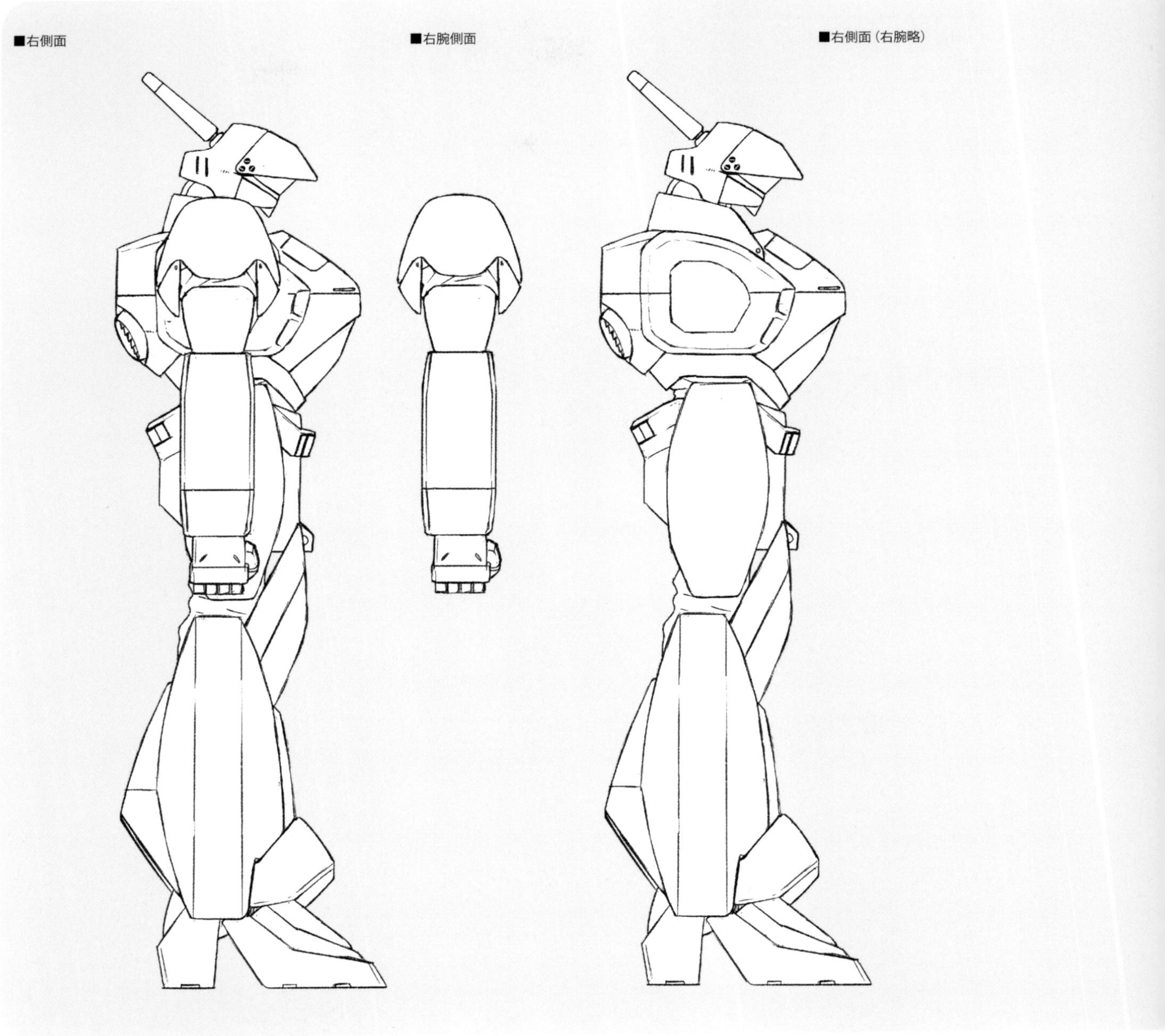

導入を断念。当時予定されていた特車二課の第三小隊設立構想も併せて立ち消えになるなど、編成計画の根底を揺るがすほどの影響があったが、民生用レイバーの性能向上が加速している状況で、現行車輛に劣る性能の新型車輛を導入するメリットはないとの判断を下したのである。

ただし、ひとつのレイバーとしては極めて優秀な性能を示していたことは確かであり、篠原重工は民生用レイバーの法規制に対応させる形で部分的にデチューンしつつ、1999年10月から一般販売を行っている。その販売価格は、オプション装備類によって変動するが、18億円前後であった。

警視庁採用のAV-98の姉妹機とあって、特に民間警備会社が熱い視線を注いだが、同時期にトヨハタ・オートモータスがSR-70〈サターン〉の本格販売を開始していたこともあって大ヒットには至らず、生産台数は限定的なものになったという。事実、1999年12月には、早くもAVS-98MARKⅡの増産は中断されており、その後も生産が再開されることはなかった。篠原重工は所沢工場製の四脚歩行式レイバーにおいて大きなシェアを握っていたが、こと民生用二足歩行式レイバーの市場では、圧倒的な生産力を誇る菱井インダストリーの牙城を突き崩すことができなかったのである。

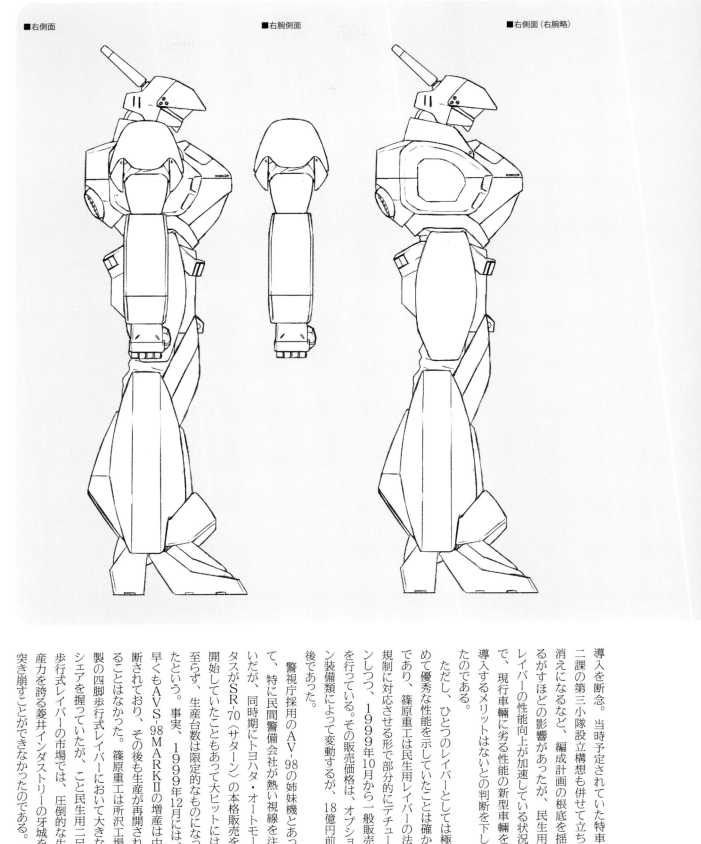

AV-98T ドーファン

SPEC	
全高：	7.54m
全幅：	4.25m
乾燥重量：	5.5t
装備重量：	6.08t
最大起重：	1.86t
最小回転半径：	4.00m
装甲材質：	強化スチール、FRP

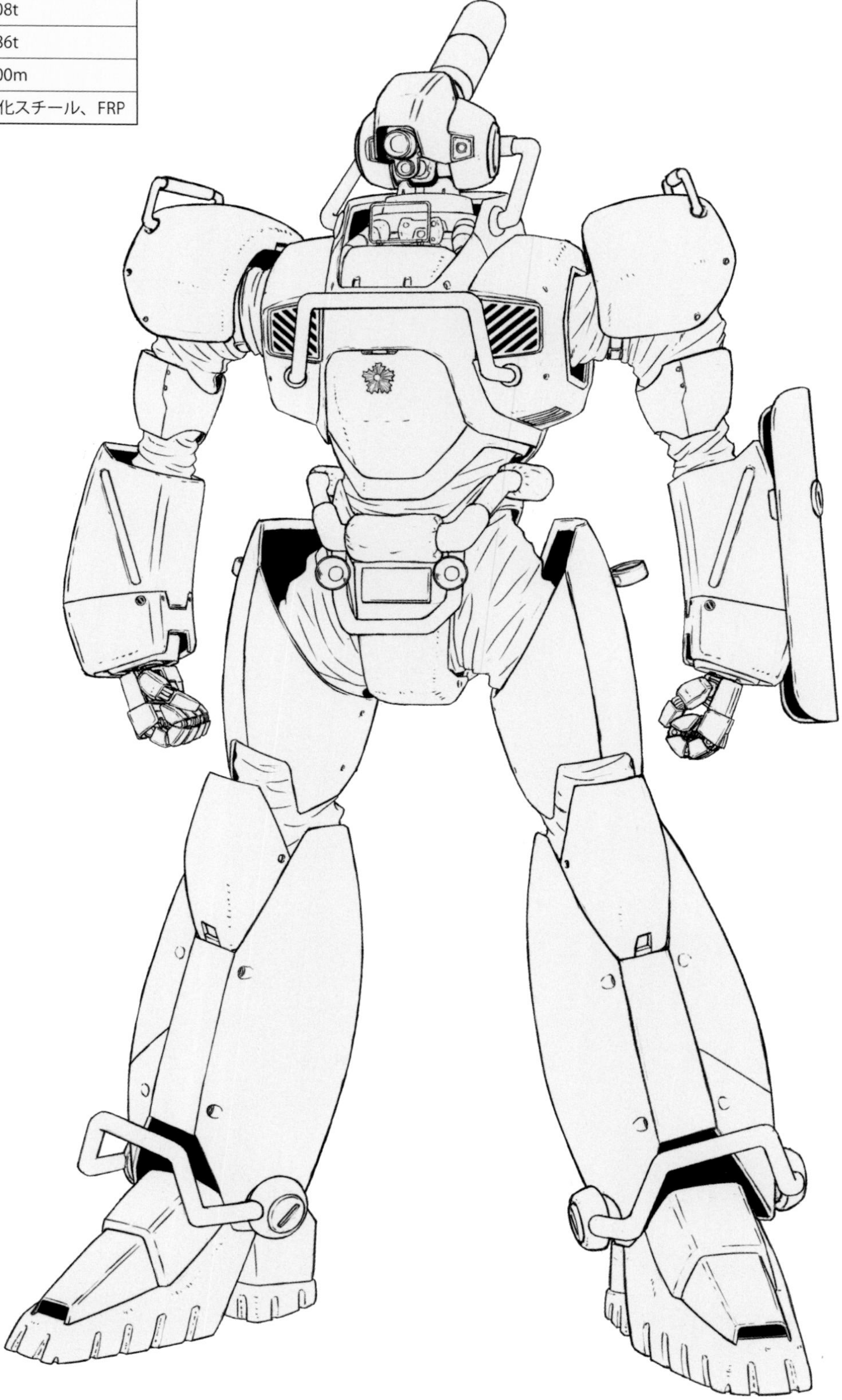

AV-98T〈ドーファン〉

警視庁では、当初、篠原重工から提供されたMPL97AV-Tにてレイバー隊員候補生の訓練を行っていたが、試作機であるという都合上、予備部品は潤沢《じゅんたく》とは言えず、長期運用には不安があった。そこで、あらためて篠原重工に対してAV-98との互換性が高い教習用レイバーを発注。かくして製造されたのがAV-98T〈ドーファン〉である。

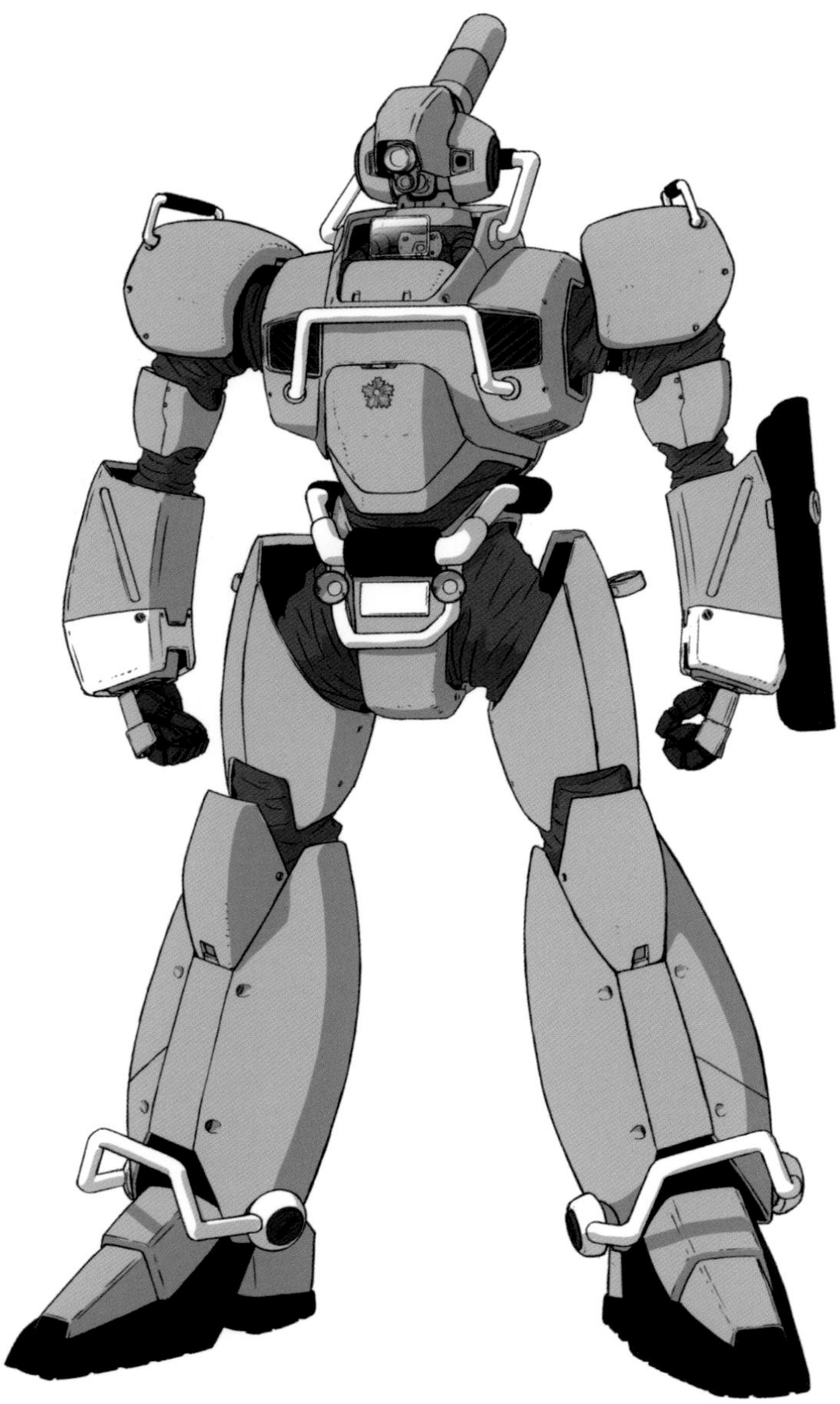

AV-98T〈ドーファン〉の頭部は98式AVと異なり、頸基部の回転軸により360°水平に回転する文字通りのターレット様式である。その代わり、上下方向の可動軸がなく仰俯角は取れなかった。訓練時には各車識別のため、後頭部のセンサーユニットや肩部フックに帯状の布を付けている姿が見られた。左大腿部外側外装の架装部品にスタンスティックを吊り下げる。模擬戦ではシールドに衝撃吸収パッド入りの布製（関節用防弾布と同等）外皮を被せた。

98式AVではセフティ・バンパーだったコクピットのシートに具えられた安全装具は、〈ドーファン〉では4点支持式のシートベルトとなっている。

損傷率の高い頭部パーツが、最低限の機能に絞った廉価《れんか》版とも言うべき仕様に差し替えられているほか、スタンスティックなどオプション類の収納機構がオミットされるなど、全般的に運用コストを抑《おさ》える方向で改修が加えられている。また、あくまで訓練用ということで装甲材質は、MPL-97AV-Tと同様に強化スチールとFRP（Fiber Reinforced Plastics：繊維強化プラスチック）を中心としたものとなっている。このあたりが、しばしばAV-98TがAV-98のプロトタイプを流用した車輌であると語られる所以《ゆえん》であろう。こうした処置に伴い、CFRMとFRPで構成されるAV-98よりも、乾燥重量で1トン近く軽量になっている。また、パワーの面でも過剰な部分を削ぎ落としており、最大起重もAV-98の2・4トン対し、AV-98Tは1・87トンと、やや控えめな値となっている。とはいえ、格闘訓練を行うに充分な性能を有しており、警視庁警察学校奥多摩分校に計4輌が納入され、教習用レイバーとして人材育成の面で活躍した。

また、ごく少数ではあるが追加生産分が市販されている。土木作業に利用するには、あまりに高額であったため販売数はさほどでもなかったが、市場に出回っている民生用レイバーの中ではAV-98に極めて近い外観を有していたため、パトロール・レイバーの代替としてテレビドラマの撮影に用いられたこともあったようだ。

AV-X0 零式

SPEC	
全高：	8.32m
全幅：	4.51m
乾燥重量：	6.12t
装備重量：	6.98t
最大起重：	3.2t
最小回転半径：	3.2m
装甲材質：	CFRP、FRM

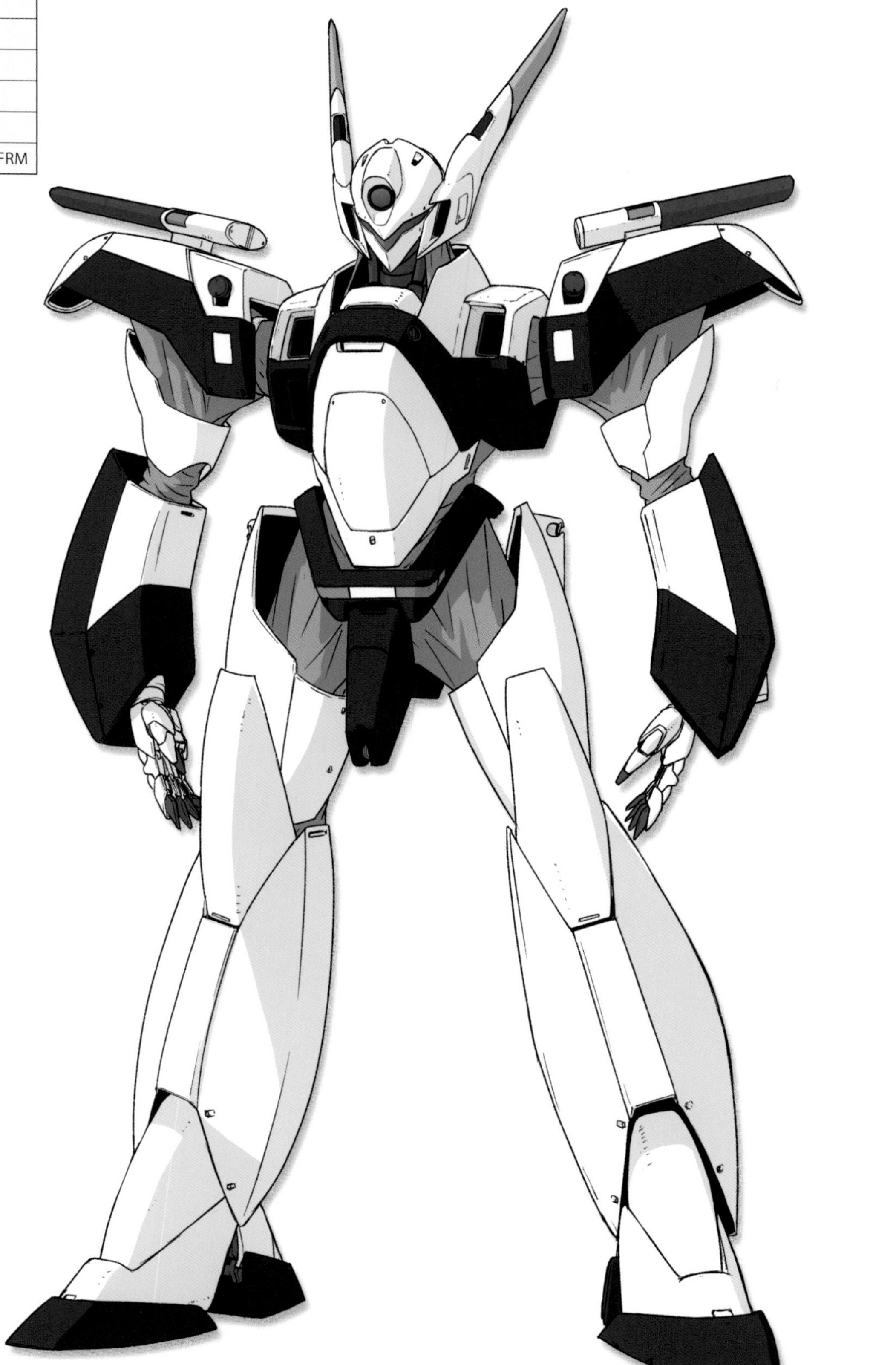

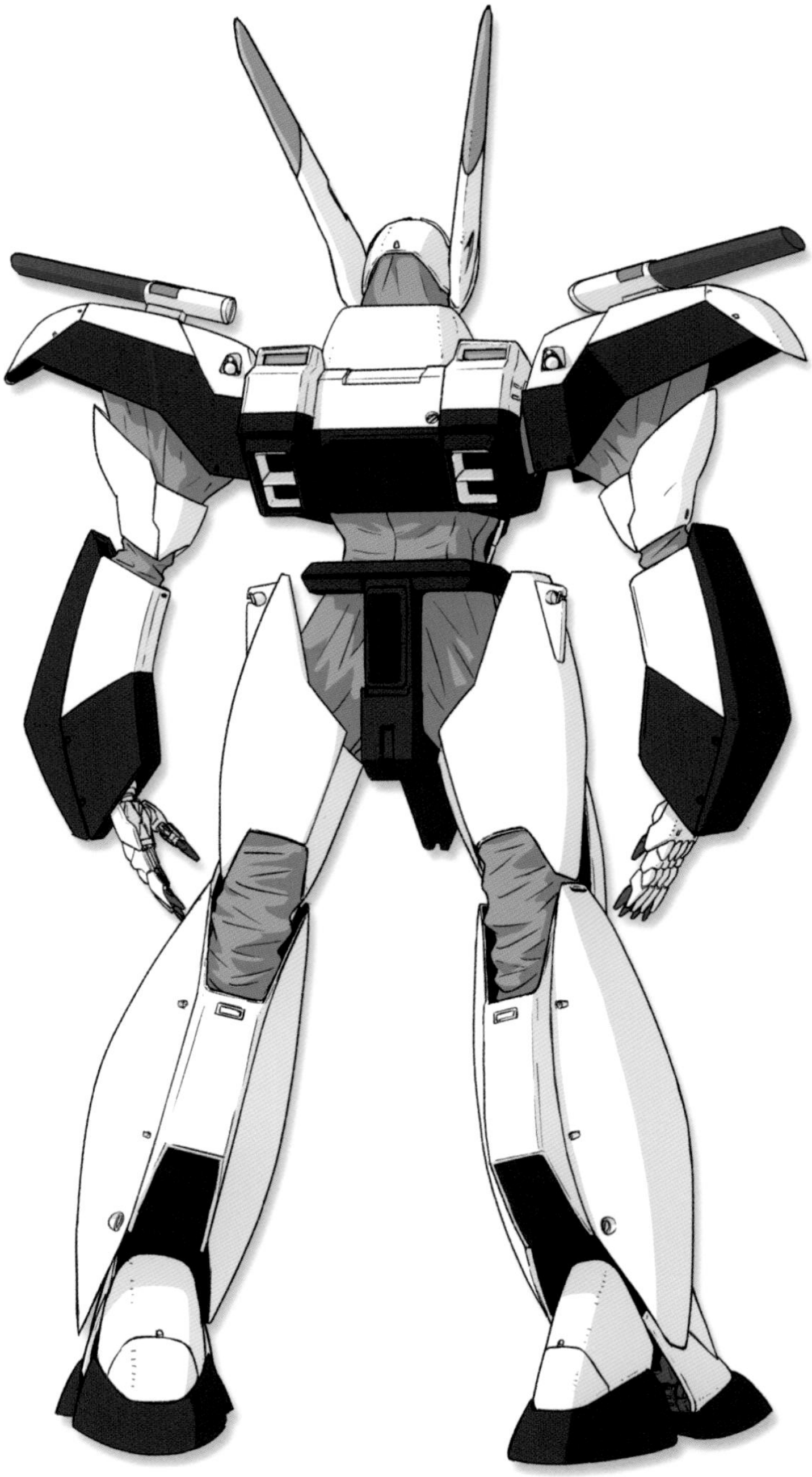

AV-X0〈零式〉

AV-98〈イングラム〉を警視庁に納入した後、AV開発本部では兄弟機であるARL-99〈ヘルダイバー〉の完成を急ぐ一方で、組織再編を敢行。ARV-99やAVS-99といった派生機の開発を所沢工場に任せつつ、AV-98の開発に携《たずさ》わっていたチームを二分し、廉価版となるAVS-99と、純粋な後継機――2000年度のリリースを目標としていたことから、AV-0の仮称を与えられた――の検討を進めさせることにした。この内、後者の試作機にあたるのが、AV-X0〈零式〉と呼ばれるレイバーである。

AV計画を継続する際に、篠原重工の上層部が求めたのは、警視庁や防衛庁から提供される実働データを活かして新型OSの開発を加速させることであった。その指揮を任されたのは、AV-98の開発においても活躍したソフトウェア事業部の若きエース、帆場《ほば》暎一《えいいち》である。彼は、厖大《ぼうだい》な量の実働データを解析して車体制御プログラムの最適化を進めると同時に、持論であった操縦規格の統一を断行。彼が、ほぼ独力で設計したとされる新型OS「HOS」は、従来の「LOS（Labor Operating System：レイバー・オペレーティング・システム）」から載《の》せ替えるだけで、車輌性能を30%程度引き上げるという俄《にわか》に信じがたい謳《うた》い文句を冠するほど、効率の良い優れたソフトウェアとして完成した。こうした篠原重工のアプローチに、欧米市場に強い多国籍企業シャフト・エンタープライズが協力を表明したことで、規格統一の動きが加速。最終的にリリースされたHOSは、菱井インダストリーに代表されるライバルメーカー製のレイバーにも適応可能なOSとして、またたく間に市場を席巻していくこととなる。AV-X0は、AV-98の発展型であると同時に、このHOSの搭載を前提としたレイバーとして、篠原重工の未来を担う存在であったのだ。

ハードウェアとしてのAV-X0の特徴は、警察用として対レイバー格闘戦を重視している点にある。片手でレイバー1輌を持ち上げるほどの起重力と負荷性能を誇ることに加え、AV-98に比べて反応速度も大幅に向上している。そのため、AV-98の操縦に慣れている者ほど、あまりに機敏なAV-X0の反応に戸惑《とまど》うことになったとも伝えられている。また、指先の形状を鋭角化させた上でマニピュレーター全体の強度を高めることで、空手の「貫手《ぬきて》」に似た攻撃を可能としている点も特徴的だ。これは、AV-98が脚部に収納されているリボルバー・カノンを取り出すために実装したアーム伸縮機能を攻撃手段として応用したもので、的確な場所を撃ち抜けば、

AV-X0 零式

■左側面（左腕脚略）

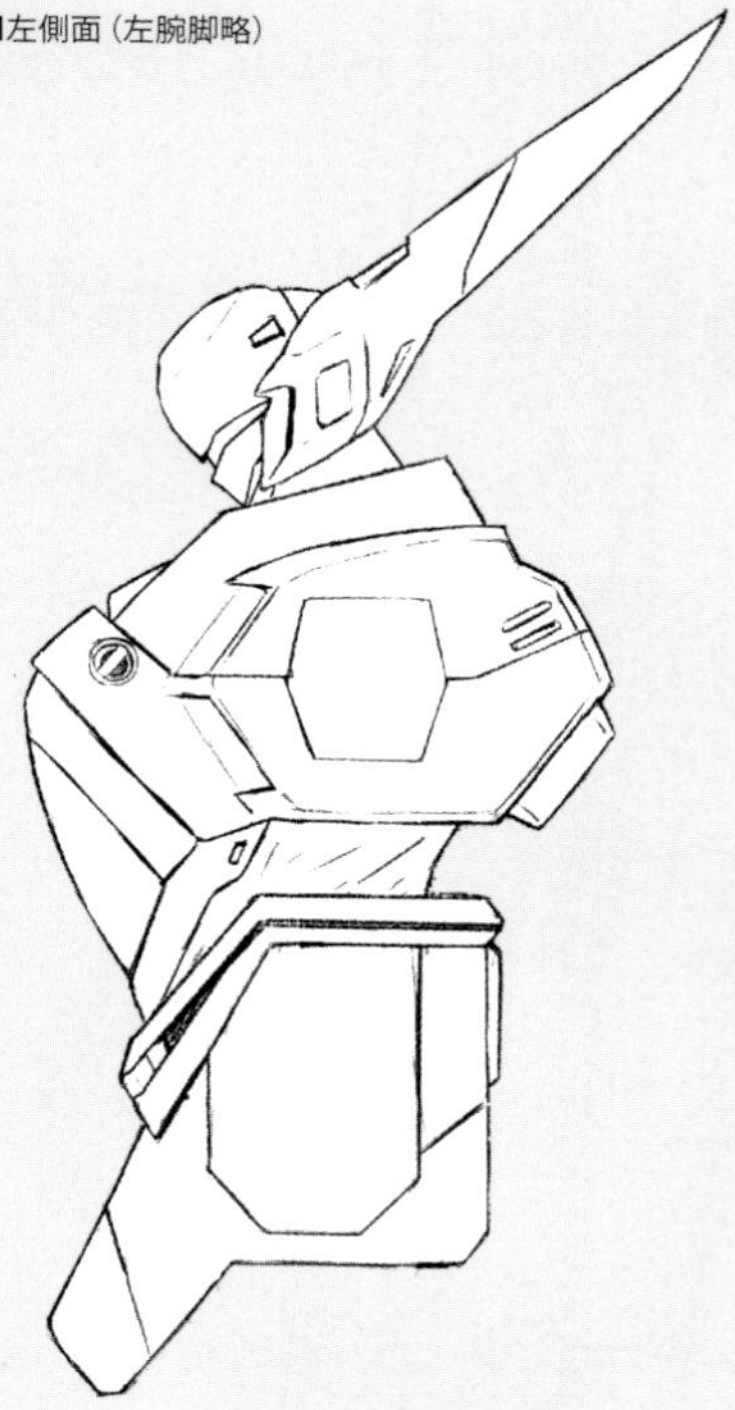

■前面

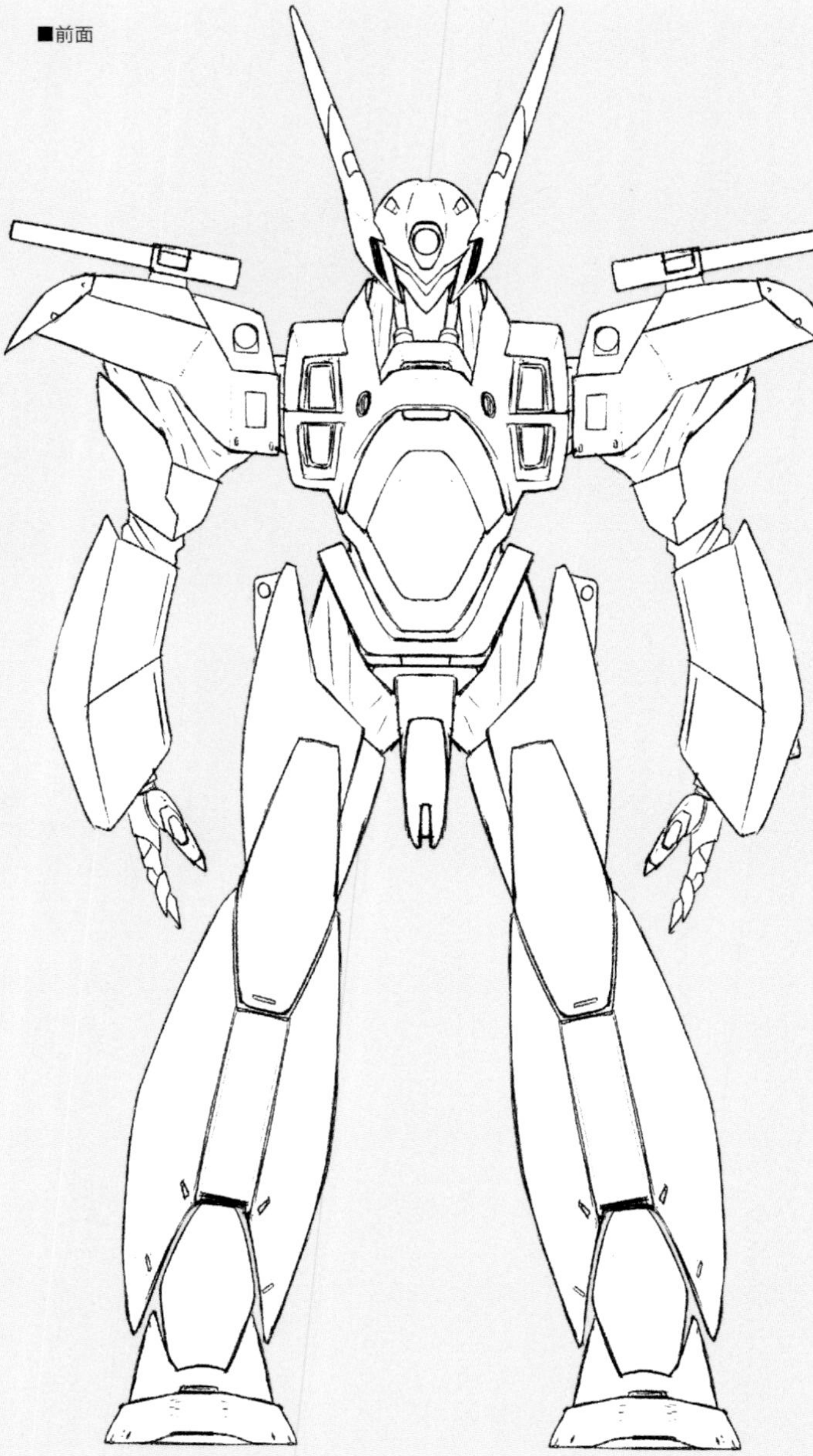

ＦＲＰのみならずＣＦＲＭ（Carbon Fiber Reinforced Metal：炭素繊維強化金属）製の装甲を粉砕することもできたという。これはスタンスティックに引けを取らないどころか、暴走するレイバーの制圧手段としては、より使い勝手が良いとさえいえる新たな武器であった。また、格闘戦において操縦者の生命を守るために、腹部の剛性強化もひとつの課題とされた。コクピット・ハッチ開閉時の可動域が小さいのもそのためであり、操縦席が斜め下方向にスライドする方式が採用されている。これは、ＡＶＳ-99に採用されたエスケープハッチの構造を参考にしたものであったという。

これ以外では、頭部ユニットに内蔵された展開式レーザースキャナーも特筆に値するだろう。軍事技術を転用したこの装置により、完全密閉型のコクピットからでも、外部の状況を的確に把握できるようになったのである。

以上のように、ＡＶ-Ｘ０は軍用レイバーと比較しても遜色《そんしょく》のない格闘性能を誇るレイバーとして完成した。それだけに極めて早い段階から各国の警察関係者の注目を集めており、早くも１９９９年５月には、ニューヨーク市警にテスト目的で３輛※1が納入されている。また、これに追随する形で警視庁も採用を内定しているのだが、その背景にＡＶＳ-98ＭＡＲＫⅡの採用中止があったことは言うまでもないだろう。つまる

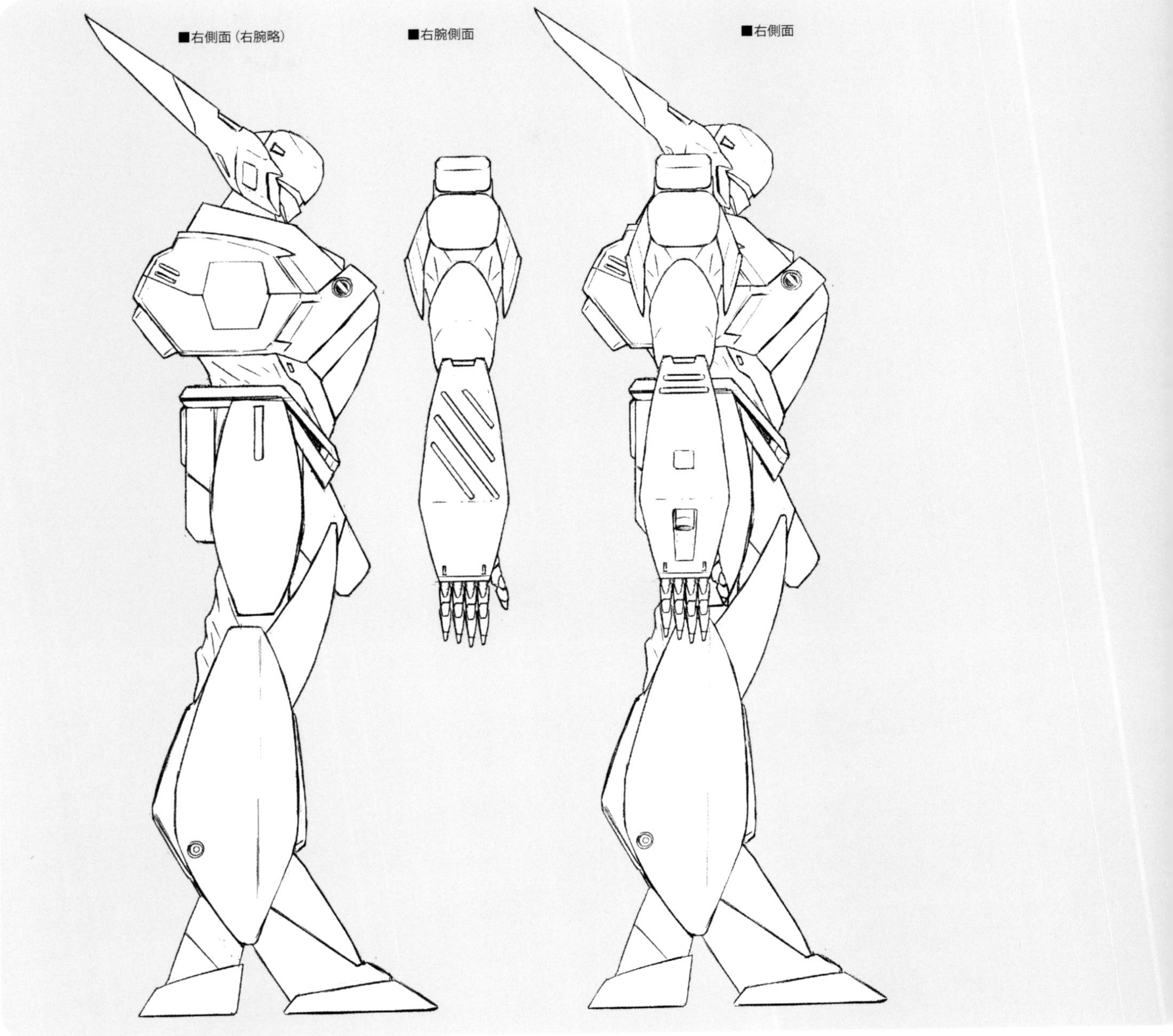

ところ、警視庁は安価な車輛を大量調達する「数」重視路線から、高価ではあるが高性能な車輛を限定的に調達する「質」重視路線へと舵を切ったということである。ただし、その調達価格はAV-98をも上回るものと試算されていたため、予定されていた第三小隊の新設どころか第二小隊の装備更新も叶わず、運用車輛の旧式化が問題となっていた第一小隊のみを転換対象とする方針となった。こうした決定に伴い、警視庁は、同年7月より第一小隊の小隊長を派遣し、AV-X0の試作初号機を用いた評価試験を行っている。だが、ここにきてまたしてもトラブルが発生する。同年8月、いわゆる「HOS暴走事件」が発生したのだ。HOSに仕込まれた「トロイの木馬」型のコンピューター・ウィルスによって——他のHOS搭載機と同様に——AV-X0も暴走事故を起こしてしまったのである。これに伴い、AV-X0本体にも重大な欠陥がある可能性が指摘された結果、全面改修が決定。ニューヨーク市警、および警視庁の双方で採用に向けた計画の見直しが図られることとなったのだった。

※1
一部報道ではニューヨーク市警への納入数が2輛とされているが、これは1輛が予備車輛として扱われ、通常2輛体制で運用されていたためと思われる。

【上】組み立てを終えて各部のチェックが進行中のAV-X0〈零式〉。外装は正式採用車輌と異なるテスト用に塗装されている（足のソール部分はゴムの地色）で、ロールアウト直前の貴重な写真である。
【下】ロールアウト直前のAV-X0。3輌のうち1輌は特車二課の手でテストが行われ、海上プラットホーム、いわゆる“方舟”に送られて当時の第一小隊長・南雲警部補がその任に当たった（あとの2輌は「方舟事件」のため納入がキャンセルとなった）。なお右に見切れている青い塗装のAV-X0はニューヨーク市警用だが現地に送られたものとは異なり、国内におけるテスト用車輌である。

NYPD
NEW YORK CITY POLICE DEPARTMENT

AV-X0 零式
ニューヨーク市警ver.

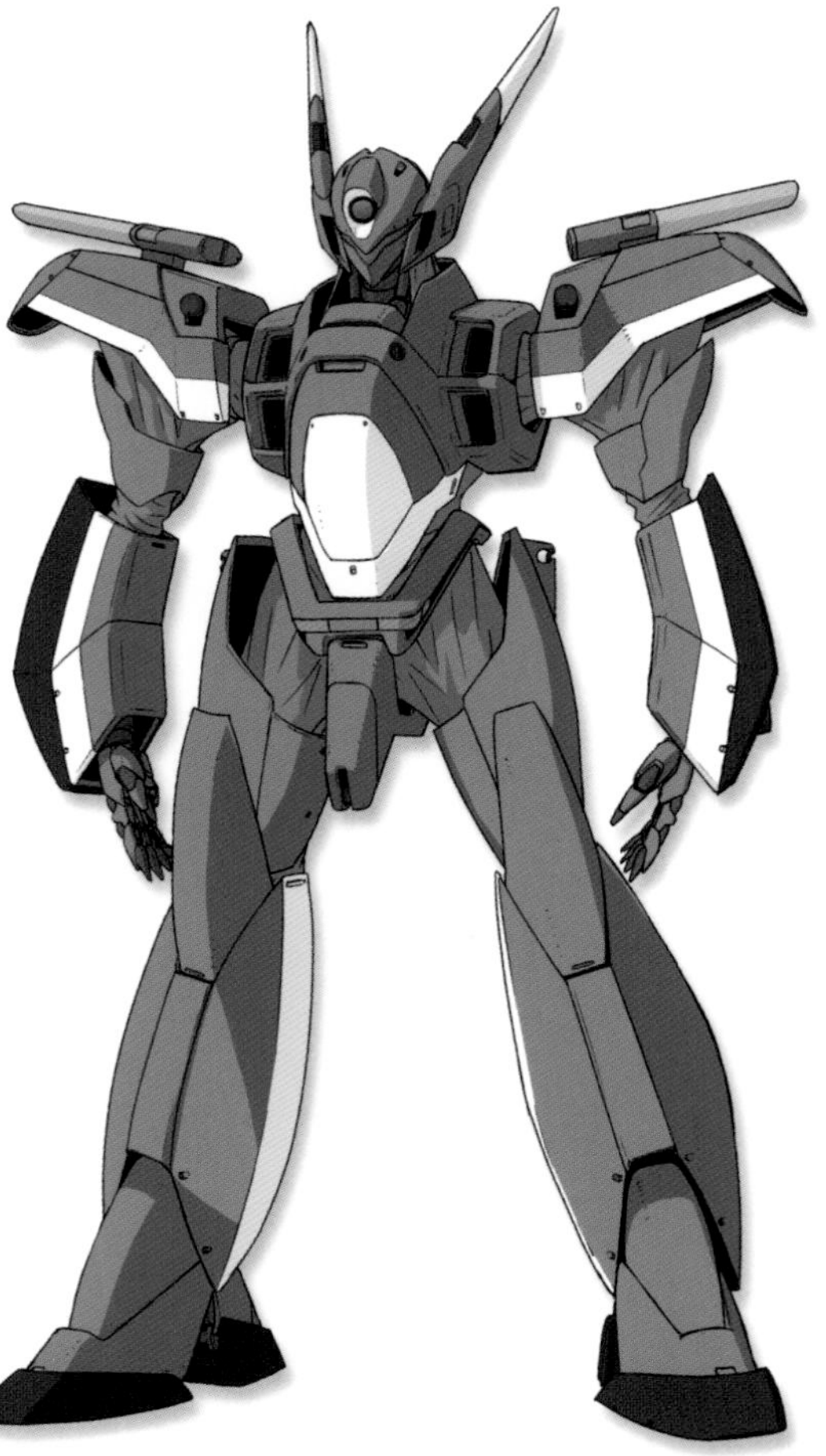

■AV-X0零式【前面】

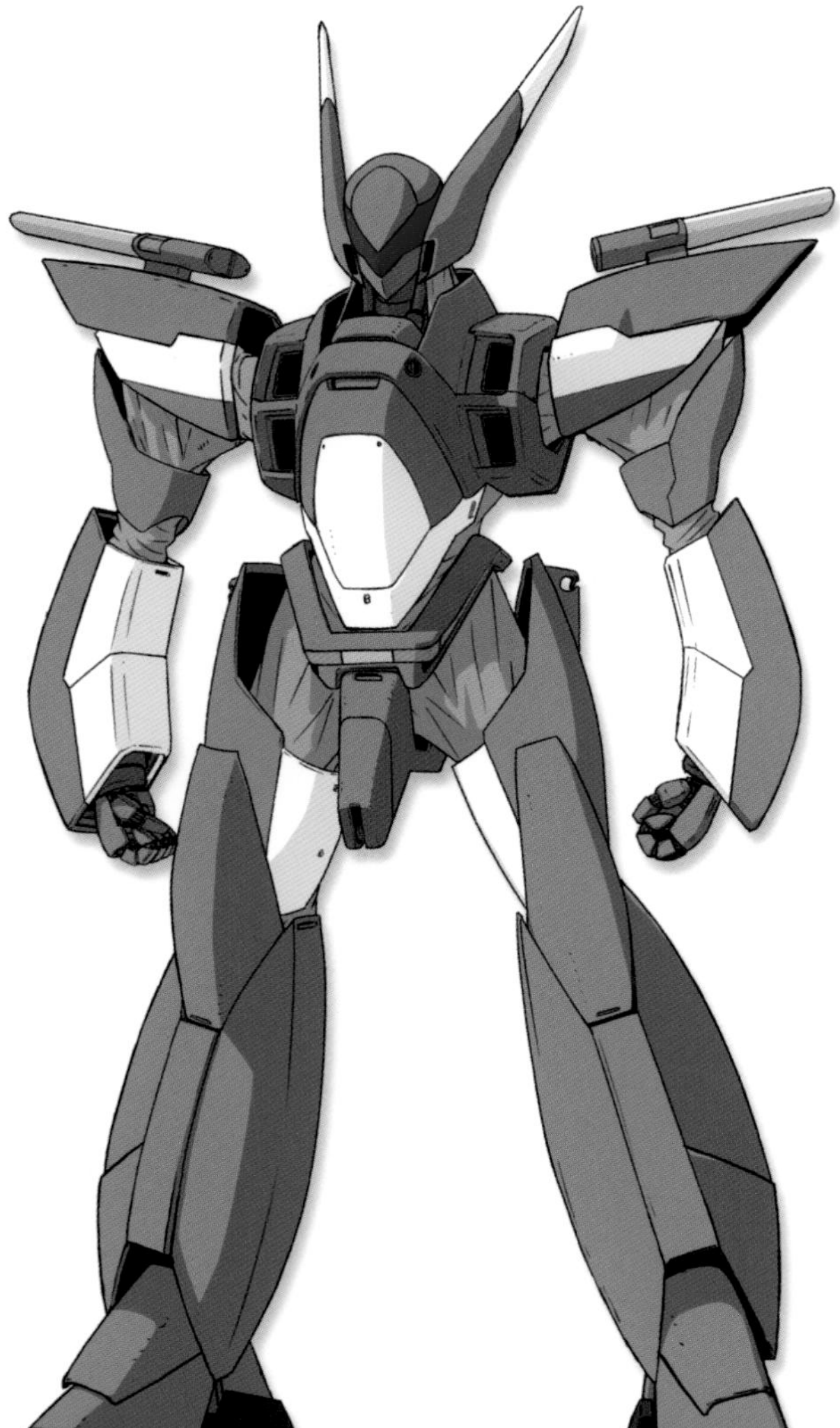

■AV-02クラッシュバスター【前面】

AV-02 クラッシュバスター

〈クラッシュバスター〉と後の〈ピースメーカー〉の違いとして、運用する武装が挙げられる。ニューヨーク市警のレイバー隊では、スタンスティックの採用が見送られたため、左腕部への内蔵機構が排除されているほか、ケースレス弾を使用するサブ・マシンガンを扱うためにマニピュレーターの形状もAV-98〈イングラム〉と同型のものへと変更されている。

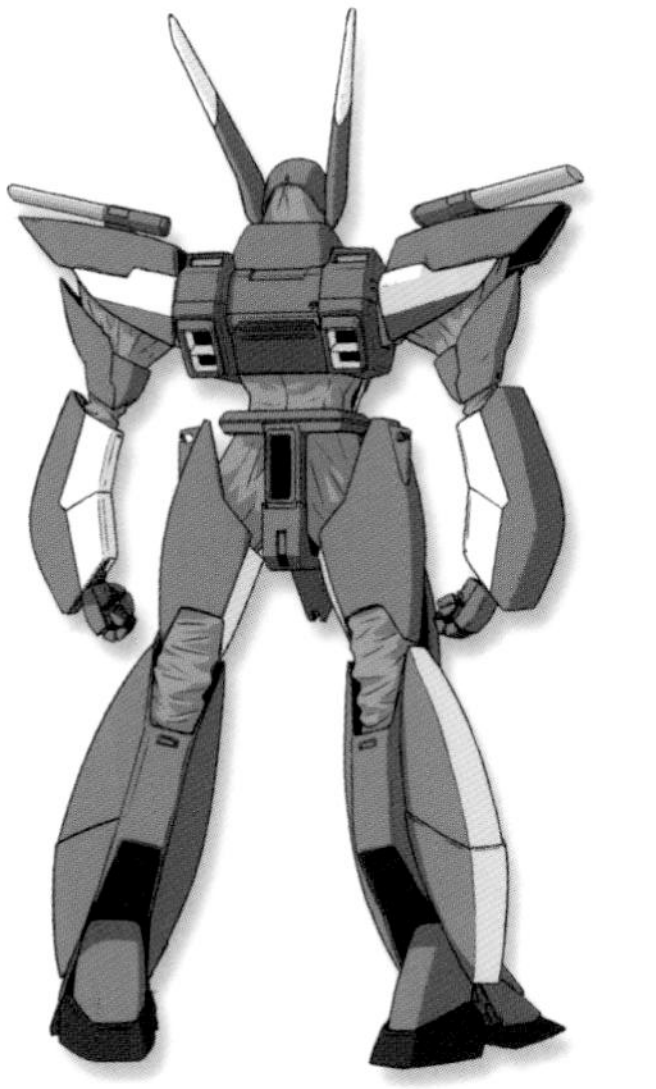

■AV-02クラッシュバスター【背面】

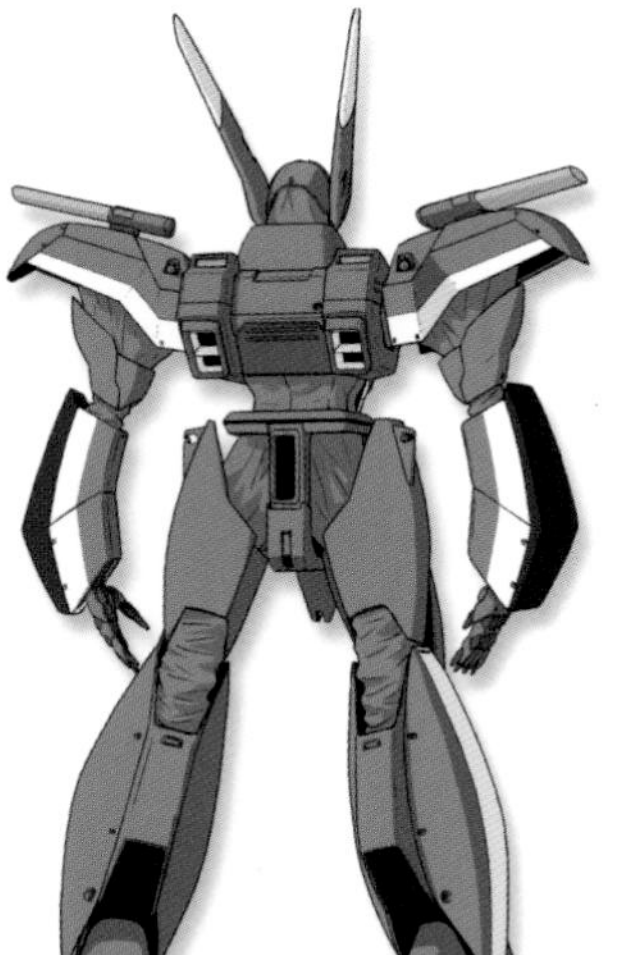

■AV-X0零式【背面】

AV-0 ピースメーカー

■左側面（左腕脚略）

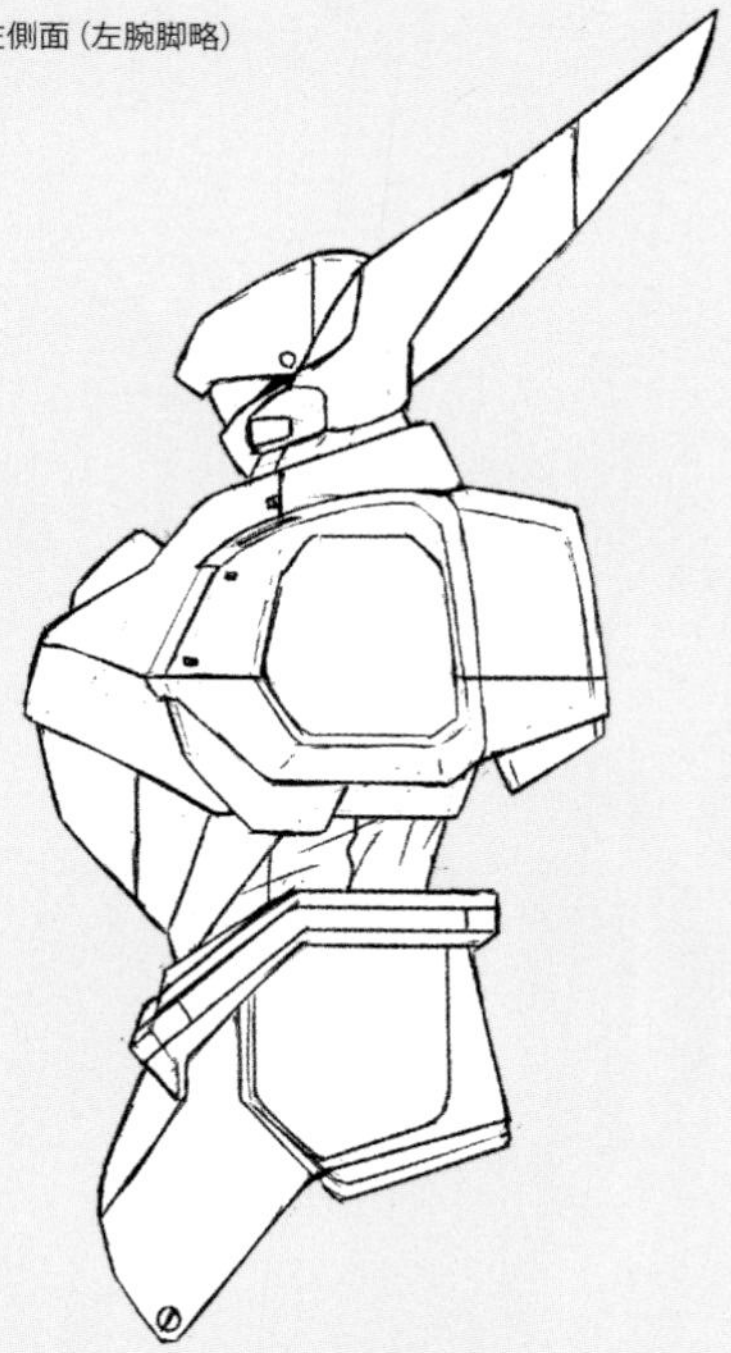

■前面

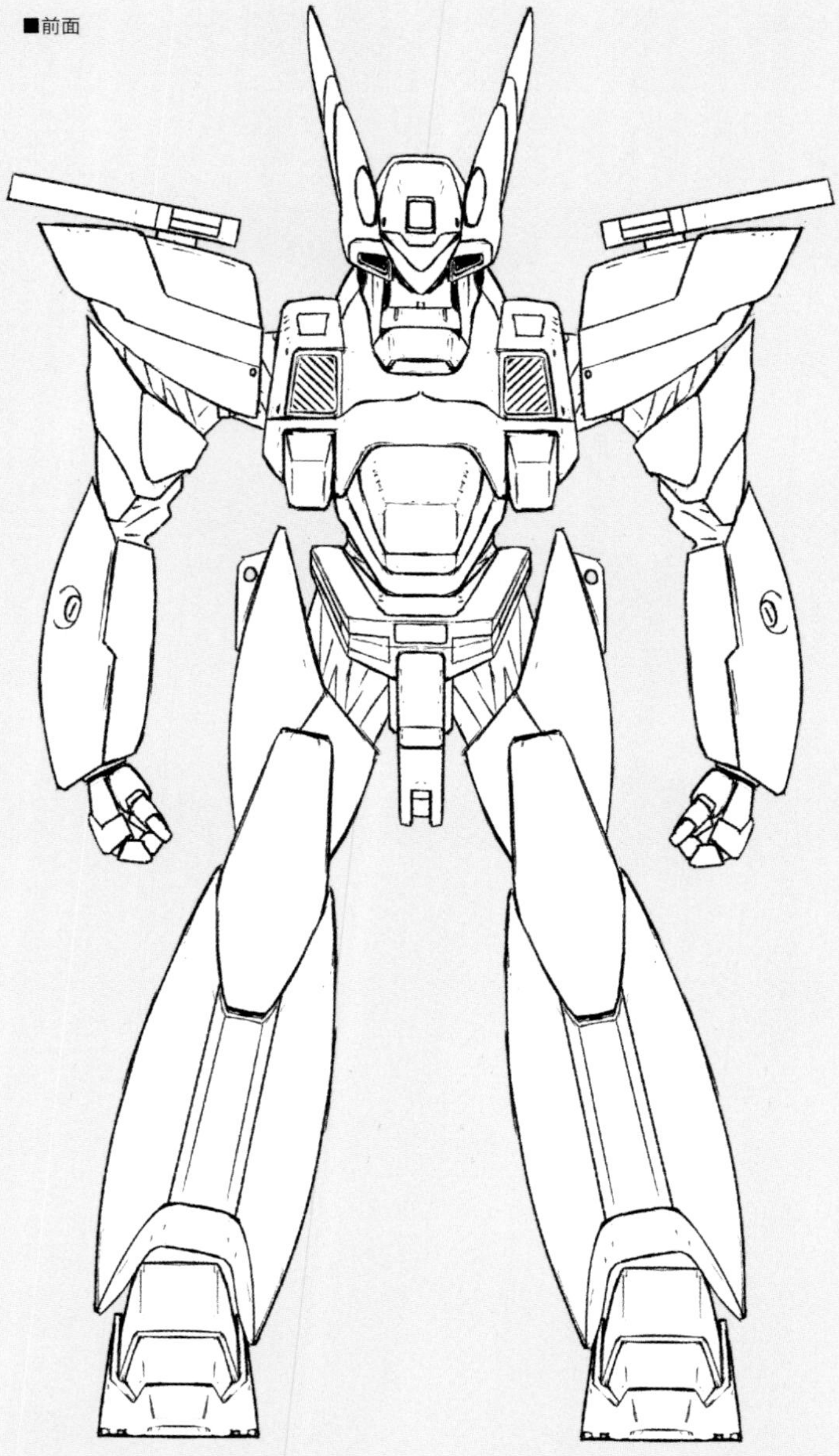

SPEC	
全高：	8.20m
全幅：	4.45m
乾燥重量：	6.10t
装備重量：	7.00t
最大起重：	2.8t
最小回転半径：	3.00m
装甲材質：	CFRP、FRM

AV-0〈ピースメーカー〉

HOS対応型レイバーとして設計されたAV-X0には、ゆくゆくはHOS-SAD（Satellite Applicable Driver：サテライト・アプリケーブル・ドライバー）と名付けられた新機軸のシステムを搭載する計画があった。これは、人工衛星と連動することでロックオンした交戦対象の位置を捕捉し続け、車体制御をアシストするシステムである。実際、AVR-0と呼ばれる実験機の製作も進めていたのだが、「方舟事件」の煽《あお》りを受けて大本であるHOSの運用が凍結、芋づる式に数10億円規模の予算を投じていたとされるHOS-SADプロジェクトも頓挫《とんざ》してしまう。

こうした状況下で、篠原重工はAV-0シリーズの開発計画を根本から見直す決定を下す。まず運用テストが始まっていたニューヨーク市警からAV-X0を引き上げつつ、同市警向けの改修モデルの製造に着手。OSをHOSからLOSへと差し戻しつつ、レーザースキャナーのオミットや一部装甲形状の変更などを加えた上で、AV-02〈クラッシュバスター〉（109ページ参照）としてまとめあげた。このレイバーは1999年9月に3輌が再納入され、2000年までに合計5輌がニューヨーク市警に納められている。

一方、警視庁向けのモデルとしては、

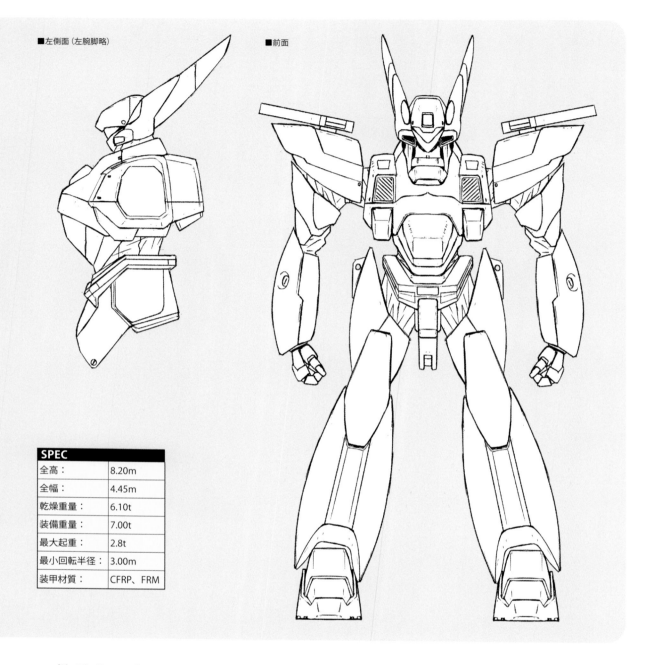

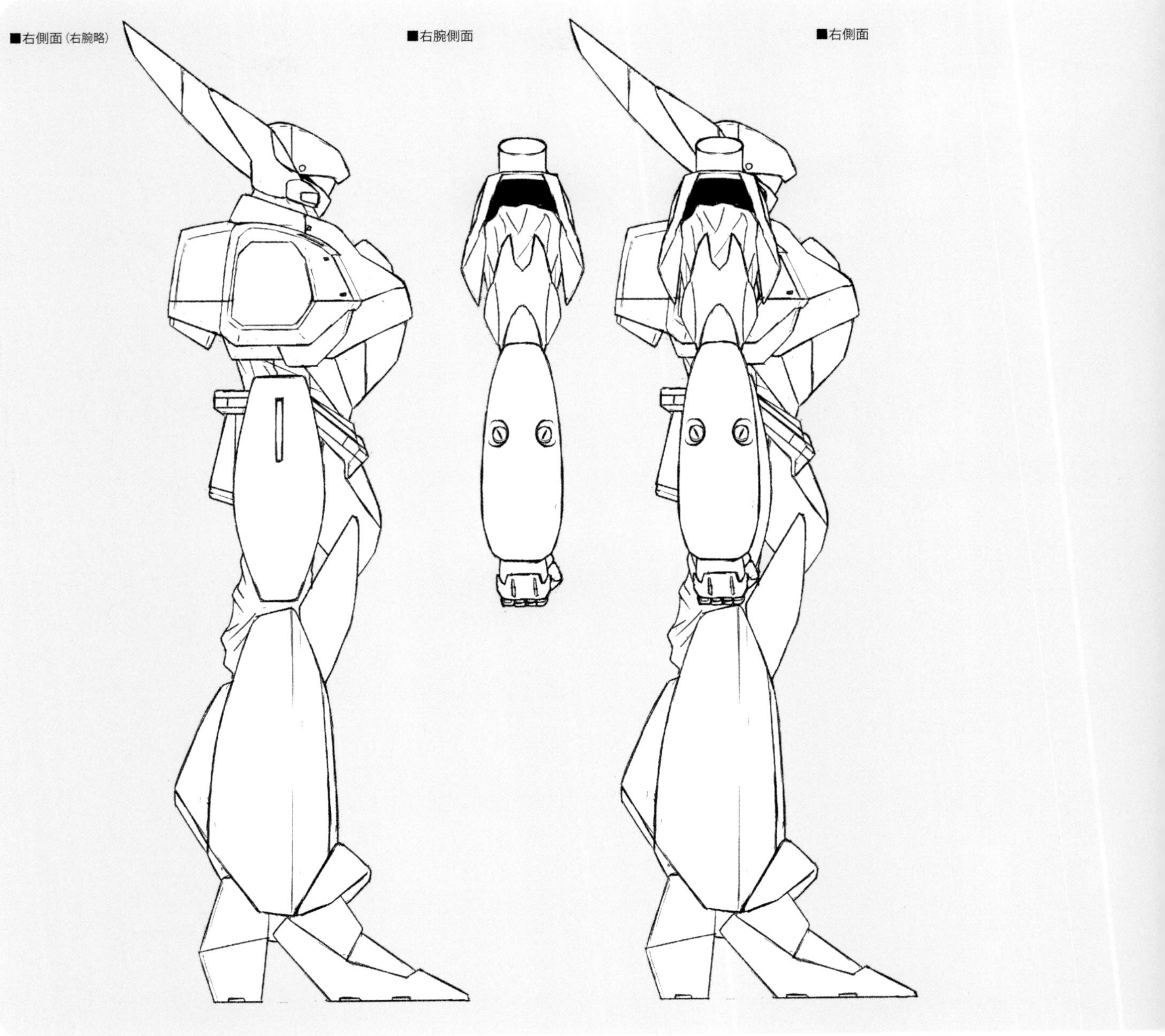

より大幅な改修を加える案が浮上する。HOS-SADで試みられた車体制御のアシスト機構を、異なる形で実装しようというのだ。先述の通り、HOS-SADは人工衛星との連動が売りであり、〝天上の眼〟を介して俯瞰《ふかん》視点から状況を把握し、車体の動作を補助することができた。しかし、厖大《ぼうだい》なデータを処理する必要から、随伴車輌に設置された統合管制システムとリンクしなければ、機能のすべてを利用できないという欠点を抱えてもいた。そこで、改めて篠原重工はレイバー本体のみで完結する独立型の車体制御システムの開発に注力、ニューロン・ネットワーク・システムを完成させている。

AV-0 ピースメーカー

このシステムは、その名の通り人体の神経系を模して設計された。こうした試みは、〈アスカ〉系の時代から脚部ユニットに採り入れられていたが、これを駆動系全体に拡大。全身にセンサー類を組み込み、そこから得られる情報をメイン・コンピューターで処理することで、操縦者の操作に頼らないレイバー本体の〝感覚〟による自己判断で、最終的な車体制御を行わせようというのだ。このシステムがあれば、操縦ミスによって建造物に激突しそうになった場合でも、レイバーは自らの判断によって反射的に回避行動を取ることになる。都市部での捕り物も多い特車二課にとっては極めて有用なシステムと言えよう。

システム開発に目処《めど》が立つと、AV-X0をベースとした技術検証機※1を作成。ニューロン・ネットワーク・システム用のセンサーを配置しつつ、頭部ユニットの更新、胸部へのリボルバー・カノン収容スペースの追加、スタンスティック内蔵機構の変更、外装形状の刷新といった全面改修を経て、仕様を確定。1999年9月、AV-0〈ピースメーカー〉として、あらためて警視庁特車二課に最終テストバージョンとなる2輌を納入、同課第一小隊に配備されている。

紆余曲折を経て特車二課第一小隊にようやく配備された新型レイバーであるAV-0〈ピースメーカー〉は、方舟事件の直後となる1999年9月に納入されている。AV-X0〈零式〉とHOSの不具合を受けて全面改修したということになっているが、さすがにこの期間で改設計・生産まで行うのは無理というものであろう。あるいは、〈イングラム〉に対する〈エコノミー〉といった関係のように、〈零式〉のロープライス版として並行して走っていた設計プランの流用などがあったのかもしれない。

なお、〈ピースメーカー〉に対する運用サイドからの評判は当初こそ上々であったが、取締り対象のレイバーが意図的に建造物を背に取るなどした場合、ニューロン・ネットワーク・システムによる自動制御が仇《あだ》となり、身動きが取れなくなるという欠点が露呈《ろてい》。そうした場合、操縦者が任意でシステムを切る必要があり、重要な局面ほど、その恩恵を得られないという何とも歯がゆい状態に陥《おちい》っている※2。とはいえ、たとえニューロン・ネットワーク・システムを抜きにしたとしても、〈ピースメーカー〉が〈イングラム〉を上回る基本性能を有している事実に変わりはない。システムの欠点を以《もっ》て、本機を欠陥機と評価するのは公平ではないだろう。

※1
篠原重工社内ではAV-X0-2なる型式で管理されていたようだ。その外装は、〈零式〉と〈ピースメーカー〉の中間といった面持ちであったという。

※2
実際に黒いレイバーこと、TYPE-J9〈グリフォン〉との交戦時にニューロン・ネットワーク・システムの穴を突かれる形で〈ピースメーカー〉は敗北を喫している。余談であるが、AV-98〈イングラム〉に対して同システムを後付で追加する近代化改修プランが一時的に浮上していたものの、運用過程でシステムの欠点が露呈したことで費用対効果の観点から廃案となったようだ。

2式AV ヴァリアント

SPEC	
全高：	7.38m（推定）
全幅：	4.35m（推定）
乾燥重量：	非公開
装備重量：	非公開
最大起重：	非公開
最小回転半径：	非公開
装甲材質：	CFRP、FRM

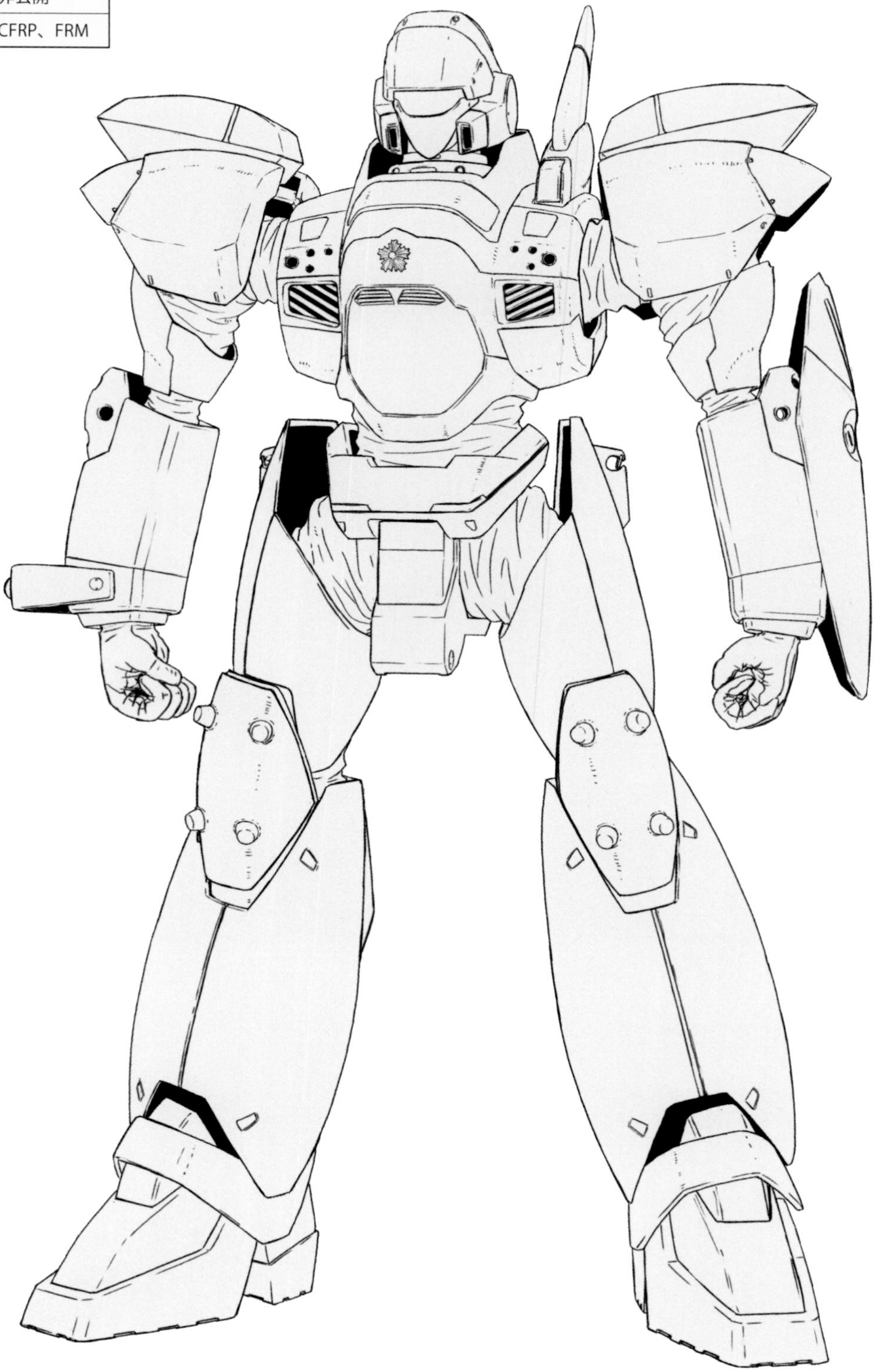

現在特車二課主力となっている2式AV〈ヴァリアント〉は、クリア・キャノピー及び背面搭乗式を採用している。
98式AVでは前方に搭乗ハッチが設けられていたが、昇降機構の廃止やレイアウトの改良により、後継車種では車輛背面からの乗降が主流となっている。背面搭乗式はシートの背もたれが邪魔になることから、シートを回転させる、車輛外に引き出す、など別途工夫が必要となるが、車輛前面の構造強化の面では有利で、乗員の安全性は飛躍的に高まったとされる。

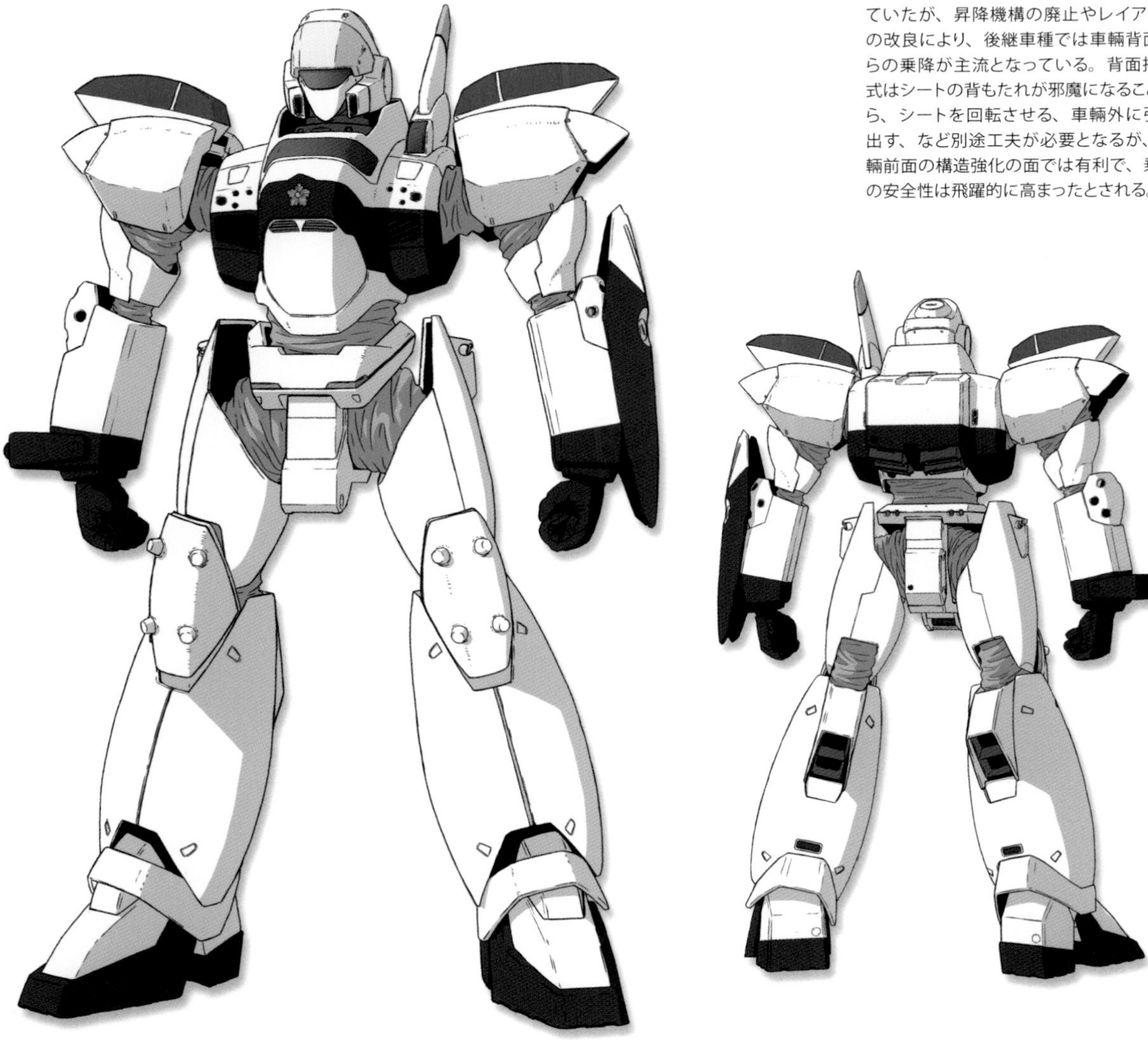

AV-2〈ヴァリアント〉

篠原重工製のパトロール・レイバー。AV-98〈イングラム〉に始まり、AV-0〈ピースメーカー〉の完成を以《もっ》て、篠原重工が進めてきたAV計画は一応の完了を見た。その後、篠原重工は、これまでのAV計画を振り返った上で、第2期AV計画とも言うべき位置づけの新型レイバー開発プロジェクトを始動させている。2000年代に入り、すでにレイバー市場は成熟しつつあり、1年前に発売された車輛が〝旧型〟との誹《そし》りを受けるような時代は終わろうとしていた。バビロン・プロジェクトによる好景気は、決していつまでも続かない。やがて景気は安定、もしくは後退局面に入り、金食い虫のレイバーには厳しい時代が到来するであろうとの予測から、より長期間に亘《わた》って運用可能な耐用年数に優れたレイバーを造るべしとの結論に至ったのである。

第2期AV計画、最初の車輛であるAV-2〈ヴァリアント〉の設計・製造は、これまでのAVシリーズと同様に篠原重工八王子工場が担当した。

新型のニューロン・ネットワーク・システムを制御系に採用しているとはいえ、その設計思想は直近のAV-0よりもAVS-98に近く、性能とコストのバランス、そしてメンテナンス性が重視されている。クリア・キャノピーの直視型コクピットを採用し、頭部ユニットのメインセンサーは補助的な扱いとなっている点

2式AV ヴァリアント

■左側面（左腕脚略）

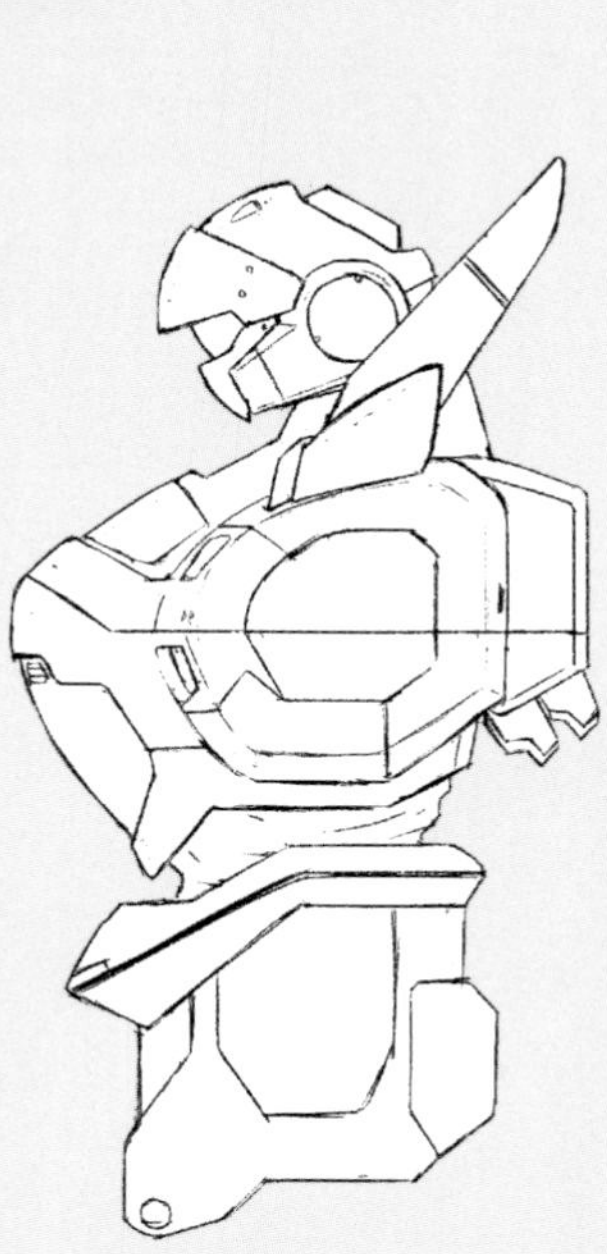

■前面

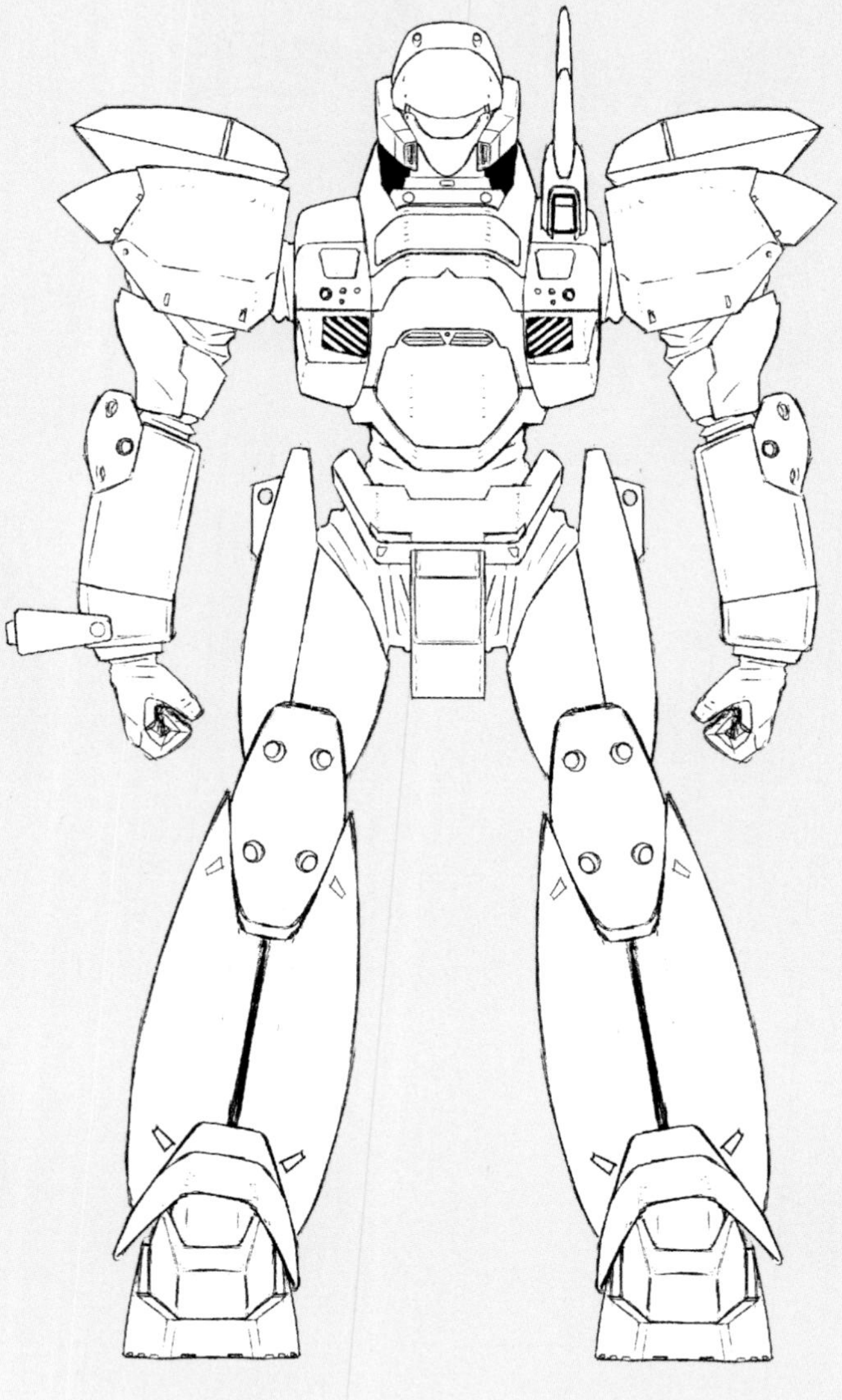

ナックルガードのスタン装置は出力が低かったため、電磁的防備が固められた軍用レイバー相手となると心もとない装備であった。そこで予備的に従来型の電磁警棒も備えられている。とはいえ、民生用レイバー相手であれば充分に有効な武器であり、またシールド裏から引き抜いて構えるといった予備動作が必要ないため、現場からは好評であったようだ。

も、AVS-98譲りと言えるだろう。リボルバー・カノンの収納スペースを胸部左側に配置している点は、AV-0と同様であるが、一方でアーム伸縮機構がオミットされ、格闘戦において「貫手《ぬきて》」を使うことはできない。その代わりとして、右腕部ユニットに導入されたのが展開式のナックルガードだ。この装備は打撃時に損壊しないようマニピュレーターを保護するためだけのものではなく、スパイク状のスタン装置が3基具《そな》えられており、レイバーの制御系に対して電磁的なダメージを与えることが可能となっている。内部構造の複雑化を防ぎ、かつ壊れにくく頑強に、という点は、まさしく長期運用を視野に入れた設計思想と言えるだろう。

また、損傷率が高かったブレード型アンテナが頭部ユニットから肩部に移設されているほか、排熱機構を小型化することでコクピット・ハッチを背部に回している。この処置により、胴体正面の強度を高く保つことが可能となり、操縦者の安全性は向上した。また、コクピット内部のスペースも多少は広くなり、居住性も若干ではあるが改善されているという。

警視庁は、2001年度にAV-2を合計6輌導入することで、特車二課第一小隊、及び第二小隊を一挙に装備更新している。ちなみに、この措置により不要となったAV-98〈イングラム〉は八王子工場に戻され、実験機として再利用される運びとなった。

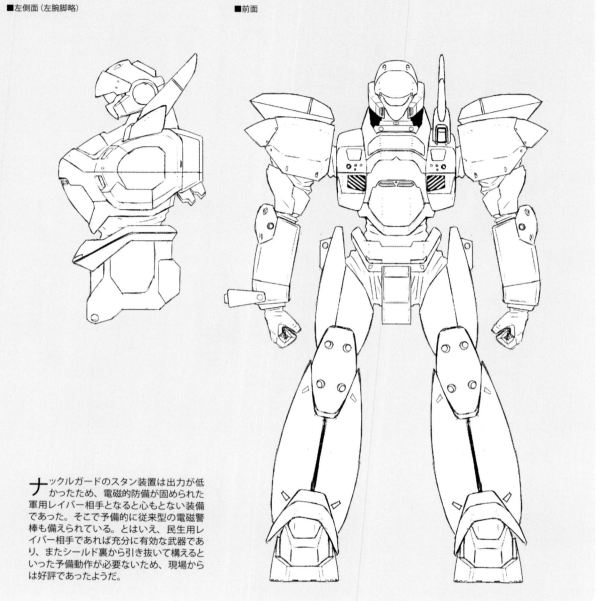

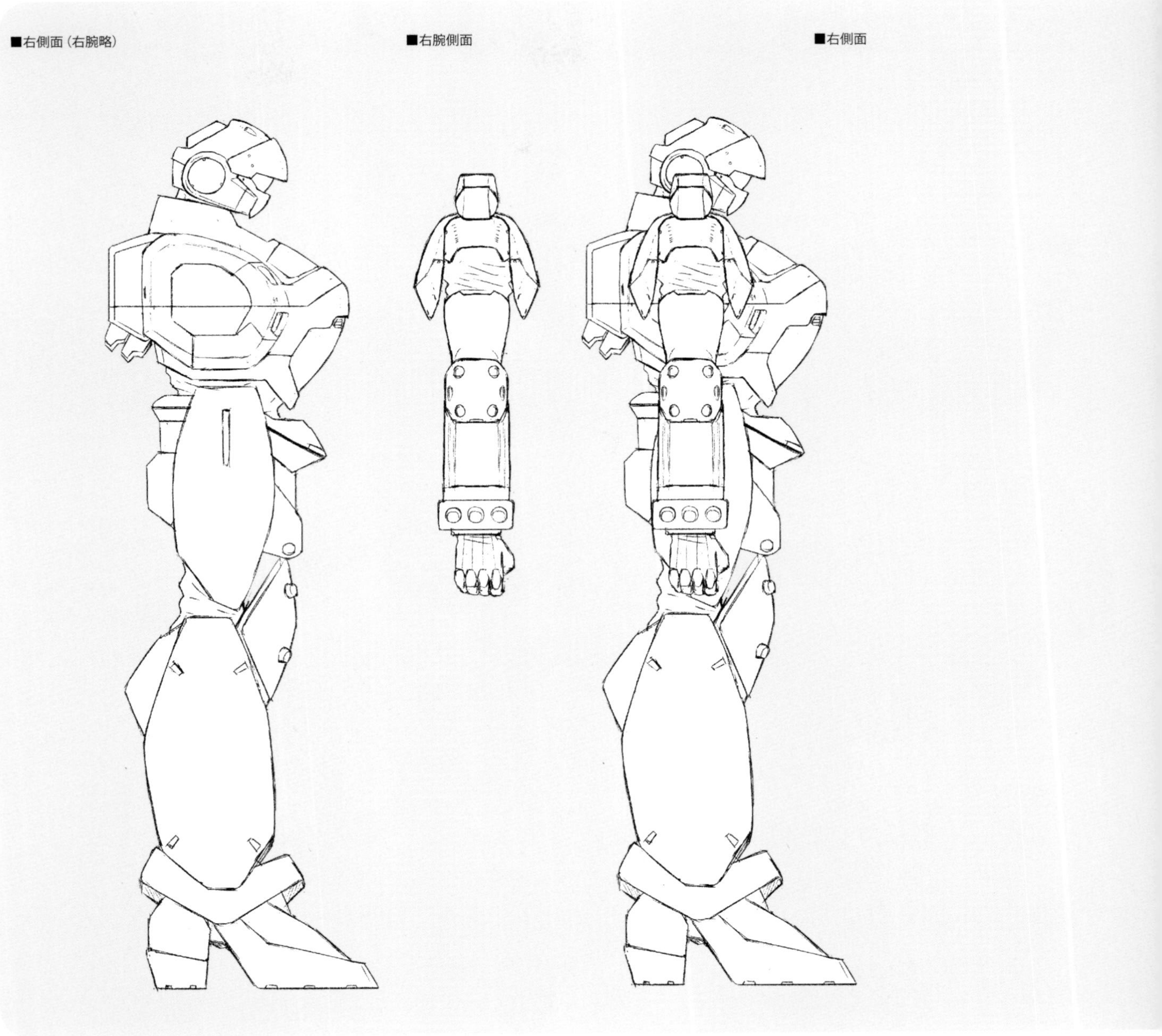

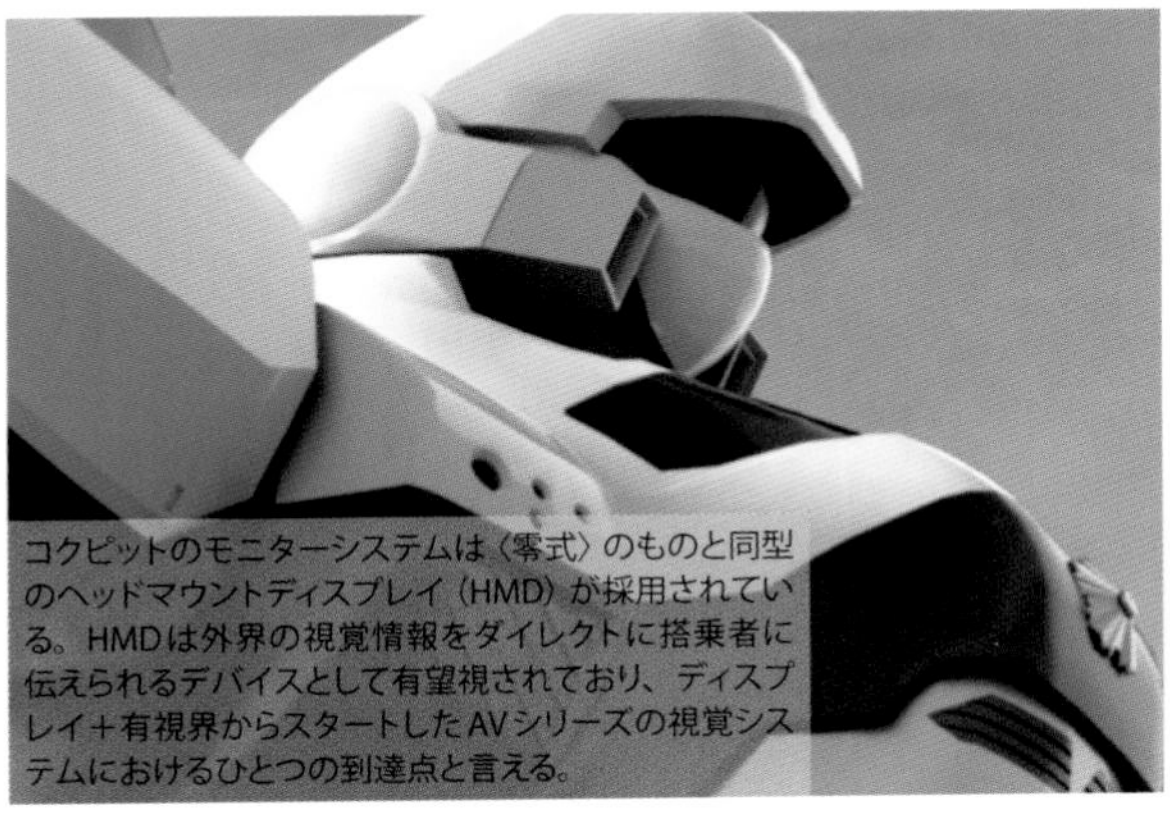

コクピットのモニターシステムは〈零式〉のものと同型のヘッドマウントディスプレイ（HMD）が採用されている。HMDは外界の視覚情報をダイレクトに搭乗者に伝えられるデバイスとして有望視されており、ディスプレイ＋有視界からスタートしたAVシリーズの視覚システムにおけるひとつの到達点と言える。

陸上自衛隊のレイバー

The Labor of JGSDF

日本において後の「レイバー」に繋がる搭乗型多足歩行式車輌は、主に民生用作業機械として開発されてきたが、一方でアメリカやヨーロッパ諸国においては、当初から軍事目的で研究されてきた。こうした文化の違いもあり、レイバーが実用レベルに達するや、アメリカやソヴィエト連邦、NATO加盟国は、次々と軍用レイバーの採用に踏み切ってゆく。

このような流れの中、我が国においても防衛用レイバーを導入すべきといった議論が、防衛庁内部で活発に交わされるようになるのは、ある意味必然であっただろう。

自衛隊に採用された“空挺レイバー”ARL-99B〈ヘルダイバー〉は、98式AV〈イングラム〉と同時期に開発され、軽量・高機動といったコンセプトや実際の設計、内部器機など共通する部分の多い機体である。

落下傘（パラシュート）を開き空挺降下する〈ヘルダイバー〉。車輛背面に落下傘嚢を装備するが、通常輸送機から空中排出される際、同時にパラシュートが展開される。外脛のダイブ・ブレーキを展開し降下、背嚢のノズル噴射と脚部の強力な電磁ショック・ダンパーにより着地の衝撃を和らげる。

政府や防衛庁による防衛用レイバー導入検討の動きに対し、左派系市民団体は当然のごとく強烈に反発してみせた。こうした声を受け、野党も防衛予算の際限ない増加に繋《つな》がるとして反対意見を表明。自衛隊におけるレイバー採用の動きは、当初から波乱含みであった。

そうした中、防衛庁はレイバー導入に向けて、政府民自党に徹底した根回しを行ったという。災害派遣においても有用であるとして、軍事土木作業用に民生用レイバーを導入しようとしたのである。かくして自衛隊初のレイバーとなったのは、従来から戦闘用車輛や航空機の開発で実績のあった菱井インダストリー製のHL-96〈タイラント2000〉であった。

一度、既成事実さえ作ってしまえば、あとは、その範囲をじわじわと拡大していくだけのことだ。戦後日本政治の常道とも言える手段を使い、やがて防衛庁は戦闘用レイバーの導入を提言。政府民自党は、我が国の軍備増強に敏感な近隣諸国の〝懸念〟を、半ば無視する形で、戦闘用レイバーの運用を可能とする特別法を成立させてゆく。そうして開発・配備されたのが、菱井インダストリー製のAL-97〈アトラス〉であり、その欠点を補う形で登場したAL-97B〈サムソン〉であった。

99式試作強襲空挺レイバー

SPEC	
全高：	9.04m
全幅：	5.31m
乾燥重量：	5.27t
装備重量：	6.04t
最大起重：	不明
最小回転半径：	不明
装甲材質：	CFRP、FRM

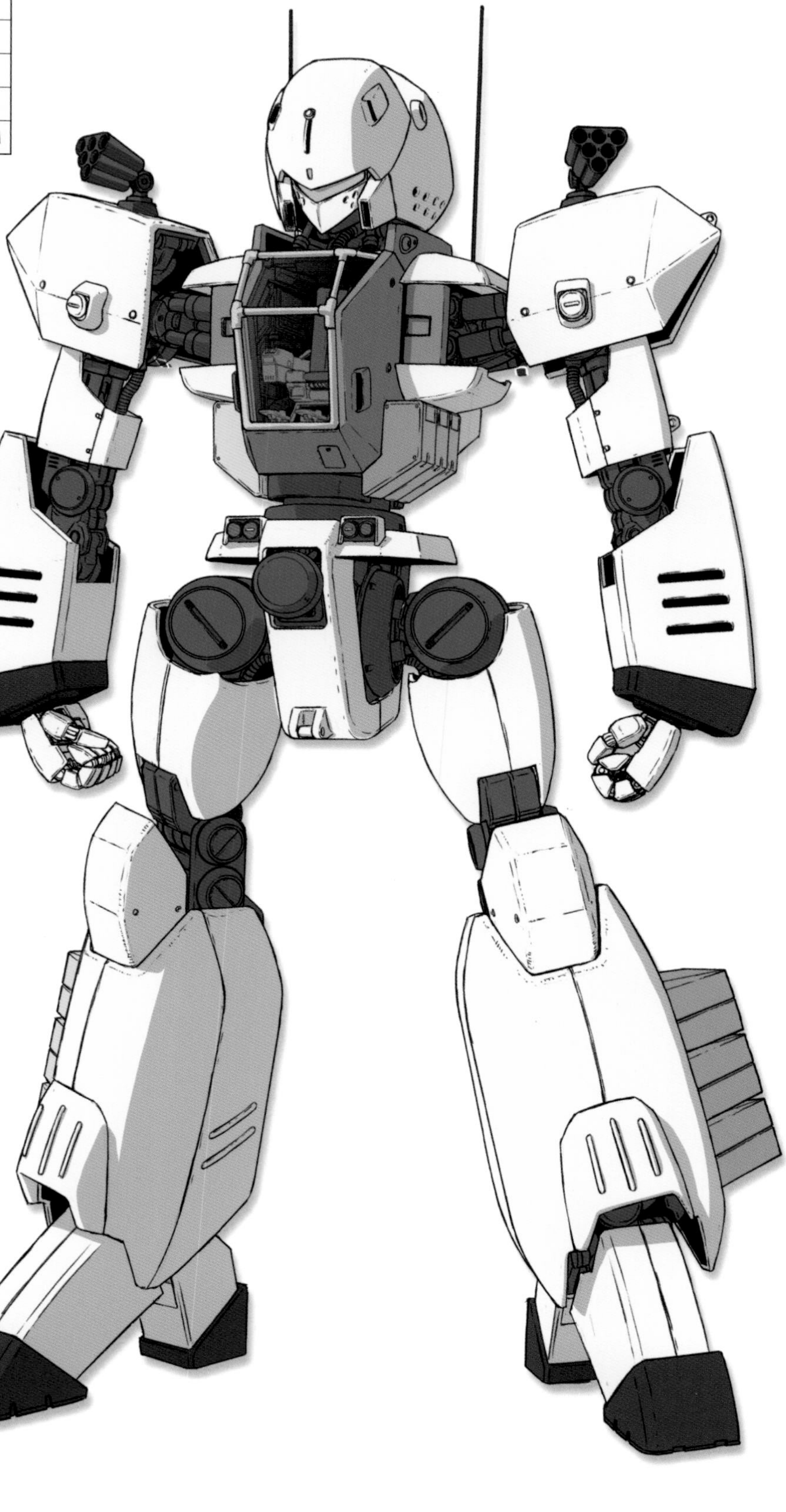

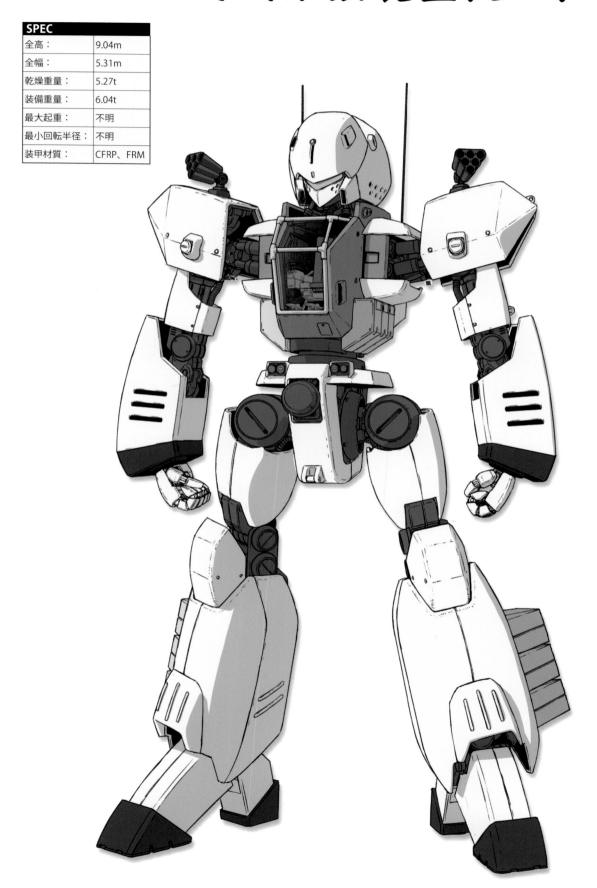

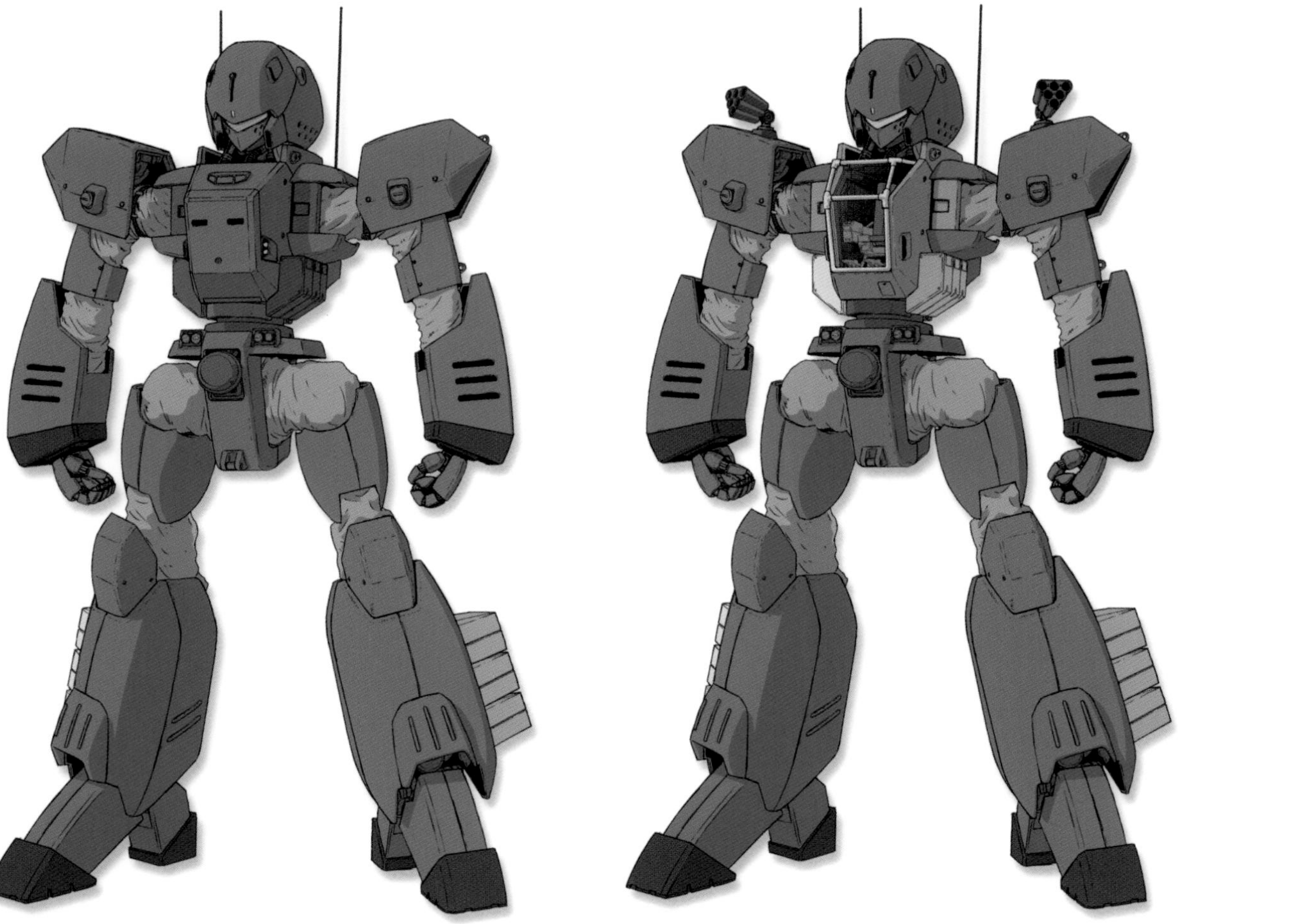

試作型であるため、仕様の異なる複数の車体が存在することが広報紙や専門情報誌などによって知られている。ただし、それらは正式なスペックが公表されているわけではないので、上の図は写真や公開されている情報からの再現である。99式試作でも当然、関節部を覆う防弾布のテストは行われており、実際に制式レイバーのARL-99B〈ヘルダイバー〉が採用している。また評価試験の半ば以降、コクピット前面を外装で覆うタイプも現れ、コクピット・コンソールやヘッドマウント・ディスプレイなどと併せて最終仕様の策定に向けた各種試験を精力的に行った。外装の塗装はこのほかにも迷彩タイプなど複数が確認されている。

AL-X99
〈試作強襲空挺レイバー〉

先に陸上自衛隊に配備されたAL-97系の特徴は、二足歩行による不整地走破性を活かして、日本に多い山岳部に分け入り、防衛ラインを形成するという「待ち伏せ型」の運用を前提としている点にある。だが、戦闘重量にして8トンを超え、また機動力という面でも難のあるこれらのレイバーは、緊急展開には不向きという欠点も存在していた。そこで防衛庁は、C-4輸送機による空輸を可能とし、かつパラシュート降下も可能な「空挺《くうてい》レイバー」の導入を目指すことになる。

そんな中、候補として上がったのが、篠原重工が開発していたAVシリーズであった。1997年10月、篠原重工による警視庁向け試作機MPL-X98AVのプレゼンテーションを受けた防衛庁関係者は、その基本フレームを流用した防衛庁向けレイバーの採用を決定。1998年2月に採用内定を通達すると同時に、防衛庁と篠原重工は最終仕様の確定に向けて協議を加速させることとなった。

AL-X99AV/AL-X99は、こうした流れの中で生み出された試作機である。補助動力を追加実装したことで大型化しているため、後の制式採用モデルに対して、ふたまわりほど大きくなっているのが特徴的だ。また、運動性能などの試験を目的としていたため装甲化されておらず、当初は車体正面が全面クリア・キャノピー式となっていた点もユニークである。

99式強襲空挺レイバー〈ヘルダイバー〉

■左側面
（左腕脚略）

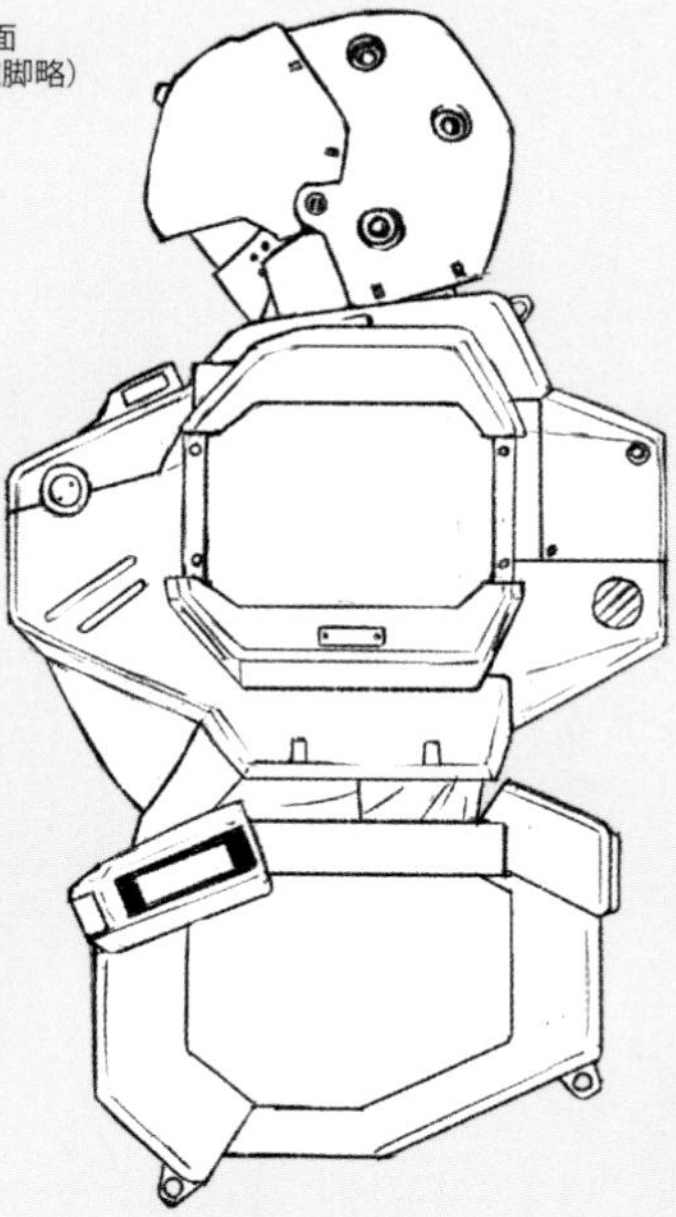

■前面

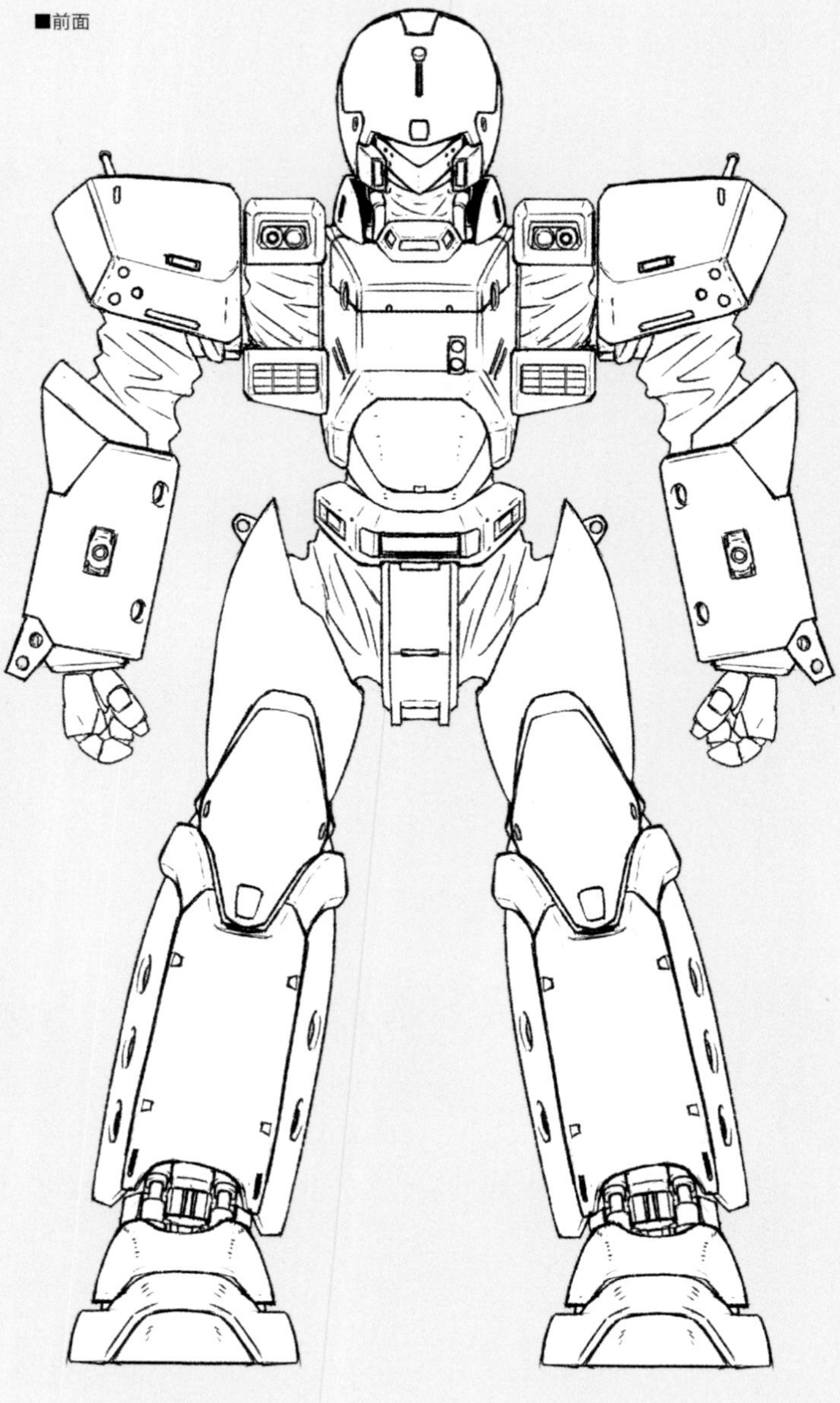

SPEC	
全高：	7.95m
全幅：	4.55m
乾燥重量：	5.75t
装備重量：	6.81t
最大起重：	3.1t
最小回転半径：	3.90m
装甲材質：	CFRP、FRM

ARL-99B強襲空挺レイバー〈ヘルダイバー〉

AL-X99による各種試験を通じて問題点を洗い出した後、篠原重工は「空挺レイバー」の最終仕様を確定した。

C-4輸送機による空輸を念頭に、車体は小型化されており、全高は8メートルを切る規模に落ち着いているほか、パラシュート降下に備えて脚部ユニットに展開式のダイブ・ブレーキや強化型のショックアブソーバーを追加。また、軽量化を目的として装甲材質に特殊強化されたFRPを採用。車体全面にも装甲が施されているほか、AV-98〈イングラム〉と同様の密閉式／開放式のハイブリットなコクピットを採用している。

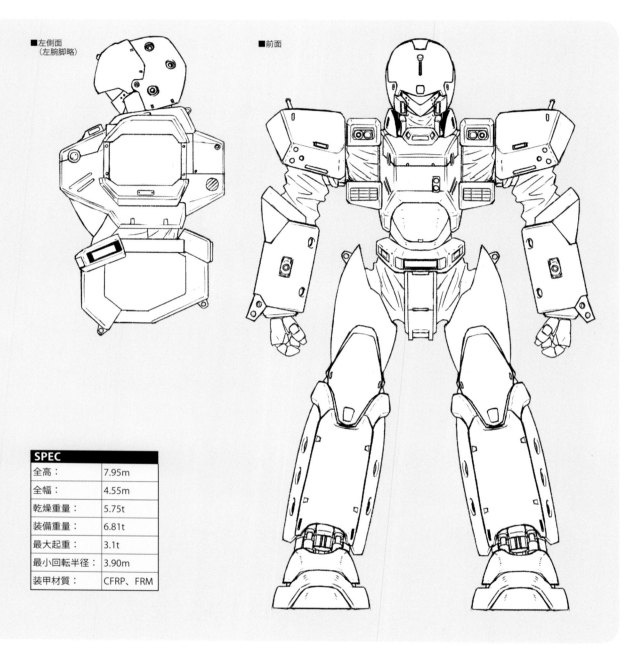

主兵装は40ミリ速射砲であり、火力の面では陸戦用の〈アトラス〉や〈サムソン〉に劣るが、機動性では既存の車種を圧倒。コンバットナイフを用いた格闘戦能力は、諸外国の軍用レイバーと比べても高い水準でまとまっている。なお、40ミリ速射砲は前腕部に外付けする方式を採っているが、手持ち式の自動小銃型火器の開発も進められており、5指を有するマニピュレーターによる汎用性の高さは、まさにAVシリーズらしい長所と言えそうだ。

こうした火器に加え、頭部ユニットに追加するノクトビジョン[※1]や、上半身を

■右側面（右腕略）

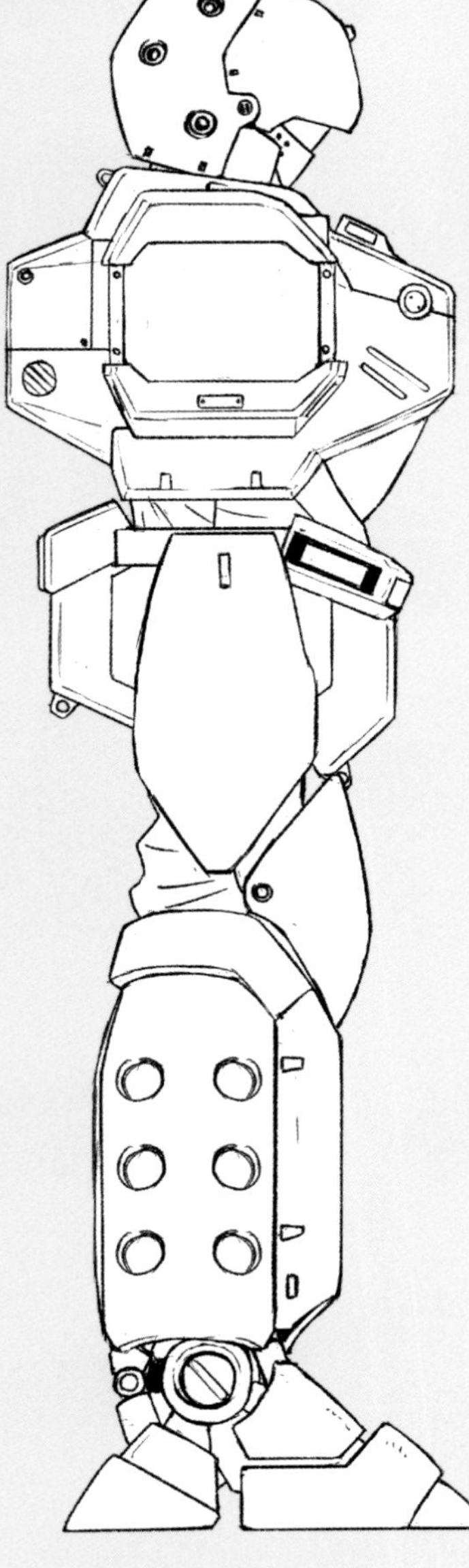

■右腕側面

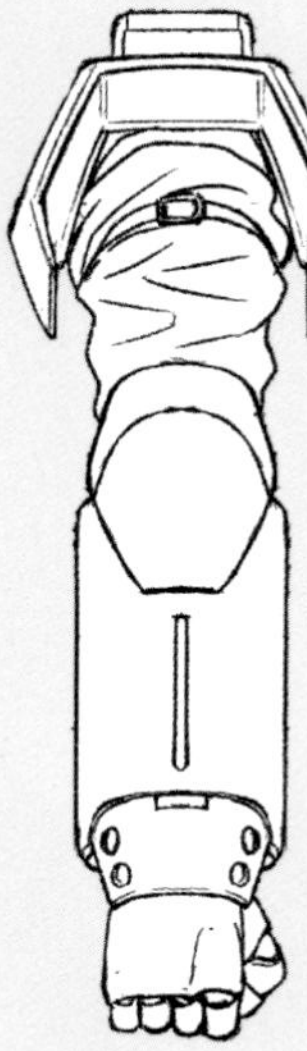

■右側面

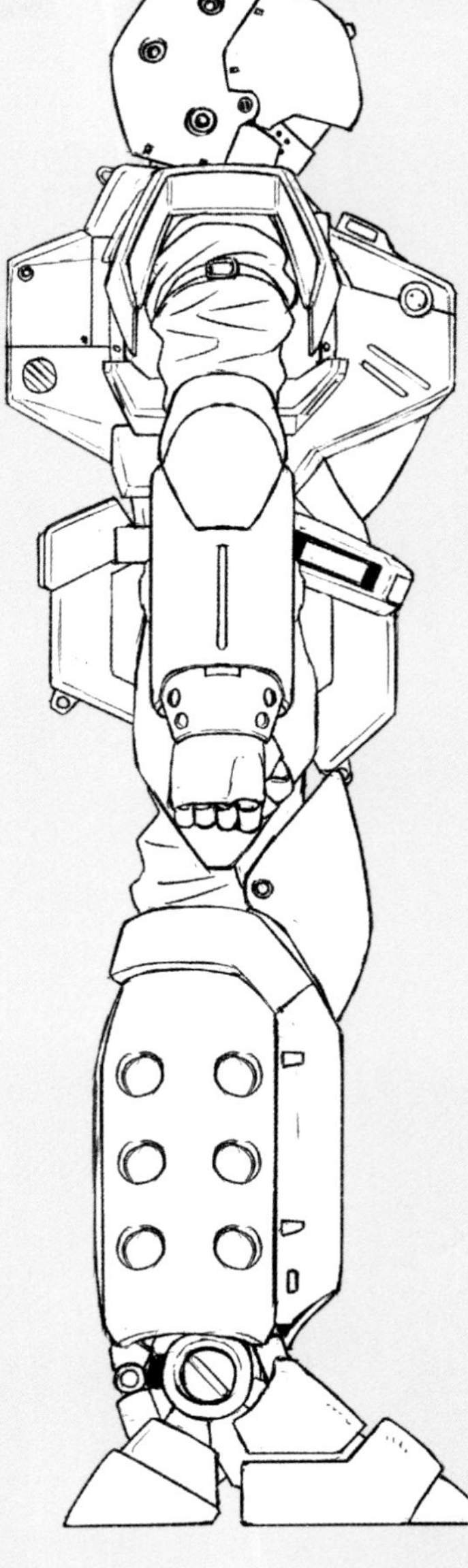

覆《おお》うステルスシート、耐弾性を高めるためのリアクティブアーマー・ジャケットなど、オプション装備も充実している。

なお、1994年4月より供給を開始した〈ヘルダイバー〉は、初年度に10輌が調達されており、そのすべてが千葉県習志野の陸上自衛隊機械化空挺師団に配備されている。

※1
標準装備としてもLLLTV（暗視カメラ）を装備しているが、ステルス性を高めた軍用レイバーへの対抗手段として、より高精度なセンサーの実装が求められてもいた。

■機関拳銃
〈ヘルダイバー〉用に開発された機関拳銃タイプの携行火器。外観は実在の短機関銃に似ており、拳銃弾（レイバーのそれを拳銃弾と呼べるのかという疑問はあるが）が使用できる点も同様である。固定力の高いレイバーのマニピュレーターに保持されるためストックは装備していない。

99式強襲空挺レイバー〈ヘルダイバー〉

陸上自衛隊標準塗色

迷彩はそれを纏《まと》う者（物）が敵などから発見される確率を減らし、作戦行動を円滑に実施できるようにする。周囲の環境に溶け込むために、自衛隊では塗色の色彩そのものだけでなく、塗膜の反射率などまで考慮されて多数の「標準色」が定められており、陸上自衛隊が採用したレイバーもこれに則って彩色されている。部隊や作戦内容、実施時期などによって変わることもあり、ここでは確認された中でもよく知られているものを挙げる。

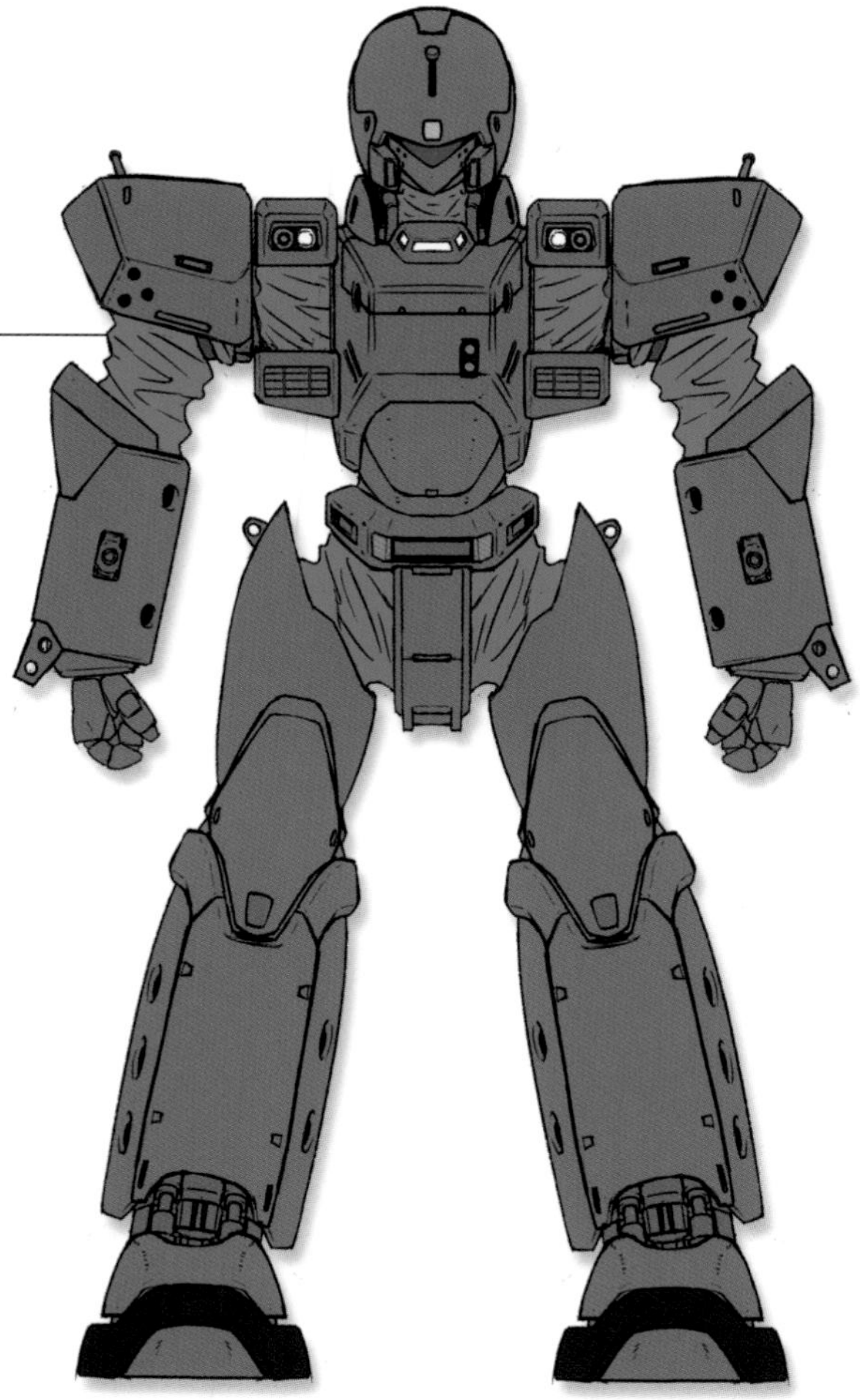

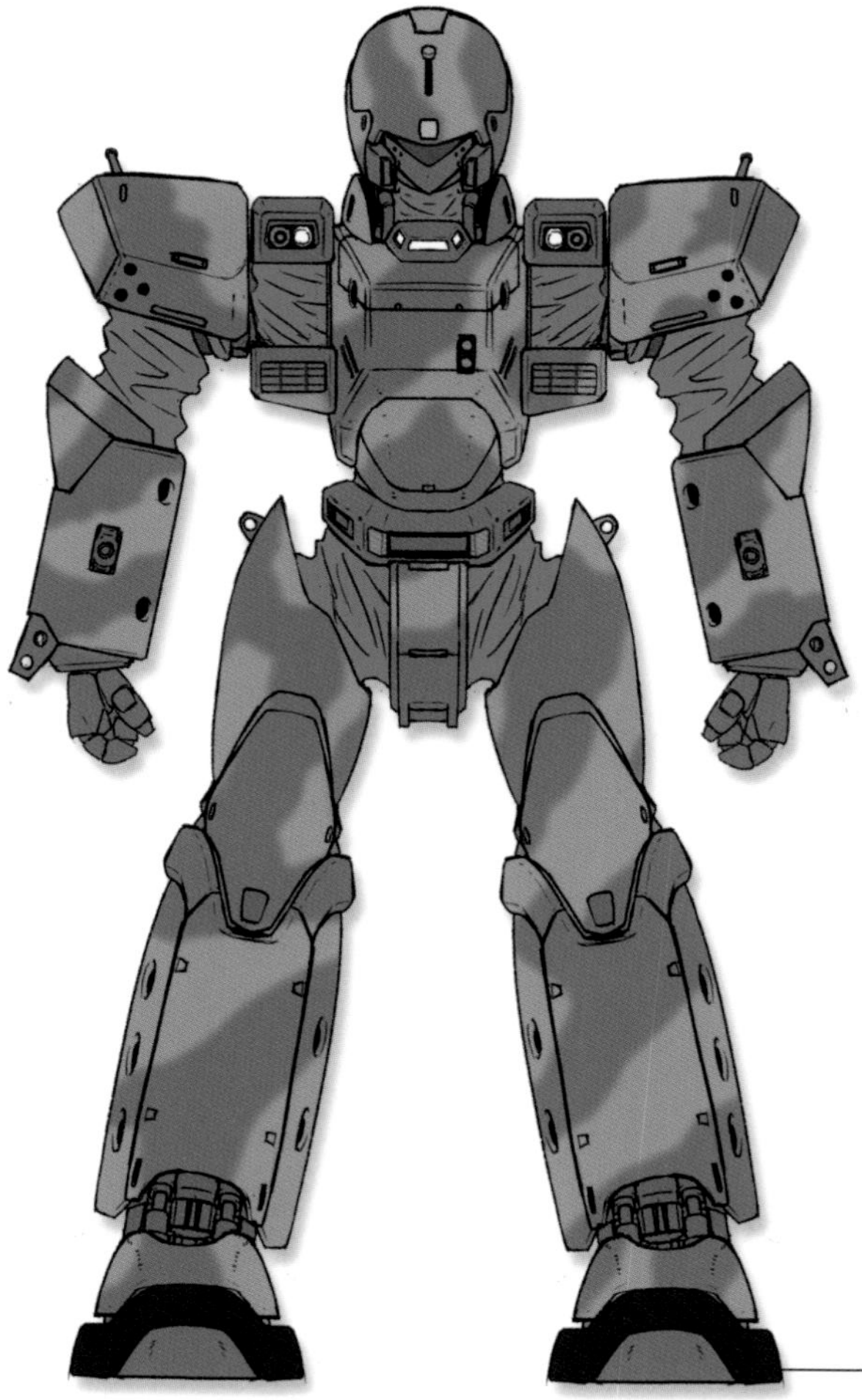

レイバーは人型をしているため、人間の一般隊員が用いる服装をそのまま拡大した図柄（パターン）を用いれば良さそうに思えるが、複数の標準色の組み合わせによる迷彩パターンは、観察者からの距離、周辺環境とのバランスによって適切に施される必要がある。レイバーの場合、車体サイズ的には戦車など車輌に近く、塗装もこれに準じたものとなっている。レイバーの場合は上空からだけでなく前面に対しても同様の被発見率が考慮される。

迷彩色

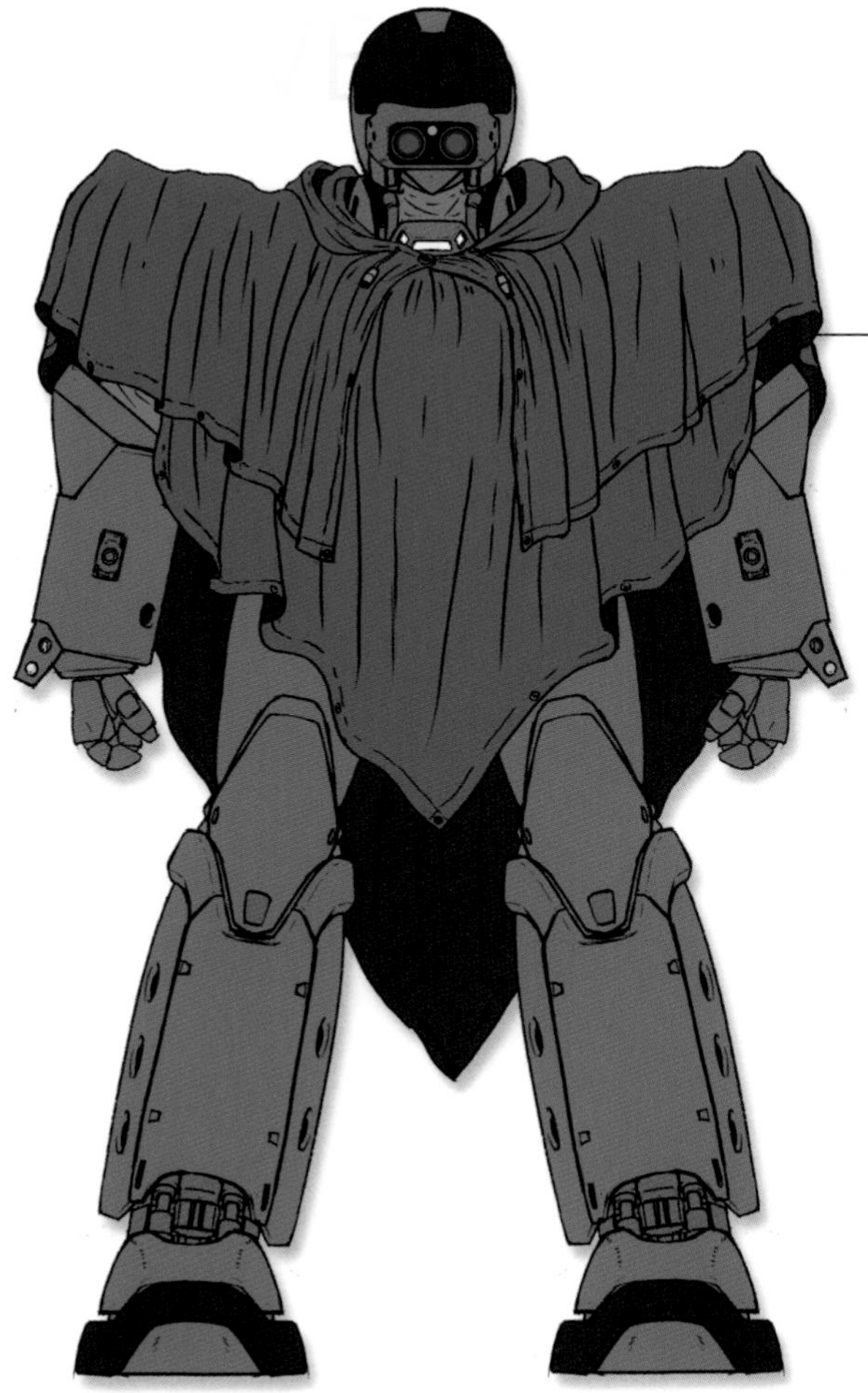

夜間戦闘仕様

空挺レイバーは夜間における作戦行動も想定されるため、夜間戦闘装備が用意されている。詳細は不明であるが、通常の濃緑色(3414)を施した車輌をベースとし、赤外線反射を抑えるポンチョ風外套、赤外線暗視ゴーグル(ノクト・ビジョン)を装備する。赤外線暗視装備そのものは98式AV系列の篠原重工製レイバーの多くで頭部カメラに標準機能として搭載されているため、この暗視ゴーグルは電子増倍管を用いたパッシブ方式(可視光、遠赤外線)と推測されている。暗視ゴーグルに使用される最新技術は恐らくアメリカからもたらされたものであろう。

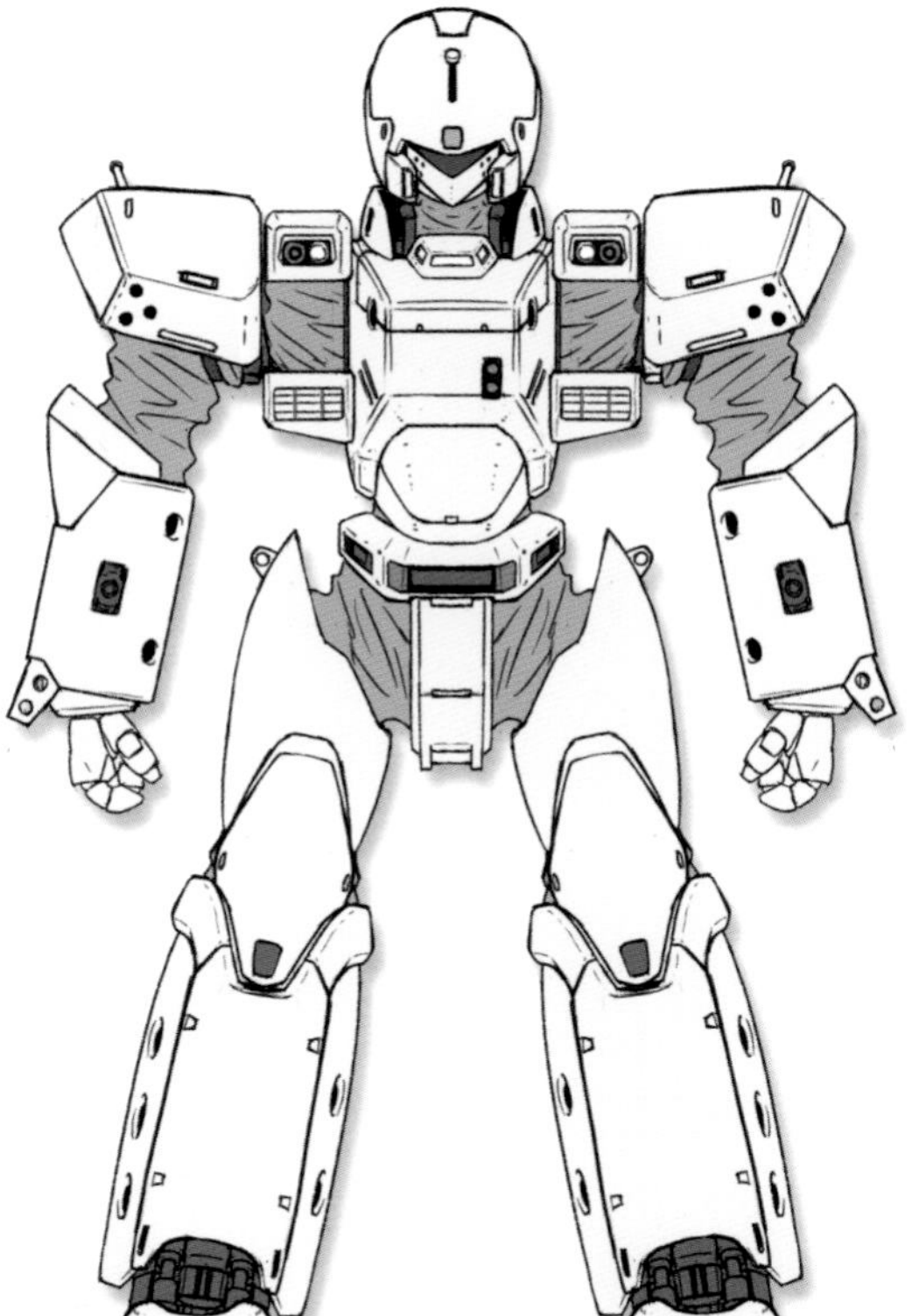

■冬季迷彩1型

雪上仕様(冬季迷彩)の迷彩色。1型は標準(濃緑色:3414)塗色の部分を白色、関節カバーをベージュ(2305)とした以外は標準仕様と同様である。完全に雪で覆われた地上では言うまでもなく1型が最も効力を発揮するが、実際の現場では露出した地表色と混ざるケースが多く、作戦に応じて外装を2型へ換装して対応する。

冬季迷彩色

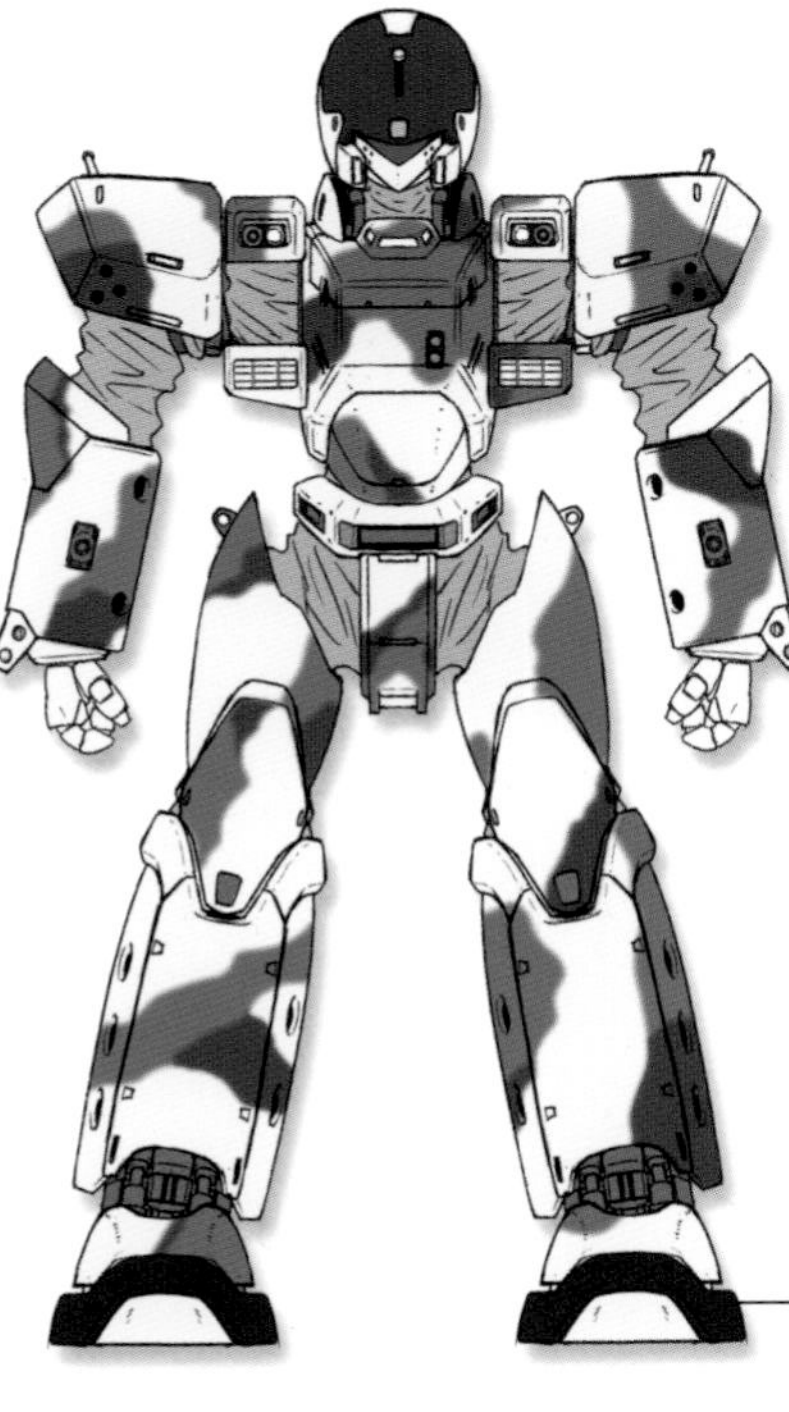

■冬季迷彩2型

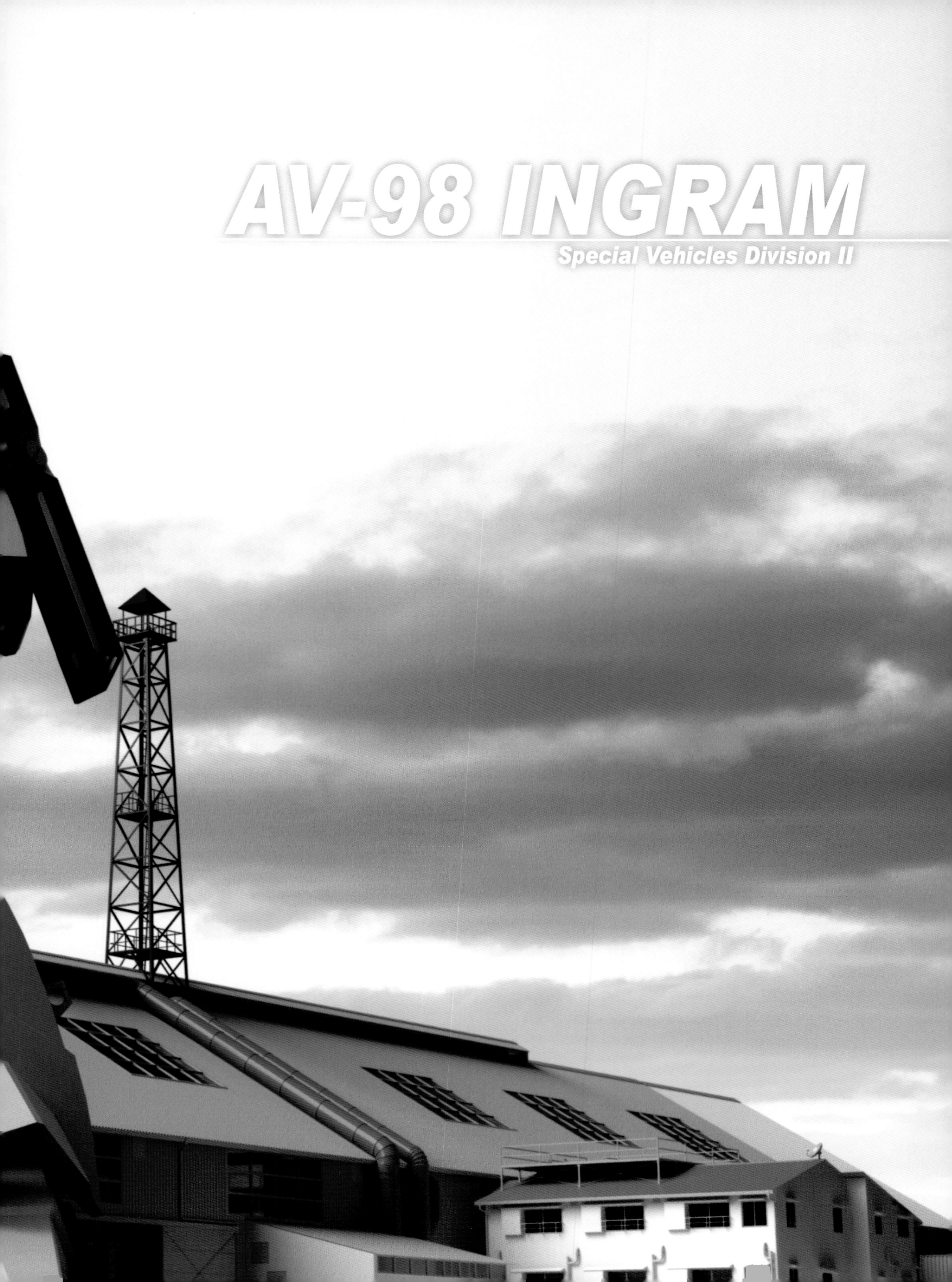
AV-98 INGRAM
Special Vehicles Division II

1
02-21
警視庁
02-23
特2
警
品川88
31-19

マスターファイル 機動警察パトレイバー 98式AVイングラム
MASTERFILE MOBILE POLICE PATLABOR
AV-98 INGRAM

【監修】
HEADGEAR

【アドバイザー】
出渕 裕

【メカニカル・イラスト】
瀧川虚至

【イラスト】
シラユキー

【テキスト】
大脇千尋
大里 元
橋村 空 (GA Graphic)

【CGモデリング】
ナカジマアキラ
大里 元
河津潔範 (number4 graphics)

【コーションマークデザイン】
大里 元

【SFXワークス】
GA Graphic

【装丁・デザイン】
橋村 空 (GA Graphic)

【編集】
佐藤 元 (GA Graphic)
村上 元 (GA Graphic)

【SBCr 出版事業本部】
浦島弘行 (商品部 商品課)
永井 聡 (戦略企画部)
正木幹男 (商品部 商品課)

【印刷管理】
瀬頭由那 (共立印刷)
杉山政英 (共立印刷)

【編集協力】
西岡浩二郎 (リバージュ株式会社)

【Special Thanks】
株式会社グッドスマイルカンパニー

■マスターファイル 機動警察パトレイバー 98式AVイングラム

2021年9月30日　初版発行

編　集　ホビー編集部
製　作　GA Graphic
発行人　小川 淳
印　刷　共立印刷株式会社
発　行　SBクリエイティブ株式会社
〒106-0032 東京都港区六本木2-4-5
営業部　TEL 03-5549-1201

ISBN 978-4-8156-0768-5
Printed in Japan

※本書「マスターファイル 機動警察パトレイバー 98式AVイングラム」は、「公式設定」ではなく、パトレイバーシリーズ作品に登場する98式AV (AV-98) イングラムについての歴史・技術研究書であり、作品世界において刊行された書籍、という想定に基づいて執筆されています。

SB Creative　GA Graphic

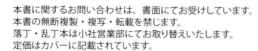